高等院校精品课系列教材
高等院校经济学管理学精品规划教材

国际商法

（第四版）

张学森　主编

上海财经大学出版社

图书在版编目(CIP)数据

国际商法/张学森主编．—4版．—上海：上海财经大学出版社，2019.7

高等院校精品课系列教材

高等院校经济学管理学精品规划教材

ISBN 978-7-5642-3188-0/F·3188

Ⅰ.①国… Ⅱ.①张… Ⅲ.①国际商法 Ⅳ.①D996.1

中国版本图书馆CIP数据核字(2019)第030941号

□ 责任编辑　刘光本
□ 责编电邮　lgb55@126.com
□ 责编电话　021－65904890
□ 封面设计　张克瑶

国 际 商 法

（第四版）

张学森　主编

上海财经大学出版社出版发行

（上海市中山北一路369号　邮编200083）

网　址：http://www.sufep.com

电子邮箱：webmaster @ sufep.com

全国新华书店经销

上海华业装璜印刷厂印刷装订

2019年7月第4版　2022年7月第3次印刷

787mm×1092mm　1/16　20.25印张　492千字

印数：58 001－61 000　　定价：49.00元

前 言
PREFACE

国际商法作为现代法律的一个分支，"是我们时代最重要的法律方面的发展之一"[①]；国际商法作为一门正在兴起的法律学科，是国际法学的一个重要组成部分；国际商法作为高等院校的一门课程，是法学专业、国际经济与贸易专业、国际金融专业、国际商务专业、商务英语专业等竞相开设的课程。随着经济全球化的不断发展，作为调整国际商事关系的法律规范的总和，国际商法也在不断地丰富和发展。为满足我国高等院校相关专业国际商法课程教学以及对外经济与贸易专业实际工作的需要，特别是考虑到 WTO 法律规则的发展对国际商务活动的重要影响，我们组织编写了这本《国际商法》教材。

本书在编写和修订过程中力求理论与实践相结合、规则与案例相结合，通俗易懂、学以致用，以适应培养"应用型、复合型、创新型和国际化"高级专门人才的迫切需要。因此，本书在内容体系上形成了自己的特色：以国际货物买卖为主线，选取与其相关的商事活动环节和领域，渐次展开对国际商事法律制度的研究和叙述，形成了国际商法的一个法律规范体系。其内容主要包括国际商法概述、商事组织法、国际商事代理法、国际商事合同法、国际货物买卖法、国际服务贸易法（以与国际货物买卖有关的法律制度为主）、国际票据法、国际产品责任法、国际知识产权法（含国际技术转让）、国际商事仲裁法十个方面。这样的内容和体系的安排，将更好地适应国际商法课程教学与实务工作的需要。

本书体现了以下几个特点：

(1)反映学科发展新成果。本书反映了编著者们多年从事国际商法教学和研究的心得，在借鉴国内众多国际商法教材与论著的基础上，力求充分吸收国内外国际商法理论研究与实务发展的最新成果。

(2)满足实际工作新要求。本书以国际货物买卖为核心，选取与其相关的主要环节和领域，渐次展开对国际商事法律制度的研究和叙述，增加了 INCOTERMS2010、UCP600、WTO、电子商务等内容，以满足国际商务实际工作需要。

(3)适应人才培养新特点。本书十分重视理论与实践相结合，充分体现了应用型人才培养

---

① [英]施米托夫：《国际商法——新的商人习惯法》，载施米托夫著，赵秀文选译，郭寿康校：《国际贸易法文选》，中国大百科全书出版社 1993 年版，第 2 页。

对国际商法知识与技能的要求，既阐述了国际商法基本理论，又特别侧重实务知识与操作技能的训练，并安排了案例分析、练习与思考题。本书既可以作为高等院校法学类、财经类专业的本科教材，以及 MBA 或 EMBA 教学用书、各类国际商务与法律培训的理想读物，也可以作为对外经济与贸易专业实务工作者的参考资料。

近年来，为适应培养一大批国际化专门人才的迫切需要，满足教育部有关双语课程建设的要求，许多高校纷纷把国际商法作为双语(或全英文)课程来建设。本书第一版出版后，为满足我国高等院校相关专业国际商法双语(或全英文)课程的教学与建设，以及对外经济与贸易实际工作的迫切需要，我们又组织力量集体攻关，编写出版了《国际商法》(英文版)(*International Business Law*)①和《国际商法》(中英文双语版)，分别于 2018 年 8 月和 9 月由复旦大学出版社出版。《国际商法》(英文版)同样受到各地高校师生的欢迎，成为各地高校国际商法双语或全英文重点课程和精品课程的指定教材或主要参考资料。

本书出版至今，受到各地高校师生的欢迎，被选为相关专业本科生和研究生“国际商法”课程的教材，甚至成为有些高校重点课程或精品课程建设的指定教材或主要参考资料。近几年来，笔者收到不少高校师生的电子邮件，与笔者探讨本书中或者国际商法领域的一些具体问题，使我们获益颇多。使用过本书的专家认为，本书体系安排合理，内容取舍得当，很好地体现了“够用、实用、好用”的原则。根据上述情况和教学实际的需要，我们决定对本书进行一次“精细化”修订。

在此次修订中，我们没有对全书结构体系进行调整，仍专注于国际商法的最新发展和各个章节中存在的不足之处。特别是，第一章、第五章增加了关于《2010 年国际贸易术语解释通则》(INCOTERMS2010)的内容和有关 CISG 缔约国的最新情况，第二章涉及我国公司法修订的内容以及有关案例分析和部分文字的调整等。

本书第四版的修订工作由主编张学森完成。本书由张学森担任主编，负责总体策划、提出大纲、组织编写、统稿定稿。参与第一版撰稿的作者有(以撰稿章节先后为序)：张学森、董臻静、赵峰、王玥、姜立文、何爱华、聂峰、孔晓波、张旋、沈洁。

值得提及的是，由本书主编牵头的“国际商法课程的中英文系列化建设项目”获得上海立信会计金融学院 2017 年教学成果二等奖，由本书主编担任负责人的“国际商法(全英文)课程建设项目”获得 2017 年校级课程建设立项。我们希望，本书第四版以及《国际商法(英文版)》(第二版)、《国际商法(中英文双语版)》(第二版)能继续得到广大师生的欢迎和选用，为促进我

① 《国际商法(英文版)》(第二版)，张学森主编，[美]Gary D. Patterson 审阅，复旦大学出版社 2018 年出版，共 10 章，包括：Introduction to International Business Law，Law of Business Organizations，Law of Agency，International Contract Law，Law of International Sale of Goods，International Cargo Transportation and Insurance，Finance of International Trade，Law of Products Liability，Law of Intellectual Property Rights，International Dispute Resolution System。

国国际商法的课程教学和人才培养发挥积极作用。

在本书的编写过程中，我们得到了华东政法大学、复旦大学、上海交通大学、同济大学、上海财经大学、上海外国语大学、上海师范大学、上海立信会计金融学院、上海杉达学院等高等院校、研究机构专家学者的大力支持，在此表示衷心感谢。同时，在本书编写和修订的过程中，我们参考了大量的论文、著作、教材等学术文献，鉴于本书的教材性质，引注可能挂一漏万，在此向广大专家学者表示衷心感谢。最后，再次感谢上海财经大学出版社责任编辑刘光本博士所付出的辛勤劳动。

由于水平有限，时间仓促，不足甚至错讹之处在所难免，真诚欢迎批评指正。此外，在教学或课程建设中选用本书作为教材的教师和专家，如需与本书配套的电子课件，可直接与本书主编联系：1600041316@qq.com 或 zhangxs@sfu.edu.cn。

张学森

2019 年 7 月

目 录

CONTENTS

第一章

国际商法概述

本章要点

- 国际商法的概念
- 国际商法的渊源
- 两大法系及民商法的特点
- 中国民商法的主要特点

国际商法是国际商事法的简称，其英文是 International Business Law 或者 International Commercial Law，两者没有实质区别，而以前者更为常用。而且，国际商法作为调整国际商事关系的法律，在西方国家也被称为 The Law of International Business Transactions。①

第一节　国际商法的概念

一、国际商法的定义

国际商法是调整国际商事关系的法律规范的总称。由于国际商法调整的国际商事关系既包括国际商事交易关系，又包括国际商事组织关系，所以它通常又被认为是调整国际商事交易和国际商事组织的法律规范的总和。

国际商法作为一门法律学科，具有"法"的共性，它是一个以权利和义务为内容的行为规范体系；而国际商法的"国际性"，是指它所调整的对象是具有国际因素的商事关系，也就是说，在国际商事法律关系的主体、客体和内容三个要素中，至少有一个方面是跨越国界的。一般来说，当商事关系存在下列情形时，即被认为具有国际因素：

① Larry A. DiMatteo, The Law of International Business Transactions, West Studies in Business, a division of Thomson Learning, 2003.

(1)当事人的营业地分别处于不同的国家；

(2)当事人具有不同国家的国籍；

(3)商事活动发生在当事人一方或几方所在国以外的国家或地区；

(4)商事关系的对象位于当事人一方或几方所在国以外的国家或地区。

关于国际商事法律中的"商事"一词，有关国际组织或国家大多采取广义的解释。例如，《联合国国际商事仲裁示范法》(UNCITRAL Model Law on International Commercial Arbitration)对"商事"一词给出的注解是："对'商事'一词应作广义解释，使其包括不论是契约性或非契约性的一切商事性质的关系所引起的种种事情。商事性质的关系包括但不限于下列交易：供应或交换货物或服务的任何贸易交易；销售协议；商事代表或代理；保付代理；租赁；建造工厂；咨询；工程；许可证；投资；融资；银行；保险；开采协议或特许权；合营企业或其他形式的工业或商业合作；货物或旅客的航空、海上、铁路或公路运输。"①

在我国，关于"商事"一词同样做比较广义的解释。根据中国1987年4月加入《承认及执行外国仲裁裁决公约》(Convention on the Recognition and Enforcement of Foreign Arbitral Awards, the "New York" Convention)②时所做的商事保留声明，所谓"商事"，包括：货物买卖，财产租赁，工程承包，加工承揽，技术转让，合资经营，合作经营，勘探开发自然资源，保险，信贷，劳务，代理，咨询服务，海上、民用航空、铁路、公路的客货运输，以及产品责任、环境污染、海上事故和所有权争议等。③

二、国际商法的内容

根据国际贸易法专家施米托夫(Clive M. Schmitthoff)的观点，国际商法主要包括两个分支：一是国际贸易法，其中国际货物买卖是该法的主要内容，另外还包括国际结算、运输和保险中的法律问题；二是国际公司法，即根据一国法律设立但又在其他国家具有商业利益的公司，这种商业利益表现在：在其他国家设立子公司，或在联合公司中占有股份，或参加联合管理，或采取其他的形式。④ 可以认为，传统国际商法调整的对象包括两个部分：一是国际商事交易关系，二是跨国公司行为关系。因此，我国法学界一般认为，国际商法是调整国际商事交易和国际商事组织的各种关系的法律规范的总和。

必须指出的是，随着经济全球化、国际化的不断发展，跨越国界的商事关系都在发生着深刻变化，推动了国际商法的不断发展。传统上的国际贸易一般仅指货物贸易，因此传统商法调整的主要是商事主体之间围绕货物买卖所发生的商事关系，如合同、运输、保险、票据、仲裁等。而在当今世界，国际贸易的含义已经发生了根本性的变化，世界贸易组织(WTO)的宗旨之一是"扩展

---

① The term "commercial" should be given a wide interpretation so as to cover matters arising from all relationships of a commercial nature, whether contractual or not. Relationships of a commercial nature include, but are not limited to, the following transactions: any trade transaction for the supply or exchange of goods or services; distribution agreement; commercial representation or agency; factoring; leasing; construction of works; consulting; engineering; licensing; investment; financing; banking; insurance; exploitation agreement or concession; joint venture and other forms of industrial and business cooperation; carriage of goods or passengers by air, sea, rail or road.

② 该公约1958年在纽约通过。

③ 中华人民共和国最高人民法院：《最高人民法院关于执行我国加入的〈承认及执行外国仲裁裁决公约〉的通知》第二条，1987年4月10日。

④ [英]施米托夫著，赵秀文选译，郭寿康校：《国际贸易法文选》，中国大百科全书出版社1993年版，第3页。

商品与服务的生产和销售”，与1947年关税与贸易总协定（GATT 1947）的“扩展商品生产与销售”相比，增加了服务贸易的内容。WTO《服务贸易总协定》（GATS）第1条规定，其所适用的“服务”包括任何部门的服务，只有为了实施政府职能所提供的服务除外。① 同时，GATS将服务分为12个部门：商业，通信，分销，教育，环境，金融，健康与社会服务，旅游及相关服务，娱乐、文化与体育服务，交通运输，以及其他服务。②

国际商法必然要适应这种变化了的客观现实需要，将服务贸易等新的商事关系作为自己的调整对象，扩大自己的调整范围，丰富自己的学科体系，更好地适应国际商事活动的实际需要。与此密切相关的是，我国1994年《对外贸易法》在第2条规定：“本法所称对外贸易，是指货物进出口、技术进出口和国际服务贸易。”

需要说明的是，为了更好地适应“国际商法”课程教学的实际需要，本书仍然以国际货物买卖为核心，选取与其相关的主要环节和领域，渐次展开对国际商事法律制度的研究和叙述，内容主要包括商事组织、国际商事代理、国际商事合同、国际货物买卖、国际服务贸易（以与国际货物买卖有关的法律制度为主）、国际票据、国际产品责任、国际技术贸易、国际知识产权、国际商事仲裁十个方面。

第二节 国际商法的渊源

法的渊源是指法律产生的依据及其表现形式。国际商法的渊源是指国际商法产生的依据及其表现形式，主要有三个方面：国际商事条约、国际商事惯例和各国商事立法。

一、国际商事条约

（一）国际商事条约的概念

国际条约简称条约，是指两个或两个以上的国际法主体之间依照国际法缔结的据以确立其相互权利和义务的书面协议。广义的条约包括不论以何种名称出现的国际法主体间达成的国际协议。③ 1969年《维也纳条约法公约》（Vienna Convention on the Law of Treaties）第2条第1款（甲）规定：“称‘条约’者，谓国家间所缔结而以国际法为准之国际书面协定，不论其载于一项单独文书或两项以上之单独文书内，亦不论其特定名称如何。”④

---

① “Services” includes any service in any sector except services supplied in the exercise of governmental authority.

② GATS根据服务提供的方式，将服务贸易界定为通过四种方式提供服务的活动，包括跨境交付（Cross Border Supply）、境外消费（Consumption Abroad）、商业存在（Commercial Presence）和自然人流动（Movement of Natural Persons）。同时，GATS将服务分为12个部门：（1）商业性服务（Business Services）；（2）通信服务（Communication Services）；（3）建筑和相关工程服务（Construction and Related Services）；（4）分销服务（Distribution Services）；（5）教育服务（Educational Services）；（6）环境服务（Environmental Services）；（7）金融服务（Financial Services）；（8）健康与社会服务（Health Related and Social Services）；（9）旅游及相关服务（Tourism and Travel Related Services）；（10）娱乐、文化与体育服务（Recreational, Cultural and Sporting Services）；（11）交通运输服务（Transport Services）；（12）其他服务（Other Services Not Included Elsewhere）。

③ 周洪钧：《国际法》，中国政法大学出版社1999年版，第301页。

④ Vienna Convention on the Law of Treaties, Article 2: “Treaty” means an international agreement concluded between States in written form and governed by international law, whether embodied in a single instrument or in two or more related instruments and whatever its particular designation.

国际商事条约是指作为国际商事主体的国家和国际组织缔结的有关国际商业和贸易的条约或公约，它是国际商法的主要渊源。条约对缔约方有约束力，根据“约定必须遵守”这一古老的国际法原则，国家必须遵守条约。而且，一般而言，条约只对缔约国有拘束力，而对非缔约国没有拘束力，这是因为条约只规定缔约国之间的权利义务关系。但是，由于许多商事方面的多边条约或者公约的规定往往反映了商品经济的一般规律，通常被认为属于商业活动应予遵守的规范，因而也会得到非缔约国的遵守。尤其是那些参加国家较多、时间比较长的公约，更是如此。

同时，由于国际商法具有私法性质，因而也明显体现了当事人“意思自治”原则。在某些情况下，有的国际条约只有在当事人之间的法律行为中予以采用时，才适用于当事人之间的法律关系。比如，1980 年《联合国国际货物买卖合同公约》(United Nations Convention on Contracts for the International Sale of Goods，CISG)第 6 条规定：“双方当事人可以不适用本公约，或在第 12 条的条件下，减损本公约的任何规定或改变其效力。”①

（二）国际商事条约的分类

对于国际条约，可以进行若干分类。

（1）按照缔约方的数目，条约可分为双边条约和多边条约。双边条约是指两个缔约方之间缔结的条约，这类条约的数量最大、最为常见。商事性的双边条约主要有：通商航海条约、贸易协定、贸易议定书、相互保护和促进投资协定、避免双重征税的协定等。

多边条约是指三个以上缔约方缔结的条约，通常在国际会议上制定通过，往往被称为国际公约，其内容涉及国际社会的共同利益，故一般允许未参加会议的国家加入。商事性的多边条约主要有：《联合国国际货物销售合同公约》《联合国海上运输公约》《保护工业产权的巴黎公约》等。

（2）按照其规定的内容，条约可以分为两种：一种是属于实体法内容的条约，也就是对交易双方权利义务做出具体规定的条约，如《联合国国际货物销售合同公约》《联合国海上运输公约》《国际汇票和本票公约》等，如果这些条约被各国批准和接受，则各国之间在这些领域内的法律冲突将不复存在；另一种是属于程序法内容的条约，也称为关于冲突法规则的国际条约，是指规定如何解决法律冲突的规范，如《国际货物买卖合同适用法律公约》等，如果这些条约被各国批准或接受，各国将得以统一这些领域内的冲突规则。

（三）国际商法上的主要国际条约（公约）

1. 调整代理的国际公约

1983 年《国际货物销售代理公约》(Convention on Agency in the International Sale of Goods)，简称《代理公约》，由国际统一私法协会于 1981 年起草，1983 年 2 月 17 日在日内瓦外交会议上正式通过。《代理公约》是在大陆法和普通法兼容并蓄的基础上进行的整合，系统而详尽地概括了各种代理模式，逾越了代理法在两大法系的鸿沟，达成了代理法律关系有限度的统一，它是迄今为止在统一代理法方面最成功、最完备的国际公约。

2. 调整国际货物买卖关系的条约

（1）1964 年《国际货物买卖统一法公约》(Convention on Uniform Law for the Interna-

---

① United Nations Convention on Contracts for the International Sale of Goods，Article 6：“The parties may exclude the application of this Convention or，subject to article 12，derogate from or vary the effect of any of its provisions.”

tional Sale of Goods)

该公约简称《海牙第一公约》,由国际统一私法协会于1930年组织的"国际货物买卖统一法公约起草委员会"着手草拟。经过30多年的努力,1964年4月25日在海牙召开的有28个国家参加的外交会议上通过了《国际货物买卖统一法公约》及其附件《国际货物买卖统一法》,同年7月1日开始签字,1972年8月18日起生效。

(2)1964年《关于国际货物买卖合同成立统一法公约》(Convention on Uniform Law for the Formation of Contracts for the International Sale of Goods)

该公约简称《海牙第二公约》,由国际统一私法协会于1930年组织草拟工作,在1964年海牙会议上通过,1972年8月23日起生效。该公约是统一解决国际货物买卖合同成立的若干法律问题的国际公约,旨在解决英美普通法系国家和欧洲大陆法系国家在合同成立问题特别是在要约与承诺问题上存在的分歧。该公约主要反映了以欧洲为主的立法和习惯,在地区与内容上有很大的局限性,基本上属于区域性的多边条约,因此需要有一个国际普遍适用的新的公约来代替。1968年联合国国际贸易法委员会开始将《海牙第一公约》和《海牙第二公约》的内容予以合并,并进行修改补充,目的是使更多的国家接受,经过努力终于诞生了1980年的《联合国国际货物销售合同公约》。

(3)1974年《联合国国际货物买卖时效期限公约》(United Nations Convention on the Limitation Period in the International Sale of Goods)

该公约简称《时效公约》,是规定与国际货物买卖合同有关的权利消灭期限的实体法公约,1974年6月14日在纽约联合国总部召开的外交会议上通过,确立了关于国际销售合同所引起法律诉讼必须开始的时限的统一规则。为使1974年《时效公约》与1980年《联合国国际货物销售合同公约》相配套,在1980年4月的联合国维也纳外交会议上缔结《联合国国际货物销售合同公约》的同时,还通过了《关于修正〈联合国国际货物买卖时效期限公约〉的议定书》。《时效公约》与1980年《修正〈时效公约〉议定书》于1988年8月1日生效。

(4)1980年《联合国国际货物销售合同公约》(United Nations Convention on Contracts of International Sales of Goods,CISG)

CISG是由联合国国际贸易法委员会主持制定的,1980年在维也纳举行的外交会议上获得通过,于1988年1月1日正式生效。1986年12月11日我国交存核准书,在提交核准书时,提出了两项保留意见:其一,不同意扩大该公约的适用范围,只同意该公约适用于缔约国的当事人之间签订的合同。其二,不同意用书面以外的其他形式订立、修改和终止合同。截至2010年6月底,核准和参加该公约的共有74个国家。CISG共分为四个部分:适用范围,合同的成立,货物买卖,最后条款。全文共101条。

3. 调整国际货物运输的国际条约

(1)《海牙规则》(Hague Rules)

《海牙规则》是《统一提单的若干法律规定的国际公约》(International Convention for the Unification of Certain Rules of Law Relating to Bills of Lading)的简称,它是1924年8月25日在比利时布鲁塞尔由26个国家代表出席的外交会议签署的,于1931年6月2日起生效。截至目前,加入该规则的国家和地区共有88个。《海牙规则》生效后,得到了国际航运界普遍接受,它的历史作用在于使国际海上货物运输有法可依,统一了海上货物运输中的提单条款,对提单的规范化起到了积极作用，基本上缓和了当时承运方和托运方之间的矛盾，促进了国际贸易和海上运输事业的发展。

欧美许多国家都加入了《海牙规则》，有的国家仿效英国的做法，通过国内立法使之国内法化；有的国家根据这一公约的基本精神，另行制定相应的国内法；有的国家虽然没有加入这一公约，但它们的一些船公司的提单条款也采用了这一公约的精神。所以，这一公约是海上货物运输中有关提单的最重要的和目前仍普遍被采用的国际公约。我国虽然没有加入该公约，但却把它作为制定我国《海商法》的重要参考依据；我国不少船公司的提单条款也采纳了这一公约的精神。所以，《海牙规则》堪称现今海上货物运输方面最重要的国际公约。

(2)《维斯比规则》(Visby Rules)

《维斯比规则》是《修改统一提单若干法律规定的国际公约议定书》(Protocol to Amend the International Convention for the Unification of Certain Rules of Law Relating to Bills of lading)的简称，于1968年6月23日在布鲁塞尔外交会议上通过，自1977年6月23日生效。截至目前，参加该规则的国家共有29个，其中包括英国、法国、德国、荷兰、西班牙、挪威、瑞典、瑞士、意大利和日本等主要航运国家。

《海牙规则》实施后，随着国际政治、经济形势的变化，以及航海、造船技术日新月异的进步，使海上运输方式发生了重大变革，特别是集装箱运输方式的出现和迅猛发展，其内容已不适应新形势发展的需要。尤其关于承运人的大量免责条款明显偏袒船方利益，通货膨胀的现实使100英镑的赔偿限额明显过低等原因，到了20世纪50年代末，要求修改《海牙规则》的呼声日渐强烈。于是，国际海事委员会于1959年在南斯拉夫的里吉卡举行第二十四届大会，会上决定成立小组委员会负责修改《海牙规则》。根据各国代表对修改《海牙规则》的建议，1963年小组委员会草拟了修改《海牙规则》的议定书草案，提交给1967年、1968年召开的海事法会议审议，经会议审议通过后，于1968年在比利时的布鲁塞尔召开的、由53个国家或地区代表参加的第十二届海洋法外交会议上通过，定名为《修改统一提单若干法律规定的国际公约议定书》，并简称为《1968年布鲁塞尔议定书》。由于该议定书草案在斯德哥尔摩讨论期间，参加会议的成员到过哥特兰岛的维斯比城，为借用中世纪维斯比海法之名声，故将该议定书称为《维斯比规则》(Visby Rules)。经过议定书修订后的《海牙规则》称为《海牙—维斯比规则》(Hague-Visby Rules)。《维斯比规则》共17条，但只有前6条才是实质性的规定，对《海牙规则》的第3、4、9、10条进行了修改。

(3)《汉堡规则》(Hamburg Rules)

《汉堡规则》是《联合国海上货物运输公约》(United Nations Convention on the Carriage of Goods by Sea,1978)的简称，于1978年3月6日至30日在德国汉堡举行的、由联合国主持的、由78国代表参加的海上货物运输大会上讨论通过，于1992年11月1日生效。截至目前，共有成员国25个，其中绝大多数为发展中国家，占全球外贸船舶吨位数90%的国家都未承认该规则。

《汉堡规则》全文共分7章34条。在《汉堡规则》的制定中，除保留了《海牙—维斯比规则》对《海牙规则》修改的内容外，对《海牙规则》进行了根本性的修改，是一个较为完备的国际海上货物运输公约。因《汉堡规则》明显地扩大了承运人的责任，较多地体现对货主的保护，所以世界上主要的航运大国都尚未加入这一公约。

(4)《国际铁路货物运输公约》(Convention Concerning International Carriage of Goods by Rail,CIM)

该公约简称《国际货约》,是关于铁路货物运输的国际公约。它是在1890年制定的《国际铁路货物运送规则》(简称《伯尔尼公约》)基础上发展起来的。1961年2月25日由奥地利、法国、联邦德国、比利时等国在瑞士伯尔尼签订,又于1970年2月7日修订,修订后的《国际货约》于1975年1月1日生效。国际铁路运输中央事务局总部设在伯尔尼。《国际货约》适用于至少两个缔约国之间的铁路联运。在《国际货约》的成员国中,有的同时还参加了《国际货协》,即参加《国际货约》国家的进出口货物,可以通过铁路直接转运到《国际货协》成员国,它为国际间铁路货物的运输提供了便利条件。

(5)《国际铁路货物联运协定》(Agreement Concerning International Carriage of Goods by Rail)

该条约简称《国际货协》,是关于国际铁路货物联运多边条约,于1951年由苏联、罗马尼亚、匈牙利、波兰等7个东欧国家签订。中国、朝鲜、蒙古于1953年7月加入该协议。《国际货协》自签订以后至1971年先后经过多次修改和补充。现行的是1971年4月经铁路合作组织核准,并从1974年7月1日起生效的文本。在法律适用上,凡《国际货协》有规定而国内规章也有规定时,不论两者是否相同,应适用《国际货协》的规定。但在两邻国铁路间有特殊规定时,应按其规定的条件办理。《国际货协》中没有规定的事项,适用国内铁路规章。它强调国际铁路货物运输是通过签订合同来设立和实现的,因此它对合同的缔结、双方当事人的权利与义务、责任的划分与索赔等做了详细规定。《国际货协》是参加国际货物联运协议各国铁路和发、收货人办理货物联运所必须共同遵守的基本文件,是调整我国与该协议参加国之间铁路货物运输的主要法律依据。

(6)《统一国际航空运输某些规则的公约》(Convention for the Unification of Certain Rules for International Carriage by Air)

该公约又称《1999年蒙特利尔公约》,于1999年5月28日经国际民航组织在加拿大蒙特利尔召开的航空法国际会议通过。该公约是在1929年各缔约国签订的《统一国际航空运输某些规则的公约》(简称《华沙公约》)以及1955年签订的《海牙议定书》、1960年《瓜达拉哈拉公约》、1971年《危地马拉议定书》、1975年蒙特利尔附加议定书等5个公约、修订议定书、补充性公约的基础上进行全面修订的,是国际民航组织主持制定的国际航空运输规则方面的重要国际法律文件。《1999年蒙特利尔公约》于2003年11月4日生效。截至目前,共有79个国家及欧盟签署了公约,60多个国家及欧盟批准、接受、核准或加入了公约。2005年6月1日,中国向国际民航组织交存批准书,同年7月31日起对中国生效。

(7)《联合国国际货物多式联运公约》(United Nations Convention on International Multimodal Transport of Goods, 1980)

该公约于1980年5月24日在日内瓦召开的联合国贸易和发展会议全权代表会上通过,至今未能生效,但已有重要影响,有关当事人在订立联运合同时可参照该公约的规定。我国参加了公约的起草。《联合国国际货物多式联运公约》是关于国际货物多式联运中的管理、经营人的赔偿责任及期间、法律管辖等的国际协议,旨在对多式联运经营人和托运人之间的权利义务关系进行规定,解决因国际货物多式联运的发展而带来的一系列法律问题。

4. 调整国际票据关系的国际公约

(1)1930 年《关于统一汇票和本票的日内瓦公约》(Convention on the Unification of the Law Relating to Bills of Exchange and Promissory Notes)

该公约简称《统一汇票本票法公约》,是关于统一各国汇票和本票的国际公约。1930 年 6 月 7 日由国际联盟在日内瓦召集的第一次票据法统一会议上通过,1934 年 1 月 1 日生效。《统一汇票本票法公约》产生的背景主要是因为各国票据法的立法技术和体例不同,形成了法国、德国和英美三大票据法体系,给票据的国际交流带来了极大不便。1910 年和 1912 年在荷兰海牙举行了统一票据法会议,提出了关于统一票据法的草案,后因第一次世界大战而搁浅。战后,1930 年和 1931 年由国际联盟在日内瓦召集的票据法统一会议和支票法统一会议,制定了《1930 年关于统一汇票和本票的日内瓦公约》《1930 年关于解决汇票和本票的若干法律冲突的公约》《1931 年关于统一支票法的日内瓦公约》和《1931 年关于解决支票的若干法律冲突的公约》四个关于票据法的公约,统称"日内瓦公约"或"日内瓦统一法体系"。日内瓦统一法体系只解决了法、德两大票据法体系的冲突,而英美票据法体系国家因日内瓦公约的规定与其票据的传统和实践相矛盾,拒绝参加。因此,在国际上形成了票据法的两大法系,即日内瓦统一法系和英美法系。

(2)1930 年《关于解决汇票及本票的若干法律冲突的公约》(Convention on the settlement of Certain Conflicts of Laws in Connection with Bills of Exchange and Promissory Notes)

该公约是为解决汇票和本票法律冲突而制定的统一冲突法公约,1930 年 6 月 7 日在国际联盟召开的日内瓦票据法统一会议上通过,1934 年 1 月 1 日生效。这次会议同时制定的还有《统一汇票本票法公约》《汇票本票印花税公约》。《关于解决汇票本票的若干法律冲突的公约》是对《统一汇票本票法公约》的补充。因为《统一汇票本票法公约》没有完全统一汇票和本票制度,一方面许多国家没有参加,或者没有批准这个公约;另一方面,统一法公约不是对所有问题都有规定,而且还有保留条款;此外,会议还考虑到公约实施后因各国法院解释不同,会引起新的法律冲突。为了弥补这些缺点,日内瓦会议在订立《统一汇票本票法公约》的同时,又订立了该公约,这个公约没有包括汇票和本票的全部抵触规则,所以成为解决汇票本票若干法律冲突公约。

(3)1931 年《关于支票的日内瓦公约》(Convention Providing a Uniform Law of Cheques)

该公约又称为《统一支票法公约》,是关于统一支票法的国际公约。1931 年 3 月 19 日国际联盟在日内瓦召开的第二次票据法统一会议上制定,1934 年 1 月 1 日生效。公约规定,支票应包含下列内容:票据主文中列有"支票"一词,并以开立票据所使用的文字说明之;无条件支付一定金额的命令;付款人(受票人)的姓名;付款地的记载;开立支票的日期和地点的记载;开立支票的人(出票人)的签名。《统一支票法公约》明确规定,支票必须对持有出票人存款的银行开出,并需符合出票人有权以支票方式处理该款之明示或默示之协议。但如不符合这些规定,所开票据作为支票仍有效。支票不得承兑。有承兑记载者视为无记载。

(4)1931 年《关于解决支票的若干法律冲突的公约》(Convention on the settlement of Certain Conflicts of Laws in Connection with Check)

该公约是为解决支票法律冲突而制定的统一冲突法公约,1931 年 3 月 19 日国际联盟在日内瓦召开的第 2 次票据法统一会议上制定,1934 年 1 月 1 日生效。同时制定的还有《统一支票法公约》《支票印花税公约》。该公约共 18 条，其制定是对《统一支票法公约》的补充。它与《关于解决汇票本票的若干法律冲突的公约》基本相同，但由于支票只是支付的工具，所以扩大了付款地法律的适用范围：付款地法决定支票付款的资格。各缔约国有权保留不适用下述载于该公约的国际私法原则：①在缔约国之一境外所承担的义务；②按照上述原则可适用但非为缔约国之一所实施的法律。对于该公约生效前已发出的支票，其公约的规定不适用于各缔约国。

(5)1988 年《联合国国际汇票和国际本票公约》(Convention on International Bill of Exchange and International Promissory Note of the United Nations)

该公约简称《国际汇票本票公约》，1988 年 12 月 9 日在纽约联合国第 43 次大会上通过，并开放供签署。按该公约的有关规定，该公约须经至少 10 个国家批准或加入后方能生效。该公约目前尚未生效。该公约提供了关于供国际商业交易当事方选择使用新国际票据的法律规则的全面法典。公约旨在克服国际支付所使用的票据目前存在的主要差别和不确定性。如果当事方使用特定形式的流通票据表明该票据受贸易法委员会公约管辖，则适用此公约。

(6)2000 年《联合国独立保函和备用信用证公约》(United Nations Convention on Independent Guarantees and Stand－by Letters of Credit，2000)

该公约于 1995 年 12 月 11 日联合国大会通过，2000 年 1 月 1 日起生效。公约旨在促进使用独立担保和备用信用证，尤其是在传统上只使用其中一种票证的情况下的使用。公约确认了独立担保和备用信用证的共同基本原则和共有特点。该公约只适用于营业地在缔约国的独立担保人的承保行为以及由冲突法规则导致适用的情况。该公约反映了国际贸易实践中独立保函和备用信用证运作的基本法律原则，是解释现在的国际担保和备用信用证的重要工具。尽管公约的法律效力要高于国际商会制定的有关规则，但由于公约的适用是任意性的，不具有强制性，因此当事人可以排除或改变公约规则的适用，而选用其他的惯例规则。

5. 调整产品责任的国际公约

1977 年《产品责任法律适用公约》(Convention on the Law Applicable to Products Liability)简称《海牙公约》，1972 年第 12 届海牙国际私法会议制定，并于 1977 年 10 月 1 日生效。该公约既保留了与侵权行为的法律适用基本一致的法律选择原则，又采纳了新的、多项选择的法律适用规则，不拘于单一的联系因素。为此，受到许多国家的关注。在国际产品责任诉讼中，由于各国的产品责任不完全相同，法律冲突不可避免，使得案件的处理结果带有相当大的不确定性。为了协调各国关于产品责任的冲突，《海牙公约》在统一产品责任法律适用的原则上进行了有益的尝试。公约根据当事人和有关国家之间的连接点或接触点，规定三种法律适用规则：一是适用侵害地国家的法律，二是直接适用受害人的惯常居所地国家的法律，三是适用被请求承担责任人的主营业地国家的法律。公约对法律适用的规则充分考虑到受害者与损害发生地国的利益，具有合理、灵活的特点。

6. 关于保护知识产权的公约

(1)1883 年《保护工业产权巴黎公约》(Paris Convention on the Protection of Industrial Property)

该公约简称《巴黎公约》，于 1883 年 3 月 20 日在巴黎签订，1884 年 7 月 7 日生效。成员国最初为 11 个，到 2004 年 12 月底，缔约方总数为 168 个国家。中国于 1985 年 3 月 19 日成为该公约成员国。我国政府在加入书中声明:中华人民共和国不受公约第 28 条第 1 款的约束。《巴黎公约》自 1883 年签订以来,已做过多次修订,现行的是 1980 年 2 月在日内瓦修订的文本,共 30 条,分为 3 组,第 1～12 条为实质性条款,第 13～17 条为行政性条款,第 18～30 条是关于成员国的加入、批准、退出及接纳新成员国等内容,称为“最后条款”。巴黎公约的调整对象即保护范围是工业产权,包括发明专利权、实用新型、工业品外观设计、商标权、服务标记、厂商名称、产地标记或原产地名称以及制止不正当竞争等。巴黎公约的基本目的是保证一成员国的工业产权在所有其他成员国都得到保护。但由于各成员国间的利益矛盾和立法差别,巴黎公约没能制定统一的工业产权法,而是以各成员国内立法为基础进行保护,因此它没有排除专利权效力的地域性。公约在尊重各成员的国内立法的同时,规定了各成员国必须共同遵守的几个基本原则,以协调各成员国的立法,使之与公约的规定相一致。

(2)1886 年《保护文学艺术作品伯尔尼公约》(Berne Convention for the Protection of Literary and Artistic Works)

该公约简称《伯尔尼公约》,是以保护文学和艺术作品为目的的国际性公约。1886 年 9 月 9 日在瑞士伯尔尼国际文学艺术协会第三次大会上通过。1887 年 9 月 5 日,英国、法国、德国、意大利、瑞士、比利时、西班牙、海地和突尼斯 9 国签字参加,1887 年 12 月公约生效。公约自生效以来曾进行过 7 次补充和修订。截至 2004 年 12 月 31 日,缔约方总数为 157 个国家。中国于 1992 年 10 月 15 日成为该公约成员国。公约规定缔约国组成保护文学艺术作品国际同盟(通称伯尔尼同盟),同盟由世界知识产权组织管理,总部设在日内瓦。世界知识产权组织的国际局同时也是伯尔尼同盟的常设办事机构。联盟的日常工作由世界知识产权组织国际局负责。各成员国每年要缴纳会费。参加公约的程序为:加入书必须交总干事保存。加入公约成为联盟成员国,在世界知识产权总干事通知其交存加入书之日后 3 个月生效。

(3)1891 年《商标国际注册马德里协定》(Madrid Agreement for International Registration of Trade Marks)

该公约简称《马德里协定》,是关于简化商标在其他国家内注册手续的国际协定。1891 年 4 月 14 日在马德里签订,1892 年 7 月生效。马德里协定自生效以来共修改过多次,1989 年签署的《商标国际注册马德里协定有关议定书》(简称《马德里议定书》)称为商标国际注册马德里体系。《马德里协定》的缔约方总数为 56 个国家,《马德里议定书》的缔约方总数为 66 个国家。中国于 1989 年 10 月 4 日成为该协定成员国,我国加入《商标国际注册马德里协定》(1967 年修订并于 1979 年修改的斯德哥尔摩文本),同时做如下声明:“①关于第三条之二:通过国际注册取得的保护,只有经商标所有人专门申请时,才能扩大到中国;②关于第十四条第二款第四项:本议定书仅适用于中国加入生效之后注册的商标。但以前在中国已经取得与前述商标相同且仍有效的国内注册,经有关当事人请求即可承认为国际商标的,不在此列。”马德里协定保护的对象是商标和服务标志,主要内容包括商标国际注册的申请、效力、续展、收费等。《马德里协定》是对《保护工业产权巴黎公约》关于商标注册部分的一个补充。根据协定规定,须先参加《保护工业产权巴黎公约》,才能参加《马德里协定》。

(4)1952 年《世界版权公约》(Universal Copyright Convention)

该公约是关于作品保护的国际性公约,于 1952 年 9 月在联合国教科文组织主持下在日内瓦签订,1955 年 9 月 16 日生效。1971 年 7 月修订,修订后的公约于 1974 年 7 月 10 日生效。

公约不允许缔约国对某些条款予以保留。该公约由联合国教科文组织管理，成员国不必缴纳会费。中国于1992年10月30日成为该公约成员国。该公约保护的作品版权主要包括文学、艺术和学术三个方面，维持了国民待遇和独立保护的原则。对要求版权保护须履行一定手续的国家，《世界版权公约》规定，只要在作品上标有“C”(英文“版权 Copyright”一词的第一个字母)符号并注明版权所有者姓名、初版年份，即认为履行了手续。

(5)1995年WTO《与贸易有关的知识产权协定》(Agreement on Trade Related Aspects of Intellectual Property Rights)

该协议简称《TRIPS协定》，是GATS乌拉圭回合谈判三大新议题之一，在与贸易有关的知识产权问题上达成的协议，构成了世界贸易组织(WTO)法律规则体系的重要组成部分，于1995年1月1日随WTO的成立而生效实施。《TRIPS协定》与《货物贸易多边协定》(GATT1994)和《服务贸易总协定》(GATS)一起，构成WTO法律框架的三大支柱。

《TRIPS协定》由1个序言和7大部分组成，共73个条款。《TRIPS协定》规定了对版权、商标、地理标志、工业设计、专利、集成电路布图设计、商业秘密7类知识产权保护的国际最低标准，在保持国民待遇原则基础上，引入了“最惠国待遇原则”和“透明度原则”。其中，有关集成电路布图设计、商业秘密的内容，都是首次纳入国际性的知识产权公约。同时，《TRIPS协定》进一步延长了知识产权的保护期间，如规定包括计算机软件在内的著作权保护期不少于50年、专利权的保护期不少于20年等；强化了司法保护，如规定对知识产权保护可以采取行政措施，但任何终局的行政决定均应当接受司法或准司法的审查。

7. 关于国际商事仲裁的公约

(1)1923年《日内瓦仲裁条款议定书》(Protocol on Arbitration Clauses)

《日内瓦仲裁条款议定书》是1923年9月24日在国际联盟主持下于日内瓦制定的，1924年7月生效。参加的国家有英国、法国、意大利、西班牙、日本、挪威等。该议定书规定各缔约国在当事人处于缔约国管辖范围内的情况下，承认在其中任何一个缔约国境内所签订的仲裁协议或仲裁条款。如果裁决是在某一缔约国境内做出的，这个国家就应执行该项裁决。

(2)1927年《关于执行外国仲裁裁决的公约》(Convention on the Execution of Foreign Arbitral Awards)

《关于执行外国仲裁裁决的公约》于1927年9月26日在日内瓦签订，该公约于1929年7月生效，只有参加1923年《日内瓦仲裁条款议定书》的国家才能批准参加该公约。公约规定即使仲裁裁决是在执行裁决国以外的国家做出的，只要是依照《日内瓦议定书》签订的仲裁协议或仲裁条款所做出的裁决，各缔约国都应给予执行。

(3)1958年《承认和执行外国仲裁裁决的公约》(Convention on the Recognition and Enforcement of Foreign Arbitral Awards)

该公约简称1958年《纽约公约》，是目前最重要、参加国最多的关于外国仲裁裁决的承认和执行的条约。1958年3月20日至6月10日，在联合国主持下在纽约的联合国本部召开了国际商事仲裁会议，该国际会议最后通过了《承认和执行外国仲裁裁决公约》。在各缔约国之间，该公约已基本取代了1923年《日内瓦仲裁条款议定书》和1927年《关于执行外国仲裁裁决的公约》。1958年《纽约公约》扩大了承认和执行外国仲裁裁决的范围，放宽了承认和执行外国仲裁裁决的条件，简化了承认和执行外国仲裁裁决的程序，为在世界范围内承认和执行外国仲裁裁决提供了法律依据。1958年《纽约公约》的缔约国现在已经有100多个国家。我国于1986年12月决定加入1958年《纽约公约》,1987年4月22日公约对中国生效。我国在加入1958年《纽约公约》时做了互惠保留和商事保留。所谓的互惠保留,是指我国只承认和执行在缔约国领土内做出的仲裁裁决;所谓的商事保留,是指我国只承认和执行属于契约性和非契约性商事法律关系引起的争议所做出的裁决。

二、国际商事惯例

(一)国际商事惯例的概念

国际惯例(International Custom)是国际商法的另一个重要渊源。《国际法院规约》(Statute of the International Court of Justice)第38条规定,法院适用法律时对"国际惯例"的解释是:作为通例之证明而经接受为法律者。① 国际商事惯例,也称国际贸易惯例,是指具有相对确定的内容、对当事人不具有当然约束力但在一定领域内为大家所普遍遵循的商事性规范。关于国际贸易惯例,《联合国国际货物买卖合同公约》第9条第2款指出:"在国际贸易上,已为有关特定贸易所涉合同的当事人所广泛知道并为他们所经常遵守。"②

研究国际商事惯例,必须区分"惯例""习惯""一般做法"等概念。一般而言,某一特定领域内的惯例由习惯形成,而习惯又来源于一般做法。正如有的国际贸易法专家所言,国际商业惯例的发展是一个循序渐进的过程。它常常始于一些有影响的企业的商业活动过程,而后成为建立在平等交易行为基础上的特定贸易中的一般做法,再发展为贸易习惯性做法,最终取得具有稳定性的惯例的地位。③

国际商事惯例在过去曾有成文的,也有不成文的;而在现代社会,国际商事惯例几乎都是成文的。成文的国际商事惯例,一般是国际组织或团体对有关规则的综述或拟订,也可以是国际组织制定的有关规则。国际商事惯例的表现形式是多种多样的,主要包括示范法、统一惯例、统一规则、标准合同等。一般认为,国际商事惯例应具备以下三个条件:

(1)具有确定的商事内容,即具体包括了确定参加国际商事活动的当事人权利和义务的规则;

(2)已成为国际商事活动中反复使用的习惯;

(3)是各国普遍承认具有拘束力的通例。

(二)国际商事惯例的效力

国际商事惯例是在国际商事活动的长期实践中逐渐形成和发展起来的商事规则,在性质上,它不是国际条约或公约,也不是国家立法,所以一般不具有法律拘束力。但是,某项具体的国际商事惯例规则,一旦被当事人选择适用,即对该当事人具有相当于法律的约束力,法院或仲裁机构可以据此裁决或强制执行。

有些国家的法律规定,法院有权按照有关的贸易惯例解释双方当事人的合同。我国《民法

① Statute of the International Court of Justice, Article 38 (1) (b): "International custom, as evidence of a general practice accepted as law."

② CISG, Article 9 (2): "The parties are considered, unless otherwise agreed, to have impliedly made applicable to their contract or its formation a usage of which the parties knew or ought to have known and which in international trade is widely known to, and regularly observed by, parties to contracts of the type involved in the particular trade concerned."

③ [英]施米托夫著,赵秀文选译:《国际贸易法文选》,中国大百科全书出版社1993年版,第205页。

通则》第142条规定，对于中国法律和中国缔结或者参加的国际条约没有规定的，可以适用国际惯例。目前在国际贸易中影响最大的贸易惯例是国际商会制定的2000年1月1日生效的《2000年国际贸易术语解释通则》（INCOTERMS2000）和2007年7月1日生效的《跟单信用证统一惯例》（UCP600），它们在世界上已经得到绝大多数国家和地区的承认，在国际商事实践中发挥着举足轻重的作用。我国对国际商事活动中的国际惯例历来给予高度重视，并严格予以遵守。

（三）与国际商法有关的主要国际惯例

如前所述，现在的国际商事惯例已基本上都是成文的惯例规则，许多重要的国际贸易惯例都由一些国际组织或团体编纂成文。在当今国际社会，主要的国际商事惯例有：

1. 1932年《华沙—牛津规则》（Warsaw—Oxford Rules 1932）

该规则是国际法协会专门为解释CIF合同而制定的。这一规则对于CIF的性质、买卖双方所承担的风险、责任和费用的划分以及所有权转移的方式等问题都做了比较详细的解释。《华沙—牛津规则》在总则中说明，这一规则供交易双方自愿采用，凡明示采用《华沙—牛津规则》者，合同当事人的权利和义务均应援引本规则的规定办理。经双方当事人明示协议，可以对本规则的任何一条进行修改或增添。如本规则与合同发生矛盾，应以合同为准。凡合同中没有规定的事项，应按本规则的规定办理。

2. 1941年《美国对外贸易定义修正本》（Revised American Foreign Trade Definitions 1941）

这是由美国几个商业团体制定并经美国全国对外贸易会议修改的贸易术语定义。《美国对外贸易定义修正本》中所解释的贸易术语共有六种，分别为：(1)Ex(Point of Origin)（产地交货）；(2)FOB(Free on Board)（在运输工具上交货）；(3)FAS(Free Along Side)（在运输工具旁边交货）；(4)C&F(Cost and Freight)（成本加运费）；(5)CIF(Cost, Insurance and Freight)（成本加保险费、运费）；(6)Ex Dock(Named Port of Importation)（目的港码头交货）。《美国对外贸易定义修正本》主要在北美国家采用。由于它对贸易术语的解释，特别是对第2和第3种术语的解释与国际商会《国际贸易术语解释通则》有明显的差异，所以，在同北美国家进行交易时应加以注意。在《美国对外贸易定义修正本》的序言中也明确指出，本定义并无法律的约束力，除非有专门的立法规定或为法院判决所认可，为使其对有关当事人产生法律上的约束力，建议买卖双方接受此定义作为买卖合同的一个组成部分。

3.《2010年国际贸易术语解释通则》（International Rules for the Interpretation of Trade Terms, INCOTERMS2010）

INCOTERMS是国际商会为统一各种贸易术语的不同解释于1936年制定的。随后，为适应国际贸易实践发展的需要，国际商会先后于1953年、1967年、1976年、1980年和1990年进行过多次修订和补充。1999年，国际商会广泛征求世界各国从事国际贸易的各方人士和有关专家的意见，通过调查、研究和讨论，对实行60多年的通则进行了全面的回顾与总结。为使贸易术语更进一步适应世界上无关税区的发展、交易中使用电子讯息的增多以及运输方式的变化，国际商会再次对《国际贸易术语解释通则》进行修订，并于1999年7月公布《2000年国际贸易术语解释通则》（简称“INCOTERMS2000”或《2000年通则》），于2000年1月1日起生效。INCOTERMS 2000包括4组共13个贸易术语。

INCOTERMS2010 即《2010 年国际贸易术语解释通则》，是国际商会根据国际货物贸易的最新发展对 INCOTERMS2000 的修订，于 2010 年 9 月 27 日公布，于 2011 年 1 月 1 日起实施。与 2000 年版本相比，INCOTERMS2010 更准确地标明了各方承担货物运输风险和费用的责任条款。其主要修改内容包括：

（1）术语分类的调整，由原来的 EFCD 四组分为两类，分别适用于各种运输方式和水运。

（2）贸易术语的数量由原来的 13 种变为 11 种。

（3）删去了 INCOTERMS2000 中的 4 个术语：DAF（Delivered at Frontier）边境交货、DES（Delivered Ex Ship）目的港船上交货、DEQ（Delivered Ex Quay）目的港码头交货、DDU（Delivered Duty Unpaid）未完税交货；新增了 2 个术语：DAT（Delivered at Terminal）在指定目的地或目的港的集散站交货、DAP（Delivered at Place）在指定目的地交货。即用 DAP 取代 DAF、DES 和 DDU 三个术语，用 DAT 取代 DEQ，而且扩展至适用于一切运输方式。

（4）取消了"船舷"的概念，卖方承担货物装上船为止的一切风险，买方承担货物自装运港装上船后的一切风险。在 FAS、FOB、CFR 和 CIF 等术语中加入了货物在运输期间被多次买卖（连环贸易）的责任义务的划分。

考虑到一些大的区域贸易集团内部贸易的特点，INCOTERMS2010 不仅适用于国际销售合同，也适用于国内销售合同。

4. 2007 年《跟单信用证统一惯例》（UCP600）

UCP600（2007 年修订版）是在 UCP500 基础上进行了全面修订的最新版本，它在 2006 年 10 月召开的国际商会（ICC）巴黎年会上获得通过，2007 年 7 月 1 日起实施。作为信用证领域最权威、影响最为广泛的国际商业惯例，新修订的 UCP600 将至少会在接下来的 10 年中主宰全球范围内的信用证业务。

三、各国的商事法

各国的国内法也是国际商事法律规范的重要渊源，在国际商法中仍然占有重要地位。一方面，国际条约、国际惯例的适用、效力皆来自国内立法的规定；另一方面，国内法也直接调整国际贸易或商事关系，如当事人的能力、合同的效力基本上都由国内法规定，而商事争端的解决也多适用国内法。而且，当事人从事跨国经贸和商事活动，也可能选择某国的国内法作为准则，此时该商事关系的内容、当事人之间的权利义务等就由该国内法进行调整。作为国际商法重要渊源的各国的国内法，其范围涵盖了实体法、程序法和冲突法。

需要指出的是，各国的国内商事法具有不同的表现形式。西方国家的法律体系主要分为大陆法系和英美法系。

（一）大陆法系

大陆法系强调成文法的作用，结构上强调系统化、条理化、法典化和逻辑性，并将全部法律分为公法和私法。其形成于西欧，主要代表是法国和德国，其他国家和地区还有瑞士、意大利、比利时、卢森堡、西班牙、葡萄牙、荷兰、日本以及拉丁美洲、非洲近东一些国家等。

从法律渊源来看，大陆法系作为成文法国家，宪法、法典以及其他的法律条例是大陆法系国家的主要法律渊源，判例在原则上不作为法的正式渊源。在结构上，大陆法系的法律分为公法和私法。前者指与国家状况有关的法律，包括宪法、行政法、刑法、诉讼法和国际公法；后者指与个人利益有关的法律,包括民法和商法。

大陆法各国都主张编纂法典,但各国在法典的编制体制上却不完全相同。以民商法而言,即分为民商分立和民商合一两种编制体例。

(二)英美法系

英美法系又称为普通法系,传统上以基于以往判决的判例而逐步形成的一种在全国普遍通用的法律为主,分为普通法和衡平法两部分。其形成于英国,主要代表是英国和美国,其他国家还有加拿大、澳大利亚、马来西亚、爱尔兰、新加坡、巴基斯坦等。

从法律渊源来看,判例曾是英美法的主要渊源,其基础是"先例约束力"原则,即法院在判决中所包括的判决理由必须得到遵循。但 19 世纪末 20 世纪初成文法在英美法系国家的比重和作用不断上升,成文法也成了英美法的重要渊源。在结构上,英美法系分为普通法和衡平法。前者是通过国王法院的判例逐步形成的一种全国普遍适用的法律;后者是在 14 世纪,为补充和匡正普通法的不足,由英国枢密法院发展起来,不受普通法约束,按公平与正义原则做出判决的判例法。

作为英美法系的国家,美国比英国更重视成文法。美国不仅有联邦成文法,还有州成文法;在商法领域,还专门修订了《美国统一商法典》以及一系列的反托拉斯法,对规范公司尤其是大公司的行为有重要影响。

第三节 中国民商法概述

一、民商法概述

(一)民法概述

1. 民法的概念

民法一词是从罗马法中的市民法沿袭而来。日本学者在明治维新时期引入民法的概念,中国在清朝末年维新变法时从日本引入民法一词,并开始制定近代民法。根据我国《民法通则》第 2 条的规定,民法是调整平等主体的公民之间、法人之间、公民和法人之间的财产关系和人身关系的法律规范的总称。由此可见,我国民法以平等主体之间的财产关系和人身关系作为自己的调整对象。

2. 民法的调整对象

作为民法调整对象的财产关系,是指人们在产品的生产、分配、交换和消费过程中形成的具有经济内容的关系。① 财产关系具有以下三个特征:

第一,财产关系以财产为客体。随着商品经济的发展,财产的范围日益扩大,包括物质性财产和非物质性财产。物质性财产是指能够为人掌握、控制,可以在人类社会生产经营活动中和人的生活中加以利用的物质资料,包括土地、矿藏等天然资源和房屋、家具、书籍等人类劳动创造的以各种物质形态出现的产品。非物质性财产是指对人具有经济价值的非物质事物,往

① 王利明:《民法》,中国人民大学出版社 2000 年版,第 8 页。

往被作为获得物质性财产的手段而存在。非物质性财产主要包括：

(1)智慧财产，如文学作品、发明创造等；

(2)具有经济价值的权利，如用益物权、股权等；

(3)劳动力。

第二，财产关系以经济利益为内容。体现主体的经济利益，以经济利益为内容，也是财产关系区别于其他社会关系的重要特征。

第三，财产关系体现的经济利益可以与特定主体相分离。除劳动力外，其他财产是可以与主体相分离、脱离特定主体的支配转由其他主体支配的，即可以转让和继承。

作为民法调整对象的人身关系，是指人与人之间基于彼此的人格或身份而形成的、以主体的人身利益为内容的社会关系，分为人格关系和身份关系两种。人格关系，是指因民事主体的人格利益而发生的社会关系，主要包括生命权、健康权、名称权、肖像权等关系。身份关系，是指基于一定的身份而产生的社会关系，主要包括亲属、监护等关系。民法调整的人身关系具有两个特征：

(1)不具有直接的经济内容，不能直接用金钱价值来衡量；

(2)通常不能转让和继承，具有一定的人身依附性。

民法调整的人身关系与财产关系有着密切的联系。某些人身权的行使，可以使公民或法人获得财产利益；某些人身权是民事主体从事的商品经济活动与他人发生经济联系的前提。所以，在确定民法的调整对象时，不能将财产关系和人身关系完全割裂开来。

3. 民法的基本原则

民法具有自己的基本原则，其效力贯穿于民法始终，体现民法的基本价值。民法的基本原则集中反映了民事立法的目的和方针，是民事立法、执法、守法和研究民法的总的指导思想和基本准则。根据《民法通则》的规定，我国民法的基本原则包括平等原则、自愿原则、公平原则、诚实信用原则、守法原则和公序良俗原则。

(二)商法概述

1. 商法的概念

商法又称为商事法，是调整有关商事关系的一系列法律规范的总称。对商法的这一定义，可以从两个方面来分析：一方面，它说明商法是以商事关系作为自己的调整对象的法律部门；另一方面，它说明商法是由一系列法律规范所构成的一个法律体系。

2. 商法的调整对象

作为商法调整对象的商事关系是一种财产关系，它是指商事主体按照商事法律的规定从事各种以营利为目的的营业活动所发生的财产关系。商法是一种私法，它所调整的关系是一种私人关系，但它不调整全部私人关系，而只调整私人财产关系。① 私人财产关系是指人们在物质资料生产、分配、交换和消费过程中所形成的经济利益关系。私人财产关系具有平等性、自愿性和有偿性的特征，反映了商品经济关系的客观要求。一切商事主体都享有一定范围的人身权，比如商事主体的名誉权等。但商事主体的人身关系并不为商法所调整，而由民法来调整。商法之所以不调整人身关系，是因为商法所调整的商事关系是以营利为目的的经营关系，

① 传统上，法律有公法与私法之分。公法调整的是公共管理关系，私法调整的是私人之间的关系。其中，私人关系包括私人财产关系和私人人身关系。

人身关系不具有营利性特征。①

商事关系是一种经营性财产关系。商法所调整的商事关系是一种私人财产关系,但商法并不调整全部私人财产关系,而只调整商事财产关系。营利性是商事财产关系的本质特征,非商事财产关系不具备营利性特征。由此可见,商法所调整的商事关系是商事主体以追求利润为目的而营运其财产所形成的财产关系,是一种商事经营关系,其核心特征在于它的营利性。所谓营利,是指以金钱、财物、劳务等为资本而获取经济上的利益。

3. 商法是一个法律体系

商法是一系列法律规范的总称,也就是说,商法是由各种商事法律规范所构成的一个体系。在民商合一的体例下,除了有关商法的一般性规则纳入民法典之中外,其他具体商事法律均采用单行法的形式。在采用民商分立的体例下,在商法典之外,仍然有许多商事单行法存在。此外,无论是民商合一还是民商分立,都存在着相关商事法律的实施细则,构成商法的有机组成部分。

商法体系的构建,服从于商法所调整的社会关系。作为商法调整对象的商事关系,由商事主体和商事行为两大要素构成。相应地,商事法律体系就由商事主体法和商事行为法两大部分构成。商事主体法是关于商事主体资格的取得、变更或者消灭的规则。在现代社会,商事主体主要表现为某种形态的商事组织,如商事公司、合伙企业、个人独资企业以及国有企业、集体企业、外商投资企业和各类金融机构等。在我国,有关商事主体方面的法律主要有:公司法、合伙企业法、个人企业法、外商投资企业法以及破产法等。商事行为法是关于商事主体从事各种商事经营活动的行为规则。由于商事行为又体现为各种形式的商事交易,所以又称为商事交易法。目前,我国调整商事交易方面的法律主要有:合同法、证券法、证券投资基金法、信托法、保险法、票据法、商业银行法,以及海商法等;期货交易法正在起草过程中。

需要指出的是,一方面,关于商事主体法和商事行为法的区分只是一种学理上和逻辑上的区分,实际上,往往商事主体法中有行为的内容,特别是那些与商事组织本身有着密切联系的交易行为;在商事交易法中除合同法属于单纯交易法外,其他各种交易法往往都存在有关主体的内容。另一方面,我国的商事立法具有明显的民商合一特征,即有关一般性的商事行为都被固定在合同法之中。我国合同法所规定的 15 种有名合同中,除赠予、无偿性保管、委托、居间及个人消费买卖等合同外,其他均具有商事合同性质。由于在我国法学概念中,合同法属于民法的一部分,所有的合同均被视为民事合同,人们往往容易忽略合同也是商事行为的一种,而且是一种基本的商事行为。

4. 商法的特征

商法具有自己的鲜明特征,可以从若干个方面进行分析,主要包括商法的私法性与公法性、国内性与国际性、实体性与程序性,以及冲突性与协调性、伦理性与技术性、稳定性与进步性等。

(1)商法的私法性与公法性

商法本质上属于私法,对于其所调整的私人关系主要采用自由主义,如合同自由原则、企业自治原则等。虽然现代商法以私法规定为中心,但为了保障其私法之规定的实现,又多采取

---

① 施天涛:《商法学》(第二版),法律出版社 2004 年版,第 3~4 页。

强制干涉主义，从而导致了商事法的公法化倾向。

(2)商法的国内性与国际性

毫无疑问，商法属于国内法范畴。但自近代以来，国际贸易往来频繁，各国在长期经贸交往中逐渐形成了一些普遍接受的贸易惯例和习惯做法。商法的国际性在各种商事法律中都有不同程度的体现，在海商法、票据法等领域中尤为明显。

19 世纪以来，商事法律的国际法统一运动一直没有间断过，20 世纪 60 年代以后商法的国际化倾向更加明显。各国制定了一系列有关商事的国际条约或公约，如 1874 年《世界邮政协约》、1910 年《船舶碰撞及海难救助统一公约》、1930 年《日内瓦统一票据公约》、1931 年《日内瓦统一支票公约》、1978 年《国际海上货物运输公约》、《国际汇票和国际本票公约》、1980 年《联合国国际货物买卖合同公约》等。

(3)商法的实体性和程序性

商法当然是实体法，但同时也具有非常强烈的程序性。商法中的程序性规范有诉讼程序规范和非诉讼程序规范之分。商法最为典型的诉讼程序规范有：

一是破产程序(Bankruptcy Procedure)，即在破产法中相当多的内容都是关于司法程序上的规定，如破产宣告、债权人会议、破产清算以及破产和解、破产整顿等；

二是公司法中的股东派生诉讼(Shareholder Derivative Litigation)，即股东间接诉讼或股东代表诉讼，是指当公司利益受到不法侵害时由股东代表公司提起的诉讼；

三是证券集团诉讼(Class Action)，在证券欺诈所引起的民事损害赔偿诉讼的原告往往人数众多，所以往往采取集团诉讼的方式，而证券法通常会对这种集团诉讼程序予以专门规定。

商法中的非诉讼程序规范更是随处可见。例如，公司法中的公司设立程序、股东会议程序、董事会议程序、分立与合并程序、解散与清算程序等；证券法中的证券发行与交易程序等；票据法中的票据承兑程序、见票程序、付款程序、行使追索权程序，以及票据遗失后的挂失止付程序等；保险法中的索赔与理赔程序等；商业银行法中的各种银行业务的办理程序，如银行贷款程序、结算程序，以及客户账户的查询、冻结、扣划程序等。

可见，在商法中，实体规范与程序规范并重，几乎每一个实体权利都会有相应的程序规范，其目的无非在于确保当事人权利的实现。

(三)民法与商法之间的关系

民法有广义和狭义之分，广义上的民法是指包括商法在内的所有私法之全体，狭义的民法是指除去商法及其他特别私法之部分私法。① 广义的民法包括商法和狭义的民法。

民法与商法具有十分密切的关系，所以常常并称为“民商法”。一般而言，民法调整平等主体之间的财产关系和人身关系，而商法调整平等主体之间的商事关系，二者是一般法和特别法的关系。在商事关系的调整中，民法的一般性规定(如民法中的权利能力、行为能力规定以及诚信原则等)都适用于商事关系。

同时，商法作为专门调整商事关系的特别法，在许多方面存在特殊性。首先，商法所调整的范围局限在商事关系，且是一种比较纯粹的财产关系。其次，营利性是商事行为的最主要特征，商事关系仅发生在持续的营业中，而一般的民事行为并不以营利动机为必然要素。再次，

---

① 史尚宽：《民法总论》，中国政法大学出版社 2000 年版，第 6 页。

商法的效力优先于民法。商法是特别法，依照特别法优先于普通法的原则，商事关系应首先适用商法的相关规定。

随着我国社会主义市场经济体制的建立和发展，商事立法也渐趋完善，其在社会经济生活中的地位也越来越重要。当前我国已经制定的主要商事法律有公司法、证券法、票据法、保险法、海商法等。

（四）我国民商事立法概况

一般来说，民法典包括总则、人身权法、物权法、债权法（合同法、侵权行为法）、知识产权法、亲属法、继承法等。目前，我国的民事立法已经基本形成了适应社会主义市场经济发展需要的民商事法律体系，主要包括《民法总则》《民法通则》《物权法》《担保法》《合同法》《侵权责任法》《著作权法》《商标法》《专利法》《继承法》《婚姻法》，以及最高人民法院发布的大量司法解释，如《关于贯彻执行〈中华人民共和国民法通则〉若干问题的意见（试行）》《关于适用〈中华人民共和国合同法〉若干问题的解释（一）、（二）》等。

二、中国涉外商事法律制度

（一）中国涉外商事法律制度的概念与基本原则

涉外商事法律制度是指一国用以调整涉外商事交易中所发生的各种商事关系的法律规范的总称。我国涉外商事法律制度有着自己的基本原则，构成我国涉外商事立法、司法应当遵守的基本准则，同时也是我国自然人、法人及其他经济实体参与涉外商事交易所应当遵守的基本准则。

1. 尊重国家主权，维护国家利益

尊重国家主权和维护国家利益是我国一切对外交往活动必须遵循的基本原则。尊重国家主权要求国与国在经济交往中，要相互尊重对方的经济自主，不得以任何手段控制、操纵他国的经济命脉，同时也要遵守双方国家的法律的管辖。维护国家利益要求当事人在进行涉外商事交易时应维护本国的经济利益，而不能以损害国家和民族的利益来满足自己的私利。

2. 坚持平等互利，尊重各方意愿

坚持平等互利要求国与国之间应在法律地位平等的基础上进行经济合作。对于自然人、法人及其他经济实体来说，坚持平等互利要求其在从事涉外商事交易中体现彼此权利义务的对等，要在充分尊重彼此意愿和切实保障各方合法利益的基础上开展商事交易活动。

3. 信守国际条约，尊重国际惯例

凡我国缔结或参加的国际条约同我国法律有不同规定的，以国际条约的规定为准，但我国已声明保留的除外。国际惯例是国际商事交往实践中衍生出来的、被普遍接受的规范。尊重国际惯例要求进一步完善我国的涉外商事立法，使之尽可能地与国际惯例接轨。在处理我国涉外商事立法没有明确规定的问题时，应按国际惯例来处理，以减少执法中的摩擦和冲突。

（二）中国涉外商事法律制度的渊源

中国涉外商法的渊源包括国际渊源和国内渊源。

1. 国际渊源

我国涉外商法的国际渊源，包括我国缔结或参加的国际商事条约，以及国际商事惯例。关于国际商事条约，除我国参加的国际商事公约外，还包括我国与世界许多国家和地区签订的贸易协定、投资保护协定、避免双重征税协定等国际商事协定，这些多边或双边的国际商事条约、协定是我国涉外商法的重要渊源。

关于国际商事惯例，只要我国当事人在对外商事交往关系中选择适用某惯例规则，则该惯例规则即对该当事人具有相当于法律的约束力。我国《民法通则》第 142 条规定，对于中国法律和中国缔结或者参加的国际条约没有规定的，可以适用国际惯例。实践中，我国对国际商事活动中的国际惯例历来给予高度重视，并严格予以遵守。

2. 国内渊源

因受经济发展水平等多种因素的制约，我国与世界上大多数国家一样，目前还无法做到对涉外商事活动和国内商事活动完全同等对待。在这种背景下，我国制定的有关涉外商事方面的法律、法规就成为我国涉外商法的国内渊源，其内容主要涉及对外贸易、货物运输、海商法律、知识产权保护、产品责任、金融服务、利用外资、涉外税收、涉外商事诉讼与仲裁等方面。

本章小结

1. 国际商法是调整国际商事关系的法律规范的总称。由于国际商法调整的国际商事关系既包括国际商事交易关系，又包括国际商事组织关系，所以它通常又被认为是调整国际商事交易和国际商事组织的法律规范的总和。

2. 一般来说，当商事关系存在下列情形时，即被认为是具有国际因素：

(1)当事人的营业地分处于不同的国家或地区；

(2)当事人具有不同国家的国籍；

(3)商事活动发生在当事人一方或几方所在国以外的国家或地区；

(4)商事关系的对象位于当事人一方或几方所在国以外的国家或地区。

3.《联合国国际商事仲裁示范法》对"商事"一词给出的注解是："对'商事'一词应作广义解释，使其包括不论是契约性或非契约性的一切商事性质的关系所引起的种种事情。商事性质的关系包括但不限于下列交易：供应或交换货物或服务的任何贸易交易；销售协议；商事代表或代理；保付代理；租赁；建造工厂；咨询；工程；许可证；投资；融资；银行；保险；开采协议或特许权；合营企业或其他形式的工业或商业合作；货物或旅客的航空、海上、铁路或公路运输。"

4. 在我国，关于"商事"一词同样做比较广义的解释。根据我国加入的 1958 年在纽约通过的《承认及执行外国仲裁裁决公约》时所做的商事保留声明，所谓"商事"，包括货物买卖、财产租赁、工程承包、加工承揽、技术转让、合资经营、合作经营、勘探开发自然资源、保险、信贷、劳务、代理、咨询服务和海上、民用航空、铁路、公路的客货运输以及产品责任、环境污染、海上事故和所有权争议等。

5. 传统国际商法调整的对象包括两个部分：一是国际商事交易关系，二是跨国公司行为关系。因此，我国法学界一般认为，国际商法是调整国际商事交易和国际商事组织的各种关系的法律规范的总和。

6. 国际商法的渊源是指国际商法产生的依据及其表现形式，主要有三个方面：国际商事条约、国际商事惯例和各国商事立法。国际条约简称条约，是指两个或两个以上的国际法主体之间依照国际法缔结的据以确立其相互权利与义务的书面协议。广义的条约包括不论以何种名称出现的国际法主体间达成的国际协议。国际商事条约是指作为国际商事主体的国家和国际组织缔结的有关国际商业和贸易的条约或公约。

7. 根据《国际法院规约》第38条的规定，法院适用法律时对“国际惯例”的解释是：作为通例之证明而经接受为法律者。国际商事惯例也称国际贸易惯例，是指具有相对确定的内容、对当事人不具有当然约束力但在一定领域内为大家所普遍遵循的商事性规范。国际商事惯例是在国际商事活动的长期实践中逐渐形成和发展起来的商事规则，在性质上，它不是国际条约或公约，也不是国家立法，所以一般不具有法律拘束力。但是，某项具体的国际商事惯例规则，一旦被当事人选择适用，即对该当事人具有相当于法律的约束力，法院或仲裁机构可以据此裁决或强制执行。

8. 各国的国内法也是国际商事法律规范的重要渊源，其范围涵盖了实体法、程序法和冲突法。

练习与思考

1. 分析国际商法的概念。
2. 试述国际商法的渊源。
3. 简述国际商事惯例的法律效力。
4. 说明大陆法系和英美法系的主要区别与特点。
5. 试述中国民商法的特点。

第二章

商事组织法

本章要点

- 商事组织的概念
- 个人独资企业的概念与特征
- 普通合伙企业的概念与特征
- 有限责任合伙的概念与特征
- 有限合伙的概念与特征
- 公司的概念与特征
- 公司的设立
- 公司的治理结构与组织机构
- 董事对公司的义务

第一节　商事组织法概述

商事组织，亦称商事企业，是指能够以自己名义从事营利性活动，并具有一定规模的经济组织。

在企业的长期发展过程中，形成了个人企业、合伙企业与公司企业三种基本的商事组织形式。这三种基本的商事组织形式，有各自的经济基础和现实需要，它们在法律地位、设立程序、投资者的投资风险与收益、资金筹措、管理权的分配、税收等方面各有差异，因此如何结合行业特色、经营特点，选择适当的企业形式对于实现投资者的期望值具有重要意义。

一、个人企业

个人企业即个人独资经营企业，是由一名出资者单独出资并从事经营管理的企业。我国的个人企业形式主要是个人独资企业,是指依照个人独资企业法在中国境内设立的,由一个自然人投资,财产为投资人个人所有,投资人以其个人财产对企业债务承担无限责任的经营实体。

个人企业是企业三种基本形式中的一种,它有三个基本特征,反映了它与其他企业形式的区别。

(1)个人企业是由一个自然人投资的企业。这项特征要求个人独资企业的投资主体必须是自然人,投资形式是独资即一个人的投资,非自然人的投资和两人以上的投资都不符合个人独资企业的基本属性。

(2)个人企业的投资人以其个人财产对企业债务承担无限责任。这是由于个人独资企业为投资人个人所有,收益归其个人,企业风险也应由其个人承担;投资人投资于个人独资企业的财产和其他个人财产是不可分离的,这就构成清偿企业债务的基础。

(3)从法律性质上而言,个人企业不具有独立的法人资格,它的财产与出资人的个人财产混同。这个特征与上述两个特征紧密联系,这种非法人性使得投资者须以其个人财产对企业债务承担无限责任。

个人企业设立方便,手续简单,无最低资本出资要求,法令限制较少;投资者就是企业的所有人,所有权与决策权统一,决策迅速,且利润独享,保密性较强;个人企业税负较轻,其出资者只需缴纳一次个人所得税,而不必像公司企业的股东在公司缴纳了法人的所得税后,股东仍须缴纳个人所得税,即"双重纳税"。但个人企业的投资者须对企业债务负无限清偿责任,风险较大;个人企业往往财力有限,融资能力较差,企业的管理在很大程度上取决于投资者个人素质。

二、合伙企业

合伙企业,是指依法设立的,由两个或两个以上的合伙人订立合伙协议,为经营共同事业,共同出资、合伙经营、共享收益、共担风险的营利性组织。

作为人类社会最古老的企业组织形式之一,合伙企业极具灵活性和顽强生命力。随着经济的发展,在最初的普通合伙企业(General Partnership)的基础上,在欧美各国逐步衍生出有限合伙(Limited Partnership)、有限责任合伙(Limited Liability Partnership)等各类合伙性质的企业,它们之间既相联系又存在着微妙的差别。我国新修订的合伙企业法也在原规定的普通合伙企业基础上,引进了有限合伙和有限责任合伙制度。

1. 合伙企业的优点

(1)设立手续比较简单,费用较少;

(2)合伙企业的资本来源广泛,它可以充分发挥企业和合伙人个人的力量,这样可以增强企业经营实力,使得其规模相对扩大;

(3)每个合伙人均有参加管理的权利,合伙人共同承担合伙企业的经营风险和责任,因此,合伙企业的风险和责任相对于独资企业要分散一些;

(4)税收负担较轻,合伙企业和个人独资企业一样无须缴纳企业所得税,合伙人只需将从合伙企业分得的利润与其他个人收入汇总缴纳一次所得税即可;

(5)法律对合伙企业的干预和限制较少,一般不要求其公开企业账目和年度报告,因此,合伙企业在经营管理上具有较大的自主性和灵活性。

2. 合伙企业的缺点

(1)相对于公司而言,合伙企业的资金来源和企业信用能力有限,合伙人的数量有限,且不能发行股票和债券,难于募集大量资本,这使得合伙企业的规模不可能太大;

(2)合伙人的责任比公司股东的责任大,合伙人之间的连带责任使合伙人需要对其合伙人的经营行为负责,更加重了合伙人的风险;

(3)每个合伙人都有权参与管理,不利于企业管理的集中和统一,不利于实行有效管理;

(4)由于合伙企业具有浓重的人合性,合伙人破产、死亡或退伙都有可能导致合伙企业解散,因而其存续时间不稳定;

(5)合伙企业整体上对企业债务承担无限责任,尽管有限合伙和有限责任合伙对合伙企业的内部责任进行了划分,但是这种划分本质上没有改变合伙企业整体上对企业债务承担无限责任的特征。

三、公司

公司是依公司法的规定设立的,以营利为目的的法人组织。一般而言,公司具有独立的法人资格,能够以自己的名义独立地享受权利和承担义务。这意味着公司的人格和股东的人格相对独立。

我国的公司法规定了有限责任公司和股份有限公司两种形式。有限责任公司,是指由股东出资组成的,股东对公司的债务以其出资额为限承担有限责任,公司以其全部财产对外承担责任的企业法人。股份有限公司,也称股份公司,是指公司的资本分成若干等额的股份,由一定人数以上的股东组成,股东以其认购持有的股份为限对公司承担有限责任的公司。因此在我国,公司的股东均承担有限责任,公司均具有独立的法人资格。

公司作为一种最常见、最普遍的企业组织形式,也有其利弊。

1. 公司的优点

(1)股东一般仅以其出资额为限承担有限责任,从而减少了股东投资风险;

(2)公司一般具有法人资格,能够以自己的名义对外独立享受民事权利,承担民事责任;

(3)公司具有较强的筹资能力,股份有限公司还可以获准在证券交易所上市,能迅速扩大企业规模;

(4)公司一般经营权与所有权分离,管理更有效率。

2. 公司的缺点

(1)公司设立程序复杂,一般有最低注册资本要求;

(2)法律对公司的监管规制较多,上市的股份有限公司还应定期向社会公开其营业情况和财务情况,保密性不强;

(3)所有权和经营权分开,会产生复杂的委托—代理关系;

(4)在股权分散的上市公司中,许多小股东缺少对企业长远的关心,购买股票是为了取得股利和从股票升值中取利;

(5)公司的税负较重,法律既对公司征收企业所得税,又对股东就公司分配的收益征收个人所得税,即存在“双重纳税”。

四、跨国公司

跨国公司，又称多国公司，是指以本国为中心，通过直接投资等形式，在不同国家或地区设立的分支机构、子公司或其他企业形式，从事跨国性生产经营活动的经济组织。从法律上看，跨国公司并非严格法律意义的公司，而是国际上公司之间的特殊形式。跨国公司的雏形最早出现在16世纪，成长于19世纪70年代之后，是企业跨国经营的重要载体和重要组织形式，是国际经济全球化的重要表现，是科技进步和社会生产力发展的必然产物。

根据定义，跨国公司具有以下特征：

1. 跨国性

跨国公司一般都以一个实力雄厚的大型公司为主体，通过对外直接投资或收购当地企业的方式，在许多国家设立子公司或分公司。跨国公司所从事的经营活动是将技术、资金、商品、人才、信息等生产要素在国际间进行全球范围内的优化配置，其经营空间超越了一国国界。

2. 实行全球战略和集中管理

跨国公司在制定战略和做出经营决策时，一般都从全球战略出发安排自己的经营活动，在世界范围内寻求市场和合理的生产布局，定点专业生产，定点销售产品，以谋取最大的利润。为了实现跨国公司的全球战略，公司一般都有一个完整的决策体系和最高的决策中心对整个公司进行高度集中的管理。各子公司或分公司虽各自都有自己的决策机构，可以根据自己经营的领域和不同特点进行决策活动，但其决策必须服从于最高决策中心。

3. 公司内部一体化

跨国公司是由分布在各国的实体所组成的企业，其内部各实体之间并非简单地组合，而是通过各种复杂的控制关系有机地联系在一起，为了共同的战略目标，并在母公司的统筹安排下，彼此分享资源、信息和分担责任，在全球范围内开展生产经营活动。这是跨国公司得以实现其全球战略的关键所在。

4. 国际风险的多元性

跨国公司组织形式的复杂性、投资主体的多元性以及经营活动的跨国性，使得跨国公司除了面对一般国内企业面临的经营风险，还必须面临和承受政治风险、法律风险、证券风险等国际风险，其在经营活动中承担的法律责任也更大。一般而言，其承担的法律责任主要根据跨国公司内部关系来认定。如总公司一般要承担分公司的法律风险，子公司要独立承担法律风险，母公司一般只按自己所控股的比例承担风险。

跨国公司一方面促进了国际间的商品贸易流通和发展，将资金、技术、产品等生产要素在国际范围内进行合理配置，创造出最大的经济效益；另一方面，由于跨国公司以其拥有的雄厚资本在世界范围内追逐高额利润，对母国和东道国的政治、经济、法律和外交都产生了巨大影响，当然包括一些消极影响，如环境污染、干涉东道国内政外交等。因此，各国与一些国际组织（特别是发展中国家）纷纷要求对跨国公司的活动进行一定程度的国际监督和管制，以消除其消极影响。为此，联合国有关机构于1982年草拟了《联合国跨国公司行为守则（草案）》。

五、外商投资企业

我国的外商投资企业，又称“三资”企业，是中外合资经营企业、中外合作经营企业、外商独资企业的简称。由于我国特殊的历史和现实情况，外商投资企业中的外商还包括港澳地区及台湾地区同胞。

1. 中外合资经营企业

中外合资经营企业是指外国公司、企业和其他经济组织或个人与中国公司、企业或其他经济组织，根据中国法律经由中国政府批准设立在中国境内的以合资方式组成的有限责任公司。中外合资经营企业属于股权式的有限责任公司，它具有法人资格，投资者承担有限责任，按照出资比例分配利润，一般以董事会的管理模式进行管理。《中华人民共和国中外合资企业法》对参与合资企业的中外双方合资者的条件、设立合资企业的程序、企业的组织结构、经营管理、利润分配比例、对外国合资者合法权益的保护以及企业的结业清算等做了原则性规定，是建立中外合资经营企业的法律依据。

2. 中外合作经营企业

中外合作经营企业是指中国的企业或者其他经济组织同外国的企业、其他经济组织或个人，按照平等互利原则，根据《中华人民共和国中外合作企业法》及中国其他有关法规，以书面合同约定合作条件，并经中国政府批准设立在中国境内的合作经济组织。中外合作企业在企业性质、投资方式、利润分配、风险承担、经营管理以及投资回收等方面，与中外合资企业都存在区别，形成其自身的法律特征。中外合作企业属于契约式的合营企业，具有较大的灵活性，可采取公司的方式，取得法人资格，也可以采取合伙形式，成为非法人企业。在经营管理方面，既可实行董事会领导，也可设联合管理机构，或委托给第三方经营管理，在投资者的利润分配方面不严格拘泥于出资比例，按合同约定即可。《中华人民共和国中外合作企业法》对举办合作企业的条件、合作企业的法律地位、组织结构、出资方式、利润分配、资本回收、经营管理以及企业的期限、终止、清算等都做了明确的规定。

3. 外商独资企业

外商独资企业是指依照中国有关法律在中国境内设立的，全部资本由外国投资者投入的企业。外资企业区别于其他外商投资企业的基本点在于：企业的全部资本由外国投资者投入，中国企业或者其他经济组织不参股。外资企业也不同于外国企业在中国境内设立的分支机构。《中华人民共和国外资企业法》以立法形式对外资企业合法经营和权益实行保护，增强外国投资者来华设立外资企业的决心，同时也使得设立的外资企业在我国法律指导、监督、管理之下，更好地为我国经济服务。

六、选择商事企业形式应注意的问题

商人在选择从事商业活动的企业形式时，应注意的因素是多样的。在法律因素方面，主要集中在两个问题上：第一，投资者对商业活动中产生的债务承担的风险，即有限责任还是无限责任；第二，税收负担。

根据我国法律规定，个人独资企业的投资者以及普通合伙企业中合伙人应对企业的债务承担无限清偿责任，因此相对来说投资者承担的风险较大；而有限责任公司和股份有限公司的投资者对企业债务仅以其出资为限承担有限责任，相对来说投资者的风险较小。值得注意的是，我国修订后的合伙企业法增加了关于有限责任合伙和有限合伙的规定，因此在合伙企业中，部分合伙人也能够承担有限责任或者在特定情况下承担有限责任。

对企业债务承担有限责任或无限责任，固然是投资者考虑的一个重要因素，然而，若投资者能够合理地控制企业负债，这种风险可能仅仅是一种可能性，或许不会变成真正的现实。因此，更为现实的一个考虑因素是企业的税收负担。根据我国现行法律规定，对个人独资企业和合伙企业仅对投资者征收个人所得税，而不对企业征收企业所得税(一次征税)，而对公司则不仅对投资者征收个人所得税，还对企业征收企业所得税(二次征税)。这在美国和其他国家法中也有类似的规定。

选择商事组织形式，除了应特别重视有限责任及考虑纳税之外，还应重视其他因素：商业活动的性质是否适合此类投资者的数目及其相互关系；其内部运作的有效性及其从事业务活动的费用；在成立企业前筹措资金及其他经济资源的可能程序；企业设立的程序及其复杂程度；考虑企业未来发展是否方便融资；等等。

第二节　合伙法

一、合伙与合伙企业法概述

(一)合伙概述

合伙制企业是人类社会最古老的企业组织形式之一，也是极具灵活性和顽强生命力的一种企业组织形式。“合伙也许是人类群体本能最古老的表现形式。”这种经营方式早在公元前18世纪古巴比伦的《汉穆拉比法典》中已有规定①。到古罗马时期，合伙已成为一种制度成熟、形式多样的个人联合体。

早期的合伙主要是一种契约关系，一般为“两人以上相约出资，经营共同事业，共享利益，共担风险的合同”②。这种契约关系渐渐发展成合伙企业，即两个或两个以上的合伙人为经营共同事业，共同投资、共享利润及共担风险而组成的企业。最早出现的合伙企业形式主要是普通合伙企业，其主要特征是全体合伙人对企业的债务承担无限连带责任。

随着经济的发展，在最初的普通合伙企业的基础上，在欧美各国逐步衍生出有限合伙、有限责任合伙等各类合伙性质的企业。它们之间既相联系又存在着微妙的差别。

(二)合伙企业法概述

合伙企业法是调整合伙企业设立、经营、变更过程中形成的各种法律规定的总称。

1. 西方国家关于合伙企业的法律

合伙作为一种古老的企业组织形式，早在古希腊、罗马时期就已广泛存在，有关合伙的法律规定也随之产生。例如，著名的《法学阶梯》中就设有专门一节对合伙做了规定。也有学者认为，上升到法律层面的合伙法律制度及受其约束的合伙制企业出现较晚，合伙企业法律制度发端于中世纪在地中海地区形成的商法③。

---

① 《汉穆拉比法典》第99条规定：“某人按合伙方式将银子交给他人，则以后不论盈亏，他们在神前摊分。”

② 梁慧星主编：《民商法论丛》第四卷，法律出版社1996年版。

③ 沈四宝、郭丹：《美国合伙制企业法比较及对中国法的借鉴意义》，http://www.haolawyer.com/article/view_20535.html。

在现代大陆法系中，合伙法的规定主要在民法典和商法典的有关章节中。《德国民法典》第二编第705～740条规定了民事合伙，第105～160条规定了商事合伙。《法国民法典》第三章、第四章为“合伙”。

在英美法系国家，合伙法大多采取了单行法的形式。英国的普通法院早在17世纪就已接受了欧洲大陆发展起来的有关合伙企业权利义务的商法原则，到1756年曼斯菲尔德就任首席大法官之后，有关合伙企业的商法原则真正形成系统的理论体系，成为英国普通法的一部分。英国1870年制定了合伙法，至今依然有效，该法对英美法系的其他许多国家的合伙法有较大影响。美国的合伙制度继承于英国的普通法原则，但其关于合伙的有影响的成文法的出现则是近百年的事。美国作为联邦制国家，其关于企业主体的立法权限属于各州的立法机关，没有统一的联邦合伙法。为消除各州合伙法之间的差异，美国统一州法委员会于1914年制定了《统一合伙法》(Uniform Partnership Act)。该法目前已被除佐治亚州和路易斯安那州以外的所有州采用。

2. 我国的合伙企业法

改革开放以来，随着我国经济的发展，企业形态不断创新，合伙企业已经发展成为我国企业中的重要主体之一。1997年2月23日，第八届全国人民代表大会常委会第二十四次会议通过了《中华人民共和国合伙企业法》(自1997年8月1日施行)。该法的实施，对于确立合伙企业法律地位，规范其设立与经营，保护合伙企业及其合伙人的合法权益，鼓励民间投资，促进经济发展，发挥了积极作用。但是因处于社会主义市场经济体制建立初期，受当时的条件和认识局限，立法只对普通合伙，即所有投资者都对企业债务承担无限连带责任的合伙做了规范。随着社会主义市场经济体制的逐步完善，经济生活中出现了一些新的情况和问题，加之民间投资、风险投资以及专业服务机构发展对合伙组织形式的不同需要，使其难以适应当前经济与社会发展要求，迫切需要进行修改。

2006年8月27日第十届全国人民代表大会常务委员会第二十三次会议通过修订的《中华人民共和国合伙企业法》，于2007年6月1日起施行。该法经过两年多时间的起草，经过广泛调查研究、借鉴国外经验、反复征求意见而形成。修改内容主要包括三方面：增加有限合伙制度；增加有限责任合伙制度(特殊的普通合伙企业)；明确法人可以参与合伙。这与我国《公司法》第十五条关于限制公司对外投资的规定进行了必要衔接，即要求一般公司不得从事承担连带责任的投资，但法律另有规定者除外。因此，法人可以成为合伙企业中的有限合伙人。

二、普通合伙企业

(一)普通合伙企业概述

普通合伙企业(简称GP)，是指依法设立的、由全体合伙人对合伙企业的债务承担无限连带责任的合伙企业。普通合伙企业是最早出现的一种合伙企业形式，也是最典型的合伙企业形式。我国1997年通过的合伙企业法仅规定了这一种合伙形式。

普通合伙企业具有以下特征：

(1)合伙企业由各合伙人组成。合伙企业不是单个人的行为，而是两个以上个人的联合，所以才称之为合伙。因此，合伙企业强调的是“人的组合”，合伙人之间一般具有较强的人身信赖关系。

(2)合伙建立在合伙协议基础之上。订立合伙协议,是合伙人建立合伙企业的前提,也体现了合伙企业的基本属性。合伙协议规定了合伙人在合伙中的权利和义务,是规范其内部关系的主要依据。

(3)合伙人有权平等地享有合伙的收益以及参与管理合伙事务的平等权利,每个合伙人均有权对外代表合伙企业从事合伙的正常业务活动,但合伙协议另有规定的除外。

(4)全体合伙人对合伙企业债务承担无限连带责任。合伙企业是以合伙人个人财产为基础建立的,合伙财产为合伙人所共有,与合伙人的个人财产密切联系。合伙企业由合伙人共同经营,风险共担,要求各合伙人用其个人财产来共同保障合伙企业的信誉,承担合伙企业的债务责任。

(5)合伙企业一般不具有法人资格,不能对外独立承担责任。包括我国在内的大多数国家规定,合伙企业不具有独立的法律人格,不属于企业法人。但法国、荷兰等大陆国家及苏格兰的法律则规定合伙企业也可具有法人资格。

(二)普通合伙企业的设立

1. 合伙协议

各国一般规定,合伙协议是基于合伙人之间的合同而成立的。合伙协议是规定合伙人之间权利、义务的法律文件,是确定合伙人出资、利润分配、风险及责任分担、合伙的经营等方面的基本法律依据。它一般以书面形式订立,但也可以根据合伙人之间的口头方式以及他们的行为来判定他们之间存在合伙关系。合伙协议一般载明以下内容:

(1)合伙企业的名称和合伙人的姓名及其住所。很多合伙企业的名称多以合伙人的姓氏命名,在合伙人的姓氏之后可加上“商行”(Firm)或“企业”(Company or Enterprise)的字样。

(2)合伙性质和合伙企业的经营范围。

(3)合伙的期限。一些国家对合伙的期限加以限制。例如法国法律规定,合伙的期限最多不得超过99年,但是合伙人可以在此期满后请求延长。

(4)合伙人出资的方式、数额和缴付出资的期限。

(5)利润分配和亏损分担办法。

(6)合伙企业事务的执行。

(7)入伙与退伙及合伙企业的解散与清算。

(8)违约责任。

(9)合伙人认为必须约定的其他内容。

2. 合伙的登记

合伙企业设立的手续一般比较简便,但是否须经过注册登记程序才能成立,不同的国家有不同的态度。

大陆法系国家一般要求设立合伙企业时必须履行申请登记手续,并领取营业执照。营业执照签发日期为合伙企业的成立日期,在一般领取合伙企业营业执照前,合伙人不得以合伙企业的名义从事经营活动。比如我国的合伙企业法就有此规定。法国对合伙的登记也做出了类似规定。英美国家则不同,法律并不要求合伙必须登记,只要合伙协议已经签订、资金已经到位,合伙即可以认为成立,但要求所有的合伙企业必须有合法的目的。如依照美国《统一合伙法》的规定,合伙须依合伙人的协议而组成,也可以无须政府批准,但必须要有合法的合伙目的。

无论对合伙的登记持何种态度，各国一般对合伙的成立有一定的限制。例如，英国的合伙法对合伙的商号名称要求相当严格，合伙的商号一般应以合伙人的姓氏命名，如在商号中没有包含合伙人的真实姓氏或没有包含合伙人的真实姓名的开头字母，均须向主管部门进行登记。如日后商号的名称有所变更，则须再行登记。各国一般规定，合伙的人数应在两人以上，如美国的合伙法规定合伙应是两人或多人以上的联合营业性组织。英国还规定，除律师、会计师、证券批发商、专利代理人、检验师、精算师、咨询工程师或者建筑工程师组成的合伙外，其他合伙组织的成员不得超过 20 人。

3. 我国普通合伙企业设立条件

我国合伙企业法规定，设立普通合伙企业，应当具备下列条件：

(1)有两个以上合伙人。合伙人为自然人的，应当具有完全民事行为能力。

(2)有书面合伙协议。

(3)有合伙人认缴或者实际缴付的出资。

(4)有合伙企业的名称和生产经营场所。

(5)法律、行政法规规定的其他条件。

合伙企业名称中应当标明"普通合伙"字样。合伙人可以用货币、实物、知识产权、土地使用权或者其他财产权利出资，也可以用劳务出资。合伙人以实物、知识产权、土地使用权或者其他财产权利出资，需要评估作价的，可以由全体合伙人协商确定，也可以由全体合伙人委托法定评估机构评估。合伙人以劳务出资的，其评估办法由全体合伙人协商确定，并在合伙协议中载明。合伙人应当按照合伙协议约定的出资方式、数额和缴付期限，履行出资义务。以非货币财产出资的，依照法律、行政法规的规定。需要办理财产权转移手续的，应当依法办理。

(三)合伙企业内部关系

合伙企业的内部关系是指合伙企业与各合伙人之间及各合伙人之间的权利义务关系，这是合伙企业人合性的内部体现。通常合伙人的权利义务应由全体合伙人协商一致后在协议中加以规定，依协议执行。但由于某些权利与义务直接影响到企业经营，为指导企业确定合伙人的权利义务，并规范合伙人的有关行为，法律对合伙人的部分权利做了专门规定，具体包括：合伙人对合伙企业的出资义务，对合伙企业财产的共同支配权，对合伙企业经营活动损益的共担，对合伙企业事务共同决策权的享有，以及对合伙企业负有的竞业禁止和交易限制义务。

1. 合伙人的权利

根据多数国家的合伙法，合伙人的权利可以归纳为以下几项：

(1)管理参与权

它主要体现为事务执行权和重大事项的表决权。各国合伙法规定，除非合伙协议有相反的规定，每个合伙人均有平等地参与合伙管理、对外以合伙名义进行业务活动的权利。实践中，合伙协议通常约定由一位或者几位合伙人负责合伙的日常管理，但是企业的有关重要事项必须经过全体合伙人讨论，一致同意方可决定。

(2)利润分配权

依据协议规定的方式和比例享受合伙企业盈利分配的权利，但合伙人不得协议将企业利润分配给部分合伙人，也不得要求部分合伙人承担企业的全部亏损。若协议中没有规定或者规定不明确，则应根据各国合伙法的规定分配利润，但是各国对此规定有所不同。例如，法国的法律规定应按合伙人的出资比例分享利润，但是英国、美国、德国等国家的合伙法规定，合伙人应平均地分配利润，而不考虑合伙人出资的比例。

(3)监督权和知情权

无论合伙人本身参与事务执行与否，他都拥有对他人执行合伙事务情况的监督权，特别是不参与事务执行或不负责全面事务执行的合伙人由于条件的限制不能随时了解企业的经营情况。为此，法律规定每个合伙人都有权了解、查询有关合伙经营状况的各种情况，有权随时查阅合伙企业的账目并提出质询的要求，负责日常业务的合伙人不得拒绝。一些国家对合伙人的这项权利加以限制，以保证合伙企业的经营管理能够顺利进行。例如，法国的法律规定，不参与日常管理的合伙人一年内查阅合伙账目一般不得超过2次。

(4)获得补偿权利

合伙人为处理企业的正常业务或维持企业的正常经营，维持企业的财产利益而垫付的个人费用或因此遭受的个人财产损失，合伙企业和其他合伙人应予以补偿。但原则上，合伙人不得向合伙企业请求报酬，也不得领取工资，因为执行合伙企业事务既是每个合伙人的权利，也是其应尽的义务。

2. 合伙人的义务

(1)履行出资的义务

合伙人在签订合伙合同之后，有义务按照合同约定的时间、数额、方式缴纳出资。如合伙人到期拒不缴纳出资，其他合伙人有权要求其承担相应的违约责任。

(2)不得随意对外转让出资的义务

由于合伙人之间存在着"相互信任"的关系，如果未经其他合伙人同意而随意对外转让出资，则有可能损害合伙企业人之间的相互信赖关系。大多数国家法律规定，除合伙协议另有规定外，合伙人对外转让出资时需经其他合伙人一致同意，但同时也允许合伙人在一定条件下将请求分配利润的权利转让或者馈赠给他人。

(3)承担合伙债务的义务

合伙企业的债务是指合伙企业以自己的名义对他人所负的债务，合伙人对内按合同约定的比例承担债务，对外则对债权人承担无限连带责任。

(4)忠实义务

合伙人对合伙企业及其他合伙人负有忠实义务：合伙人必须为合伙企业的最大利益服务；不得擅自利用合伙企业财产为自己牟取私利；应及时向其他合伙人报告有关企业的各种情况和信息。

各国法律一般均规定合伙人对合伙企业不得有如下行为：竞业禁止，即合伙人不得自营或同他人合伙经营与该合伙企业相竞争的交易或行为；自我交易禁止，即合伙人未经合伙协议或全体合伙人同意不得擅自与本企业进行交易；不得从事损害本企业利益的活动，包括从事各种可能明显损害或有损害合伙企业利益潜在危险的活动。

合伙人违反忠实义务所获得的利益，必须全部转交给合伙企业。

(5)谨慎和注意义务

参与经营管理的合伙人在执行合伙业务时，必须履行谨慎和勤勉义务，否则因其过错而给合伙企业造成损失，其他合伙人有权请求赔偿。

上述权利和义务只是与企业事务执行比较密切的部分。除此以外，企业可根据自己的实际情况，在协议中规定更多的权利义务，对此法律并不加以限制。但对合伙人的上述权利，合伙协议另有规定的可依规定执行，无规定的应依法执行；而对合伙人的上述义务无论协议有无规定，都应依据法律规定执行。当然，企业在此之外也可根据具体情况对合伙人提出其他要求。

（四）合伙企业的外部关系

合伙企业的外部关系即合伙企业以自己名义与外界发生的联系，主要体现在合伙企业法人或委托人的行为效力问题和合伙企业与第三人的关系上。因合伙企业不具法人资格且具有人合性质，其外部关系与公司企业的外部关系有很大的差异，其在实际应用上突出体现的问题便在于合伙企业债务的清偿问题。

1. 合伙企业合伙人或委托人行为效力问题

在合伙企业中，每个合伙人在企业所从事的业务范围内，都有权作为合伙企业和其他合伙人的代理。这就是所谓的相互代理原则，这就涉及合伙企业合伙人或委托人的行为是否有效的问题。该问题不仅关系到合伙人内部的利益关系，而且关系到第三人的利益问题。对此，各国法律一般均作相应的规定：

（1）每个合伙人在执行合伙企业的通常业务中所实施行为一般均具有法律效力。除非该合伙人无权处理该项事务，而且与之交易的第三人也明知该合伙人没有相应的授权，否则合伙企业和全体合伙人都应就该合伙人的行为对第三人负责。

根据英国合伙法的规定，每个合伙人，特别是从事货物买卖的合伙贸易企业的合伙人，在处理下列事务时，都认为具有以下默示的授权：出售合伙企业的货物；以企业的名义购买企业业务所需要的货物；收受企业借款，并出具收据；为企业雇佣员工；以企业名义承兑和开立流通票据；以企业的信用借款或以企业的货物作抵押借款；委托律师为企业进行诉讼。①

任何合伙人就上述事项同第三人订立的合同，对合伙企业和其他合伙人都具有拘束力。所有合伙人均须对合伙企业同第三人所订立的合同或所承担的债务负连带的无限责任。

（2）合伙企业对合伙人执行合伙企业事务以及对外代表合伙企业权利的限制，不得对抗不知情的善意第三人。这种内部限制是否有效关键在于第三人是否知道这些情况。原则上这些相关内部限制不得对抗不知情的善意第三人，不能成为合伙企业或合伙人不承担法律责任的抗辩理由。但如果第三人在同该合伙人进行交易时，已经得知该合伙人的权利受限制而无权处理该项业务，则该合伙人所做出的行为就不能约束合伙企业和其他合伙人。

（3）合伙人在从事通常的合伙业务的过程中所做的侵权行为，应由合伙企业承担责任。但合伙企业也有权要求由于故意或疏忽的有关合伙人赔偿企业由此而遭受的损失。

（4）新合伙人对于入伙之后合伙企业所承担的债务，应与其他合伙人一样承担连带责任。但是新合伙人对于其入伙前合伙企业已存在的债务如何承担责任，各国规定不同，主要有三种立法例：新合伙人与其他原合伙人一样承担连带责任，如法国、日本；新合伙人对合伙原有债务不承担责任，如英国；新合伙人对入伙前发生的债务承担责任，但如果这种债务仅以合伙财产

---

① 沈四宝、王军等编著：《国际商法》，对外经济贸易大学出版社 2002 年版。

清偿时除外，如美国。

我国的合伙企业法采取了第一种做法，即新合伙人对入伙前合伙企业的债务承担连带责任。其立法依据在于：

第一，新合伙人在入伙前应当对合伙企业进行必要的考察，因此，新合伙人一般是在明知合伙企业债务存在的情况下同意加入合伙企业的，这意味着其对原合伙企业债务的默认和接受。

第二，从合伙企业财产是合伙人的共有财产出发，新合伙人既然成为共有人而享有权利，自然也应对原合伙企业债务承担连带责任。

第三，由新合伙人对原合伙企业债务债权享有权利并承担责任，有利于操作管理，也有利于在合伙人之间形成一种平等的法律地位。

对已退出合伙企业的原合伙人而言，若日后发生的债务是在其退伙之前的交易结果，则仍须对债权人负责。其目的是为了最大限度地保护合伙企业债权人的利益，防止合伙人借退伙逃避债务，这也是由合伙责任的连带特点决定的。但如果该债务与其退伙之前的交易无关，且第三人知道其已不是合伙人，则其对退伙后第三人的债务不承担任何责任。

2. 合伙企业与债权人的关系问题

(1)合伙企业的债务承担

合伙企业对其债务首先应以其全部财产进行清偿。合伙企业财产不足以清偿债务的，各合伙人应当承担无限清偿责任。以合伙企业财产清偿合伙企业债务时，其不足部分由合伙人依照合伙协议约定的比例分担。如果合伙协议没有约定分担比例，则由各合伙人平均分担。如合伙人实际支付的清偿数额超过其依照既定比例所应承担的数额的，该合伙人有权就超过部分，向其他未支付或未足额支付应承担数额的合伙人追偿。

需要注意的是，各合伙人之间的分担比例不能对抗债权人。债权人根据实际相关情况，既可依照合伙协议确定的比例向各合伙人分别追偿，也可要求全体合伙人中的一人或数人承担全部清偿责任。

(2)合伙人的债务清偿

合伙人个人财产不足以清偿其个人所负债务的，以该合伙人在合伙企业中的份额清偿。为了保护合伙企业和其他合伙人的利益，以及最大限度地实现债权人的利益，各国合伙企业法均做了相应规定：

第一，合伙人的债权人不得以该债权抵消其对合伙企业的债务。这是因为合伙企业的债权独立存在，反映了全体合伙人的利益，而某一合伙人的债务应当由其自行负责，不应当由合伙企业偿还或者冲抵。

第二，合伙人的债权人不得代位行使该合伙人在合伙企业中的权利。这是因为合伙人个人债务的债权人作为第三人，不具有合伙资格，与其他合伙人不具有以合伙为基础的关系，难以行使合伙人的权利。

第三，合伙人个人财产不足清偿其个人所负债务的，该合伙人只能以其从合伙企业中分取的收益用于清偿；债权人也可以依法请求人民法院强制执行该合伙人在合伙企业中的财产份额用于清偿；对该合伙人的财产份额，其他合伙人有优先受让的权利，取得该合伙人的份额，该受让人支付的价金用于向该债权人清偿债务。

（五）合伙企业的变更

合伙企业的变更，即合伙企业的合伙人以及合伙企业的出资份额等发生变化，主要是指入伙和退伙。合伙企业的变更直接影响合伙人及其债权人的利益，因而各国法律对此都有严格的规定。

1. 入伙

入伙是指合伙企业存续期间，合伙人以外的第三人加入合伙企业，从而取得合伙人法律资格的行为。由于合伙企业具有人合性，合伙企业的建立主要基于合伙人之间的信任，因此新合伙人入伙时，应当经全体合伙人同意，并依法订立书面合伙协议；订立入伙协议时，原合伙人应当向新合伙人告知原合伙企业的经营状况和财务状况，并可就原合伙企业的债务清偿情况做出规定。

新合伙人与原合伙人享有同等权利，承担同等责任。根据我国合伙法规定，新合伙人对入伙前合伙企业的债务承担连带责任。

2. 退伙

退伙是指合伙人退出合伙企业，从而丧失合伙人法律资格的行为。根据合伙的原因，退伙可以分为自愿退伙和法定退伙。

（1）自愿退伙

自愿退伙，又称声明退伙，是指合伙人按照自己的意愿而退出合伙。自愿退伙又可分为协议退伙和通知退伙两种情况。

协议退伙是指合伙企业在合伙协议约定的合伙企业存续期间有下列情形之一者，合伙人可以退伙：合伙协议约定的退伙事由出现；经全体合伙人一致同意退伙；发生合伙人难以继续参加合伙企业的事由；其他合伙人严重违反合伙协议约定的义务。应注意的是，在合伙协议有约定合伙期限的情况下，合伙人未经其他合伙人一致同意，不得单方面通知退伙。

通知退伙，合伙协议未约定合伙企业的经营期限的，合伙人在不给合伙企业事务造成不利影响的情况下，可以退伙。由于通知退伙具有一定的单方面性，为了保护其他合伙人的利益，法律对通知退伙有明确限制：合伙协议未约定合伙企业的经营期限；合伙人的退伙不致给合伙企业事务造成不利影响；应当提前 30 日通知其他合伙人，如擅自退伙，应当赔偿由此给其他合伙人及合伙企业造成的损失。

（2）法定退伙

法定退伙是指合伙人因出现法律法规规定的事由而退伙。其法定事由可分为两种：当然退伙和除名退伙。

当然退伙是指出现了某种难以预料的客观情况，合伙人丧失法律合伙资格的情况。其主要情形有：合伙人死亡或者被依法宣告死亡；个人丧失偿债能力；作为合伙人的法人或者其他组织依法被吊销营业执照、责令关闭、撤销，或者被宣告破产；法律规定或者合伙协议约定合伙人必须具有相关资格而丧失该资格；合伙人在合伙企业中的全部财产份额被人民法院强制执行。退伙事由实际发生之日为退伙生效日。

除名退伙，一般是指在合伙人的行为严重损害合伙企业和其他合伙人的利益或者合伙协议约定的其他事由的情况下，经其他合伙人的一致同意决议将其除名，使该合伙人丧失合伙人法律资格的情况。对合伙人的除名决议应当书面通知被除名人。被除名人接到除名通知之日，除名生效，被除名人退伙。被除名人对除名决议有异议的，可以自接到除名通知之日起 30 日内，向人民法院起诉。

(3)退伙的法律后果

退伙行为一经发生，其产生的法律后果涉及退伙人在合伙企业中财产份额的归属和民事责任的承担，一般涉及财产继承和退伙结算的问题。

第一，财产继承，即合伙人死亡或者被依法宣告死亡而退伙发生的法律后果。我国《合伙企业法》第 50 条规定："合伙人死亡或者被依法宣告死亡的，对该合伙人在合伙企业中的财产份额享有合法继承权的继承人，按照合伙协议的约定或者经全体合伙人一致同意，从继承开始之日起，取得该合伙企业的合伙人资格。"合伙继承人不愿意成为合伙人或者法律规定或者合伙协议约定合伙人必须具有相关资格，而该继承人未取得该资格，合伙企业应退还其依法继承的财产份额。

第二，退伙结算。合伙人退伙，其他合伙人应当与该退伙人按照退伙时的合伙企业财产状况进行结算，退还退伙人的财产份额。退伙人对给合伙企业造成的损失负有赔偿责任的，相应扣减其应当赔偿的数额。退伙时有未了结的合伙企业事务的，待该事务了结后进行结算。退伙人在合伙企业中财产份额的退还办法，由合伙协议约定或者由全体合伙人决定，可以退还货币，也可以退还实物。退伙人对基于其退伙前的原因发生的合伙企业债务，与其他合伙人承担无限连带责任，不能因其退伙而减免其债务和责任。

3. 合伙人出资额的转让

合伙企业在经营过程中，因为各种问题，其出资额转让情况时有发生。根据转让对象的不同，可以将出资额转让分为内部转让和外部转让。

(1)内部转让，即合伙人将其在合伙企业中的份额在其他合伙人之间转让。这种转让一般不会影响合伙企业人合性，也不会给其他合伙人带来风险，所以只需通知其他合伙人即可，无须经其他合伙人同意。

(2)外部转让，即合伙人将其出资额转让给其他合伙人以外的第三人。这种情况相当于新的合伙人加入合伙企业，因此可能影响合伙人的信任关系，因此这种转让一般有较为严格的规定。外部转让一般须经其他合伙人一致同意，且在同等条件下，其他合伙人有优先受让权。

(六)合伙企业解散、清算

合伙企业的解散，即合伙企业法律资格丧失过程。一般情况下，合伙企业解散分以下两种情况：

1. 自愿解散

合伙企业依合伙协议或合伙人的一致同意而解散，如合伙协议约定的经营期限届满或出现合伙协议约定的解散事由。

2. 法定解散

合伙企业出现法定事由而依法解散。根据我国《合伙企业法》的规定，主要有以下情形：(1)合伙人已不具备法定人数满 30 天；(2)依法被吊销营业执照、责令关闭或者被撤销；(3)法律、行政法规规定的其他原因。

一些国家的法律还规定：因爆发战争，合伙人之一系敌国公民时，合伙企业应解散；如因发生某种情况，致使合伙企业所从事的业务成为非法；合伙人中有人精神失常，长期不能履行其职责，或因行为失常使企业遭到重大损失，或因企业经营失败难以维持时，任何人均有权向法院提出申请，要求下令解散合伙企业。

引起合伙企业解散的原因发生后，即进入清算阶段。合伙企业的清算，即对合伙企业的资产及债权债务进行清理、核算和处理的过程，使合伙企业归于消灭，主要包括：清偿合伙企业债务，收取企业债权，返还合伙人出资，分配合伙企业剩余财产等。合伙企业至清算结束、注销登记后为完全消灭。

三、有限责任合伙

有限责任合伙（Limited Liability Partnership，LLP），是指由两个或两个以上合伙人组成，经依法核准登记注册，以合伙财产对合伙债务承担责任，各合伙人对自己的行为引起的合伙组织债务承担无限责任，对其他合伙人的疏忽、不当、渎职等行为引起的合伙组织债务以自己在合伙中的利益为限承担有限责任的实体。

有限责任合伙，是近十几年来流行于英美的商业组织形式[①]。20 世纪 70 年代以来，随着侵权法的重大发展，针对会计师、律师、医生等专业人士的法律诉讼频繁爆发，巨额索赔纷至沓来。专业人士突然发现，传统的“合伙制下凸显的专业人士个人信誉、品格与技能的光环，已经成为其生命中无法承受之重”[②]。为寻求合理限制合伙人法律责任的风险，有限责任合伙制度应运而生。它融合了传统合伙与公司的优点，其意义在于合理限制专业人士法律责任。最先提出对合伙人给予有限责任保护立法的是美国得克萨斯州 1991 年的立法，这一立法受到了希望得到有限责任保护但出于纳税、传统或其他原因而不愿意注册成为公司的事务所的欢迎。[③] 随后美国其他各州随后群起仿效，在全美引起了 LLP 立法的热潮。[④]

我国修改后的合伙企业法引进了有限责任合伙制度，并规定为“特殊的普通合伙企业”。特殊的普通合伙企业，是指一个合伙人或者数个合伙人在执业活动中因故意或者重大过失造成合伙企业债务的，应当承担无限责任或者无限连带责任，其他合伙人以其在合伙企业中的财产份额为限承担责任。合伙人在执业活动中非因故意或者重大过失造成的合伙企业债务以及合伙企业的其他债务，由全体合伙人承担无限连带责任。

我国的有限责任合伙制度具有以下特征：

（1）有限责任合伙企业形式主要适用以专业知识和专门技能为客户提供有偿服务的专业服务机构，如律师事务所、会计师事务所。

（2）有限责任合伙企业内部的责任承担与合伙人在执业过程中的过错相关，而这种过错程度须达到“故意或者重大过失”。只有当一个合伙人或者数个合伙人在执业活动中因故意或者

---

① 2001 年 4 月，英国《有限责任合伙法》开始实施。

② 美国 20 世纪 80 年代末爆发储蓄信贷协会危机后，负责收拾残局的联邦存款保险公司将索赔矛头指向会计师等专业人士，直接引起了当时第七大会计师行的破产。而在英国，1991 年国际商业信贷银行关闭后，清算人向负责审计的普华和安永两家会计师行提起的索赔额竟高达 800 亿美元。详见刘燕：《职业利益笼罩下的法律制度创新》，http://www.civil-law.com.cn/article/default.asp? id=32742。

③ 宋永新：《一种新型的合伙——美国有限责任合伙法评介》，《中外法学》，2001 年第 5 期。

④ LLP 这种形式已越来越受到合伙企业组织的青睐。许多大型的合伙已经注册为 LLP。据统计，在美国，到 1996 年底，3 142 家律师事务所已注册为 LLP；从 1993 年到 1996 年，已经有 16 082 项 LLP 注册 。全美最大的 6 家会计师事务所也已注册成为 LLP。

重大过失造成合伙企业债务的，才会有有限责任和无限责任的划分，即有故意或重大过失造成合伙债务的合伙人承担无限责任或者无限连带责任，而其他合伙人承担有限责任。否则，仍承担无限连带责任，即“合伙人在执业活动中非因故意或者重大过失造成的合伙企业债务以及合伙企业的其他债务，由全体合伙人承担无限连带责任”。

(3)有限责任合伙对外在整体上仍承担无限责任，仍属于一种合伙企业，一般不具备法人资格，仅仅是在其内部根据“过错”对合伙人的债务承担进行了分类，但当这种过错没有达到“故意或者重大过失”时，全体合伙人仍承担无限连带责任；即使这种过错达到“故意或者重大过失”时，仍有一部分合伙人须承担无限连带责任，因此这种形式并没有在本质上改变该合伙组织对外整体上承担无限责任的特征。

我国合伙企业法还规定，特殊的普通合伙企业名称中应当标明“特殊普通合伙”字样，并应当建立执业风险基金，办理职业保险。执业风险基金用于偿付合伙人执业活动造成的债务。执业风险基金应当单独立户管理。

有限责任合伙本质上是专业人士(特别是会计人员)为化解日益沉重的法律风险而推动的制度创新，力图在保留专业合伙组织的传统价值与合理规避法律责任之间探索出一条新路。尽管有限责任合伙对外在整体上对合伙债务仍承担无限连带责任，但这种制度将合伙人的无限连带责任仅局限于本人业务范围及过错，使这些专业服务机构的合伙人避免承担过度风险，有利于其发展壮大和在异地发展业务。

四、有限合伙

有限合伙(Limited Partnership，LP)，是指至少一名普通合伙人(General Partner)和至少一名有限合伙人(Limited Partner)组成的企业，其中普通合伙人负责执行合伙事务，对外代表合伙组织，并对合伙的债务承担无限连带责任，而有限合伙人不参加合伙业务的经营，不对外代表合伙组织，只按一定的比例分配利润和分担亏损，且仅以出资为限对合伙债务承担责任。

作为合伙的一种特殊形式和英美法上的一个重要概念，有限合伙的起源可以追溯到10世纪左右意大利航海贸易中广泛采用的康孟达(Commenda)契约。更有学者认为其最早的前身可能是穆斯林的一种商业惯例。12～13世纪，随着地中海海上贸易的发展和扩大，单个商人已不再适应较大规模的商业冒险。于是，一种新型的商业经营方式——康孟达，于11世纪晚期在意大利、英格兰和欧洲的其他地方逐渐被使用。这种“康孟达契约”一般用于长距离的海上贸易，主要在普通商人与海运商人之间订立。它一般规定，由普通商人提供资金，由海运商人负责经营、贩卖货物，普通商人的风险及责任以其出资为限。这种契约后来便演变为有限合伙。1807年《法国商法典》首次对有限合伙做了规定。1890年英国合伙法也规定了有限合伙，1907年又制定了单行的《英国合伙法》。美国统一州法委员会于1916年制定了《美国统一有限合伙法》，现已被大多数州所采纳。而德国和日本，其有限合伙企业是以两合公司的形式出现①。我国2006年修订的《合伙企业法》在第三章中也增加了有关有限合伙的规定。

根据我国合伙企业法的有关规定，有限合伙制度的主要法律特征有：

(1)有限合伙企业由2个以上50个以下合伙人设立，但是至少应当有1个普通合伙人。

---

① 《德国商法典》第二章第161条规定了两合公司(Die Kommanditgesellschaft)的概念，《日本商法典》第三章第146条至第164条中也规定了两合公司的概念。

这就意味着有限合伙企业必须是普通合伙人和有限合伙人的组合:当有限合伙企业仅剩有限合伙人的,应当解散;有限合伙企业仅剩普通合伙人的,转为普通合伙企业。

(2)普通合伙人执行合伙事务,对外代表合伙组织,并对合伙的债务承担无限连带责任,而有限合伙人不参加合伙业务的经营,不对外代表合伙组织,只按一定的比例分配利润和分担亏损,且仅以出资为限对合伙债务承担责任。这一规定是有限合伙在组织安排和法律制度上的主要特点之所在,其内部设置了一种与普通合伙制有根本区别的两类法律责任决然不同的法律主体:一是仅投入资金、不参与经营管理且只以其投资额承担有限责任的有限合伙人;二是投入资金并全权负责经营管理、承担无限责任的普通合伙人。

(3)有限合伙对外在整体上仍承担无限责任,因为它至少有一个普通合伙人必须对债务承担无限责任或无限连带责任。有限合伙仍属于一种合伙企业,也仅仅是在其内部对承担责任的合伙人进行了分类,但这也没有在本质上改变该合伙组织对外整体上承担无限责任的特征。

(4)有限合伙人可以用货币、实物、知识产权、土地使用权或者其他财产权利作价出资,但不得以劳务出资。而普通合伙人则可以以劳务出资。

(5)有限合伙人的死亡、破产不影响合伙的存在,不产生终止合伙的效果,一般也不当然退伙;而普通合伙人的死亡和退出,除非合伙协议另有规定,该普通合伙人一般当然退伙。我国《合伙企业法》第79条规定:"有限合伙人的自然人在有限合伙企业存续期间丧失民事行为能力的,其他合伙人不得因此要求其退伙。"第80条规定:"作为有限合伙人的自然人死亡、被依法宣告死亡或者作为有限合伙人的法人及其他组织终止时,其继承人或者权利承受人可以依法取得该有限合伙人在有限合伙企业中的资格。"

(6)有限合伙人和普通合伙人在一定条件下可以相互转化。除合伙协议另有约定外,普通合伙人转变为有限合伙人,或者有限合伙人转变为普通合伙人,应当经全体合伙人一致同意。有限合伙人转变为普通合伙人的,对其作为有限合伙人期间有限合伙企业发生的债务承担无限连带责任。普通合伙人转变为有限合伙人的,对其作为普通合伙人期间合伙企业发生的债务承担无限连带责任。

有限合伙企业由少数普通合伙人经营管理并承担无限责任,可以最大限度发挥激励机制的作用,减少一般企业的委托代理和监督成本,保持合伙组织的结构简单及降低管理费用和运营成本;充分利用"有限责任"的优势,吸引他人入伙,有利于广开资金来源,扩大企业规模,并适合高风险投资的需要。

第三节　公司法

一、公司和公司法概述

(一)公司的概念和特征

公司作为现代企业制度的核心形式,是市场经济最常见、最普遍的企业组织形式。由于各国法律文化及公司法律制度的差异,各国法律对公司的概念没有形成统一的释义,但是基本都集中在三个方面,即法定性、营利性和法人资格上。因此总结和归纳其含义和相关解释,公司是指依公司法的规定成立的，以营利为目的的企业法人。

如《美国标准公司法》第2条规定：公司是指受法令管辖之营利公司。《日本商法典》第52条规定：本法所谓公司是指从事商行为目的而设立的社团。《法国商法典》第1 832条规定：公司是由两人或数人通过契约约定共同投资，以分享由此产生的利润和经营所得的营利性组织。在英文中，公司可以用"Corporation"表示，也可以用"Company"表示。但在用"Company"表示时，在公司名称后应添加"Ltd."或"Inc."，或直接用公司的缩写"Corp."。

公司一般具有以下法律特征：

1. 依法成立性

公司依照法律设立和运行，是规范化程序较高的企业组织形式。公司的成立一般以注册登记为要件，必须履行一定的程序。在西方国家，对此要求并不严格。许多国家承认事实商人，只要有一定行为表明从事商事活动，即使不作商事登记，其行为也具有法律效力。我国属严格控制国家，设立公司必须登记注册。公司的发起设立、对内对外关系、内部治理结构、合并分立等，都依照法律规范来办理。公司是一种企业形式与法律形式相结合的体现。

2. 营利性

公司是以营利为目的的经济组织，这是反映公司基本属性的一个特征。公司营利性是公司诞生的价值目的，也是公司生存和发展的前提。从经济发展来说，公司资产的增值是社会发展的需要。公司以营利为目的，使它不同于以社会效益为目的的公益法人和以管理社会事务为目的的国家机关。但是，在西方并不是所有公司都具有营利性，例如美国一些公司具有政府的某些职能。所以，西方国家一般把具有营利性特征公司称为商事公司。

3. 法人性

法人性是公司区别于合伙企业和个人独资企业的一个重要法律特征。法人是具有民事权利能力和民事行为能力、依法独立享有民事权利和承担民事责任的组织。法人是依法定条件和程序设定的拟制主体，是赋予法律人格的社会组织。法人的人格独立性取决于财产的独立性和责任的独立性。但是应当注意，这种法人性并非绝对，当公司的股东滥用公司的独立人格损害债权人的利益时，法院可在特定的情况下对公司的法人人格进行否认，即"揭开公司的面纱"原则。

(二)揭开公司的面纱(Piercing the Corporate Veil)

揭开公司的面纱又称公司法人人格否定(Disregard of Corporate Personality)，是指当公司的独立人格和股东有限责任被公司背后的股东滥用时，就具体法律关系中的特定事实，否定公司的独立法人机能，将公司与其背后的股东视为一体并追究其共同的连带法律责任，以保护公司债权人或其他相关利害关系群体的利益及社会共同利益，实现公平、正义的一种法律措施。

公司的独立法人人格以及公司股东对公司承担有限责任，是企业发展过程中的巨大进步，是公司法的基石，而这种制度最奇妙之处就在于它割断了公司股东与公司债权人之间的天然联系，使公司债权人在得不到清偿时却不得揭破公司这层面纱，不能向其背后的股东主张债权。但在现实生活中，让公司制度的设计者们始料不及的是，许多股东在公司面纱的遮掩下，滥用公司独立人格逃避债务、过度转嫁风险，采用转移公司财产、将公司财产与本人财产混同等手段，造成公司可以用于履行债务的财产大量减少，严重损害公司债权人的利益。

这对公司债权人极为不公平。揭开公司面纱原则，正是在英美国家的司法实践中针对股东特别是控制股东滥用公司人格导致事实上的不公平和利益关系失衡的情况而发展起来的判例规则。

我国 2005 年修订的《公司法》中增加了公司人格否认制度。《公司法》第 20 条规定：公司股东应当遵守法律、行政法规和公司章程，依法行使股东权利，不得滥用股东权利损害公司或者其他股东的利益；不得滥用公司法人独立地位和股东有限责任损害公司债权人的利益。公司股东滥用股东权利给公司或者其他股东造成损失的，应当依法承担赔偿责任。公司股东滥用公司法人独立地位和股东有限责任，逃避债务，严重损害公司债权人利益的，应当对公司债务承担连带责任。《公司法》修改时重点考虑了"揭开公司面纱"的以下范畴：公司不能清偿债务，同时存在股东虚假出资或抽逃出资时，债权人可以直接向股东请求清偿；清偿范围可以视不同情况而定：如股东出资不足，股东在章程规定的出资范围内对公司债务承担责任；如股东完全没有出资，该股东对公司债务承担无限责任；如股东抽逃出资，原则上在抽逃出资的范围内承担责任。

（三）公司法概述

公司法是调整公司在设立、组织、活动和解散以及股东权利义务的法律规范的总称。为规范、调整公司活动，各个国家都制定了富有特色的公司法。

目前世界各国的公司法，主要采用两种法律形式：一种为单行法规；另一种是包含在民法或商法之中，作为民商法的一个组成部分。大陆法系国家早期的公司法，主要规定在商法典中。随着公司在社会经济活动中的作用和影响的日益扩大，以及公司本身问题的复杂性与特殊性，大陆法系中许多国家将公司法从商法典中分离出来，制定成单行的法规。目前大陆法系中仅有日本等少数国家，仍将公司法放在商法典中。英美法系的国家关于公司的规定一般采取单行法的形式。

1. 英国公司法

英国的公司立法对英美法系国家和地区有很大影响。英国最早于 1720 年颁布实施了有关公司制度的《布伯尔法》。该法案一直到 1825 年才予以废止。1825 年以后英国颁布了一系列单行的公司法规，诸如 1835 年的《贸易公司法》、1844 年的《共同股份法》、1855 年的《有限责任法》、1907 年的《有限责任合伙法》、1908 年的《公司合并法》、1929 年的《公司法》和 1948 年颁布的新《公司法》等。这些法规经过多次修改，对无限公司、有限责任公司和股份有限公司等各种类型的公司做了明确的规定，形成了现代英国较为完整的公司法律制度。

2. 美国公司法

美国公司法是受英国公司法影响制定的。但美国作为联邦制国家，其公司法是各州自行制定的，没有统一的联邦公司法。由于各州的公司法之间存在很大的差异，为了减少和消除这些差异给公司的发展造成不利影响与法律障碍，美国律师协会（American Bar Association, ABA）于 1933 年起草了《标准商事公司法》（The Model Business Corporation Act）。作为一种"样板法"，它本身没有法律约束力，只是作为各州的立法机关在制定公司法时的参考。自 1933 年以来，该法经过多次修订，目前生效的是 1969 年修订的版本。1984 年，美国律师协会又制定了《标准修订商事公司法》（The Model Revised Business Corporation Act），作为各州修订公司法时的参考与指导。

3. 法国公司法

法国公司法以其规定严格而著称，对各国公司法的发展有着重要影响。法国早在1673年路易十四时期就制定了世界第一部系统编纂的《商事条例》，该条例中已正式有关于公司的规定，这是世界上最早规定公司的成文法。拿破仑于1807年颁布了《商法典》，在该法典第一编商行中的第三章有关于公司的规定。后来随着资本主义商品经济的迅速发展，对有关公司法的规定做了多次修改，并于1867年另外颁布了《公司法》，对公司制度做了专门规定，并设专章规定了股份两合公司和股份有限公司。1925年另外颁布了《有限公司法》，正式承认并规定了有限公司的法律制度。1940年法国政府制定了一部统一的全面规定所有形式公司的《公司法》。这个法律公布后，过去有关公司的法律均相应废除。这部《公司法》内容充实，结构严谨。法国政府1985年对该法又做了一些修改。

4. 德国公司法

德国的公司立法在世界范围内有举足轻重的地位。1892年专门颁布了《有限责任公司法》，这是世界上第一部有限公司法，以后世界许多国家有关有限公司的立法也均以单行法形式出现。1897年德国制定了新商法，即《德国商法典》，《德国商法典》有关公司的规定要比《法国商法典》丰富得多，设立专编规定了有关无限公司、两合公司、股份有限公司和股份两合公司四种公司法律制度。1937年德国又颁布了《股份法》，包括股份有限公司和股份两合公司，代替了1897年《德国商法典》中对这两种公司的有关规定，1965年通过新《股份法》。现在德国的无限公司、两合公司适用《德国商法典》，股份公司与股份两合公司适用新《股份法》，有限公司适用《有限责任公司法》。

5. 中国公司法

中国最早的公司立法可以追溯到1904年1月21日颁布的公司法，而现代意义的公司立法则是民国政府于1929年颁布的公司法。中华人民共和国成立后，废除了旧的法律制度和法律体系。20世纪末，随着改革开放和经济发展的需要，1993年12月29日第八届全国人民代表大会常务委员会第五次会议通过了《中华人民共和国公司法》，该法自1994年7月1日正式施行，后经1999年、2005年、2013年和2018年四次修订，其中2005年10月27日修订的版本进行了较大的修改，修改了公司的注册资本等制度，增加了一人公司等各种新制度；2013年12月28日通过、2014年3月1日生效的修正案，将第七条的实收资本删除，以简化登记事项、取消对最低注册资本的限制等；2018年10月26日通过并公布施行的修正案，再次对公司法的资本制度进行了修改完善。

近年来，随着国际贸易和全球化浪潮的扩展，各种国际组织和跨国公司大量涌现，各国公司出现了统一化的趋势，这种趋势主要表现在以下两个方面：

第一，各国在新制定和修改公司法时，尽可能吸收其他国家的立法长处，使本国法律与之趋同。例如，日本在第二次世界大战后，其公司法吸收了美国法的许多内容；英国为配合欧共体的一体化进程，多次修订其公司法，使之与大陆法协调起来。

第二，编纂普遍适用的统一公司法。最具代表性的是欧盟为协调各成员国公司法，起草发布了一系列欧盟公司法指令(Directives)。这些指令虽然不能对各成员国的公民或公司直接发生效力，但各成员国有义务通过制定或修改相应的国内法，使“指令”转化成为其国内法，以约束其本国公民和公司。

二、公司的分类

根据不同的标准，可以对公司进行不同的分类。

1. 无限责任公司、两合公司、有限责任公司、股份有限公司、股份两合公司

这是大陆法系国家根据股东所负的责任不同对公司所做的分类。但我国的公司法仅规定了有限责任公司和股份有限公司，因此我国的公司股东均承担有限责任，公司均具有法人资格。

(1)无限责任公司(也称无限公司)，是指由两个以上的股东组成，股东对公司债务承担连带无限清偿责任的公司。无限公司作为最早的一种公司形式，股东承担的风险极大，股东的信用在公司中表现得尤为重要，股东之间的关系具有浓厚的合伙性，因此，真正成立这种公司的股东，通常是在家族及亲朋之间。伴随着现代公司形式的产生，这种公司形式的采用正日益减少。这种公司类型类似我国的普通合伙企业。

(2)两合公司，是指由承担无限责任的股东和承担有限责任的股东共同组成的公司。承担无限责任的股东必须对公司的债务承担连带无限清偿责任；承担有限责任的股东只以其出资额为限对公司承担责任。这种公司类型类似我国的有限合伙。

(3)有限责任公司，也称有限公司，是指由股东出资组成的，股东对公司的债务以其出资额为限承担有限责任，公司以其全部财产对外承担责任的企业法人。有限公司在1892年发端于德国，融合了合伙企业和股份有限公司的优点，在各种公司类型中是最晚出现的一种。

(4)股份有限公司，也称股份公司，是指公司的资本分成若干等额的股份，由一定人数以上的股东组成，股东以其认购持有的股份为限对公司承担有限责任的公司。股份公司是一种最高级的企业组织形式，对于加速资本集中和社会化，促进社会经济的发展有重要作用。

(5)股份两合公司，是指公司的资本划分为等额股份，由无限责任股东与股份有限责任股东共同组成的股份公司。无限责任股东对公司债务承担无限连带清偿责任。股份有限责任股东以其所认购的股份对公司债务承担股份有限责任。与股份公司相比，股份两合公司的优点并不很多，因此，在各国受到的重视程度和发挥的作用是极小的，公司的数量也很有限。多数国家未规定此种公司形式。

2. 封闭式公司和开放式公司

这是英美法系国家根据股票发行的对象及股权转让方式的不同对公司的分类。

(1)封闭式公司(Private Company 或 Closed Corporation)，是指根据公司法而成立的，并且根据其公司章程，股东人数限制在50人以下，限制公司股份转让，禁止吸引公众购买其任何股份或任何债券的公司。这种公司类似于大陆法系中的有限责任公司。

(2)开放式公司(Open Corporation 或 Public Corporation)，又称多数人公司或上市公司。这种公司的特点是它的股票可以在股票交易所挂牌并公开进行交易，股份可以自由转让。这种公司类似于大陆法系中股票获准上市的股份有限公司。

3. 母公司和子公司

这是根据公司的控制和依附关系为标准对公司所做的分类。

母公司是指一个公司持有另一个公司一定比例的股份并直接掌握其经营的公司。子公司是母公司投资并受母公司控制的公司。一般而言，母公司和子公司均具有独立的法人资格，母

公司以其出资额或所持的股份为限对子公司承担责任，子公司以其全部资产对它自己的债务承担责任。如果一个母公司控制了三个以上的子公司，可以形成集团或企业集团。母公司与子公司之间的关系是以股权的占有为基础的，母公司是通过行使股权而不是直接依靠行政权力控制子公司。

4. 总公司和分公司

这是根据公司的内部管辖系统的分类。总公司，是管辖其全部组织的总机构，在法律上具有法人资格。分公司是总公司所管辖的分支机构，不具备法人资格。关于分公司业务的经营、资金的配置、财产的调度等一般均由总公司统一指挥决定。分公司不能独立承担财产责任，当它的财产不足以清偿债务时，应由总公司来清偿。

三、公司的设立

公司的设立，是指公司根据法定程序取得合法资格的过程。

（一）设立原则

公司设立的原则是指一个国家在法律上对公司设立所采取的基本态度，即以怎样的程序限制来规范公司的设立。综观各国公司法律，公司设立的原则大体经历了以下几个阶段：

1. 自由主义

自由主义又称放任主义，是指公司的设立没有任何的法定条件和程序，无须注册登记。自由主义产生于公司制度萌芽时期，但其容易造成公司泛滥，危及债权人的利益，不利于维持正常的经济秩序，在现代公司制度中已经消失。

2. 特许主义

特许主义是指公司的设立须经国家元首或立法机关予以特许。特许主义盛行于17～19世纪的英国、荷兰等国家。例如，1600年成立的英国东印度公司就是英国女王伊丽莎白一世特许成立的。但因其手续烦琐，特许设立不能普及，而且特许本身具有特权，不利于大规模发展公司，因而逐渐被各国所舍弃。

3. 核准主义

核准主义是指公司的设立除必须具备法律规定的条件和履行法定程序外，还须经政府行政主管机关的审查和批准。核准主义创设于法国路易十四时期制定的《商事条例》，后被德国等许多国家所采纳。核准主义虽然比特许主义有了很大进步，简化了公司设立的手续，但随着社会经济的高速发展，核准主义对公司设立的限制仍显得过于严格，不能满足公司发展的需要，逐步为准则主义所取代。

4. 准则主义

准则主义是指由法律对公司设立的条件做出规定，凡是具备这些法定条件的，不必经政府行政主管机关批准，可直接向登记机关申请成立公司。准则主义简化了公司设立程序，便于及时设立公司。但是这种设立原则也会导致公司滥设，目前大多数国家采取严格准则主义：一方面加重设立要件及设立责任，另一方面加强法院和行政机关的监督。

目前许多国家采用以准则设立为主、核准设立为辅的方式。比如我国对一般的有限责任公司采取准则主义，对涉及国家安全、公共利益和关系国计民生的特殊行业和特别经营项目的有限责任公司、股份有限公司则采取核准主义。

(二)设立方式

公司设立的方式基本为两种,即发起设立和募集设立。

1. 发起设立

发起设立是指公司的注册资本或公司所发行的股份全部由发起人出资或认购,不向公司以外的其他人募集。这种设立方式对社会公众利益影响相对较小,设立程序简单,设立所需时间短,成本低。有限责任公司、无限责任公司及两合公司大多采取此种方式。股份有限公司也可采用此种设立方式,但更经常采取的是募集设立方式。

2. 募集设立

募集设立是指发起人只认购公司股份或首期发行股份的一部分,其余部分对外募集而设立公司的方式。这种方式仅适用股份有限公司。由于募集设立的股份有限公司资本规模较大,涉及众多投资者的利益,故各国公司法均对其设立程序严格限制,一般对发起人认购的股份比例有一定的限制。如我国《公司法》规定发起人认购的股份不得低于公司发行股份总额的35%。

(三)设立条件

各国关于各类公司设立的条件不尽相同,但关于公司设立的程序大体相同:一定人数的法定创办人;创办人负责拟订公司章程和内部细则;组织认购股份;选举和任命公司的管理人员;申请注册登记等。这些手续完成后,经主管当局核准登记,即可领取营业执照,至此,公司便告成立。公司设立的条件主要有:

1. 公司发起人或股东符合法定人数和具备法定资格

公司发起人(Incorporator, Founder 或 Sponsor),即公司的创设人员,是负责筹建公司并对公司设立承担相应责任的人。由于发起人所具有的权利、承担的义务及责任的特殊性,各国公司法对公司发起人的人数及资格都具有具体而严格的规定。

从发起人数量来看,一般来说,应符合法定最低人数。多数国家规定发起人必须为两人以上,但一些国家也允许设立一人公司,如美国。我国新修订的公司法也增加了关于一人公司的规定。

从发起人性质来看,发起人可以是自然人,也可以是法人或其他经济组织,有的国家还可以是政府。对于发起人的国籍和居所地问题,各国公司法一般没有强制性规定,但也有个别国家和地区对此加以限制。如意大利公司法规定,外国人拥有意大利公司30%以上的股份时,须经意大利财政部批准。我国《公司法》规定,股份有限公司须有半数以上的公司发起人在中国境内有住所。

从发起人的责任和义务看,发起人对所设立的公司负有忠实的义务,必须在其权限范围内为投资者和公司的利益服务,并负有出资或认购公司法定比例股份的义务,在公司成立后即成为公司的首批股东。发起人因履行公司设立义务或履行过程中本人的过失所发生的法律责任由公司承担,但若公司未能成立,则由所有发起人共同承担连带责任。发起人因非履行公司义务或第三人造成损失的,则由发起人个人承担责任。

2. 公司章程

公司章程(Articles of Corporation 或 Status)是规定公司的宗旨、名称、资本构成、组织结构及公司经营活动基本规则的法律文件,是以书面形式固定下来的全体股东共同一致的意思表示,是规范公司经营活动的根本性大法。因此,公司的章程也被喻为“公司宪法”。

公司的章程一般由公司发起人制定，经发起人一致同意并签字盖章后交主管部门审核，并以公开的方式向公司成员及第三人表明公司的基本情况和信用，以维护交易安全。章程一经制定生效后不得随意变更，如确因情况变化需要变更章程，一般须持有一定比例表决权的股东同意，并依法向原登记机关办理变更章程登记。

各国的公司章程一般包括以下内容：公司名称和住所；公司经营范围；公司注册资本；股东的姓名或者名称；股东的出资方式、出资额和出资时间；公司的机构及其产生办法、职权、议事规则；公司法定代表人；公司章程的修改规则等。关于公司章程的形式，大陆法系一般采用单一形式，即公司章程。英美法系规定由两个文件组成，即组织大纲和内部细则。组织大纲是规定公司对外关系的纲领性文件，而内部细则是在组织大纲的基础上订立的、关于公司内部事务准则的基本文件。内部细则一般只能在公司内部有效，不能对抗善意第三人，一般由董事会制定、修改或废除。

3. 股东缴纳出资或认购股份

(1)最低注册资本要求

公司注册资本由全体股东出资构成，公司的资本是公司开展经营活动的前提和承担责任的基础。为了保护股东和债权人的合法权益，防止滥设公司，保障公司的偿债能力和社会交易安全，许多国家的公司立法对公司的资本总额规定最低限额。如德国规定，有限公司基本资本不得少于5万马克，股份有限公司不得少于10万马克。但是英美法系国家一般对公司设立的注册资本无严格要求，甚至无须最低注册资本要求。我国2014年《公司法》规定，除对公司注册资本最低限额有另行规定的以外，取消了有限责任公司、一人有限责任公司、股份有限公司最低注册资本分别应达3万元、10万元、500万元的限制；不再限制公司设立时股东(发起人)的首次出资比例以及货币出资比例。同时，2014年公司法将公司注册资本实缴登记制改为认缴登记制，除法律、行政法规以及国务院决定对公司注册资本实缴有另行规定的以外，取消了关于公司股东(发起人)应自公司成立之日起2年内缴足出资，投资公司在5年内缴足出资的规定；取消了一人有限责任公司股东应一次足额缴纳出资的规定，转而采取公司股东(发起人)自主约定认缴出资额、出资方式、出资期限等，并记载于公司章程的方式。

(2)出资形式

虽然公司的资本在章程中均应货币化，表现为一定数额的货币，但其具体构成并不以货币或现金为限。一般而言，有限责任公司和股份有限公司的资本由货币、实物、知识产权及土地使用权等构成；无限公司和两合公司的资本构成则更广泛，还可以包括股东的信用和劳务出资等。我国《公司法》规定，股东可以用货币出资，也可以用实物、知识产权、土地使用权等可以用货币估价并可以依法转让的非货币财产作价出资；但是，法律、行政法规规定不得作为出资的财产除外。

在发起人以非货币财产出资时，由于发起人有可能利用其有利地位将其作价过高，从而损害其他投资者及公司的利益，因此，大多数国家公司法都对实物做了具体的审查规定，设置了专门的审查机构或人员，并且明确规定相关人员或机构故意对实物估价过高的法律责任，以保证在以实物出资情况下作价公平合理。各国公司法对缴纳出资和认购股份的程序和审核手续都有严格的规定。如意大利、比利时的法律规定，认购方式必须采用公证文书，由公证人作证。德国股份有限公司法规定，发起人以实物提供股款者，应由法院在征求商会意见后，指定独立的审查员审查。我国《公司法》也规定，对作为出资的非货币财产应当评估作价，核实财产，不得高估或者低估作价。股东缴纳出资后，必须经依法设立的验资机构验资并出具证明。

(3)股东的足额出资义务

缴纳出资和认购股份是股东的一项最基本义务。股东须严格履行出资义务，以保证公司资本的真实可靠，从而保证交易的安全。股东如不能依照章程缴付出资，在无限公司构成被除名的原因；在有限公司，股东负有填补差额的义务；在股份有限公司，发起人应负填补其差额义务。如我国公司法明确规定，股东应当按期足额缴纳公司章程中规定的各自所认缴的出资额：股东以货币出资的，应当将货币出资足额存入有限责任公司在银行开设的账户；以非货币财产出资的，应当依法办理其财产权的转移手续。股东不按照规定缴纳出资的，除应当向公司足额缴纳外，还应当向已按期足额缴纳出资的股东承担违约责任。有限责任公司成立后，发现作为设立公司出资的非货币财产的实际价额显著低于公司章程所定价额的，应当由交付该出资的股东补足其差额；公司设立时的其他股东承担连带责任。

4. 有公司住所或固定生产经营场所和必要的生产经营条件

公司住所一般是指公司主要办事机构所在地。这是公司开展正常经营活动的前提条件。对此，各国公司法都有较严格和明确的要求。规定公司住所，从法律上来看还具有以下几个方面的意义：作为法律文书的送达处所；作为诉讼管辖的根据；在一定意义上是公司享有权利和履行义务的法定场所。比如，税务机关送达税务方面的文书，必须有一个可以送达的处所；公司将财务会计报告等资料供股东查阅，应当置备于公司住所。

四、公司的治理结构和组织机构

(一)公司的治理结构概述

公司治理结构(Corporate Governance)，是指适应公司的产权结构，以出资者(股东)与经营者分离、分立和整合为基础，连接并规范股东会、董事会、监事会、经理之间权力、利益、责任关系的制度安排。它包括公司的组织结构及其运行机制两个方面。公司的组织结构指由公司的意思形成机构、业务执行机构和内部监督机构构成的完整的、有机的、科学的组织系统，即股东会、董事会、监事会等公司组织机构组成的管理系统。公司的运行机制是指股东会、董事会、监事会等公司组织机构在公司运营过程中的激励、监督和制衡机制。

由于各国法律、哲学、历史传统、政治制度、外在条件及其他条件的不同，各国公司治理结构的具体模式也有所不同，其间所有者、经营者及其监督者的角色定位存在一定差异，反映了不同的管理理念。各国的公司治理结构可分为以德、日等国家为代表的双层委员会制和以英、美为代表的单层委员会制。

双层委员会制，又称大陆法系型，除了股东会和董事会作为公司的权力机关和执行机关外，还设有行使监督权的监事会。在监事会与董事会的关系上，又有两种模式：一是双层型，如德国、奥地利，由监事会推选董事组成董事会，负责公司的具体经营管理。在这种结构中，监事会居于董事会之上。二是并列型，如中国、日本，监事会和董事会共同由股东会选举产生，在双层结构中处于并列地位。双层委员制公司治理结构的理念基础在于大陆法系国家把公司的活动视为职工与管理层之间的合作行为，特征在于吸收职工参与公司管理，强调公司的稳定发展。这种治理模式有利于公司利益共同体的形成，减少劳资双方的摩擦和对立，有利于防止和抵御外来的恶意收购,维护公司管理的稳定延续。

单层委员会制,又称英美法系型,除了作为公司的权力机关的股东会外,公司重大事项的决策权由股东推选的董事会行使,公司高级管理人员也由董事会聘任,一般不设监事会。近十几年来,英美国家的法律引进了独立董事(Independent Director),为有效的监督提供了重要途径。这种治理模式也与这些国家发达的证券市场和职业经理人市场相关。若执行董事的工作未取得股东满意的业绩,股东就会在证券市场上抛售其股票,同时,也可能引发对该公司的敌意收购,一旦被收购,这些执行董事一般会被解聘。"反抗兼并"的本能促使执行董事忠诚、勤勉地执行职务。单层委员会的特征在于公司的权利集中于资方,强调在资本的流动中提高效率。但是近几年来,董事会逐渐变成公司组织机构的核心和公司的主宰,股东会中心主义已逐渐被董事会中心主义所取代。

(二)股东会(Board of Shareholders)

1. 股东会的性质和职权

股东会由全体股东(Shareholder)组成,是公司的最高权力机关。尽管各国受公司股东大会权利弱化、董事会权利强化趋势的影响,股东大会的权利在各国受到不同程度的架空,但它仍是公司象征性的最高权力机构。股东会行使的职权主要包括:

(1)决定公司的经营方针和投资计划。

(2)选举和更换非由职工代表担任的董事、监事,决定有关董事、监事的报酬事项。

(3)审议批准董事会的报告,审议批准监事会或者监事的报告。

(4)审议批准公司的年度财务预算方案、决算方案,审议批准公司的利润分配方案和弥补亏损方案。

(5)对公司增加或者减少注册资本做出决议,对发行公司债券做出决议。

(6)对公司合并、分立、解散、清算或者变更公司形式做出决议;修改公司章程。

(7)公司章程规定的其他职权。

但是,股东会一般对内不直接对公司业务进行经营管理,对外也不代表公司,而是通过选举和控制董事会来间接行使管理和领导权。

2. 股东会会议的种类和召集

股东会通过定期或临时举行由全体股东出席的会议来进行工作,以行使对公司联合控制的最高权力。

(1)定期会议

定期会议,是指依据法律和公司章程的规定在一定时间内必须召开的股东会议。定期会议应当按照公司章程的规定按时召开。对于股东大会定期会议每两次会议之间的最长间隔期限,各国规定有所不同。我国公司法规定每年召开一次,英国公司法规定两次会议之间的间隔一般不得超过 15 个月。

(2)临时会议

临时会议,也称特别会议,是指定期会议以外的必要时候,由于发生法定事由或者根据法定人员、机构的提议而召开的股东会议。各国公司法一般规定以下情况可以召开临时会议:

第一,持有一定比例股份的股东申请。如我国《公司法》规定,有限责任公司代表 1/10 以上表决权的股东提议时,股份有限公司单独或者合计持有公司 10%以上股份的股东请求时,应当召开临时股东大会。

第二，根据董事提议或在董事会认为必要时。如我国《公司法》规定，有限责任公司 1/3 的董事或董事会提议时，股份有限公司董事会认为必要时，应当召开临时股东大会。

第三，根据监事提议或在监事会认为必要时。如我国《公司法》规定，有限责任公司监事会或者不设监事会的公司的监事提议时，股份有限公司监事会提议时，应当召开临时股东大会。

第四，发生法定事由时。对于法定事由，各国公司法规定内容不一。例如，英国 1967 年《公司法》规定，凡需要临时撤换一个董事，或任命一位年逾 70 岁的董事，或者任命一位新的审计员时，均需召开临时会议。我国《公司法》规定，股份有限公司当董事人数不足本法规定人数或者公司章程所定人数的 2/3 时，或者公司未弥补的亏损达实收股本总额 1/3 时，应当在 2 个月内召开临时股东大会。

(3)会议的召集

我国《公司法》规定，首次股东会由出资最多的股东召开和主持。公司设立董事会的，股东会会议由董事会召集，董事长主持；董事长不能履行职务或者不履行职务的，由副董事长主持；副董事长不能履行职务或者不履行职务的，由半数以上董事共同推举一名董事主持。董事会或者执行董事不能履行或者不履行召集股东会会议职责的，由监事会或者不设监事会的公司的监事召集和主持；监事会或者监事不召集和主持的，有限责任公司代表 1/10 以上表决权的股东可以自行召集和主持，股份有限公司连续 90 日以上单独或者合计持有公司 10%以上股份的股东可以自行召集和主持。

3. 股东会的议事规则

股东会的决议一般须由代表表决权多数的股东通过方为有效。股东会的议事方式和表决程序，除公司法有规定的以外，由公司章程规定。根据决议事项和多数标准不同，股东会决议有普通决议和特别决议之分。

(1)普通决议

它是指股东会在决议公司的普通事项时，获得简单多数赞成即可通过的决议。根据我国《公司法》，所谓“简单多数”，在有限责任公司是代表 1/2 以上表决权的股东；在股份有限公司是出席会议代表 1/2 表决权的股东。除法律明确规定以特别决议规定的事项外，其他事项多属普通决议。

(2)特别决议

它是指股东会在决议公司的特别事项时，获得绝对多数赞成方可通过的决议。根据我国《公司法》，所谓“绝对多数”，在有限责任公司是代表 2/3 以上表决权的股东；在股份有限公司是出席会议代表 2/3 表决权的股东。我国《公司法》规定的特别事项主要有：公司的合并、分立、解散或变更公司形式，修改公司章程，增加或减少资本。

(三)董事会(Board of Directors)

董事会依法由股东会选举产生，代表公司并行使经营决策权和管理权的公司常设机关。它对内管理公司事务，对外代表公司行使职权。

1. 董事会的组成

董事是由股东在股东会上选举产生的，对公司的业务活动进行决策和领导的专门人。

(1)董事的人数

各国公司法都对董事人数做了不同的规定，但多是基于如何使董事会更有效地领导公司业务来确定的。因董事会人数少，易出现独裁，危害股东利益；董事会人数多，又会导致效率低下。所以，各国公司法对此都做出了弹性较大的规定，一般只规定最高和最低人数，具体人数由各公司章程规定。例如，德国规定，董事会必须至少由 3 人组成，股本金额在 120 万马克以下者，不得超过 9 人。我国《公司法》规定，有限责任公司设董事会，其成员为 3～13 人；股东人数较少或者规模较小的有限责任公司，可以设一名执行董事，不设董事会；国有独资公司董事会的成员为 3～9 人；股份有限公司董事会的成员为 5～19 人。董事会的人数一般为奇数，其目的是为了减少董事会内出现僵局的机会。

(2)董事的任职资格

为了确保公司董事能够胜任工作，维护公司、投资者及社会的公共利益，董事一般由股东会选出，然后由选出的董事组成董事会。各国公司法都在身份、年龄等方面对董事资格做出了一定限制，有积极条件，也有消极条件。这些条件一般包括国籍限制、年龄限制、兼职限制、能力品行限制等。

我国《公司法》规定有下列情形之一的，不得担任公司的董事：无民事行为能力或者限制民事行为能力；因贪污、贿赂、侵占财产、挪用财产或者破坏社会主义市场经济秩序，被判处刑罚，执行期满未逾 5 年，或者因犯罪被剥夺政治权利，执行期满未逾 5 年；担任破产清算的公司、企业的董事或者厂长、经理，对该公司、企业的破产负有个人责任的，自该公司、企业破产清算完结之日起未逾 3 年；担任因违法被吊销营业执照、责令关闭的公司、企业的法定代表人，并负有个人责任的，自该公司、企业被吊销营业执照之日起未逾 3 年；个人所负数额较大的债务到期未清偿。

2. 董事会的职权

董事会作为公司执行机构，对股东会负责，一般具有下列职权：

(1)召集股东会会议，并向股东会报告工作；

(2)执行股东会的决议；

(3)决定公司的经营计划和投资方案；

(4)制定公司的年度财务预算方案、决算方案；

(5)制定公司的利润分配方案和弥补亏损方案；

(6)制定公司增加或者减少注册资本以及发行公司债券的方案；

(7)制定公司合并、分立、解散或者变更公司形式的方案；

(8)决定公司内部管理机构的设置；

(9)决定聘任或者解聘公司经理及其报酬事项，并根据经理的提名决定聘任或者解聘公司副经理、财务负责人及其报酬事项；

(10)制定公司的基本管理制度；

(11)公司章程规定的其他职权。

3. 董事会会议

董事会会议有普通会议和特殊会议之分。普通会议是董事会根据公司章程而定期召开的会议，俗称“例会”。特殊会议是董事会认为必要时随时召开会议。我国《公司法》规定，有限责任公司的董事会会议由董事长召集和主持；董事长不能履行职务或者不履行职务的，由副董事长召集和主持；副董事长不能履行职务或者不履行职务的，由半数以上董事共同推举一名董事召集和主持。股份有限公司的董事会每年度至少召开两次会议，每次会议应当于召开 10 日前通知全体董事和监事。代表 1/10 以上表决权的股东、1/3 以上董事或者监事会，可以提议召开董事会临时会议。董事长应当自接到提议后 10 日内，召集和主持董事会会议。董事在会议上表决权为一人一票，一项决议经符合法定人数的出席会议董事的简单多数通过即为有效。董事会应当对所议事项的决定作成会议记录，出席会议的董事应当在会议记录上签名。

4. 董事对公司的义务和责任

公司的董事拥有公司的执行权和监督权，实际控制着公司的运营。虽然他们与公司及股东的利益有一致性，但他们又有各自独立的利益，甚至有可能与公司、股东利益相冲突。近几年来，股东会中心主义逐渐被董事会中心主义所取代，尤其是股权分散的上市公司，许多小股东并不关心公司的实际经营，而仅关心手中的股票是否增值。因此，各国立法都不同程度地强调董事等高级管理人员对公司的义务。

(1)善良管理义务(Duty of Care)，即在公司与董事的委任关系中，董事作为受任人在处理公司事务时须以善良管理人标准给予合理注意的义务。根据我国《公司法》，董事的善良管理义务仅限于遵守法律、行政法规、公司章程，标准显然过低，不利于提高董事的整体素质，应以善良管理人的注意为之，但在董事具有特殊识别能力场合，则应承担与其识别能力相应的更高的注意义务。

(2)忠实义务(Duty of Loyalty)，即董事对公司负有忠实履行其职务的义务，禁止背信弃义，不得使个人权利优于公司利益。一般认为，董事的忠实义务主要包括以下两重含义：

第一，董事必须诚实正当地行使，不得背信弃义，利用职权损害公司利益。董事作为公司的受托人，行使职权应以公司利益为准则，衡量其是否诚实正当行使职权的标准在于公司利益是否是董事行使职权的主要动机。对此，我国《公司法》规定：

①董事不得利用职权收受贿赂或者其他非法收入，不得侵占公司的财产；

②不得挪用公司资金；

③不得将公司资金以其个人名义或者以其他个人名义开立账户存储；

④不得违反公司章程的规定，未经股东会、股东大会或者董事会同意，将公司资金借贷给他人或者以公司财产为他人提供担保；

⑤不得接受他人与公司交易的佣金归为己有；

⑥不得擅自披露公司秘密。

第二，在自身利益与公司利益相冲突场合，董事不得使个人利益优于公司利益。主要包含以下三种基本情况：

①董事在自身交易中不得违反公司章程的规定或者未经股东会、股东大会同意，与本公司订立合同或者进行交易；

②董事履行职务时获得的秘密利益应归于公司，董事不得未经股东会或者股东大会同意，利用职务便利为自己或者他人谋取属于公司的商业机会；

③董事不得与公司竞争营业，董事不得自营或者为他人经营与所任职公司同类的业务。

董事执行公司职务时违反法律、行政法规或者公司章程的规定，给公司造成损失的，应当承担赔偿责任。

（四）监事会

监事会是依法产生，由股东会选举的，由全体监事组成的对公司的业务活动进行监督和检查的常设机构。它代表全体股东对公司经营管理进行监督，行使监督职能，是公司的监督机构。

监事会成员一般由股东会在有行为能力的股东中选任，监事的任职资格与董事的任职资格基本一致，但是董事、高级管理人员一般不得兼任监事。我国《公司法》规定，有限责任公司设监事会，其成员不得少于 3 人。监事会应当包括股东代表和适当比例的公司职工代表，其中职工代表的比例不得低于 1/3，具体比例由公司章程规定。监事会中的职工代表由公司职工通过职工代表大会、职工大会或者其他形式民主选举产生。

监事会主要对公司董事会和高级管理人员的业务活动实行监督，具体包括：

（1）检查公司财务；

（2）对董事、高级管理人员执行公司职务的行为进行监督，对违反法律、行政法规、公司章程或者股东会决议的董事、高级管理人员提出罢免的建议；

（3）当董事、高级管理人员的行为损害公司的利益时，要求董事、高级管理人员予以纠正；

（4）提议召开临时股东会会议，在董事会不履行本法规定的召集和主持股东会会议职责时召集和主持股东会会议；

（5）向股东会会议提出提案；

（6）按照法律的规定，对董事、高级管理人员提起诉讼；

（7）公司章程规定的其他职权。

监事会每年度至少召开一次会议，监事可以提议召开临时监事会会议。监事会决议应当经半数以上监事通过。监事会主席召集和主持监事会会议；监事会主席不能履行职务或者不履行职务的，由半数以上监事共同推举一名监事召集和主持监事会会议。监事会应当对所议事项的决定作成会议记录，出席会议的监事应当在会议记录上签名。

各国公司法对监事会成员的责任规定也基本上与董事会相同，要求其尽到谨慎、善良和管理义务，否则要承担相应的法律责任。

五、公司的合并、分立和解散、清算

（一）公司的合并和分立

公司的合并是指两个或两个以上的公司依法达成合议，归并为一个公司或创设一个新的公司的法律行为。公司的合并通常有两种行为：新设合并和吸收合并。新设合并，是指两个或两个以上的公司中，各个公司都解散，另外组建成一个新的公司，在美国又称为联合。吸收合并，是指两个以上公司中，一个公司存续，其他公司解散，在美国又称兼并。

公司的分立是指一个公司通过签订协议，不经过清算程序，分为两个或两个以上的公司的法律行为。公司分立主要有派生分立和新设分立两种形式。派生分立，是指一个公司分立成两个以上公司，本公司继续存在并设立一个以上新的公司。新设分立，是指一个公司分解为两个以上公司，本公司解散并设立两个以上新的公司。

（二）公司的解散和清算

公司的解散是指公司法人资格消灭的法律行为。各国公司法对公司解散的原因都有具体规定。根据公司解散是否为公司自主决定，可将解散的原因分为任意解散和强制解散。

任意解散是指由公司发起人或股东约定或决议引起的公司解散，主要有以下几种情形：公司章程规定的营业期限届满或者公司章程规定的其他解散事由出现；股东会决议解散；因公司合并或者分立需要解散；章程规定的某些解散事由出现。

强制解散是指因主管机关决定或法院判决所导致的公司解散，主要有主管机关命令其解散，法院判定公司解散，公司被宣告破产。我国新修订的《公司法》第 183 条增加了股东请求法院解散的情形："公司经营管理发生严重困难，继续存续会使股东利益受到重大损失，通过其他途径不能解决的，持有公司全部股东表决权 10%以上的股东，可以请求人民法院解散公司。"

公司的清算，是指公司在解散过程中，清理公司的债权债务，并在股东间分配公司剩余财产，最终结束公司所有法律关系的一种法律行为。一般来说，公司解散应成立清算组进行清算。但并非所有的公司解散都要进行清算，因公司合并或分立导致公司解散的，可以不进行清算。清算组由股东会确定其人选，可由董事、股东担任清算人，也可根据债权人的要求，由法院指派清算人。清算组在清算期间一般行使下列职权：

(1)清理公司财产，分别编制资产负债表和财产清单；

(2)通知、公告债权人；

(3)处理与清算有关的公司未了结的业务；

(4)清缴所欠税款以及清算过程中产生的税款；

(5)清理债权、债务；

(6)处理公司清偿债务后的剩余财产；

(7)代表公司参与民事诉讼活动。

本章小结

第一节概述了商事组织的定义，以及个人企业、合伙企业与公司企业三种基本商事组织形式，补充了外商投资企业、跨国公司的内容。在学习过程中，应结合选择商事组织形式的因素考虑，比较不同商事组织形式的利弊。

第二节以普通合伙企业为重点，介绍了普通合伙企业的概念与类型、设立条件、合伙人的内部关系与外部关系等，并介绍了我国新《合伙企业法》增加的有限责任合伙与有限合伙的规定。在学习过程中，要注意掌握普通合伙、有限责任合伙和有限合伙的区别，了解英美等国家的相关立法规定。

第三节介绍公司的概念及法律特征，公司的分类、设立条件、治理结构，以及董事对公司所负的义务等。学习过程中，应掌握公司的独立法人人格以及"揭开公司面纱"的法人人格否认制度；注意区分子公司与分公司的法律地位；了解公司的设立、股东出资的缴纳等；掌握公司的治理结构和董事等高级管理人员对公司的义务。

案例分析

案例一 个人独资企业出资人的无限责任

【案情】

某市西城区的深海商行是一家销售海鲜及其制品的个人独资企业。出资人陈某,住西河区,拥有私人住宅3套。由于经营不善,5月5日陈某决定解散深海商行,清算商行现有资产后陈某获现金50万元。5月25日,陈某通知深海商行的债权人崔某、绍某、林某(分别拥有10万元、25万元、35万元债权,且均无担保债权)商行解散,并表示清偿债务。林某因出差在外,6月4日向陈某主张债权时,陈某已经分别向崔某、绍某清偿了10万元和25万元,陈某将剩余15万元偿还给林某后,表示债务人是深海商行,其全部资产已用来清偿债务,现深海商行已经解散,其对外的欠债也自行消灭,拒绝向林某清偿剩余的20万元债务。林某无奈之下于6月10日向西城区法院提起诉讼,主张剩余20万元的债权,并要求变卖陈某的住宅,将变卖所得清偿其债权。

请思考:

(1)陈某主张深海商行已以其全部资产对外承担责任,现深海商行已经解散,其对外的欠债也自行消灭,该主张是否成立?

(2)林某的诉讼请求是否成立?

【解析】

本案的关键在于明确个人独资企业的非法人资格及其责任形式。个人独资企业是由一个自然人投资,企业财产归投资人个人所有,投资人以其个人财产对企业债务承担无限责任的经营实体。个人独资企业有别于《公司法》规定的有限责任公司和股份有限公司,不具有绝对独立的企业财产,不具有独立的法人资格,不能对外独立地承担民事责任。个人独资企业投资人对本企业的财产依法享有所有权,由此可见个人独资企业的资产只是企业投资人财产的一部分,其所投资金虽然形成了企业资本,但并没有和投资人的财产相分离。因此,投资人以其个人财产对企业债务承担无限责任,而不能以其出资为限承担有限责任。

具体到本案,陈某将剩余15万元偿还给林某后,表示债务人是深海商行,其全部资产已用来清偿债务,现深海商行已经解散,其对外的欠债也自行消灭,拒绝向林某清偿剩余的20万元债务,没有法律依据,该主张不能成立,陈某应以其个人财产向林某偿还债务。因此,林某主张剩余20万元债权的主张应得到支持,但林某要求拍卖陈某房产的主张是否成立,则要具体问题具体分析。如果陈某个人所有的其他流动资产足以偿还对林某的债务,则不必变卖其房产,以其他流动资产偿还债务即可,如银行存款等。若陈某无其他流动资产,需变卖其房产。如果陈某是以其个人财产出资,而房屋是陈某夫妇共有,则必须对房屋进行析产,仅以陈某的个人财产部分偿还债务。

【提示】实务中,往往不能局限于个人独资人的无限责任来考虑,该问题往往涉及其他因素,比如个人财产与家庭财产关系、是否为共同财产、是否存在转移或隐匿财产、是否存在担保等。在学习的过程中,应注意关联知识点的融会贯通。

案例二　合伙之债由合伙人一人承担的内部约定不能对抗债权人

【案情】

原告:曾××

被告:赣县沙地砖厂

案由 返还砖款

被告系欧阳××、赖××、蔡××、刘××合伙开办的合伙企业。10月11日,原告曾××到被告处购买红砖,因被告当时没有合格的红砖,时任厂长的合伙人赖××承诺到年底可供给原告合格的红砖,原告于是预订了25 000块红砖,并当即将砖款3 750元交给被告,被告开具了提货单给原告。该年年底原告到被告处提取红砖不成,遂多次要求被告将其给付的砖款退回。被告则以种种借口拒不退款,其理由是:被告的全体合伙人已定协议:当年砖厂的债权债务由合伙人赖××一人承担,次年的债权债务由合伙人刘××承担。原告遂起诉至法院。

请思考:被告赣县沙地砖厂的合伙人约定合伙债务由合伙人赖××一人负责偿还,能否对抗原告曾××的债权请求?

【解析】

本案涉及两个知识点:第一,货物买卖合同履行及其抗辩权。第二,合伙人内部约定能否对抗第三人,以及普通合伙企业中全体合伙人的无限连带责任。本案原告与被告之间发生的是出卖人在约定的时间交付买卖标的物的买卖合同关系。在本案中就表现为被告尚未履行的义务终止履行,被告收取的原告预付款应当返还,被告并应承担向原告赔偿损失的民事责任。基于本章的学习目的,我们主要来分析第二个问题。当被告提出的解除合同后的返还及赔偿责任是否应当按组成被告的合伙人的约定,由其中的一个合伙人来承担,即合伙人的内部约定对外是否具有法律效力?

合伙企业的内部关系是指合伙企业与各合伙人之间及各合伙人之间的权利义务关系,这是合伙企业人合性的内部体现,通常具体包括合伙人对合伙企业的出资义务、对合伙企业财产的共同支配权、对合伙企业经营活动损益的共担、对合伙企业事务共同决策权的享有以及对合伙企业负有的竞业禁止和交易限制义务。但是,这种内部约定和内部关系,以及合伙企业对合伙人执行合伙企业事务及对外代表合伙企业权利的限制,一般不得对抗不知情的善意第三人。

本案发生在我国新《合伙企业法》修订之前,因此这种合伙是现行合伙企业法中的普通合伙企业,全体债务人应当对合伙企业债务承担无限连带责任。这意味着,合伙企业对其债务,首先应以其全部财产进行清偿。合伙企业财产不足以清偿债务的,各合伙人应当承担无限清偿责任。合伙协议中可约定合伙人之间的分担比例,但这种分担比例不能对抗债权人。债权人根据实际相关情况,既可依照合伙协议确定的比例向各合伙人分别追偿,也可要求全体合伙人中的一人或数人承担全部清偿责任。

具体到本案,本案在审判上只考虑买卖合同上的权利义务内容以及该债务是否属合伙债务的问题。一旦确定了被告须承担债务以及该债务为合伙债务,则全体合伙人的连带责任须对该债务负无限连带责任。而合伙人内部关于债务承担的约定不能对抗原告作为债权人的请求。因此,赣县人民法院经审理认为:被告在收取了原告的砖款后,不能交付合格的红砖给原告，其占有原告砖款的行为属不当得利，应返还给原告。被告以其全体合伙人已约定债务由合伙人赖××一人负责偿还的辩解，没有法律依据，其全体合伙人的约定只是被告内部的管理事务，不能对抗原告的诉请。法院遂依法判决：被告立即返还原告砖款 3 750 元，并承担占有期间的利息。

【提示】我国 2006 年新修订的《合伙企业法》中增加了有限责任合伙和有限合伙的相关规定，在以后的实务操作中，应考虑其区别。

案例三　公司的法人人格(英国经典判例)
萨洛蒙诉萨洛蒙有限公司案(Salmon v. Salmon & Co. Ltd. 1897)

【案情】

萨洛蒙先生原为个体商人，拥有一家鞋店。1892 年依英国公司法的规定成立了萨洛蒙有限责任公司，有 7 名股东：萨洛蒙先生、萨洛蒙太太和他们的 5 个子女。公司发行了 20 007 份股份，其中，萨洛蒙先生占 20 001 股，其余每人各占 1 股(这主要是为了达到当时法律规定的最低股东人数 7 人)。公司成立后的第一次董事会批准萨洛蒙先生将其鞋店卖给公司，售价 38 782 英镑，其中，20 000 英镑作为萨洛蒙先生认缴公司的股金，计 20 000 股；10 000 英镑作为公司欠其债务，并由公司资产作为担保；其余以现金支付。公司以后陆续对外借了部分债务，未设抵押。

1893 年，公司因无力支付到期债务被依法清算，清算结果是公司有资产 6 000 英镑，欠债除萨洛蒙先生的 10 000 英镑外，还有 7 000 英镑非担保债务。萨洛蒙先生要求公司优先偿付其有担保的债权。若公司清偿了萨洛蒙的有担保的债权，其他的无担保的债权人将一无所获。公司清算人代表无担保的债权人向衡平法院起诉萨洛蒙先生，认为他与公司实际为同一个人，他应对普通债权人承担赔偿责任，并且本人债权不应当向公司求偿，公司不能欠他的债，因为自己不能欠自己的债，公司的财产应该用来偿还其他债权人的债。

请思考：萨洛蒙先生主张公司优先偿付其有担保的债权的主张能否成立？

【解析】

本案的关键是理解公司的独立法人人格。公司区别于个人独资企业和合伙企业的最重要的特征是公司具有独立的法人人格。法人是具有民事权利能力和民事行为能力、依法独立享有民事权利和承担民事责任的组织。法人是依法定条件和程序设定的拟制主体，是赋予法律人格的社会组织。法人的人格独立性取决于财产的独立性和责任的独立性。在公司法上，就体现为公司人格与股东人格相对独立，公司作为一个拟制主体，具有独立的人格，公司的财产与股东的财产不能混同。

具体到本案，初审法院和上诉法院都认为，萨洛蒙公司只不过是萨洛蒙的化身、代理人，公司的钱就是萨洛蒙的钱，萨洛蒙没有理由还钱给自己，从而判决萨洛蒙应清偿无担保债权人的债务。但是衡平法院驳回判决，萨洛蒙公司是合法有效成立的，因为法律仅要求有 7 个成员并且每人至少持有 1 股作为公司成立的条件，而对于这些股东是否独立、是否参与管理则没有做出明文规定。因此，从法律角度讲，该公司一经正式注册，就成为一个区别于萨洛蒙的法律上的人，拥有自己独立的权利和义务，以其独立的财产承担责任。本案中，萨洛蒙既是公司的唯一股东，也是公司的享有担保债权的债权人，具有双重身份。因此，他有权获得优先清偿。最后，衡平法院判决萨洛蒙获得公司清算后的全部财产。

本案是英美法上的经典判例，确立了公司的法人人格制度，否认了公司是股东的化身、代理人。但是公司的法人人格并不是绝对的，本案的判决并不意味着公司的设立人可以欺骗公司或公司的债权人，要注意"揭开公司面纱"的法人人格否认制度。衡平法院认为在这个案子中，萨洛蒙并没有任何欺诈行为：因为没有任何证据证明，萨洛蒙曾经私分公司利润，也没有转移、隐匿任何公司的财产以逃避公司的债务。在本案中，萨洛蒙本人也是一个受害者，不应该让其承担双重损失。

【提示】理解掌握公司独立法人人格制度的同时，应注意把握"揭开公司面纱"的法人人格否认制度，我国在2005年修订的《公司法》中明确了法人人格否认制度。

练习与思考

1. 商事组织有哪些基本形式？它们各自有哪些利弊？
2. 如果你打算创业投资，你将选择哪一种商事组织形式？你将考虑哪些因素？
3. 请简述普通合伙企业对内、对外关系。
4. 请谈谈你对有限责任合伙（即我国的特殊普通合伙企业）的认识。
5. 什么是有限合伙？它有哪些特征？
6. 请比较普通合伙、有限责任合伙、有限合伙的异同。
7. 请简述公司的概念与法律特征。
8. 如果你代表国内某公司去境外投资，在该公司征求你应选择子公司还是分公司形式时，你应如何向公司分析其利弊？
9. 请简述公司的治理结构及其组织管理机构。
10. 董事对公司负有哪些义务？

第三章

国际商事代理法

本章要点

- 代理与国际商事代理的概念
- 代理权的产生、无权代理、代理权的终止
- 代理法律关系
- 代理法律关系当事人的义务
- 承担特别责任的代理人
- 我国代理法与外贸代理制

第一节　代理法概述

一、代理的概念

(一)代理制度历史沿革

代理制度是商品经济高度发展的产物。与其他主要民商事法律制度相比,它的产生和完善更为依赖商品经济的高度发展。

在罗马法上,代理概念来源于作为万民法一部分的古罗马执政官法。在古希腊的法律概念的影响下,罗马法不得不承认代理人和店员的行动。在古罗马后期,法律上出现了所谓“海商诉”“企业诉”“特有产和所得利益诉”等法律形式,实际生活中也出现了奴隶主、平民委托他人代理取得财物所有权、占有权的行为,这些形式类似于后来的委托代理,是代理的雏形。

商事代理业务在西方国家约于11～12世纪出现,当时西欧城市产生了脱离农业、工业而以商品贸易为业的商人阶层,他们不仅自蓄买卖,同时也应手工业者之托,从事代购代销等商事代理业务。12～13世纪欧洲海上贸易发达,最初是地中海沿岸航运便利的意大利城邦,以

后扩展到西欧其他国家，这对商事代理的发展起到了较大的促进作用。不同的商品所有者通过各种契约关系联合成专门经营海上运输的组织，一些人委托出航的商人出售自己的产品，后来被代理人与船长逐渐成立合伙。由于海上贸易的特点，商人并不亲自出海，而将货物或业务委托于代理人经营。这样，有关商事代理的习惯法随之发展起来，为西欧各地商人所采用并为法院所认可，近代意义上的代理制度逐渐形成。

商事代理制度的发展，在英美法系国家和大陆法系国家有所不同。从英美法系国家来看，英国学者弗莱德曼(Firdman)在其《代理法》一书中指出，中世纪初期，代理制度少有发展，代理人的概念在17世纪以前还没有在英国普通法中得到使用。18世纪上半叶，英国代理法只承认明示授权和追认代理权的代理。到18世纪下半叶和19世纪上半叶，"不可否认原则"得到确立，关于隐名代理的法律规定也出现了。19世纪英国代理法律制度经历了一个发展完善的过程，以适应迅速发展的商品经济的需要。英美代理法中很少涉及法定代理，这是因为英美法系中的家庭法律制度及信托制度在很大程度上代替了大陆法系中法定代理的职能。由于英美法系并无严格意义上的"民法"概念，故在英美代理法中也无"民事代理"之说，其代理多为商事方面的代理，而商事代理基本上是委托代理，并且都是有偿的。

再从大陆法系国家来看，在中世纪后期，法兰西和德意志的普鲁士出现了许多调整商人之间的贸易关系的商习惯法，后来这些商习惯法发展成为成文的商法典。在这些法律中，就有一些是关于商事代理的规定。到了18世纪，大陆法系又通过吸收英国法中的一些原则，形成了近代的商事代理法律制度。有观点认为，商事代理是因民商法分立而从一般民事代理中分离出来的。其实这是一种误解，事实恰恰相反。代理制度起源于中世纪早期有关商事代理的习惯法，中世纪后期这些习惯法日趋完备，并成为商法典的一部分。直到出现《德国民法典》，才开始将具有普遍意义的代理制度从旧的商法中抽出，编入民法典，从而建立了大陆法系中堪称完善的民事代理制度。同时，在新商法典中仍然保留了有关商事代理的特别规定。大陆法系国家存在民事代理与商事代理之区别，这是大陆法系与英美法系在代理制度方面的不同之处。

随着商品经济的高度发展，商事代理的作用更加突出，国际商事代理出现了一些新的发展趋势：

第一，商事代理业务趋于专业化，代理人的分工越来越细。由于现代科技的迅速发展，社会分工越来越细，各种专业代理人应运而生，而且往往以专业代理公司的形式出现，并成为专门的职业，如销售代理人、不动产代理人、运输代理人等。

第二，为了适应现代商品经济的发展，一些新的代理形式和代理法原则逐步确立，如出现了代理人与被代理人共同对第三人负责的新的代理形式，英美法系中还确立了"优势责任原则"等。

第三，有关专业代理的立法日臻完备，并且呈现专门化趋势。即使在奉行判例法的英美国家，有关专业代理的制定法也越来越多，如1979年的英国《不动产代理人法》等。

第四，经济贸易的发展和市场的国际化使得代理突破了国界，成为国际经济贸易领域的基本制度之一。

(二)代理的概念

代理(Agency)，是指一方(代理人，又称受托人，Agent)按照另一方(被代理人，又称委托人或本人，Principal)的授权(Authorization)或法律的规定，代表被代理人同第三人订立合同或为其他的法律行为，由此而产生的权利与义务直接对被代理人发生效力。按照西方国家有关代理法律的规定，如果代理人是在被代理人的授权范围内行事，他的行为就对被代理人具有拘束力，即被代理人既可取得由此而产生的权利，又必须承担由此而产生的义务，而代理人则一般不对此承担个人责任。因此，只要代理人的行为没有超出授权的范围，被代理人就要对此负责。

大陆法系的代理概念可以简单地概括为：一人为他人进行的法律行为。大陆法系的代理制度建立在区别论（The Theory of Separation）的基础上，即把委任（Mandate）与授权（Authority）严格区别开来。委任是被代理人与代理人之间的契约，调整被代理人与代理人之间的内部关系。授权则指代理人代表被代理人与第三人签订合同的权力，它调整的是被代理人和代理人与第三人之间的外部关系。被代理人对代理人在其授权范围内实施的代理行为承担责任。

英美法系的代理制度是建立在被代理人与代理人等同论（The Theory of Identity）的基础上的。这个理论上的代理概念，是指当代理人根据被代理人授权而与第三人订立合同时该代理人与被代理人之间发生的法律关系，代理人所订立的合同对被代理人和该第三人发生法律效力。该理论可简单地概括为：通过他人去做的行为视同被代理人亲自所为的行为。

（三）国际商事代理的概念

国际商事代理，是指代理人为取得佣金，依被代理人的授权，为被代理人的利益与第三人为商行为，由此在具有国际因素的被代理人、代理人及第三人之间产生权利义务关系的法律制度。这里的商行为指一切营利性的营业行为，如货物买卖、货物运输、仓储保管、代理、保险、金融、出版等。国际商事代理的法律基础一般是委托合同，代理人根据委托合同的授权，取得代理权。

国际商事代理有狭义和广义之分。狭义的国际商事代理仅指代理人以被代理人名义实施代理行为的情况，即代理人依被代理人授权，以被代理人名义与第三人为商行为，所产生之权利义务直接归属于被代理人。广义的国际商事代理还应包括代理人在代理权限内，以其自己的名义与第三人为商行为的情况。在现代社会，由于经济的发达和社会关系的日益复杂，代理人以被代理人名义所实施的代理逐渐难以适应现实生活的需要，而代理人以其自己名义所实施的代理却越来越广泛地被适用。越来越多的国家和国际公约也倾向于认同广泛意义上的国际商事代理。例如，1983 年 2 月正式通过的《国际货物销售代理公约》第 1 条第 4 款规定："不论代理人以自己名义，抑或以被代理人名义之行为，均适用本公约。"因此，对于国际商事代理概念应从广义上去理解。

要理解国际商事代理的概念，还需注意国际商事代理与国内商事代理的区别。国内商事代理的三方当事人不仅国籍相同，而且营业地也处于该国之内。而国际商事代理则不同，其主体带有国际因素。国际因素，从某一具体国家而言，也就是涉外因素。目前，各国和国际代理公约对国际因素的衡量标准并不完全一致。概括地讲，主要有两种标准：一是国籍标准，二是地域标准。国籍标准是指商事代理所涉及的三方当事人中至少有两方的国籍不同，至于三方当事人的营业地则不予考虑。地域标准就是指商事代理所涉及的三方当事人中至少有两方的营业地不同或代理行为地与营业地不同，至于当事人的国籍则不予考虑。国际代理公约采纳的均是地域标准。

二、代理权的产生

关于代理权产生的方式，大陆法系、英美法系各从不同的角度加以规范，分别介绍如下：

（一）大陆法系的规定

大陆法系把代理权产生的原因分为两种：一种是由于被代理人的意思表示而产生的，称为意定代理；另一种是非由被代理人的意思表示而是由法律直接规定等情形而产生的，称为法定代理。

1. 意定代理

意定代理是指代理人根据被代理人的授权而产生的代理。由于这种代理是基于被代理人的意思表示而产生，因此被称为意定代理。它是代理关系中最常见且数量最多的一种代理关系。从意定代理的授权对象来看，大陆法系一些国家的法律规定，代理权的授予既可以向代理人为意思表示，也可以向第三人为意思表示。例如，《德国民法典》第 167 条规定："代理权的授予应向代理人或向代理人对其为代理行为的第三人的意思表示为之。"与被代理人的授权相对应，大陆法系的许多国家的法律均规定，被代理人授予代理人代理权，需要代理人或代理关系中的第三人对被代理人的授权做出意思表示。

2. 法定代理

法定代理是指被代理人于法律上或事实上不能为法律行为时，按照法律直接规定由他人代为进行法律行为的代理。凡不是由于被代理人的意思表示而产生的代理权称为法定代理权。法定代理权的产生主要有以下几种情况：

(1)根据法律的规定而享有代理权，如根据民法的规定，父母对未成年子女有代理权。

(2)根据法院的选任而取得代理权，如法院指定的法人的清算人。

(3)因私人的选任而取得代理权，如亲属所选任的监护人及遗产管理人等。

此外，公司法人本身是不能进行活动的，它必须通过代理人来处理各种业务。公司的董事一般被认为是公司法人的第一位的代理人，按照德国法，法人的第一位代理人的权力是由法律规定的。

大陆法系各国确立法定代理的目的，主要是为了保护无民事行为能力或限制民事行为能力的未成年人或精神病患者以及其他不能表示意思的人的利益的。因此，法定代理原则上都是无偿的。

（二）英美法系的规定

英美法系上的代理主要是契约代理，也称委托代理。因此，一般被代理人与代理人之间的代理关系可以通过协议产生，但在某些情况下，即使被代理人事实上并未授权给代理人，被代理人也受其代理人行为的约束，另外代理关系还可以因事后追认而产生。

1. 实际授权

实际授权是指被代理人和代理人之间通过协议或合同而在实际上给予代理人的代理权。它包括明示授权、默示授权两种。

(1)明示授权

明示授权(Express Authority)是指被代理人和代理人之间以明确的意思表示达成建立代理关系的协议，代理人通过被代理人的明示指定或委任而实际享有的代理权。这是英美法系上产生代理权最基本的途径。在明示授权方式下，代理人所享有代理权的范围一般依被代理人指定或委任言词的真实含义确定。如果言辞含糊或模棱两可，而代理人又做了与被代理人的初衷不符的解释，如果代理人是善意的，被代理人仍然要受到代理人行为的约束。

(2)默示授权

根据英美等国的判例法规则，代理人在明示代理权之外，还享有一定程度的默示代理权(Implied Authority)，这主要包括以下三种情况：

第一，由默示而存在的代理权。这是指从当事人在某一特定场合的行为或从当事人之间的某种关系中，可以推定当事人之间存在真实有效的代理关系。其中比较典型的是配偶间的默示代理和合伙人之间的默示代理。

第二，附带授权。由于被代理人的明示委任并不一定能详尽地说明代理人在实际行动中所应具有的一切权力，因此受托从事某种特殊任务的代理人，可以享有合理地附属于其履行明示代理权所必不可少的默示行为的权力。

第三，习惯授权。在代理人被授权为被代理人在某一特殊市场进行活动的情况下，他享有按该市场的相关习惯进行活动的默示代理权，无论被代理人是否知晓该习惯，被代理人均受其约束。

2. 表见授权

表见授权也称不容否认的代理权(Agency by Estoppel)，是指被代理人虽没有对代理人加以明示委托，但如果他出于故意或疏忽，通过其言行使第三人有理由相信某人是其代理人而采取行动时，则他便不能否认其言行，而必须视为已向该代理人授权，并不得否认该代理人为其设定的与第三人的权利和义务关系。表见授权与明示授权的区别在于：后者是被代理人明确(口头或书面)委任代理人实施某一行为，而前者则是虽然实际并不存在但却使第三人明显感觉到表面上存在代理关系。另外，表见授权在英国法上也确认了这样一条原则：除非某人以自己的言行向特定人或公众做出已向某代理人授权的一般表示，否则不能被视为被代理人。因此，依英国法，如果代理人确无代理权时，被代理人便可诉请损害赔偿，并否认其取得报酬与费用的资格；如果第三人明知该代理人无权代理或越权代理，则被代理人对该代理人的行为不负责任。

3. 职业或惯常授权

职业或惯常授权即以某种代理行为为职业的人，如拍卖商、不动产代理人、代理商、律师、合伙人、公司总经理或公司秘书等，其所享有的代理权可以扩大到这类代理人的职业通常所享有的权利范围。

但是，根据英国判例法原则，职业授权规则的适用范围是有限制的。如果代理人所为行为不属其职业惯常权力范围之内，或者代理人所为行为非为被代理人利益或根本不属被代理人业务范围，则不适用职业授权规则。此外，尽管在被代理人明示收回代理人之惯常代理权之后，第三人依代理人之惯常代理权仍可与被代理人缔结合同，但被代理人可对代理人违反合同的行为起诉，并否认其取得报酬或费用的资格。

4. 必要的授权

必要的授权也称客观必要的代理权(Agency of Necessity)，是指在特定紧急情况下，某人依法律推定取得一种代理别人进行活动的代理权，他所实施的处分行为的结果及于被代理人。

换言之,某人虽没有得到别人关于采取某种行为的明示授权,但由于客观情况的需要应视为具有此种授权。必要代理不同于默示推定代理的特征在于,它对于代理双方当事人均具有强制性或不可选择性。由于国际贸易经常会遇到各种不测因素,如战争、动乱、市场行情突变以及各种自然灾害等,代理人往往不得不采取一些紧急措施以维护被代理人的利益,因此英美法系各国法律都承认因客观必需而产生的代理关系。

必须指出的是,由于必要代理权有可能使某人失去其财产,或者使他承担某种未经其同意的责任,因此英美法院一般不愿不适当地扩大这种代理权的适用范围。按英美法院的判例,行使这种必要代理权必须同时具备以下 4 个条件:

(1)代理产生的事由必须是实际的、确定的、具有商业必需性质的紧急情况。举例来说,如果监管的财物没有灭失的危险,而仅仅因为管理不便,则不能成为享有必要代理权作紧急处理的理由。

(2)代理事由发生时,代理人必须处于根本无法与被代理人联系以取得被代理人指示,或虽能与被代理人联系但被代理人却不做指示的境况之中。但随着现代通信事业的发展,代理人与被代理人的联系已变得极为方便,基于无法联系而产生的必要代理权的必要性正趋于减小。

(3)代理人采取必要代理行为必须是出于善意,并考虑到了所有相关当事人的利益。代理人的欺诈行为,或非为维护当事人利益的行为,或根据当事人利益不必要采取的行为,均不构成必要代理。

(4)代理人必须是合理而谨慎地为代理行为。

5. 追认授权

追认授权(Agency by Ratification)是指代理人未经被代理人明示或默示授权或超越代理权,而以被代理人的名义实施代理行为,被代理人事后对此予以追认或不明示否认,代理人由此获得了追认的代理权。换言之,无论当事人之间有无事实上的代理关系,只要被代理人事后接受或认可了代理人所代订的合同,则该代理人即被法律视为经过代理授权,其所订合同对被代理人发生效力。按照英美判例规则,追认既可以明示的口头或书面方式做出,也可以被代理人的作为或不作为默示形式形成。追认的效果是使该无权或越权代理行为与有权代理行为一样对被代理人具有拘束力。追认具有溯及力,即自该合同成立时起就对被代理人生效。追认可以在第三人不知道或不同意的情况下进行,但追认不得破坏或损害第三人在追认时的既得权利。

按照英美判例规则,要使被代理人能给予追认授权,必须具备若干条件:

(1)无权代理人在实施代理行为时,其意欲代理的被代理人必须存在。

(2)无权代理人的被代理人必须具有实施该未经授权行为的能力。

(3)无权代理人只有在以代表的身份,即代表公开姓名的或不公开姓名的被代理人实施代理行为时,才有可能得到追认。如果他的行为仅是代表某一未公开身份的被代理人,则其行为应视为代表其自己,该未公开身份的被代理人对此不能追认。

(4)无法律效力的行为不能追认。

(5)伪造签名不得追认,但被伪造人知悉别人伪签其名,并以其行为使第三人相信该签名为其所签而接受了文书,则根据不容否认原则,其必须承担签署文书的责任。

(6)追认必须建立在对基本事实完全了解,或虽不了解事实但仍表示无条件追认的。

三、无权代理

无权代理是指欠缺代理权的人所做的代理行为。无权代理的产生主要有以下4种情形:

(1)不具备默示授权条件的代理;

(2)授权行为无效的代理;

(3)超出授权范围行事的代理;

(4)代理权消灭后的代理。

根据各国法律的规定,无权代理所做的代理行为,如与第三人订立合同或处分财产等,非经被代理人的追认,对被代理人是没有约束力的。如果善意的第三人由于无权代理人的行为而遭受损失,该无权代理人应对善意的第三人负责;如果第三人明知代理人没有代理权而与之订立合同,法律上不予保护。

(一)大陆法系的规定

关于无权代理的问题,大陆法系各国大多在民法典中加以规定。例如,德国、日本民法典都规定,无代理权人以他人名义订立合同者,非经被代理人追认不发生效力。在被代理人追认以前,无权代理人所做的代理行为处于效力不确定的状态。在这种情况下,大陆法系有两种处理办法:一是由第三人向被代理人发出催告,要求被代理人在一定时间内答复是否予以追认;二是允许第三人在被代理人追认以前,撤回他与无权代理人所订立的合同。例如,《德国民法典》第177条、第178条规定,在发生无权代理的情况时,第三人得催告被代理人表示是否追认。追认的表示应在收到催告后两周之内做出,如在此期间不表示追认时,则视为拒绝追认。并且规定,无权代理人所订立的合同,在未经被代理人追认之前,第三人有权予以撤回,但如第三人在订立合同时明知其为无权代理人者,不得撤回。

关于无权代理人的责任,大陆法系各国法律的规定并不完全相同。对于无权代理人对第三人是否需承担责任,大陆法系各国的法律规定是一致的,即主要取决于第三人是否知道该代理人有没有代理权。如果第三人不知道该代理人没有代理权而与之订立了合同,无权代理人就要对第三人承担责任;反之,如果第三人明知该代理人没有代理权而与之订立了合同,无权代理人就不负责任。但在无权代理人的责任内容上,大陆法系各国则有不同的规定。根据《法国民法典》和《瑞士债务法典》的规定,无权代理人应对善意的第三人负损害赔偿的责任。但根据《德国民法典》第179条的规定,无权代理人以他人的名义订立合同,如被代理人拒绝追认,无权代理人应按照第三人的选择,履行合同或赔偿损失。换言之,第三人既可以要求无权代理人赔偿损失,也可以要求其履行合同,由第三人在两者当中选择其一。

(二)英美法系的规定

英美法系把大陆法系的无权代理称为违反有代理权的默示担保(Breach of Implied Warranty of Authority)。按照英美法系的解释,当代理人同第三人订立合同时,代理人对第三人有一项默示的担保,即保证他有代理权。因此,如果某人冒充是别人的代理人,但实际上并没有得到被代理人的授权,或者是超出了他的授权范围行事,则与其订立合同的第三人就可以以其违反有代理权的默示担保对他提起诉讼,该冒牌的代理人或越权的代理人就需对第三人承担责任。对于这种情况,需要注意以下几点:

(1)这种诉讼只能由第三人提起,不能由被代理人提起。

(2)无权代理人的行为不论是出于恶意或者是出于不知情,他都要对此负责;即使他不知道他的代理权已因被代理人的死亡或精神错乱而告终止,他也必须负责。

(3)如果第三人知道代理人欠缺代理权,或者知道代理人并没有提供有代理权的担保,或者合同中已经排除了代理人的责任,则代理人可以不承担责任。

(4)如果被代理人对代理人所做的指示含糊不清,而代理人出于善意并以合理的方式执行了这一指示,即使代理人对此项指示做了错误的解释,代理人对此也不承担责任。

(5)代理人对违反有代理权的默示担保所承担的损害赔偿金额,一般应按第三人所遭受的实际损失计算。

四、代理权的终止

在代理关系中,大陆法系与英美法系对代理权的终止规定不同,现分别予以介绍。

(一)大陆法系的规定

大陆法系有关代理权终止的法律规定,主要针对法定代理、委托代理、表见代理三种情况。

1. 法定代理的终止

大陆法系各国规定的法定代理终止的原因,有以下 4 种情况:

(1)被代理人取得或者恢复民事行为能力。

(2)被代理人死亡、破产或丧失行为能力。但是,根据某些大陆法系国家民商法的规定,上述情况只适用于民法上的代理关系。至于商法上的代理关系,则应适用商法典的特别规定,代理关系不能因被代理人的死亡或丧失行为能力而终止。

(3)代理人死亡、破产或丧失行为能力。

(4)其他原因引起的被代理人与代理人之间的特定关系的解除。

2. 委托代理的终止

大陆法系各国规定的委托代理终止的原因,主要分为依据当事人的行为和依据法律原因而终止。

(1)委托代理因被代理人或代理人的行为而终止

委托代理都是基于被代理人要完成某项任务而设立的。如果被代理人所请求的代理事项业已完成,或者他已经撤销了该代理请求,或该请求的代理事项无法履行,或者法人已解散等,在这种情况下,代理关系就可以依被代理人或代理人的行为而终止。根据大陆法系各国的法律规定,原则上都允许被代理人在代理关系存续期间单方面撤回代理权,或者代理人单方面辞去代理权,由此而使代理关系终止。

(2)委托代理因被代理人或代理人死亡或丧失行为能力而终止

根据某些大陆法系国家的法律规定,如《法国民法典》第 2003 条第 3 款规定,委托终止的事由包括:"因被代理人或代理人的自然死亡或民事上死亡、成年人受监护或破产。"可见,被代理人或代理人死亡或丧失行为能力是代理关系终止的一项重要原因。然而,对于被代理人死亡或丧失行为能力而终止委托代理关系的问题,根据德国法的规定,如果被代理人授予委托代理权后死亡,或者丧失法律行为能力,代理人所享有的代理权并不一定因此而归于消灭。在这种情况下,代理关系是否存续关键取决于代理的内部关系是否存续。如果委托代理的内部关系因被代理人的死亡或者丧失法律行为能力而终止，那么委托代理关系就得终止，委托代理权依其授予代理权的法律关系决定，也就相应地归于消灭。相反，如果代理的内部关系在被代理人死亡后因继承而继续存在，那么只要这种内部关系并不具有"绝对的属人性"，则委托代理关系就不得终止，委托代理权也就依然存在。

(3)委托代理因条件成就或期限届满而终止

在附条件或附期限的委托代理中，如果双方当事人在代理合同中规定有代理任务或代理期限，则代理关系因代理任务完成等条件的成就或期限的届满而使代理关系终止。如果代理合同中没有规定期限，当事人也可以通过双方的意思表示终止他们的代理关系。

3. 表见代理的终止

表见代理虽然属于无权代理，但大陆法系各国一般又都认为这种代理是有效的代理，因而表见代理关系的终止也具有特殊性。

(1)被代理人以意思表示通知了第三人他将授予代理人委托代理权形成的表见代理

在这种情况下，第三人并不能确定被代理人是否真正授予了代理人委托代理权，以及代理权的确切期限。如果委托代理权已经消灭，对于第三人而言，这种代理关系不以委托代理权消灭的时间来确定，而是以被代理人通知第三人的时间来确定代理关系终止的时间。例如，《德国民法典》第170条规定："代理权系以意思表示通知第三人者，在授权人向第三人通知代理权消灭之前，其代理权对第三人仍为有效。"

(2)被代理人以特别通知或公告通知第三人他将授予代理人委托代理权形成的表见代理

在这种情况下，对于第三人而言，只有在被代理人以相同于授予代理权的方式，通知撤回代理权时，代理关系才归于终止。

(3)代理人将被代理人给他的委托代理书展示给第三人形成的表见代理

在这种情况下，对于第三人而言，只有在被代理人向第三人宣告其已收回委托代理书，或者宣告该委托代理书无效时，委托代理关系才归于终止。

(二)英美法系的规定

英美法系将代理权的终止分为基于法律程序而终止和基于当事人行为而终止两种。

1. 基于法律程序而终止

根据英美法系的规定，在发生下列法定事由时，代理人的代理权依法律程序自动消灭，代理关系自动终止：

(1)被代理人死亡；

(2)被代理人破产；

(3)被代理人精神失常；

(4)被代理人成为本国的敌对国臣民。

2. 基于当事人行为而终止

根据英美法系规定，对基于代理合同形成的代理关系，在代理合同终止条件成就之前或代理合同期届满之前，当事人之间可以通过协议终止代理关系，被代理人也可以通过单方行为随时撤销代理人的代理权。

但是，英美法系规定，被代理人撤销代理权行为的效力不是绝对的，应受以下两种特殊限制：

(1)对表见代理权的撤销

当代理人具有表见代理权或者被代理人曾认可其假想代理权的情况下，被代理人撤销其代理权的行为只有在通知送达订约第三人之后才对该第三人发生效力。从英美法系国家的实践来看，被代理人撤销代理权的行为不可能具有公示力，因此任何善意第三人在不知道被代理人撤销行为时，基于代理人表见代理权而与之订立的合同仍对该被代理人具有约束力。

(2)对附条件代理权的撤销

当被代理人已经授予代理人某种与其利益相联系的代理权的情况下，该代理权不能基于被代理人单方行为而撤销。

除上述两种特殊限制之外，被代理人撤销行为的效力原则上不受影响。但如果被代理人撤销代理权的行为违反了代理合同，他应当赔偿代理人的佣金损失和其他费用损失。

第二节　代理法律关系

代理关系是一种三角关系。在代理关系中，一般包含三个方面的法律关系：被代理人与代理人之间的法律关系、代理人与第三人之间的法律关系、被代理人与第三人之间的法律关系。

一、被代理人与代理人之间的法律关系

被代理人与代理人之间基于委托授权或法律规定而形成的代理关系，是代理关系中的内部关系(Internal Relationship)，这种内部关系由双方当事人所签订的代理合同加以规范。原则上讲，当被授权的代理人同第三人依法从事一项民事行为后，该项民事行为的后果就要约束被代理人及第三人，代理人并不是该项民事行为后果中的一方当事人。例如，某代理人被授权代表被代理人与第三人订立一个合同，当合同成立后，该合同将由被代理人与第三人直接享有有关权利和履行各自的义务，代理人无须对该合同义务承担责任。但是，如果代理人未经授权或者超出了授权的范围，而以被代理人的名义同第三人订立了合同，如果不属于表见代理，那么该合同就对被代理人没有拘束力，由此产生的损失则由代理人承担。

二、代理人与第三人之间的法律关系

代理人依据代理权与第三人之间的关系，属于代理关系中的外部关系(External Relationship)之一。

按照代理的一般原则，代理人是代替被代理人与第三人订立合同的，合同一经订立，该合同的权利义务归于被代理人，应由被代理人直接对第三人负责，代理人对此一般不承担个人责任。但是，按照英美法系国家的判例，在某些特定情况下，即使代理活动已经完成，代理人仍需对第三人承担一定的责任。

(1)在委托代理的情况下，如果下列条件成立，代理人应对他代表被代理人与第三人签订的合同负责：

①代理人用明示或暗示形式同意对该合同负责。

②代理人在合同上签上自己的名字，或并未明确说明自己是代理人，代理人要对该合同负

责。

③代理人在签字蜡封式合同上签名，即使注明自己是代理人，也要对该合同负责。

④在被代理人是虚构的情况下，代理人要对所订的合同负责。

⑤商业惯例要求代理人对该合同负责。

⑥在合伙关系中，每个合伙人都是其他合伙人的代理人，因此合伙人彼此之间要负连带责任。

在上述各种情况下，第三人若因代理行为的后果而发生损害，既可选择对代理人也可选择对被代理人提起诉讼。如果是由被代理人与代理人负连带责任时，第三人还可把被代理人与代理人作为共同被告提起诉讼。

(2)在法定代理的情况下，被代理人由于无行为能力，代理人应对给第三人带来的任何损失承担责任。

(3)在无权代理的情况下，由于无权代理人处于不确定的地位，若其行为后果被被代理人在日后予以追认，则可解除代理人对第三人承担的个人责任；若其行为后果未被被代理人追认，除非第三人在订约时已知道或理应知道该代理人在代理权限上的瑕疵，否则代理人须对第三人承担个人责任。

三、被代理人与第三人之间的法律关系

被代理人与第三人之间存在承受代理行为后果的关系，也是代理关系中的外部关系之一。

一般来说，当授权的代理人代表被代理人与第三人订立的合同生效后，被代理人与第三人均须受该合同的约束。但代理人与第三人所订立的合同并非都是以被代理人的名义签订，那么，在此种场合下，如何确定代理人与第三人所订立的合同的归属问题就显得十分重要。对此，大陆法系和英美法系各有其处理方法。

(一)大陆法系的规定

多数大陆法系国家把被代理人与第三人之间的关系分为两种：直接代理与间接代理。

1. 直接代理

直接代理，是指代理人在代理权限内以代理人的身份，即以被代理人的名义与第三人订立合同的行为。从事此种代理的代理人称为直接代理人或商业代理人。在直接代理中，代理人在与第三人订立合同的时候，可以指明被代理人的姓名，也可以不指出被代理人的姓名，只要代理人表明了是作为代理人身份订约的意思，或依订约时的环境情况可以表明代理人的代理身份。在直接代理中，合同效力直接及于被代理人，合同的双方当事人是第三人与被代理人，合同的权利与义务直接归属于被代理人，被代理人直接对第三人负责。

2. 间接代理

间接代理，是指代理人以自己的名义，但是为了被代理人的利益而与第三人订立合同，日后再将其权利与义务通过另外一个合同让与被代理人的代理行为。从事此种代理的人称为间接代理人或经纪人。在间接代理中，无论代理人在签订合同时事先是否得到被代理人的授权，一旦合同成立，该合同都将被认为是代理人与第三人之间的合同，而不是被代理人与第三人之间的合同。在间接代理行为中，被代理人原则上与第三人在法律上没有直接的联系，被代理人不能仅凭间接代理行为直接对第三人主张权利，只有当代理人把他在与第三人所订立的合同

中所取得的权利转让给了被代理人后，被代理人才能对第三人直接主张权利。如《德国商法典》第 392 条规定：由行纪人交易行为所发生的债权，须转移于被代理人后，被代理人才能向债务人主张。因此，在间接代理的情况下，被代理人若要对第三人主张权利，则需要经过两道合同手续，第一个是间接代理人与第三人订立的合同，第二个是代理人把有关权利转让给被代理人的合同。

我国《合同法》第 403 条也规定：受托人以自己的名义与第三人订立合同时，第三人不知道受托人与委托人之间的代理关系的，受托人因第三人的原因对委托人不履行义务，受托人应当向委托人披露第三人，委托人因此可以行使受托人对第三人的权利，但第三人与受托人订立合同时如果知道该委托人就不会订立合同的除外。第 421 条同时还规定，行纪人与第三人订立合同的，行纪人对该合同直接享有权利、承担义务。第三人不履行义务致使委托人受到损害的，行纪人应当承担赔偿责任，但行纪人与委托人另有约定的除外。

（二）英美法系的规定

英美法系根据代理人在与第三人签订合同时是否披露代理关系，将被代理人与第三人的关系分为以下三种：

1. 显名代理

显名代理（Agent for a Named Principal），是指代理人在订约时不但表明了自己的代理身份，而且还表明了被代理人的身份或姓名、商号。在这种情况下，所订立的合同就是被代理人与第三人之间的合同，被代理人应对合同负责，代理人不承担个人责任。代理人在订立合同后即退出该合同之外，他既不能取得该合同权利，也不对该合同承担义务。但如按行业惯例，代理人应承担责任者，代理人仍须负责。例如，按运输行业的惯例，运输代理人替被代理人预订舱位时，须对轮船公司负责缴纳运费及空舱费。

2. 隐名代理

隐名代理（Agent for an Unnamed Principal），是指代理人在订约时只披露代理关系的存在，没有披露被代理人的姓名或商号。在这种情况下，所订立的合同仍被认为是被代理人与第三人之间的合同，应由被代理人对合同负责，代理人对该合同不承担个人责任。按照英国的判例，代理人在与第三人订立合同时，如仅在信封抬头或在签名之后加列“经纪人”或“经理人”的字样是不足以排除其个人责任的，必须以清楚的方式表明他是代理人，如写明“买方代理人”或“卖方代理人”等。至于他所代理的买方或卖方的姓名或公司名称则可不必在合同中载明。

3. 未披露被代理人身份的代理

未披露被代理人身份的代理（Agency for an Undisclosed Principal），是指代理人在订约时根本不披露有代理关系的存在，既不表明自己的代理身份，又未表明被代理人的存在。在这种情况下，即使代理人得到了被代理人的授权，代理人原则上也应当对第三人承担履行合同的责任。可见它与大陆法系中的间接代理大体类似。所不同的是，英美法系认为，未被披露的被代理人原则上可以直接取得该合同的权利并承担其义务，无须再经过代理人用让与合同把权利转移给被代理人这一手续。与此同时，第三人在发现了被代理人的存在后，则享有选择权，即他既可以选择被代理人承担合同义务，也可以选择代理人承担合同义务；他可以直接起诉代理人，也可以直接起诉被代理人。但第三人一旦选定了被代理人或代理人中的其中一人对合同承担义务后，原则上讲就不能改变主意对他们当中的另一人起诉。特别是一旦法院对第三人所提起的诉讼主体做出了判决后，即使第三人对判决不满意，也不能更改诉讼主体再行起诉。

我国《合同法》也有类似的规定：受托人（代理人）以自己的名义与第三人订立合同时，第三人不知道受托人与委托人（被代理人）之间的代理关系的，若受托人因委托人的原因对第三人不履行义务，受托人应当向第三人披露委托人，第三人因此可以选择受托人或者委托人作为相对人主张权利，但第三人不得变更选定的相对人。

未被披露的被代理人可以行使介入权，但未被披露的被代理人在行使介入权时也是有限制的。根据英国法律和判例的规定，在以下两种情况下，未被披露的被代理人不能行使介入权：

(1)如果未被披露的被代理人行使介入权，会与合同的明示或默示条款相抵触。

(2)如果第三人是基于信赖代理人的才能或清偿能力而与其订立合同的。

我国《合同法》也有类似的规定：受托人以自己的名义与第三人订立合同时，第三人不知道受托人与委托人之间的代理关系的，受托人因第三人的原因对委托人不履行义务，在受托人向委托人披露第三人后，委托人可以行使受托人对第三人的权利，但第三人与受托人订立合同时如果知道该委托人就不会订立合同的除外。

第三节 代理法律关系当事人的义务

在代理关系中如何规范当事人的权利与义务，对代理人、被代理人和第三人均十分重要。关于代理人、被代理人和第三人的义务，虽然大陆法系国家主要在民（商）法典中规定，英美法系国家主要由判例确定，但有关规定基本一致。

一、代理人的义务

（一）代理人对被代理人的义务

代理人在代理期间以及代理关系终止后，对被代理人的义务主要有以下几点：

1. 亲自履行

在一般情况下，代理人与被代理人之间的关系是基于双方相互信任而产生的。代理人的品质、知识和能力是他取得代理权的前提条件，也是实现被代理人利益的保证。所以各国法律一般规定，代理人必须竭尽全力亲自履行代理职责。也就是说，代理人在代理关系存续期间，不仅需要事事处处为被代理人的利益而勤奋工作，而且需要竭尽己能履行委托事项，不能把被代理人授予他的代理权再委托给其他人，除非得到被代理人的明示或默示同意。但在特殊情况下，各国法律或判例均允许代理人可以在未经被代理人同意之前将代理权进行再委托。所谓特殊情况主要是指以下几种情形：

(1)代理人的再委托是属于很明显的常规行为，为贸易习惯所允许。

(2)代理权的再委托是客观必需的。例如，在紧急情况下，且不可能取得同被代理人联系时，为保护被代理人的利益，代理人可以将代理权进行再委托。

(3)在被代理人与代理人对于从事某项行为无以为计，并且在被代理人知道和有理由知道的情况下，代理人可以将代理权进行再委托。

我国《民法通则》第 68 条对有关代理权再委托事项做了明确的规定:“委托代理人为被代理人的利益需要转托他人代理的,应当事先取得被代理人的同意。事先没有取得被代理人同意的,应当在事后及时告诉被代理人,如果被代理人不同意,由代理人对自己所转托的人的行为负民事责任,但在紧急情况下,为了保护被代理人的利益需转托他人代理的除外。”我国《合同法》第 399 条和第 400 条中也有类似的规定。

2. 按被代理人意志或利益履行

代理人的这项义务适用于合同代理人和无偿代理人。代理人履行代理任务必须符合被代理人的授权范围。如果委托代理协议中规定有明确的授权范围,并且该委托授权范围合法,代理人就必须遵守,他没有酌情权。即使被代理人的授权不够恰当,只要代理人不存在劝告的义务,他就必须遵照执行而不必为后果负责。

代理人通常有义务明确确定授权内容。在默示授权的情况下,代理人的代理行为必须与他从事业务的一般性质相一致,必须与交易或其他习惯、惯例相符合。但是,如果既没有明确的授权又没有惯例指导,在这种情况下,代理人应在尽可能符合被代理人的最大利益的原则下,独立地从事代理活动。

对于专业代理人,他有义务劝告或警告被代理人谨慎授权,然后再履行遵守授权的义务。如果被代理人并不考虑代理人的意见,代理人必须按代理合同从事代理活动,否则他必须向被代理人负违约的责任。

3. 勤勉谨慎地履行代理职责

代理人应当勤勉谨慎地履行代理职责。无论是有偿的代理人还是无偿的代理人,如果他未勤勉谨慎地履行代理义务,或者在替被代理人处理事务时有过失,致使被代理人遭受损失,代理人应对被代理人负赔偿的责任。当然,有偿代理人与无偿代理人遵守谨慎尽职的义务的程度不同。《法国民法典》第 1992 条规定:“受托人,不仅对于诈欺负责,并对其处理事务中发生的过失负责。关于过失责任的处理,无偿的受托人应较接受报酬的受托人为轻。”关于无偿代理人应履行的义务,一般来看,无偿代理人可以不履行代理事务;如果他履行了代理事务,就必须达到勤勉谨慎的标准,否则要对此负责。

从对勤勉谨慎程度的要求比较来看,似乎无偿代理要比有偿代理的勤勉谨慎程度低一些。然而,目前英美法系国家的一些学者认为,从事代理活动无论是否有偿,只要代理人同意为他人无偿代理,就应与有偿代理一样勤勉谨慎地进行。我国《合同法》也规定,即使是无偿的委托合同,若因代理人的故意或重大过失给被代理人造成损害的,被代理人也有权要求损害赔偿。

4. 代理人对被代理人应诚信、忠实

代理人的诚信、忠实义务体现在以下几个方面:

(1)代理人必须向被代理人公开他所掌握的有关客户的一切必要情况,以供被代理人考虑决定是否同该客户订立合同。

(2)代理人不得以被代理人的名义同代理人自己订立合同,除非事先征得被代理人的同意。例如,被代理人委托代理人替其推销货物时,除非事先征得被代理人同意,代理人不能利用代理关系的便利,同被代理人订立买卖合同自己买进被代理人的货物。代理人非经被代理人的特别许可,也不能同时兼为第三人的代理人以从两边收取佣金。例如,《德国民法典》规定:“代理人除经特别许可的情形外,不得以被代理人名义与自己为法律行为”,也不得作为第三人的代理人而为法律行为。这种行为是对代理权的滥用，是违反代理人义务的行为。因此，当发生上述情形时，被代理人有权随时撤销代理合同或撤回代理权，并有权请求损害赔偿。

(3)代理人不得受贿或密谋私利，或与第三人串通损害被代理人的利益。代理人不得谋取超出被代理人支付的佣金或酬金以外的任何私利。如果代理人接受了贿赂，被代理人有权向代理人索还，并有权不经事先通知而解除代理关系，或撤销该代理人同第三人订立的合同，或拒绝支付代理人在受贿交易上的佣金，被代理人还可以对受贿的代理人和行贿的第三人起诉，要求他们赔偿由于行贿受贿订立合同而使他遭受的损失。即使代理人在接受贿赂或图谋私利时，并未因此而影响他所做的判断，也没有使被代理人遭受损失，但被代理人仍然可以行使上述权利。根据《英国1906年反贪污法》(Prevention of Corruption Act 1906)的规定，代理人的受贿和第三人的行贿都是刑法上的犯罪行为，情节严重者可追究刑事责任。

5. 严守商业秘密

代理人在代理协议有效期间或在代理协议终止之后，都不得把代理过程中所得到的保密情报或资料向第三者泄露，也不得由他自己利用这些资料同被代理人进行不正当的业务竞争。否则，需要承担由此而给被代理人造成的一切损失。但另一方面，在代理合同终止后，除经双方同意的合理的贸易上的限制外，被代理人也不可以不适当地限制代理人使用他在代理期间所获得的技术、经验和资料。因为根据某些国家关于限制性商业做法的法律(Restrictive Business Practice)，这种限制是无效的。

6. 及时报告委托事务的情况和申报并结清账目

代理人有义务在代理合同存续期间及时报告委托事务的进展情况，在代理合同结束时及时报告委托事务的结果。代理人向被代理人报告委托事务的情况时，应按照事先约定的时间、方式进行；若事先没有约定或约定不明确的，应依常规进行；若没有常规可循，以最大限度保护被代理人利益的时间、方式进行。同时，代理人有义务正确核算代理权下属于被代理人的财产或者金钱，并应根据代理合同的规定或在被代理人提出要求时，向被代理人申报账目。如果代理人与被代理人的财产相互混淆以至于无法确定和分开时，被代理人有权取得已混淆的全部财产，并且若因财产混淆或者账目不清而造成了被代理人的其他损失，也由代理人赔偿。当然，如果被代理人拖欠代理人的佣金或其他费用时，代理人享有对被代理人交给他保管的财物的留置权，以抵消被代理人的欠款。

(二)代理人对第三人的义务

代理人对第三人所承担的义务主要体现在以下两个方面：

1. 权力担保义务

权力担保义务，主要是指代理人在从事代理活动中，必须对第三人保证他的代理权是毫无瑕疵的，并且这种权力担保义务是默示的，不论第三人有否提请验证，也不论代理人有否声明，只要代理人没有做出否定的意思表示，且第三人也不属于知道或理应知道之列，代理人就必须对第三人承担权力担保的义务。如果因为代理人未经授权或者超出了授权的范围或者代理权已经终止等权力瑕疵，而给第三人造成了损失，则由代理人承担责任。两大法系的规定有些许区别。

(1)大陆法系的规定

按大陆法系国家的法律规定，代理人对第三人的义务是：

在直接代理中，只要代理人是在代理权限内，以代理人的身份与第三人订立合同，那么合同的效力则直接及于被代理人，合同的双方当事人就是第三人与被代理人，代理人只承担权力担保义务，不承担履行合同的义务。

在间接代理中，由于代理人是以自己的名义与第三人订立合同，因此无论代理人事先是否得到被代理人的授权，该合同都被认为是代理人与第三人之间的合同，在代理人把他在该合同中的权利与义务依法转让给被代理人之前，代理人就需要按照合同的有关规定对第三人承担义务。

(2)英美法系的规定

按英美法系国家的法律规定，代理人对第三人的义务是：

代理人在从事代理业务中，如果在其代理权限内并披露了被代理人的情况下与第三人订立合同，那么其所订立的合同就是被代理人与第三人之间的合同，代理人只承担权力担保义务，不承担履行合同的义务。

代理人在从事代理业务中，无论是否披露了被代理人的身份，只要是在其代理权限内并清楚、明确地以代理人的身份与第三人订立合同，那么其所订立的合同也是被代理人与第三人之间的合同，代理人对第三人也只承担权力担保义务，不承担履行合同的义务。

代理人在从事代理业务中，即使事先得到了被代理人的授权，只要他是以自己的名义与第三人订立合同，那么其所订立的合同就是代理人与第三人之间的合同，因此在未被披露的被代理人依法行使介入权并得到第三人的认可之前，代理人就需要按照合同的有关规定对第三人承担履行合同的义务。

2. 诚实信用的义务

诚实信用的义务，主要是指代理人要以善意的心态、合法的手段从事代理活动，不得有损害社会公共利益和第三人合法权益的故意和过失。代理人在从事代理活动的全过程中，除了要以善意而又守信用的原则履行约定和法律、惯例规定的义务外，还应根据代理行为的性质、目的和习惯行使通知、协助、保密等义务。例如，在代理活动中，如果代理人从第三人处获得过多或者无正当理由的支付(即所谓不当得利)，应承担返还之责，即使代理人在第三人要求返还该种支付之前已将该种支付纳入了被代理人利益收入，只要代理人有过错，也仍然需要返还不当得利和赔偿由此而给第三人造成的其他损害。又如，不论代理人是为了自己的利益还是被代理人的利益，只要第三人的损害是因代理人的欺骗、恶意和疏忽行为而引起的，代理人就须承担损害赔偿之责。如果此种损害是由代理人和被代理人共同为之，则由代理人与被代理人负连带责任。

二、被代理人的义务

(一)被代理人对代理人的义务

1. 支付佣金

被代理人必须按照代理合同的规定支付代理人佣金或其他约定的报酬。当事人在商订代理合同时，应在代理合同中对有关佣金的数量和计算方法做出明确的规定。如果代理合同中没有规定佣金的数量或者规定不明确的，两大法系各国的法律或判例原则上均规定代理人可根据提供同类服务的通常价格收取佣金；若无可比价格，代理人可以按照合理价格收取佣金；

若非因代理人的过错导致不能完成或部分完成代理事项的，代理人可以收取相应的报酬。

但是，我国《合同法》对此的规定与上述规定相比则有些许差别。按照我国《合同法》的规定：若当事人在委托代理合同中，没有规定佣金的数量或者规定不明确的，则按照《合同法》第61条的规定确定：可以由当事人协议补充；不能达成协议的，则按照合同的有关条款或者惯例确定；若仍然不能确定时，则按照《合同法》第67条的规定处理，即除了依法应当执行政府定价或指导价外，应当按照订立合同时履行地的市价支付。至于非因代理人的过错导致不能完成或部分完成代理事项的，允许代理人可以收取的报酬则与大多数国家的规定相同。

另外，我国《合同法》规定：在行纪合同中，行纪人的报酬按照当事人的约定给付，若无约定或者约定不明确，依照《合同法》第61条仍然不能确定的，则依照《合同法》第67条的规定处理；若行纪人高于被代理人指定的价格卖出或者低于被代理人指定价格买入的，可以增加报酬，若该报酬没有约定或者约定不明确，可以按照《合同法》第61条确定，若仍然不能确定的，行纪人则不得要求增加报酬。

再者，我国《合同法》规定：在居间合同中，当居间人促成了交易，但对居间人的报酬没有规定或者规定不明确，依照《合同法》第61条仍然不能确定的，则根据居间人的劳务合理确定。至于居间人不能完成居间委托事项，没有促成交易的，不论何种原因，居间人均不能要求报酬，但允许居间人可以要求被代理人支付从事居间活动支出的必要费用。

两大法系国家的法律或判例对于被代理人不经代理人的介绍，直接与代理人代理的地区内的第三人订立代理事项内的合同，是否仍须对代理人支付佣金，以及代理人所介绍的买主在代理关系终止后还连续订货时，是否仍须支付佣金等问题的规定，是有较大差异的。

(1)关于被代理人是否可以不支付佣金而绕过独家代理人与第三人订约的问题

多数大陆法系国家在法律上对商业代理人取得佣金的权利和佣金的计算方法都有详细规定。按照一些大陆法系国家的法律规定，凡是在指定地区享有独家代理权的独家代理人，对于被代理人同指定地区的第三人所达成的一切交易，不论该代理人有否参与其事，都有权要求佣金，除非代理合同中有相反的规定。

根据英美法系国家的判例，如果当事人在代理合同中没有特别规定，那么，被代理人是否可以不支付佣金而绕过独家代理人与第三人订约，主要看该交易达成过程中代理人是否参与。若被代理人与第三人达成的交易是代理人努力的结果，代理人就有权获得佣金；但如果被代理人没有经过代理人的介绍而直接与代理地区的买方达成交易，代理人一般无权索取佣金。

我国《合同法》对此问题没有做出详细的规定，只是原则性规定为：因不可归责于受托人的事由，委托合同解除或者委托事务不能完成的，被代理人应当向受托人支付相应的报酬，当事人另有约定的，按照其约定。这就是说，享有独家代理权的独家代理人，对于被代理人同指定地区的第三人所达成的一切交易，受托人原则上有权要求佣金，至于如何支付，支付多少，主要看被代理人和受托人是否有约定，若有约定须按照其约定办理，若没有约定，可以推定适用合同法中对有关代理合同中没有约定报酬或者约定报酬不明确的规定办理。

(2)关于代理关系终止后被代理人是否可以无偿享受代理人在代理期间所建立起来的商业信誉问题

当代理关系终止后，代理人所介绍的买主还连续向被代理人订货时，被代理人是否应向代理人给付佣金的问题，本来应在代理合同中明确规定。如果代理合同中对此问题没有规定或者规定不明确，往往会造成被代理人和代理人之间的争执。两大法系各国的法律或判例对此均规定了救济方法。

按照德国、法国、瑞士、意大利等大陆法系国家的规定，在商业代理关系终止后，代理人所介绍的买主还继续订货时，如果被代理人从该交易中获取了重大利益，或者该交易与代理人在代理期间的代理行为具有密不可分的联系，或者是给予代理人赔偿符合公平合理原则的其他情形，代理人均有权就其在代理期间为被代理人建立的商业信誉请求给予赔偿。

按英美法系国家的判例，在代理合同无规定期限时，只要被代理人在合同终止后接到买方的再次订货，仍须向代理人支付佣金；但如果代理合同规定了一定的期限，则在期限届满合同终止后，即使买方再次向被代理人订货，代理人最多只能要求对再次订货的佣金损失给予金钱赔偿，而不能要求取得此后每次订货的佣金。

我国《合同法》对此问题没有做出明确的规定，只是原则性规定为：合同的权利义务终止后，当事人应当遵循诚实信用的原则处理，并且不影响合同中结算和清理条款的效力。这就是说，代理关系终止后，代理人所介绍的买主还继续订货时，如果被代理人从该交易中获取了重大利益时，代理人有权基于诚信原则就其在代理期间为被代理人建立的商业信誉请求给予赔偿。至于如何赔偿，赔偿多少，主要看被代理人和受托人是否有约定，若有约定须按照其约定办理，若没有约定可以推定适用合同法中对有关代理合同中没有约定报酬或者约定报酬不明确的规定办理。

2. 履行代理合同条款

如果代理合同规定了代理关系的存续时间，在合同没有载明被代理人可以提前终止合同时，被代理人应根据代理合同的规定允许代理人履行代理职责。如果被代理人授予代理人进行某项行为的特殊权利，被代理人不能将这种特殊的代理权再授予其他任何人，并且被代理人也不能亲自取代这种已经授予代理人的特殊代理权。

3. 弥补代理人因履行代理义务而产生的费用及损失

(1)两大法系国家的法律或判例均规定或者认为，被代理人对于代理人在正常代理活动中所支出的合理费用和遭受的损失有义务给予补偿，这其中既包括对有偿代理人的补偿，也包括对无偿代理人的补偿。

各国法律一般规定，补偿的程度应达到完全补偿，不仅包括代理人为了被代理人的利益在法律上必须支付的款项，还包括非强制代理人为被代理人的利益应履行代理义务所支出的费用。但是，如果所遭受的损失是由于代理人自己的过失或者疏忽造成的，而被代理人对此并无过失，代理人则无权得到补偿。

对无偿代理人的补偿分为以下两种情况：一是即使没有代理合同，也能够构成一个独立的默示补偿合同，在这种情况下，补偿是完全的补偿。二是如果这种默示补偿合同不能构成，代理人要求补偿的性质是偿还这个诉讼原因，因此，补偿仅限于：被代理人有法律义务支付的、被代理人已从无偿代理中得到利益的并且属于代理人受法律所强迫支付的费用。但是，如果无偿代理人的代理行为违法，或超越代理权限从事无权代理，或在履行代理义务的过程中有过失，被代理人将不负责补偿，无偿代理人也无权诉请赔偿。

(2)在代理人进行正常的代理活动中，有时由于无法预料的原因，如不可抗力等，致使代理人从事的代理事务遭受损失，而代理人对代理事务所遭受的损失并无过错。在这种情况下，代理人对所遭受的损失不承担责任，应当由被代理人对代理人由此而受到的损失给予补偿。

4. 允许代理人核查其账册

这主要是大陆法系国家的规定。有些大陆法系国家在法律中明确规定，代理人有权检查核对被代理人的账册，以便核对被代理人付给代理人的佣金是否准确无误，并且将其作为一项强制性的法律规定，代理合同当事人不得在代理合同中做出相反的规定。

（二）被代理人对第三人的义务

被代理人对第三人所承担的义务主要有以下两种：

1. 被代理人须按照合同规定履行对第三人的义务

按照代理的一般原则，代理人是代替被代理人与第三人订立合同的，合同一经订立，其权利义务归于被代理人，应由被代理人直接对第三人负责，代理人对此一般不承担个人责任。但是，若代理人在处理委托事项时没有披露代理人的身份，或者代理人在处理委托事项中无权或越权代理等，被代理人就不需对第三人承担责任。

但在不同的情形下，被代理人对第三人所承担的义务是有差异的。因此，要阐述被代理人对第三人的义务，则必须根据不同的情形而定，并且从前文所述中可见，两大法系对此问题的规定也存在着较大的差异。

(1)大陆法系的规定

如前所述，大陆法系把被代理人与第三人的关系分为两种：直接代理与间接代理。在这两种代理形式中，被代理人对第三人所承担的义务有着很大的区别。

第一，直接代理中被代理人对第三人的义务。在直接代理中，只要代理人是在代理权限内，以代理人的身份与第三人订立合同，那么合同的效力则直接及于被代理人，合同的双方当事人就是第三人与被代理人，被代理人就需要按照合同的有关规定（若合同中无规定或规定不明确，则按照有关法律规定，下同）直接对第三人承担义务。

第二，间接代理中被代理人对第三人的义务。在间接代理中，由于代理人是以自己的名义与第三人订立合同，因此无论代理人事先是否得到被代理人的授权，该合同都将被认为是代理人与第三人之间的合同，被代理人原则上不能仅凭该合同直接对第三人主张权利，因而被代理人也无须对第三人承担义务。但是，当代理人把他在该合同中的权利与义务依法转让给被代理人后，被代理人就需要按照合同的有关规定对第三人承担义务。

(2)英美法系的规定

如前所述，英美法系根据代理人在与第三人签订合同时有否披露代理关系的存在，而将被代理人与第三人的关系区分为三种形式。

第一，显名代理中的被代理人对第三人的义务。代理人在从事代理业务中，如果在其代理权限内并披露了被代理人身份的情况下与第三人订立合同，那么其所订立的合同就是被代理人与第三人之间的合同，被代理人应按合同的有关规定对第三人承担义务。

第二，隐名代理中的被代理人对第三人的义务。代理人在从事代理业务中，无论是否披露了被代理人的身份，只要是在其代理权限内并清楚、明确地以代理人的身份与第三人订立合同，那么其所订立的合同也是被代理人与第三人之间的合同，所以被代理人就应按合同的有关规定对第三人承担义务。

第三，未披露被代理人身份代理中的被代理人对第三人的义务。代理人在从事代理业务中，即使事先得到了被代理人的授权，只要他是以自己的名义与第三人订立合同，那么其所订立的合同就是代理人与第三人之间的合同，被代理人无须对第三人承担义务。只有当未被披露的被代理人依法行使了介入权并得到了第三人的认可后，被代理人才需要按照合同的有关规定对第三人承担义务。

2. 被代理人需对第三人承担转承义务

转承义务，是指为他人在其授权范围内的行为过错所承担的义务。各国的法律或者判例均规定或者认可：当代理人在授权的范围内行使代理行为而发生侵权或者犯罪行为时，被代理人需承担连带责任，如果代理人的上述行为给第三人造成了损害，被代理人必须承担连带赔偿责任。

三、第三人的义务

（一）第三人对代理人的义务

原则上讲，代理人是代替被代理人与第三人订立合同的，合同一经订立，其权利义务归于被代理人，由被代理人和第三人按照合同的有关规定各自承担义务，第三人对代理人一般不承担个人责任。但是，若代理人在处理委托事项时没有披露被代理人的身份，或者代理人在处理委托事项时无权或越权代理等情形下，代理人与第三人实际上就是合同的双方当事人，因此双方必须按照合同的有关规定承担各自的义务，但在不同的情形下，第三人对代理人所承担的义务是有差异的。

1. 大陆法系的规定

（1）直接代理中第三人对代理人的义务

在直接代理中，只要代理人是在代理权限内，以代理人的身份与第三人订立合同，那么合同的效力则直接及于被代理人，合同的双方当事人就是第三人与被代理人，第三人和被代理人就需要按照合同的有关规定各自承担义务，第三人一般对代理人不承担义务。但是，若是代理人在代理中无权或者越权代理时，只要代理人的代理行为未被被代理人事后给予追认，那么，第三人和代理人则是合同的双方当事人，第三人就需按照合同的有关规定对代理人承担义务。

（2）间接代理中第三人对代理人的义务

在间接代理中，由于代理人是以自己的名义与第三人订立合同，因此代理人与第三人是合同的双方当事人，因而第三人则须按照合同的有关规定对代理人承担义务。只有当代理人把他在该合同中的权利与义务依法转让给被代理人后，第三人才解除了对代理人的义务。

2. 英美法系的规定

（1）显名代理中第三人对代理人的义务

代理人在从事代理业务中，如果是在其代理权限内并披露了被代理人身份的情况下与第三人订立合同，那么其所订立的合同就是被代理人与第三人之间的合同。因此，第三人对代理人不承担合同义务。

（2）隐名代理中第三人对代理人的义务

代理人在从事代理业务中，无论是否披露了被代理人的身份，只要是在其代理权限内并清楚、明确地以代理人的身份与第三人订立合同，那么其所订立的合同也是被代理人与第三人之间的合同，第三人对代理人也无须承担合同义务。

(3)未披露被代理人身份的代理中第三人对代理人的义务

代理人在从事代理业务中,即使事先得到了被代理人的授权,只要他是以自己的名义与第三人订立合同,那么其所订立的合同就是代理人与第三人之间的合同。因此,只要未被披露的被代理人事后未依法行使介入权,或者第三人不认可未被披露的被代理人所行使的介入权,那么第三人就须按照合同的有关规定对代理人承担义务。

(二)第三人对被代理人的义务

如上所述,代理人若是在被代理人的授权之下并以代理人的身份与第三人订立合同时,那么合同一旦依法成立,被代理人就是该合同的当然当事人,第三人就需按照合同的有关规定对被代理人承担义务。若代理人在处理委托事项中没有披露自己的代理身份,或者代理人发生无权或越权代理等情形下,只要第三人认可了被代理人事后所行使的介入权或者追认权,那么被代理人实际上也就成了合同的一方当事人,因此第三人也就必须按照合同的有关规定对被代理人承担义务。另外,如果第三人串通代理人侵害了被代理人的利益,须承担连带赔偿责任。

第四节 承担特别责任的代理人

作为代理制度的一般原则,代理人在被代理人授权的范围内与第三人订立合同后,由被代理人享有权利、承担义务,代理人对第三人不负个人责任。只要代理人尽到了勤勉、服从和诚信等一般代理人的义务后,如果第三人不履行合同,代理人对被代理人也不承担个人责任。但在某些情况下,代理人和被代理人或者第三人约定或者按照行业惯例,对被代理人或第三人承担个人责任,这种代理人就被称为承担特别责任的代理人。这主要是因为在国际经济贸易活动中,第三人与被代理人对于彼此的资信并不十分了解,代理人因长期从事国际商事业务对有关交易当事人却比较熟悉,同时具有良好的信誉,因此,有时会被要求对他们承担某种特殊的个人责任,以保护交易当事人的利益和交易的安全。根据代理人承担特别责任的对象不同,可以分为对被代理人承担特别责任的代理人和对第三人承担特别责任的代理人。

一、对被代理人承担特别责任的代理人

对被代理人承担特别责任的代理人主要是指信用担保代理人(Credit Guarantee Agent)。信用担保代理人的责任是在他所介绍的买方(即第三人)不付货款时,由他赔偿被代理人因此而遭受的损失。从法律上来看,在被代理人与代理人之间除了普通的代理合同以外,还存在另一个合同,即担保合同,代理人根据担保合同对被代理人承担个人的责任。采用这种办法的好处是:由于被代理人对国外市场情况了解不多,无法判断代理人所在地区的买方的资信是否可靠,而且由于竞争的需要,往往要用赊销的方法销售货物,一旦买方破产或赖账,被代理人就会遭到重大损失。因此,如果代理人同意为国外的买方保付,被代理人就可以避免这种风险。另外一种好处是,由于代理人承担了信用担保责任,他就不会因为贪图多得佣金而在替被代理人兜揽订单时仅看数量而忽视买方的资信能力。

在大陆法系国家,如《德国商法典》《瑞士债务法典》和《意大利民法典》,对信用担保代理人

都有专门的规定。信用担保代理在直接代理和间接代理两种情况下都可以成立。根据德国法和瑞士法的规定，对一般代理合同不要求以书面方式订立，但对于信用担保条款都要求以书面方式订立。

英美法系国家没有关于信用担保代理人的成文法，但判例法已形成了一套完整的规则。早期的英国法院判例认为，信用担保代理人的责任是第一位的责任，就是说被代理人在要求买方（即第三人）付款之前，就可以起诉代理人要求代理人付款。但19世纪以后的判例修改了这一规则，认为信用担保代理人的责任是属于第二位的责任，即只有当买方无力支付货款或因类似原因致使被代理人不能收回货款时，信用担保代理人才有赔偿被代理人的义务。同时，信用担保代理人的责任仅限于担保买方（第三人）的清偿能力，即仅对买方无力支付货款负责，至于合同的履行，代理人是不负责任的。因此，如果由于被代理人没有如约履行合同，致使买方拒付货款，则代理人不负责任。根据英国的判例，这种信用担保代理合同不一定需要以书面方式作成。

第二次世界大战前，信用担保代理人在国际贸易中曾起过十分重要和积极的作用，但现在许多国家已经设立了由政府经营的出口信贷保险机构，专门办理承担国外买主无清偿能力的保险业务，信用担保代理人的作用已由这种保险机构逐步取代。

二、对第三人承担特别责任的代理人

在资本主义国家，有些代理人根据法律、惯例或合同规定，须对第三人承担特别责任，其中，同国际贸易有密切关系的主要有以下几种：

1. 保付代理人

在国际贸易中起着重要作用的保付代理人（Confirming Agent）是承担特别责任的代理人的范例，通常由出口商担任。保付代理人的业务通常是代理国外的被代理人（买方）向本国的第三人（卖方）订货，并在订单上加上保付代理人的保证，担保被代理人将履行合同，如果国外的被代理人不履行合同或者拒绝支付货款，将由保付代理人向本国的卖方，即第三人支付货款。

保付代理的经济目的是减少国际货物买卖中供货人在出口货物中的潜在风险，本国卖方不必顾虑外国买方的资信能力而接受订单。保付代理人通过将国际贸易转换为国内贸易，可以确保本国卖方在国际贸易中不会因为国外买方的信用缺陷而蒙受损失，有利于促进本国的出口。例如，A国的甲希望向B国的乙订购一批电脑，乙接受了订单但他做出承诺的前提条件是得到B国保付商行的保付。于是，甲请求B国的保付代理人丙保付向乙发出的订单，丙同意保付。这时保付的典型特征是丙与乙的营业地位于同一国家，保付代理把国际交易转化为国内交易，使交易在乙所在国支付货款和履行，解除了乙对于甲的资信财政状况要进行的调查。

在保付代理中通常存在两方面的法律关系：一是保付代理人与买方之间的普通代理关系，例如上例即是甲与丙之间的普通代理关系，其中，甲是被代理人，丙是代甲付款的代理人；二是保付代理人与卖方之间的担保关系，即上例中乙与丙的关系，乙是第三人，丙是买方的保付代理人，如买方即被代理人不付款或无力支付，由保付代理人承担支付货款的义务。如果在合同履行前，买方无故取消订单，保付代理人仍要对第三人即卖方支付货款。在这种情况下，保付代理人在付清货款后，有权要求被代理人偿还其所付的货款，并可以要求赔偿损失。

保付代理人同前面介绍的信用担保代理人，既有相同之处也有不同的地方。相同之处是，在两种情况下，代理人都要承担个人责任；不同之处在于保付商行是对第三人承担责任，而信用担保代理人则对被代理人承担责任。

2. 保兑银行

在当今国际贸易中，使用跟单信用证(Letter of Credit)已成为支付货款的主要方式之一，对商业跟单信用证进行保兑的保兑银行(Confirming Bank)也是一种对第三人承担特别责任的代理人。

在国际贸易中，卖方对不熟悉的客户往往要求其在约定的时间内通过开证行开立以卖方为受益人的、有银行保兑的不可撤销信用证并送达卖方。一般的程序是国外的买方通过银行开立保兑的、以卖方为受益人的不可撤销信用证，委托卖方所在地的代理行对此信用证加以保兑，即在信用证上加上"保兑"字样，然后通知卖方；卖方一旦提交符合信用证要求的单据，就可以要求所在地的保兑银行支付货款。

根据国际商会《跟单信用证统一惯例》第10条的规定，当开证银行授权另一银行对其开出的不可撤销信用证加以保兑，而后者根据开证银行的授权予以保兑时，此项保兑就构成保兑银行的一项确定的担保，即他对该信用证的受益人承担按信用证规定的条件付款或承兑信用证项下的汇票并于到期时付款的义务。在这种保兑关系中，开证行是被代理人，保兑银行是代理人，卖方是第三人，保兑银行根据开证行的授权在信用证上保兑时，此项保兑就构成了保兑银行的一项确定付款的担保，只要卖方提交的单据符合信用证上的规定，保兑银行就承担付款的责任，且这一责任是第一位的。

3. 运输代理人

运输代理人(Forwarding Agent)是接受客户委托、代客户向运输公司预订航位的代理人。运输代理人在国际贸易中起着重要的作用，这些代理人精通海、陆、空运输的复杂知识，特别是了解经常变化的国内外海关手续，运费和运费回扣，海港和机场的习惯、惯例和业务做法，海空货物集装箱运输的组织以及出口货物的包装和装卸等。

在这种代理关系中，客户是被代理人，运输公司为第三人。根据有些国家运输行业的惯例，如果运输代理人受客户的委托，向轮船公司预订舱位，他们自己须向轮船公司负责。如果客户届时未装运货物，使轮船空舱航行，代理人须支付空舱费。在这种情况下，代理人可要求客户给予赔偿。如果客户拖欠代理人的佣金、手续费或其他报酬，代理人对在其占有下的客户的货物有留置权，直到客户付清各项费用为止。

4. 保险代理人

保险代理人(Insurance Broker)，有时也称保险经纪人，是指基于投保人的利益，为投保人和保险人提供中介服务，并依法收取佣金的人。保险经纪人的具体业务是代投保人向保险人洽定保险合同，办理投保手续，代交保险费或者代为索赔。在这种代理关系中，投保人是被代理人，保险人为第三人。

在国际贸易中，进出口商在为货物投保运输保险时，一般不能直接与保险人订立合同，而必须委托保险经纪人代为办理。例如，根据英国海上保险法的规定，凡海上保险合同由保险经纪人替投保人订立时，经纪人就保险费须对保险人直接负责。如果投保人不缴纳保险费，保险经纪人应向保险人缴纳保险费。保险标的物在承保的风险范围内发生损失的，由保险人直接赔付被保险人。

与其他行业的代理人不同，保险经纪人的报酬通常由保险人支付，而不是由他们的委托人（即被代理人）支付。

第五节　我国的代理法与外贸代理制

一、我国的代理法律制度

我国《民法通则》第四章第二节对代理制度做了规定。按照《民法通则》第 63 条的规定，公民、法人可以通过代理人实施民事法律行为。代理人在代理权限内，以被代理人的名义实施民事法律行为，被代理人对其代理人的代理行为应承担民事责任。即如果被代理人委托代理人代其签订合同，只要代理人是在代理权限内，以被代理人名义同第三人签订了该项合同，该合同的权利与义务均应归属于被代理人，应由被代理人对该合同承担责任，代理人对该合同可不承担责任。从法理上讲，这种代理制度属于直接代理，其特点是代理人必须以被代理人的名义行事，从而才能使代理行为所产生的效力直接归属于被代理人。

《民法通则》对代理权的产生、无权代理、代理人与第三人的责任以及代理的终止等都做了规定。《民法通则》第 66 条规定，没有代理权、超越代理权或者代理权终止后的行为，只有经过被代理人的追认，被代理人才承担民事责任；未经追认的行为，由行为人承担民事责任。但被代理人知道他人以被代理人名义实施民事行为而不作否认表示的，视为同意。代理人不履行职责，给被代理人造成损害的，应由代理人承担民事责任。如代理人与第三人串通，损害被代理人的利益的，应由代理人和第三人负连带责任，如果第三人知道行为人没有代理权、超越代理权或者代理权已终止还与行为人实施民事行为给他人造成损害的，第三人和行为人负连带责任。第 67 条规定，代理人知道被委托代理的事项违法而仍然进行代理活动的，或者被代理人知道代理人的代理行为违法而不表示反对的，由被代理人与代理人负连带责任。第 65 条规定，民事法律行为的委托代理，可以用书面形式，也可以用口头形式。但法律规定用书面形式的，应当用书面形式。这些规定确立了我国处理代理关系的基本原则。

二、我国的外贸代理制

应当注意的是，《民法通则》有关代理的规定不能完全适用于我国的外贸代理制。《民法通则》所规定的代理，基本上是属于直接代理，即由代理人以被代理人的名义实施法律行为，这种代理行为所产生的结果应由被代理人负责。而在我国外贸代理制中，大量存在外贸公司接受国内企业的委托，以外贸公司自己的名义作为买卖合同的一方同外商签订进出口合同。《合同法》第 402 条和第 403 条针对此种特殊情况做出了新的规定。

《合同法》第 402 条规定："受托人以自己的名义，在被代理人的授权范围内与第三人订立的合同，第三人在订立合同时知道受托人与被代理人之间的代理关系的，则该合同直接约束被代理人和第三人，但有确切证据证明该合同只约束受托人和第三人的除外。"该条款适用于：外贸企业接受委托后必须以自己的名义而不能以被代理人的名义与外商（即第三人）签订进出口合同;虽然被代理人与外商之间无直接合同关系,但因被代理人与外贸企业之间存在法律上的特殊代理关系,即外贸企业与外商签约是基于被代理人的委托而发生的,且完全是为了被代理人的利益,故进出口合同中外贸企业的权利、义务及责任最终由被代理人享有和承担;外商本来就知道或是在订立合同时知道受托人与被代理人之间的代理关系。受托人为自己的利益与外商签订合同,即自营进出口,不适用本条规定。

在外贸代理实践中通常的做法是外贸企业接受国内企业的委托自行寻找外商,联系客户,或是国内的委托企业与外方当事人先谈判合同的条件,然后再找到外贸企业,委托外贸企业对外签订进出口合同。外贸企业以自己的名义与外商签约,并主动告诉外商其仅是代理人,外贸企业不会将被代理人的名字、身份告诉外商,其目的往往是防止被代理人与外商越过外贸企业直接接触,以免泄露外贸企业所获代理费数额、进出口货物的产地及销售地区等情况。

《合同法》第 402 条规定,被代理人或第三人一般应直接进行协商或提起诉讼、仲裁,外贸公司则可以以此作为抗辩理由,不再承担合同责任。

《合同法》第 403 条主要是针对公开被代理人身份的代理设定的。该条第 1 款规定:“受托人以自己的名义与第三人订立合同时,第三人不知道受托人与被代理人之间的代理关系的,受托人因第三人的原因对被代理人不履行义务,受托人应当向被代理人披露第三人。被代理人因此所以行使受托人对第三人的权利,但第三人与受托人订立合同时如果知道该被代理人就不会订立合同的除外。”

在外贸代理实践中,常常会遇到这样的情况,外贸企业联系外商,并以自己的名义与外商签订进出口合同,而外商并不知道该企业为代理商。如果因为外商履行合同过程中存在瑕疵,造成外贸企业不能与国内被代理人如期履约,则外贸企业将外商的情况告知国内企业。被代理人可直接介入进出口合同,直接向外商主张权利,但被代理人行使介入权是有条件限制的,即在外贸企业与外商订立合同时,如果外商知道该被代理人就不会订立合同的话,则被代理人不得直接对外商行使权力。

《合同法》第 403 条第 2 款规定:“受托人因被代理人的原因对第三人不履行义务,受托人应当向第三人披露被代理人,第三人因此可以选择受托人或者被代理人作为相对人主张其权利,但第三人不得变更选定的相对人。”此款规定采纳了英美法系中关于第三人选择权的规则。在实践中,如国内被代理人委托外贸公司为其寻找外商做出口业务,外贸企业为其寻找了客户并以自己的名义与外商签订合同,在合同履行中,因国内被代理人出现交货瑕疵,造成外贸企业不能按时与外商履行合同时,外贸公司可将国内被代理人的情况告知外商。这时外商可依据第 403 条第 2 款之规定行使选择权,既可以请求被代理人承担违约责任,也可以请求由受托人承担违约责任,但外商只能选择其一,并且选定后不能变更。

《合同法》第 403 条第 3 款规定:“被代理人行使受托人对第三人的权利的,第三人可以向被代理人主张其对受托人的抗辩;第三人选定被代理人作为其相对人的,被代理人可以向第三人主张其对受托人的抗辩以及受托人对第三人的抗辩。”抗辩权,是指根据法律规定,对抗对方要求的权利。在我国外贸代理制中,当被代理人直接向外商主张权利时,外商可以以其对抗外贸企业的理由用以抗辩;而在外商直接向被代理人主张权利的情况下,被代理人除可以以其对抗外贸企业的理由用以抗辩外,还可以将外贸企业对外商的抗辩理由用作自己的抗辩理由。

本章小结

1. 代理制度是商品经济高度发展的产物。代理，是指代理人按照被代理人的授权或法律的规定，代表被代理人同第三人订立合同或为其他的法律行为，由此而产生的权利与义务直接对被代理人发生效力。

2. 代理权产生的方式、无权代理、代理权终止的事由，大陆法系、英美法系各从不同的角度加以了规范。

3. 代理关系是一种三角关系。在代理关系中，一般包含三个方面的法律关系：被代理人与代理人之间的法律关系、代理人与第三人之间的法律关系、被代理人与第三人之间的法律关系。

4. 关于代理人、被代理人和第三人的义务，虽然大陆法系国家主要在民(商)法典中规定，英美法系国家主要由判例确定，但有关规定基本一致。

5. 在国际商事代理中，存在着承担特别责任的代理人。根据其服务对象的不同，分为对被代理人承担特别责任的代理人和对第三人承担特别责任的代理人两类。

6. 我国《民法通则》第四章第二节对代理制度做了规定。但《民法通则》有关代理的规定基本上属于直接代理，不能完全适用于我国的外贸代理制。《合同法》第402条和第403条针对我国外贸代理制的特殊情况做出了新的规定。

案例分析

案例一

王某为某经贸公司采购员，长期负责采购某种商品。后因经济问题，公司开除了王某，但没有告知其客户。王某继续以该公司采购员的身份从事商品采购业务。面对客户履行合同的主张，该公司以王某无权代理为由加以拒绝。客户向法院提起诉讼。

请问：你认为本案应当如何处理？依据是什么？

案例二

某年香港A公司在巴西购买了545吨高压聚乙烯，8月运抵上海，委托上海的B公司代为提货并存放于保税区仓库。次年5月22日至6月2日，A公司先后书面通知B公司，其已经签发发货信给其客户C公司，如该客户前去提货，须付清货款或者由A公司再次书面确认方可放货。6月6日，该客户前来提货，在出示了保证付款的保函、进出口合同副本和要求提货的介绍信后，B公司擅自放货。事后，该客户未付清货款，而货物的正本提单仍然在A公司处。经要求B公司偿付未果，A公司向法院提起诉讼。

请问：

(1)B公司和A公司之间是何种法律关系？在这种法律关系中，B公司应当承担何种责任？

(2)你认为本案应当如何处理？

练习与思考

一、名词解释

代理，国际商事代理，意定代理，法定代理，直接代理，间接代理，显名代理，隐名代理，无权代理，表见代理。

二、简述题

1. 两大法系代理的概念有何区别？

2. 简述两大法系各自代理权产生的原因。

3. 当代理人未披露被代理人的存在，而以自己的名义订立合同时，其法律后果在大陆法和英美法中有何差异？

4. 如何区分无权代理和表见代理？

5. 什么是代理关系中的内部关系和外部关系？

6. 代理人有哪些义务？

7. 对第三人承担特别责任的代理人主要有哪几种？

8. 评述我国的外贸代理制。

第四章

国际商事合同法

本章要点

- 合同的订立
- 合同生效的必要条件
- 合同的履行
- 合同的变更和转让
- 合同的消灭
- 违约形式和救济方法

第一节　合同法概述

一、合同的概念

在现代社会，合同几乎是从事一切商事活动的工具。但是，大陆法和英美法对合同所做的定义各不相同，存在着比较大的分歧。

大陆法基本上认为合同是一种协议。其本质是双方的一种合意，即合同双方的意思表示一致。《德国民法典》把合同归入法律行为的范畴。《德国民法典》第 305 条规定："依法律行为设定债务关系或变更法律关系的内容者，除法律另有规定外，应依当事人之间的合同。"这就是说合同是产生、变化债的关系的法律行为。其中，意思表示是法律行为的基本要素。意思表示又包含两方面的内容：一是当事人的内在的意思；二是表达这种意思的行为。《法国民法典》运用"合意"(Consensus)这个比较具体的概念。《法国民法典》第 1101 条规定："合同是一人或数人对另一人或数人承担给付某物，作或不作某事的义务的一种合意。"这里的"合意"是指当事人之间的意思表示一致，即只有当事人的意思表示一致，合同才能有效成立。此外，大陆法系普遍认为当事人之间可以达成无利益交换的协议，如赠予协议。

英美法国家强调合同的实质在于当事人所做的一种“许诺”或“允诺”(Promise)，而不仅仅是达成协议的事实。当诺言有了对价时，诺言与对价成为交易的对象，诺言才有了被强制执行的效力，受诺人可以通过法院强制诺言人履行其诺言，此时诺言成为合同。《美国合同法重述》对合同所做的定义是：“合同是一个许诺或一系列的许诺，对于违反这种许诺，法律给予救济，或者法律以某种方式承认履行这种许诺乃是一项义务。”根据英美法的理论，合同的要素是当事人所表示的许诺，但并不是一切许诺都可以成为合同，而是只有法律上认为有约束力的、在法律上能够强制执行的许诺，才能成为合同。

英美法认为，法律上强制执行的是当事人所做的许诺，而大陆法则认为，法律上强制执行的是当事人之间的协议或合意。尽管两大法律体系对合同的概念在理论上存在比较大的分歧，但是实际上无论是英美法国家还是大陆法国家都把双方当事人的意思表示一致作为合同成立的要件，即如果双方当事人不能达成协议，就不存在合同。在这一点上双方是没有实质性分歧的。

我国法律认为合同在本质上是一种协议。我国《民法通则》第 85 条规定：“合同是当事人之间设立、变更、终止、民事关系的协议。”《合同法》第 2 条规定：“合同是平等主体的自然人、法人、其他组织之间设立、变更、终止民事权利义务关系的协议。”

二、合同法及其编制体系

合同法(Contract Law)，是关于调整各种合同关系的法律规范。合同法在民商法中占有非常重要的地位。当今世界各国对合同法都十分重视，合同法在各国的法律体系中也占有十分重要的地位。但是，两大法系在合同法的形式以及某些具体的法律原则方面则存在一定的差别。

在大陆法国家，合同法是以成文法的形式出现的，一般包含在民法典或债务法典之中。大陆法国家的民法理论把合同作为产生“债”的原因之一，将有关合同的法律规范与产生债的其他原因，如侵权行为等法律规范并列在一起，作为民法的一编，称为债务关系法或债编。

英美法国家的合同法原则主要体现在判例法中，没有统一的成文法典。虽然英、美等国也制定了一些有关具体合同的成文法，如英国《货物买卖法》《美国统一商法典》等，但合同法的许多基本原则仍需依据判例法所确立的法律原则行事。所以，英美法系的合同法主要是判例法、不成文法。

不但英美法系和大陆法系各国的差别较大，而且即使是同一法系内部的不同国家之间，在某些具体规定上也存在着不少差别，势必产生国际商事贸易活动的不便与纠纷。为了避免或减少这种不便和纠纷，有必要订立国际公约，统一国际合同法。

为此，统一私法国际研究所于 1930 年 4 月做出决议，设立“国际货物买卖统一法起草委员会”，负责起草有关国际货物买卖统一法的草案，经过 30 多年的准备工作，终于在 1964 年 4 月 25 日海牙外交会议上通过了有关国际买卖统一法的两个文件草案：《国际货物销售统一法》(The Uniform Law on International Sale of Goods，ULIS)和《国际货物销售合同成立统一法》(The Uniform Law on the Formation of Contract for International Sale of Goods，ULF)。由于公约主要反映了欧洲国家的贸易实践和大陆法的传统，所以只得到欧洲少数国家的批准，因此这两个公约的国际性是很有限的。于是,联合国国际贸易法委员会从 1969 年开始,对这两个文件进行了修改、补充、删减和合并工作,试图确立一个能被普遍接受的统一的法律规则。1980 年 4 月 11 日,经联合国大会认真讨论,正式通过《联合国国际货物销售合同公约》(United Nations Contract for International Sale of Goods,以下简称《销售合同公约》或 CISG)。《销售合同公约》包含了合同法和买卖法内容,对统一不同社会制度、不同法系、不同国家在货物买卖领域的法律原则有重大贡献,受到不同类型国家的普遍欢迎。

然而,由于《销售合同公约》对合同的有效性等当时难于统一的一些重大问题采取回避态度,在合同的效力等一些问题上存在较大的局限性。1980 年,国际统一私法协会成立了专家工作组,起草范围更广泛的统一的国际商事合同法。1994 年 5 月《国际商事合同通则》(Principles of International Commercial Contracts,以下简称《合同通则》或 PICC)获得通过。《合同通则》在继承《销售合同公约》合理内容的基础上,进一步全面地确立了国际商事合同领域的各项法律原则,为国际合同法的统一做出重大贡献。

第二节 合同的订立

合同是当事人之间意思表示一致的结果。意思表示一致是指必须由双方当事人就同一标的交换各自的意思,从而达成一致的协议。意思表示一致可以是明示的,也可以是默示的,即通过行为来表示。法律上把订立合同的意思表示分别称为要约和承诺,即如果一方当事人向对方提出一项要约,而对方对该要约表示承诺,那么在双方当事人之间就达成了一项具有法律约束力的合同。因此,要了解合同的成立,就必须先了解要约和承诺的法律规定。

一、要约

1. 要约的定义

要约(Offer),在外贸业务中又称为发盘或发价,它是一方当事人向对方提出愿意根据一定的条件与对方订立合同,并且包含了一旦该要约被对方承诺时就对提出要约的一方产生约束力的意思表示。其中,提出要约的一方被称为要约人(Offeror),其相对的一方称为受要约人(Offeree)。要约可以采用书面的形式做出,也可以以口头或行为做出。

2. 要约的有效要件

(1)要约必须是特定人的意思表示

要约的提出旨在与他人订立合同,并唤起相对人承诺,所以要约人必须是订立合同的一方当事人。如对订立买卖合同来说,他既可以是买受人也可以是出卖人,但必须是准备订立合同买卖当事人或者是订约当事人的代理人(代理须本人授权),任何人在没有经过他人授权的情况下擅自代替他人发出要约,对他人不能发生约束力。

(2)要约必须表明要约人愿意按照要约所提条件订立合同的意向

要约人发出要约的目的在于订立合同,而这种订约的意图一定要由要约人通过其发出的要约充分表达出来,才能在受要约承诺的情况下产生要约。要约的目的在于订立合同,其特点是一经受要约人的承诺,合同即告成立,无须再征求要约人的同意或者经其确认。换言之,只要受要约人对要约予以承诺,要约人就必须受其约束,不得否认合同的成立。否则,就不能认为是一项真正的要约。我国《合同法》第 14 条规定:要约的意思表示应当"表明经受要约人承诺,要约人即受该意思表示约束"。

但如果那种意思表示不具体、不确定且不期望自己受到该种意思表达约束的话,就不是要约,而是要约邀请(Invitation to Treat)。因此,在法律上必须把要约与要约邀请加以区别。

要约邀请,又称为要约引诱,其目的虽然也是为了订立合同,但是它本身不是一项要约,而只是为了邀请对方向自己发出要约。例如,在商业活动中,有些公司经常向交易对方寄送报价单(Quotation)、价目表(Price List)和商品目录(Catalogue)等,其内容可能包括价格、品质、规格与数量等,但是这些都不是要约,而属于要约邀请,其目的是为了吸引对方向自己提出订货单(Order),只有当对方收到上述报价单或价目表后,寄出订货单,该订货单才是一项真正的要约。它必须经过寄送报价单或价目表的一方表示承诺之后,合同才能成立。如果寄送报价单或价目表的一方不予以承诺或接受,那么,即使订货单的内容与报价单或价目表相符,合同也不能成立,寄送报价单或价目表的一方也不受其约束。

由此可见,要约与要约邀请的主要区别在于:如果是要约,它一经对方承诺,合同即告成立,要约人则必须受其约束;如果是要约邀请,即使对方完全同意或接受该要约邀请提出的条件,发出该项要约邀请的一方仍然不受其约束,除非他对此表示承诺或确认,否则合同仍然不能成立。我国《合同法》第 15 条规定:"要约邀请是希望他人向自己发出要约的意思表示。寄送的价目表、拍卖公告、招标公告、招股说明书、商业广告等为要约邀请。商业广告的内容符合要约规定的,视为要约。"

(3)要约的内容必须确定和完整

"确定",是指要约人对要约内容必须做出清楚明白表述,不能含糊不清;"完整",是指要约首先需要具备一些内容,即合同成立所必需条款,也就是说,要约的内容需达到一旦被受要约人全盘接受即承诺合同就告成立的程度。要约不必载明合同全部细节,只要达到足以确定合同的程度即可。在这一点上,大陆法与英美法的要求基本是一致的。

根据《美国统一商法典》第 2-204 条的规定,只要当事人具有订立合同的意图,其要约具备了货物的名称和数量,就可以视为一项有效的要约,而价格并不是必不可少的条款。该规定是为了适应现代商事交易快节奏的要求,尽可能使要约不致由于缺少部分条款而无法成立。

按照《销售合同公约》第 14 条第 1 款的规定,要约中若写明货物明示或暗示地规定数量、价格或规定如何确定数量和价格,即为十分确定。[①] 按照中国的外贸实践,一项货物销售要约的内容至少应包括商品的名称、价格、数量、品质或规格、交货期和地点以及付款的方式等。也就是说,要约人无须在要约中详细载明合同的全部条款,只要达到足以确定合同的内容的程度即可。

(4)要约需向受要约人发出

受要约人原则上应是特定的人(Specific Persons),也就是说要约人原则上应该指明受要约人的姓名或公司名称。法律上强调所谓的特定人的价值在于,如果针对的是特定人,那么收到该要约的受要约人就有权按照要约规定的条件与要约人订立合同;相反,非特定人则无权。

---

① A proposal is sufficiently definite if it indicates the goods and expressly or implicitly fixes or makes provision for determining the quantity and the price. Article 14(1) of the CISG.

一般的观点认为，要约须向一个或数个特定的人发出。因为只有特定才能确定承诺人，即要约人对谁有资格成为承诺人做出了意思选择，否则该提议不过是为了唤起不特定的人发出要约，本身并非要约。大陆法系国家立法一般遵循这一原则。

《销售合同公约》以及《合同通则》也都规定要约应向一个或一个以上特定的人发出，否则仅应视为邀请要约。如果是向不特定的人发出订立合同的建议，按照《销售合同公约》第 14 条第 2 款的规定，除发出建议者另有相反表示，只能视为"邀请做出发价"①。这项规定的目的是把当事人刊登普通商业广告以及向广大公众散发商品目录、价目表等行为与要约区别开来。前者是向广大公众发出的，其对象是广大公众，而不是特定的人，所以，它不是一项要约。除发出广告者明确表示他愿承受广告内容的约束或明示他的广告是作为一项要约提出来的以外，否则，该广告就将被视为一项要约邀请。

至于能否向非特定人发出的问题，各国法律规定有所差异。英美法的一些判例认为，要约既可以向某一个人发出，也可以向某一群人发出，甚至可以向全世界发出。以广告为例，一般大陆法将之视为要约邀请，但英美法认为只要广告文字明确、肯定，足以构成一项许诺，也可视为要约。不过英美法还规定，如果要约人向不特定的人发出要约，其后果应由其自身承担。

我国《合同法》第 15 条第 2 款规定："商业广告的内容符合要约规定的，视为要约。"如广告列明了必要的合同条款明示或默示一经承诺即成立合同的订约意图，就可以构成要约，换言之，商业广告尽管是向不特定人发出的，也可以构成要约。

(5)要约只有传达到受约人处方为有效

《销售合同公约》第 15 条第 1 款规定："发价于送达被发价人时生效。"②我国《合同法》也规定："要约到达受要约人时生效。"因为要约是要约人的一种意思表示，受要约人必须在收到要约之后才能决定是否予以承诺。因此，如果一方仅凭以往的交易经验或经由其他途径，预计对方有可能向他发出要约，而在收到要约之前即主动向对方做出了"承诺"，那么，即使此项"承诺"的内容与对方提出的要约的内容完全巧合，也不能认为合同有效成立。因为上述所谓的"承诺"是在无要约或要约尚未生效的情况下做出的，因此不是真正的承诺，而是一项"交叉要约"(Cross Offer)，它只有得到对方的承诺后，合同才告成立。

只有具备上述五个要件，才能够成为有效的要约，并使要约发出后产生应有的约束力。

3. 要约的约束力

要约的约束力，是指要约一旦生效后对双方当事人的强制力。要约的约束力包括两个方面的含义：一是指对受要约人的约束力；二是指对要约人的约束力。

(1)要约对受要约人的约束力

一般而言，要约对受要约人是没有约束力的。受要约人接到要约，只是在法律上取得了承诺的权利，但不受要约的约束，并不因此而承担必须承诺的义务。不仅如此，在通常情况下，受要约人即使不予承诺，也没有通知要约人的义务。大多数国家和《销售合同公约》都规定：受要约人的沉默不等于承诺。但是某些国家的法律规定，在商业交易中，在某些例外的情况下，受要约人无论承诺与否，均应通知要约人。例如，《德国商法典》与《日本商法典》均规定，商人对

---

① A proposal other than one addressed to one or more specific persons is to be considered merely as an invitation to make offers, unless the contrary is clearly indicated by the person making the proposal. Article 14(2) of the CISG.

② An offer becomes effective when it reaches the offeree. Article 15 (1) of the CISG.

于平日经常来往的客户，在其营业范围内，在接到要约时，应立即发出承诺与否的通知，如果怠于通知时，则视为承诺。一般而言，缄默不等于承诺。

我国《合同法》对此规定不太明确，它一方面规定承诺应以明示的方式做出，另一方面又允许受要约人可以依交易习惯不采取明示的方式承诺，也就是说依照某些交易习惯，受要约人对要约的缄默和不作为也将视为承诺。

(2)要约对要约人的约束力

要约对要约人的约束力，是指要约人发出要约之后在对方承诺之前是否能反悔，是否能把要约的内容予以变更，或把要约撤回或撤销的问题。

要约的撤回(Withdrawal)，是指要约人在发出要约后，在要约尚未生效前，要约人将要约取消，阻止其生效。对于要约的撤回，各国法律的规定与《销售合同公约》的规定基本一致，由于要约尚未发生效力，要约人当然有权把要约撤回或更改要约的内容。即使一项要约是不可撤销的，也可以撤回，但撤回要约的通知必须于要约到达受要约人之前或与该要约同时送达受要约人。例如，以平邮寄出的要约，在其寄达受要约人之前，要约人可以用电报或空邮等更为快捷的通讯方式把该项要约撤回或更改其内容。否则，不能阻止要约生效。一旦要约生效，要取消要约则属于要约撤销的问题。

要约的撤销(Revocability)，则是指要约生效后，要约人将要约取消，从而使要约的效力丧失。对撤销要约的有关规定，两大法系存在较大的差别。

英美法系认为，要约原则上对要约人没有约束力，要约人在受要约人对要约做出承诺之前，随时可以撤销要约或更改其内容。即使要约人在要约中规定了有效期限，他在法律上仍可以在期限届满以前随时将要约撤销。一个人所做出的允诺，其之所以具有法律上的约束力，是由于取得了对方的某种"对价"(Consideration)，或者是由于允诺人(Promisor)在做出允诺行为时，采取了法律所要求的某种特殊的形式，例如在允诺的书面文件上签字蜡封(Signed and Sealed)，如果允诺欠缺上述条件中的任何一项，该允诺对允诺人就不具有约束力。英美法把要约视为要约人所做的一项允诺，因此，除非要约人采用签字蜡封式的要约(Offer under Seal)，或者该要约有对价的支持，否则要约人就不受要约的约束。

由于这种规定对受要约人缺乏应有的保障，很不适应现代国际贸易的发展，所以，《美国统一商法典》明确规定，在货物买卖中，在一定条件下可以承认无"对价"的"确定的要约"，即要约人在要约确定的期限内不得撤销的要约。其条件是：①要约人必须是商人；②要约已经规定了期限，或者如果没有规定期限，则在合理的期限内撤销，但是绝不能超过3个月；③要约必须以书面形式作成，并由要约人签字。如果符合上述条件，即使该要约没有对价支持，要约人仍须受其要约的约束，在要约规定的期限内或在合理的时间内不得撤销要约。

大陆法系原则上认为要约对要约人具有约束力。德国法认为，除非要约人在要约中注明了不受约束的词句，要约人必须受其要约的约束；如果在要约中规定了有效期，则在有效期内不得撤回或修改其要约；如果在要约中没有规定有效期，则通常在得到答复以前，不得撤销或修改其要约。瑞士、希腊与巴西等国家均采取这项原则。

由于两大法律体系在要约的法律规则方面存在重大的分歧，这给国际贸易带来了很大的不便。为了适应国际贸易发展的需要，《销售合同公约》把世界各国(特别是英美法国家与大陆法国家之间)在要约的法律规则方面的分歧加以调和折中。根据该公约的规定，要约在其被受要约人承诺之前，原则上可以撤销，但是有下列情况之一者就不能撤销[①]：

①要约写明承诺的期限，或以其他方式表示要约是不可撤销的；

②受要约人有理由信赖该项要约是不可撤销的，并已本着对该项要约的信赖行事。

4. 要约的终止

要约的终止是指要约失去效力，无论是要约人或受要约人不再受要约的约束。要约终止或失效主要有以下四个方面的原因：

(1)要约因期限已过而失效

如果要约规定了承诺的期限，则在该期限终了时自行失效。此后，即使受要约人做出承诺，也不能成立合同，而只能算作一项新的要约，须经原要约人表示承诺，双方才能成立合同关系。如果要约人在要约中没有规定承诺的期限，则有两种情况：第一种情况是，如果当事人之间以对话的方式进行交易磋商，对于此种对话要约必须立即予以承诺，如果不立即承诺，要约就失去约束力。第二种情况是，如果当事人之间分处异地，以函电等非对话的方式发出要约，则在合理期限内未被受要约人承诺，要约也失效。所谓合理期限则属于事实问题，应由法院根据两地相隔的远近以及要约与承诺所采取的传递方式决定。

(2)要约因由要约人撤回或撤销而失效

要约一旦被撤回或撤销即告消灭。

(3)要约因被受要约人的拒绝而失效

拒绝要约，是指受要约人将拒绝要约的意思表示通知要约人的行为。这种表示可以是明示的，也可以是暗示的。要约在拒绝通知送达要约人时即告失效。此后，受要约人就不能改变主意再对该项要约表示承诺。

(4)要约因实质性变更而失效

实质性变更要约，是指受要约人更改了要约的重要条件。如果受要约人在承诺中对要约的条款做了扩充、限制或变更，其效果也视同对要约的拒绝，在法律上等于受要约人向要约人发出的一项反要约(Counter Offer)，须经原要约人承诺后，合同才能成立。

二、承诺

1. 承诺的定义

承诺，是指受要约人根据要约规定的方式，对要约的内容加以同意的一种意思表示。承诺的实质是对要约表示同意。这种同意的意思表示可以采取向要约人发出声明的方式，也可以用其他行为来表示同意。要约一经承诺，合同即告成立。一项有效的承诺必须具备以下四个条件：

(1)承诺必须由受要约人做出

受要约人包括其本人以及其代理人。任何第三人对要约做出同意都不能构成有效的承诺。《销售合同公约》规定：缄默或不行为不是承诺。[②]

---

① However, an offer cannot be revoked: (a) if it indicates, whether by stating a fixed time for acceptance or otherwise, that it is irrevocable; or (b) if it was reasonable for the offeree to rely on the offer as being irrevocable and the offeree has acted in reliance on the offer. Article 16 (2) of the CISG.

② Silence or inactivity does not in itself amount to acceptance. Article 18 (1) of the CISG.

(2)承诺必须在要约的有效期内做出

如果要约中规定了有效期,就必须在有效期内做出承诺。如果要约未规定有效期,则必须在"依照常情可期待得到承诺的期限内"(大陆法),或在"合理的时间内"(英美法)做出承诺。如果承诺的时间迟于要约的有效期,这就称为"迟到的承诺"(Late Acceptance)。迟到的承诺原则上不是有效的承诺,而是一项新的要约。不过《销售合同公约》在上述规定的同时,还规定了一个灵活处理的方法:逾期的承诺如果得到要约人认可并及时通知承诺人,则该项承诺仍然有效;如果载有逾期承诺的信件或其他书面文件表明,它是在传递正常就能及时送达要约人的情况下寄发的,则该项承诺仍然有效,除非要约人毫不迟延地将相反意见通知受要约人。① 这两项规定的区别在于:前项规定是指由于受要约人发出承诺的时间太迟而造成的,所以其逾期的承诺必须经过要约人再次确认,合同方告有效成立,如果要约人不及时地向受要约人做出表示接受其逾期承诺的通知,则该项迟到的承诺就不具有承诺的效力,而只能视为新要约。在后项情况下,则是指由于邮递延误所造成的承诺逾期,其本身不能归咎于受要约人,所以,要约人若不接受该项逾期的承诺,他就必须毫不延迟地向承诺人发出拒绝该项逾期承诺的通知,否则,该项由邮递延误所造成的逾期承诺仍然有效。同时,要约中若没有清楚规定承诺期限的计算方法时,则按照要约人在电报或信件内规定的承诺期间以该电报要约拍发或信件要约中所载明的时间起算,若信件要约中未载明发信日期则以发送该要约的邮戳日期起算;要约人以电话、电传或其他快速通信方法规定的承诺期间,则从要约送达受要约人时起算。在计算承诺期间时,承诺期间内的正式节假日或非营业日应计算在内,但如果承诺的最后期限是要约人营业地的正式节假日或非营业日,则承诺的期限应顺延至下一个营业日。

(3)承诺必须与要约的内容一致

承诺是受要约人愿意根据要约的内容与要约人订立合同的一种意思表示,因此,承诺的内容应当与要约的内容相一致。如果受要约人在承诺中将要约的内容加以扩充、限制或变更,从原则上说这就不是承诺而是一项反要约,它是对原要约的拒绝,不能发生承诺的效力,并且构成一项反要约。但是,为了避免由于承诺的内容与要约稍有出入,而影响到整个合同的成立,《销售合同公约》在第 19 条第 2 款中有明确规定:对要约表示承诺,但载有添加或不同条件的答复,如果所载的添加或不同条件在实质上并不变更该项要约的条件,则除要约人在不过分延迟的期间内以口头或书面方式提出异议外,仍可作为承诺,合同仍可有效成立。② 除非要约人对受要约人的非实质性更改要约内容的行为提出反对,合同履行时,以要约所提出的条件以及承诺中所附加或变更的条件为准。所谓实质性条件,是指有关货物价格、付款、质量、数量和履行时间、地点以及赔偿责任范围和解决争端的方法等。按照我国《合同法》第 30 条和第 31 条

---

① (1) A late acceptance is nevertheless effective as an acceptance if without delay the offeror orally so informs the offeree or dispatches a notice to that effect. (2) If a letter or other writing containing a late acceptance shows that it has been sent in such circumstances that if its transmission had been normal it would have reached the offeror in due time, the late acceptance is effective as an acceptance unless, without delay, the offeror orally informs the offeree that he considers his offer as having lapsed or dispatches a notice to that effect. Article 21 of the CISG.

② However, a reply to an offer which purports to be an acceptance but contains additional or different terms which do not materially alter the terms of the offer constitutes an acceptance, unless the offeror, without undue delay, objects orally to the discrepancy or dispatches a notice to that effect. If he does not so object, the terms of the contract are the terms of the offer with the modifications contained in the acceptance. Article 19 (2) of the CISG.

的规定，只有当受要约人更改了要约中有关合同的标的、数量、质量、价款或者报酬、履行期限、履行地点和方式、违约责任和解决争议的方法时，才被视为实质性更改了要约的内容。根据《美国统一商法典》第二篇第 2-207 条的规定，在商人之间，如果受要约人在承诺中附加了某些条款，承诺仍然有效，这些附加条款必须视为合同的一个组成部分，除非：要约中已明确地规定承诺时不得附加任何条件；这些附加条款对要约做了重大的修改；要约人在接到承诺后已在合理的时限内做出拒绝这些附加条件的通知。这些规定与英美法的镜像原则（Mirror Image Rule）不同。

（4）承诺的传递方式必须符合要约所提出的要求

要约人在要约中可以对承诺的传递方式做出具体的规定，受要约人就须按照要约中的规定传递承诺。例如，指定必须以电报或电传做出承诺，受要约人在承诺时就必须根据规定的传递方式办理，如果擅自改用平信或空邮的方式传递，承诺就不能成立。如果要约人在要约中对承诺的传递方式没有做出具体的规定，那么，承诺人在发出承诺通知时，一般应根据要约所采用的传递方式办理。如果要约采用的是电报，则承诺时也应采用电报。如果要约采用的是空邮，则承诺时也应采用空邮。受要约人也可以采用比要约所指定的或要约所采用的传递方式更加快捷的通讯方式做出承诺。

2. 承诺生效的时间

承诺的生效时间是合同法中一个十分重要的问题。因为承诺一旦生效，合同即告成立，双方当事人就承受了由合同所产生的权利与义务。但在承诺何时生效的问题上，各国的规定存在着很大的差别，主要有两种不同的主张，即"投邮主义"（Mail-box Rule）和"到达主义"（Receipt Rule）。

（1）投邮主义

这是英美法的主张，指的是以书信或电报做出承诺时，承诺一经投邮，立即生效，合同即告成立。换句话说，即使表示承诺的函件在传递的过程中丢失，只要受要约人能证明确已对函件付了邮资，写妥地址交到邮局，合同仍可以成立。其理由是，要约人默示地指定由邮局作为他接受承诺的代理人，所以，一旦受要约人把承诺交到邮局，就等于交给要约人一样，承诺即时发生效力，即使由于邮局的疏忽把表示承诺的信件丢失了，也应当由要约人负责，与受要约人无关，不得因此影响合同的成立。由于英美法固守"对价"原则，认为要约人可以不受要约的约束，在其要约被承诺以前，随时都可以把要约撤销。即使要约规定了承诺期限，也可以在该期限届满之前将其撤销。这项原则对受要约人不利。为了保护受要约人的权利，英美法系国家对承诺采取"投邮主义"的原则，从而缩短要约人能够撤销要约的时间，以此来调和要约人与受要约人之间的利益冲突。

（2）到达主义

到达主义是以德国为主的大多数大陆法系国家法律的规定，指的是：凡承诺的函电只要送达要约人的支配范围即告生效，而不管要约人是否已知悉其承诺的内容。从函电送达要约人的支配范围时起，其一切风险就由要约人承担，即使要约人没有及时拆阅，不了解其内容，承诺也于到达时生效。也就是说，如果载有承诺内容的函电在传递过程中遗失，承诺不生效，合同不能成立。并且，承诺在传递过程中的延误之责，原则上也由受要约人承担。该项原则被《销售合同公约》所接受。根据《销售合同公约》的规定，承诺的生效时间是：凡以函电承诺的形式，则以承诺的函电实际到达要约人时生效;以行为承诺某一项要约时,承诺则于该行为做出时生效,并且无须另行向要约人发出承诺通知。但是,不管采用何种承诺的方式,承诺必须是明示的,且必须在要约所规定的有效期内做出,若要约中未规定期限则必须在合理期限内做出。我国《合同法》对承诺生效的时间规定也采用到达主义。

3. 承诺的撤回

撤回承诺是承诺人阻止承诺发生效力的一种意思表示。承诺必须在其生效之前才能撤回,其一旦生效,合同即告成立,承诺人就不得撤回其承诺。由于各国的法律对承诺生效的时间有不同的规定,所以,在承诺是否可以撤回的问题上也有相应的不同规定。根据英美法的有关判例,由于其认为承诺的函电一经投邮就立即生效,合同即告成立,因此,受要约人在发出承诺通知后就不能撤回其承诺。根据德国法,由于其认为承诺的通知必须送达要约人才能生效,因此,受要约人在发出承诺通知后,原则上仍然可以撤回承诺,只要撤回的通知必须与承诺的通知同时或提前到达要约人,就可以把承诺撤回。《销售合同公约》第 22 条①和我国《合同法》第 27 条对承诺的撤回做了类似的规定。

4. 合同成立的时间与地点

按照多数国家的法律规定以及《销售合同公约》第 23 条②的规定,合同成立的时间与地点与承诺的生效时间与地点是一致的。

三、对价与约因

许多国家的法律要求,一项在法律上有效的合同,除了当事人之间意思表示一致外,还必须具备另一项要件:对价(Consideration)或约因(Cause)。

1. 对价

在英美法中,对价的定义晦涩难懂。根据 1875 年英国高等法院在"卡利埃诉米萨案"③的判决中所下的定义,所谓对价,是指"合同一方得到的某种权利、利益、利润或好处,或者是他方当事人克制自己不行使某项权利或遭受某项损失或承担某项义务"。这种相互给付的关系就是对价。

英美法把合同分为两种类型:一种类型是签字蜡封合同(Signed and Sealed Contract),这种合同是由当事人签字与加盖印鉴并把它交给对方而做成的,其有效性完全是由于它所采用的形式,不要求任何对价;另一种类型是简式合同(Simple Contract),它包括口头合同与并非以签字蜡封式做成的一般的书面合同,这类合同必须有对价,否则就没有约束力。

可见,英美法中除了签字蜡封合同外,对价是合同成立的要件之一。根据英美法的解释,一项有效的对价必须具备以下五个条件:

(1)对价必须来自受允诺人(Promisee)

对价必须来自受允诺人,是指只有对某项允诺付出了对价的人,才能要求强制执行此项允

---

① An acceptance may be withdrawn if the withdrawal reaches the offeror before or at the same time as the acceptance would have become effective. Article 22 of the CISG.

② A contract is concluded at the moment when an acceptance of an offer becomes effective in accordance with the provisions of this Convention. Article 23 of the CISG.

③ Currie v. Misa (1875) L. R. 10 Ex 153.

诺。因此，假设甲向乙许诺，如果乙为他完成某项工作，他将付给丙 1 000 元。如果乙完成该项工作后，甲拒绝把钱付给丙，则丙不能对甲起诉，要求法院强制执行向丙付钱的许诺。因为作为对甲的许诺的对价是来自于乙，丙并没有提供任何对价。

(2)对价必须是合法的

凡是以法律禁止的东西作为对价的，都是无效的。

(3)对价必须具有某种价值，但不要求充足

对价不需要与市场价值等值，但必须具有法律认可的价值。这里所说的价值不一定是指金钱上的价值，也可以是其他东西，例如作为或不作为等。英国法院认为："凡属对价是否充分的问题，应由双方当事人在订约时自行考虑决定，而不应在谋求强制执行时由法院决定。"

当然，如果对价很不充分，足以构成欺诈(Fraud)或错误(Mistake)，当事人可以请求给予衡平法上的救济，要求撤销合同。《美国统一商法典》第 2 - 302 条规定，如果法院认为某项合同或合同中的某项条款极不公平，法院就可以拒绝执行该项合同，或不执行极不公平的部分而只执行其余部分。

(4)对价必须是待履行的对价或已经履行的对价，而不是过去的对价

英美法把对价分为三种：待履行的对价(Executory Consideration)、已履行的对价(Executed Consideration)、过去的对价(Past Consideration)。前面两种对价是有效的，第三种对价则是无效的。

待履行的对价，是指双方当事人允诺在将来履行的对价。例如，双方当事人于某年 2 月签订了一项合同，其中规定买卖双方于 5 月底前钱货两清。在这项合同中，交货与付款都属于待履行的对价，都是有效的对价。

已履行的对价，是指当事人中的一方以其作为要约或承诺的行动，已全部完成了他根据合同所承担的义务，只剩下对方还没有履行其义务。这有两种情况：一种情况是，当事人一方的行为是作为要约做出的。例如，卖方主动向买方发货，当买方接收货物时，买卖合同即告成立，这时卖方已履行了交货义务，对此，买方有义务支付合理的价金。另一种情况是，当事人一方的行为是作为承诺做出的，在这方面最常见的例子是悬赏广告，例如某甲在报纸上刊登广告一则，许诺如果有人找到他所丢失的物品，将付给若干报酬。因此，如果某乙见报后找到失物交还某甲，合同即告成立，某乙的行为就属于已履行的对价，某甲有义务付给约定的报酬。

过去的对价，是指一方在对方做出允诺之前已经全部履行完毕的对价，它不能作为对方后来做出的该允诺的对价。例如，甲将乙丢失的钱包还给乙，乙表示将付给甲一笔钱以示感谢。但是，这种允诺是缺乏对价的，因为过去做过的事情不能作为现在这种允诺的对价，所以，这种允诺是没有约束力的。英美法认为，这种允诺属于无偿的允诺，而无偿的允诺除非是以签字蜡封的形式作成，否则是没有约束力的。对此，英美法的一项原则是"过去的对价不是对价"。

(5)法律或职责上的义务不能作为对价

英国的合同法著作常常援引英国法院的一个判例说明这项原则：船方雇用一批海员做一次往返于伦敦与波罗的海的航行，途中有两名海员开了小差，船长答应其余的海员，如果他们努力把船开回伦敦，他将把那两名海员的工资分给他们。事后船长食言，船员到法院起诉。法院判决，船长的允诺是无效的，因为缺乏对价。其理由是，船员在开船时，已承担了尽力把船安全开回目的港的义务。简言之，凡属原来合同上已经存在的义务，不能作为一项新的允诺的对

价。

为了防止某些情况下由于缺少对价而产生不公平的结果，作为对“对价”原则的限制，在法律上形成了“不得自食其言”原则（Promissory Estoppel）。例如，美国《第二次合同法重述》第90条规定：“如果允诺人有理由预见其诺言会诱使受诺人或某一第三人实施行为或限制行为，同时，该诺言在事实上诱发了此种行为或限制行为，那么，如果只有通过强制执行该诺言，才能使不公正得到避免，该诺言就是有约束力的。就违背诺言而准许的补救仅限于为维护正义而要求的范围。”①

2. 约因

约因是罗马法的概念，后被法国等大陆法系国家沿用。据法国法的解释，债的约因是指订约当事人产生该项债务所追求的最接近与最直接的目的，即订立合同的原因和目的。法国法强调把约因与当事人的动机区别开来。以买卖合同为例，卖主订立合同的约因是要获取价金，买主订立合同的约因就是要获取标的物。法国法把约因作为合同有效成立的要件之一。《法国民法典》第1131条规定：“凡属无约因的债，基于错误约因或不法约因的债，都不发生任何效力。”这里所谓的债（Obligation），包括债权与债务，是指广义的债，不仅仅是指狭义的金钱债务。根据法国法的解释，任何债的产生都必须有约因，否则就不发生任何效力。如果约因为法律所禁止，或约因违反良俗或公共秩序，此种约因即属于不法的约因，也不发生任何效力。

德国法不以约因作为合同有效成立的必要条件，但法律上有所谓“不当得利”的制度，这是指没有法律上的任何原因而取得他人财产或其他利益。在这种情况下，由于缺乏法律上的原因取得他人财产，或者虽然有法律上的原因，但是后来该原因已经消灭，或依法律行为的内容未发生给付目的所预期的结果者，亦有返还已得利益的义务。

第三节 合同的效力

合同生效是指已经成立的合同在当事人之间产生了一定的法律效力。

合同成立与合同生效是两个完全不同的概念。合同成立，是指当事人意思表示一致。不管当事人是签字盖章还是签订确认书，其核心都是当事人意思表示的一致。因此，合同成立的要件很简单：其一，要有两个或两个以上的当事人；其二，当事人的意思表示一致。合同的生效不同于成立，它是指已经成立的合同在当事人之间产生了一定的法律拘束力。合同成立后，能否发生法律效力，能否产生当事人所预期的法律后果，非合同当事人意志所能完全决定，只有符合生效条件的合同，才能受到法律的保护。合同的生效有着与成立完全不同的法律要件。各国合同生效制度对合同的生效要件多集中于以下几方面：(1)合同当事人具有相应的民事行为能力；(2)当事人之间通过要约和承诺达成协议；(3)合同有对价或合法的约因；(4)当事人意思表示真实；(5)合同的内容合法。下面将对其中三个方面加以详细介绍。

---

① A promise which that promisor should reasonably expect to induce action or forbearance on the part of the promisee or a third person and which does induce such action or forbearable is binding if injustice can be avoided only by enforcement of the promise. The remedy granted for breach may be limited as justice requires.

一、合同当事人具有相应的民事行为能力

这是指合同主体可以独立订立合同并独立承担合同义务的主体资格。合同是当事人以设立、变更、终止民事权利和民事义务为目的,有意识地追求特定法律后果的行为。它直接关系到当事人的利益,因此要求当事人必须能够认识和辨认自己的行为,判断自己行为的法律后果,即必须具有相应的订立合同的能力。世界各国法律对于具有订立合同的行为能力人和没有订立合同的行为能力人,都有具体的规定。

1. 自然人的民事行为能力

法国法没有无行为能力与限制行为能力的区分。《法国民法典》第 1124 条规定,无订立合同能力的人包括:(1)未解除亲权的未成年人;(2)受法律保护的成年人,包括官能衰退者和因挥霍浪费、游手好闲以至于陷入贫困者。这些人订立合同必须取得其监护人或管理人的同意,否则合同无效,但须经过法院宣告。德国法区分无行为能力、限制行为能力两种情况。依《德国民法典》的规定,无行为能力人是指未满 7 周岁的儿童,处于精神错乱状态、不能自由决定意志而且按其性质此种状态并非暂时者,因患精神病被宣告为禁治产者,他们所订立的合同不发生任何效力。限制行为能力,是指年满 7 周岁未满 18 周岁的未成年人。他们所做的意思表示,须取得其法定代理人的同意或者经其法定代理人事后追认,才能生效。

英美法认为,无缔约能力的自然人包括未成年人、有精神缺陷的人和酗酒的人。未成年人原则上没有订立合同的能力。精神病人在其被宣告精神错乱以后所订立的合同,一律无效;至于在宣告精神错乱以前所签订的合同,则可要求予以撤销。

我国《民法通则》第 55 条明确规定,民事法律行为的行为人应具有相应的民事行为能力。《民法通则》将公民的行为能力分为完全、限制和无行为能力三种。根据《民法通则》的规定,不满 10 周岁的未成年人和不能辨认自己行为的精神病人是无行为能力人。无行为能力人不能独立进行民事活动,他们签订的合同是无效的。10 周岁以上的未成年人和不能完全辨认自己行为的精神病人是限制民事行为能力人,他们不能实施有效的法律行为,纯获利的合同除外。《合同法》第 47 条规定,限制民事行为能力人订立的合同,经法定代理人追认后,该合同有效,但纯获利益的合同或者与年龄、智力、精神健康状况相适应的合同,不必经法定代理人追认。同时,相对人可以催告限制民事行为人的法定代理人在一个月内予以追认,若法定代理人未做表示的,视为拒绝追认。善意相对人在合同被追认前,有权以通知的方式撤销合同。

2. 法人的民事行为能力

根据各国法律规定,公司必须通过它授权的代理人才能订立合同,而且其经营范围不得超过公司章程的规定,否则就属于越权行为,该行为的责任由行为人承担。如果法人代表的越权行为未被相对人知晓,其代表的行为对外是有效的,该法人必须对相对人承担责任。

二、当事人意思表示真实

合同是双方当事人意思表示一致的结果,如果当事人意思表示的内容有错误或意思与表示不一致,或者是在受欺诈或胁迫的情况下订立了合同,这时,双方当事人虽然达成了协议,但是这种合意是不真实的,这在法律上称为意思表示瑕疵(Insufficiency of Will)。对于这种合同应当如何处理,做出错误的意思表示的一方或者受欺诈或胁迫的一方当事人是否能以此为

理由主张该合同无效，或要求撤销该合同，这在合同法上是一个十分重要的问题。

1. 错误(Mistake)

错误，是指当事人的认识与事实不相一致的行为。各国都认为，为了保障交易的安全，并非任何意思表示的错误，都足以使表意人主张合同无效或撤销合同。对何种情况下有错误一方可以要求撤销合同或主张合同无效，而什么情况下则不可以，各国法律有不同的规定和要求。

《法国民法典》第1110条第1款规定："错误仅在涉及合同标的物的本质时，始构成无效的原因。如果错误仅涉及当事人一方愿意与之订约的另一方当事人时，不能成为无效的原因，但另一方当事人个人被认为是合同的主要原因者，不在此限。"根据法国法，以下两种错误可以构成合同无效的原因：第一，关于标的物的性质方面的错误；第二，关于涉及与其订立合同的双方当事人所产生的错误。《法国民法典》第1117条规定："因错误、胁迫或欺诈而缔结的契约并非依法当然无效，而是发生请求宣告无效或撤销契约的诉权。"依此规定，因错误而订立的合同属相对无效的合同，即可撤销的合同。法国法还认为动机上的错误不能构成合同无效的原因，除非当事人将动机通过合同条款明确地表达出来。

《德国民法典》第119条规定："在进行意思表示时，对意思表示的内容发生错误或根本不要进行该内容的表示的人，在可以认为其知悉情事并理智评价情况即不进行此表示时，可以撤销表示。关于人或物的性质的错误，以性质在交易上具有实质性为限，也视为表示内容的错误。"

德国法认为下列两种错误都可以产生撤销合同的后果：第一，关于意思表示内容的错误；第二，关于意思表示形式上的错误。

英国普通法认为，订约当事人一方的错误，原则上不能影响合同的有效性。只有当该项错误导致当事人之间根本没有达成真正的协议，或者虽然已经达成协议，但是双方当事人在合同的某些重大问题上都存在同样的错误时，才能使合同无效。根据普通法，错误会导致合同自始无效；而根据衡平法，错误通常只是导致一方撤销合同。按照英国的判例法，下列错误可导致合同无效：第一，合同性质上发生错误；第二，认定当事人发生错误；第三，对合同的标的物的认定，双方当事人都存在错误；第四，在合同的标的物存在与否或在合同的重大问题上，双方当事人发生共同的错误；第五，许诺一方已经知道对方有所误会。

美国法认为，单方面的错误原则上不能要求撤销合同，至于双方当事人彼此都有错误时，仅在该项错误涉及合同的重要条款、认定合同当事人或合同标的物的存在、性质、数量或有关交易的其他重大事项时，才可以主张合同无效或者要求撤销合同。

《合同通则》把"错误"定义为："错误是合同订立时所做的关于既存的事实或法律的不正确的假定。"①关于错误的后果，《合同通则》规定："(1)一方可以因错误而撤销合同，如果在合同订立时错误如此地重大，以至一个处于与错误方同等地位的合理人本想基于有重大不同的条件订立该合同，或者，如果知道情况的真相本不会订立该合同。同时，(a)另一方有同样的错误，或导致了该错误，或者知道或应当知道该错误，并且，让错误方陷于错误的状态有违公平交易的商业准则；或者(b)另一方在合同被撤销时尚未基于对合同的依赖而行事。(2)然而，在

① Mistake is an erroneous assumption relating to facts or to law existing when the contract was concluded. ARTICLE 3.4 of the UNIDROIT PICC.

以下情况下，一方不能撤销合同：(a)该方的错误由重大过失所致；或者，(b)该错误涉及这样的事项：有关该事项，发生错误的风险已由错误方承担，或者，考虑到相关情况，应当让错误方承担。”①

我国《合同法》第54条规定，因重大误解订立的合同，一方可以请示法院和仲裁机关变更或撤销。重大误解是指误解人做出意思表示时，对涉及合同法律效果的重要事项存在着认识上的显著缺陷，其后果是使误解人受到较大损失，以至于根本达不到缔约目的。误解既可以是单方面的，也可以是双方面的。对重大误解的具体确定，应分别误解人所误解的不同情况，考虑当事人的状况、活动性质、交易习惯等各方面的因素。

2. 欺诈(Fraud)

欺诈，是指一方当事人故意制造假象或隐瞒真相致使对方陷入误解或发生错误行为。各国法律都认为，凡是因受欺诈而订立的合同，蒙受欺骗的一方可以撤销合同或主张合同无效。

大陆法规定，影响合同生效的欺诈必须符合一定的要件：必须有欺诈行为的存在；欺诈人主观上必须是故意的；欺诈行为与表意人所陷入的错误以及因此所做的意思表示有因果关系；欺诈行为必须达到有悖诚实信用的程度。法国法和德国法对欺诈的处理有不同的原则。《法国民法典》第1116条规定：“如当事人一方不实行欺诈手段，他方当事人决不签订合同者，此种欺诈是构成合同无效的原因。欺诈不得推定，而应加以证明。”即欺诈的结果将导致合同的无效。《德国民法典》第123条规定：“因被欺诈或不法胁迫而为意思表示者，表意人得撤销其意思表示。”据此，欺诈的结果是导致合同被撤销。

英美法把欺诈称为“欺骗性的不正确说明”(Fraudulent Misrepresentation)。1976年《英国不正确说明法》(Misrepresentation Act，1976)把不正确说明分为两种：一种称为“非故意的不正确说明”；另一种称为“欺骗性的不正确说明”。所谓“不正确说明”，是指一方在订立合同之前，为了吸引对方订立合同而对重要事实所做的一种虚假说明。如果做出不正确说明的人是出于诚实的相信有其事而做出的，就属于非故意的不正确说明；如果做出不正确说明的人并非出于诚实的相信有其事而做出的，则属于欺骗性的不正确说明。对于欺骗性的不正确说明，蒙受欺诈的一方可以要求赔偿损失，并可以撤销合同或拒绝履行其合同义务。关于非故意的不正确说明，英国法区别两种情况：一种情况是非故意但有疏忽的不正确说明；另一种情况是非故意而且没有疏忽的不正确说明。在前一种情况下，蒙受欺骗的一方有权请求损害赔偿，并可以撤销合同，并由法官或仲裁员行使自由裁量权。在后一种情况下，蒙受欺骗的一方无权主动要求损害赔偿，而只能由法官或仲裁员根据具体的情况酌定是否可以损害赔偿代替撤销合同。

美国法将欺诈与不正确表述做了区分。欺诈的构成要件包括：(1)一方当事人故意给予对

---

① (1) A party may only avoid the contract for mistake if, when the contract was concluded, the mistake was of such importance that a reasonable person in the same situation as the party in error would only have concluded the contract on materially different terms or would not have concluded it at all if the true state of affairs had been known, and (a) the other party made the same mistake, or caused the mistake, or knew or ought to have known of the mistake and it was contrary to reasonable commercial standards of fair dealing to leave the mistaken party in error; or (b) the other party had not at the time of avoidance reasonably acted in reliance on the contract.

(2) However, a party may not avoid the contract if (a) it was grossly negligent in committing the mistake; or (b) the mistake relates to a matter in regard to which the risk of mistake was assumed or, having regard to the circumstances, should be borne by the mistaken party. ARTICLE 3.5 of the UNIDROIT PICC.

方虚假信息或对信息的真实性漠不关心；(2)对方当事人基于对信息的信赖采取了行动；(3)对方因此受到了损害。根据《美国合同法重述》第 477 条的规定，基于欺诈订立的合同，由于双方之间没有真正的合意存在，所以受到欺骗的一方可以撤销合同。

《合同通则》规定，一方当事人可宣告合同无效，如果合同的订立是基于对方当事人欺诈性的陈述，包括欺诈性的语言、做法，或依据公平交易的合理标准，该对方当事人对应予披露的情况欺诈性未予以披露。①

我国《民法通则》第 58 条和《合同法》第 52 条规定，一方以欺诈手段使他人与之订立的合同无效。

3. 胁迫(Duress)

胁迫，是指使用暴力或以暴力手段相威胁，使人感到恐怖为目的的一种故意行为。各国的法律都一致认为，凡是在胁迫之下订立的合同，受胁迫的一方可以主张合同无效或撤销合同。

《法国民法典》规定：如行为的性质足以使正常人产生印象并使其担心自己的身体或财产面临重大且现实的危害者，即为胁迫。对订立契约承担任务的人进行胁迫，是构成无效的原因，即使胁迫由为其利益订立契约的人以外的第三人所为时，也构成无效。

德国法将胁迫与乘人之危等情况相区别，因胁迫而为意思表示者，表意人得撤销其意思表示，而法律行为系乘人之危或属显失公平，则该行为无效。

英美法认为，胁迫是指对人身施加威吓或施加暴力或监禁。英国法一般认为，蒙受胁迫的一方可以撤销合同。受胁迫者不仅包括订约者本人，也包括其配偶及近亲属；如果对后者施加威胁，迫使当事人不得不同意订立合同，也构成胁迫，当事人可以撤销合同。对于来自合同当事人之外的第三者的胁迫，英美法主张第三者的胁迫事情时，受胁迫的一方才能撤销合同。

《合同通则》规定："一方当事人可宣布合同无效，如果其合同的订立是因另一方当事人不正当的胁迫，而且在适当考虑到各种情况下，该胁迫如此急迫、严重到足以使该方当事人无其他合理选择。当使一方当事人受到胁迫的行为或不行为本身非法，或者其作为手段获取合同的订立属非法时，均为不正当的胁迫。"②

我国《民法通则》认定受胁迫的民事行为无效，其中受胁迫而订立的损害国家利益的合同作为无效合同。我国《合同法》第 54 条规定，当一方以胁迫手段使对方在违背真实意思的情况下订立合同时，受损害方有权请求法院或者仲裁机构变更或者撤销。

4. 显失公平(Grossly Unfair)

现代各国法律及判例均规定，在显失公平情况下订立的合同，准许遭受不利的一方请求撤销或予以变更。

《德国民法典》第 138 条规定，显失公平的行为就是乘他人穷困、无经验、缺乏判断力或意志薄弱而实施的法律行为，基于这种情形订立的合同，不利方可主张撤销合同。

---

① A party may avoid the contract when it has been led to conclude the contract by the other party is fraudulent representation, including language or practices, or fraudulent non－disclosure of circumstances which, according to reasonable commercial standards of fair dealing, the latter party should have disclosed. ARTICLE 3. 8 of the UNIDROIT PICC.

② A party may avoid the contract when it has been led to conclude the contract by the other party is unjustified threat which, having regard to the circumstances, is so imminent and serious as to leave the first party no reasonable alternative. In particular, a threat is unjustified if the act or omission with which a party has been threatened is wrongful in itself, or it is wrongful to use it as a means to obtain the conclusion of the contract. ARTICLE 3. 9 of the UNIDROIT PICC.

按照英美衡平法的规定，凡一方利用其优越地位、意志、思想和品格，以左右他方意志的行为，即为显失公平。英美法国家特别强调对“显失公平”合同中的受害人的保护。《美国统一商法典》明确规定：如果法院发现合同或合同的任何条款在制定时显失公平，法院可以拒绝强制执行，或仅执行显失公平部分以外的其他条款，或限制显失公平条款的适用，以避免显失公平的后果。

《合同通则》在第 3.10 条专门对“重大失衡”（Gross Disparity）做出规定：在订立合同时，合同或个别条款不合理地使另一方当事人过分有利，包括另一方当事人利用对方的依赖、经济困境、紧急需要、缺乏远见、无知、无经验或缺乏谈判技巧等事实。在发生上述情形时，同时考虑到该合同的性质和目的，法庭可依据有权宣告合同无效一方当事人的请求，修改该合同或其条款。①

我国《民法通则》第 59 条以及《合同法》第 54 条都规定，在订立合同时显失公平的，当事人有权请求变更或撤销。

三、合同的内容必须合法

世界各国法律均要求合同内容必须合法，且不得违反善良风俗与社会公共利益，否则就会导致合同无效。

《法国民法典》第 6 条规定：当事人不得以特别约定违反有关公共秩序和善良风俗的法律。根据法国法，构成合同非法主要有两种情况：一种情况是交易的标的物是法律不允许进行交易的物品；另一种情况是合同的约因不合法，即合同所追求的目的不合法。

德国法不具体规定是合同的标的违法还是合同的约因违法，而是着重于法律行为与整个合同的内容是否有违法的情况。《德国民法典》第 138 条规定：违反善良风俗的法律行为无效；特别是某人以法律行为利用他人急迫情况、无经验、缺乏判断能力或意志薄弱，使其向自己或第三人对一项给付做约定或给予财产利益，而此种财产利益与给付明显不成比例的，该法律行为无效。

英美法认为，一项有效的合同必须具有合法的目标或目的。凡是没有合法目标的合同就是非法的，因而是无效的。根据英美法某些单行法规的规定与判例法所确立的原则，认为以下几种合同是违法的：

第一，违反公共政策的合同。所谓违反公共政策的合同，是指损害公众利益，违背某些成文法所规定的政策或目标，或旨在妨碍公众健康、安全、道德以及一般社会福利的合同。

第二，不道德的合同。所谓不道德的合同，是指那些违反社会公认的道德标准，如果法院予以承认将会引起正常人愤慨的合同。

---

① (1) A party may avoid the contract or an individual term of it if, at the time of the conclusion of the contract, the contract or term unjustifiably gave the other party an excessive advantage. Regard is to be had, among other factors, to

(a) the fact that the other party has taken unfair advantage of the first party is dependence, economic distress or urgent needs, or of its improvidence, ignorance, inexperience or lack of bargaining skill, and

(b) the nature and purpose of the contract.

(2) Upon the request of the party entitled to avoidance, a court may adapt the contract or term in order to make it accord with reasonable commercial standards of fair dealing.

(3) A court may also adapt the contract or term upon the request of the party receiving notice of avoidance, provided that that party informs the other party of its request promptly after receiving such notice and before the other party has reasonably acted in reliance on it. The provisions of Article 3.13(2) apply accordingly. ARTICLE 3.10 of the UNIDROIT PICC.

第三，触犯刑律或民事侵权的合同，以及没有执照就从事法律要求必须持有执照的业务活动所签订的合同。

我国《合同法》认定合同无效有 5 种情况：(1)欺诈一方以欺诈、胁迫手段订立合同，损害国家利益；(2)恶意串通，损害国家、集体或第三者利益；(3)以合法形式掩盖非法目的；(4)损害社会公共利益；(5)违反法律、行政法规的强行性规定。

第四节 合同的履行

合同的履行是指合同的一方当事人通过全面、适当地完成其合同任务，使对方的合同权利得以实现。各国对合同履行的规定主要包括以下几方面的内容。

一、全面履行

全面履行是指合同当事人应按照合同约定，全面、适当地履行合同义务。大陆法对履行合同义务的全面性、适当性加以约定，即使某些事项合同条款未必载明，当事人也应适当履行。英美法认为，当事人在订立合同后，必须严格根据合同的条款履行合同。《合同通则》规定，当履行到期时，债权人有权拒绝任何部分履行的请求，无论该请求是否附有对未履行部分的担保，除非债权人这样做无合法利益；因部分履行给债权人带来的额外费用应由债务人承担，并且不得损害任何其他救济方法。

二、诚实信用履行

诚实信用履行是指合同当事人在履行合同过程中应当诚实，与对方进行必要的客观信息交换，同时为对方提供必要的协助，讲究信用，不违背承诺。

《德国民法典》规定：债务人应诚实和信用，并参照交易上的习惯，履行给付。《美国统一商法典》规定：任何合同或义务都使当事人承担了履行或执行该合同或义务的过程中善意行事的义务。我国《合同法》第 60 条规定：当事人应当遵循诚实信用原则，履行通知、协助、保密等义务。

三、法定补充履行

英国《货物买卖法》规定：(1)交货地点一般应当在卖方的营业地点交货。如果买卖合同的标的物是特定物，而且买卖双方在订约时已经知道该特定物在其他地方，则应在该特定物的所在地交货。(2)如果合同没有规定交货时间，则卖方应在合理的时间内交货等。

《合同通则》对于合同的履行规定为：

1. 关于质量标准

如果合同中既未约定而且也无法根据合同确定履行的质量，则一方当事人有义务使其履行质量达到合理的标准，并且不得低于此情况下的平均水平。该平均水平根据履约时有关市场的情况及其他有关因素而定。

2. 关于价格的确定

如果合同未规定价格，也无如何确定价格的规定，在没有任何相反规定的情况下，应视为当事人各方引用在订立合同时可以比较的相关贸易中进行此类履行时一般应收取的价格;或者,如无此价格,则应为一个合理的价格。如果合同的价格应由一方当事人确定,而此定价又明显地不合理,则不管合同中是否有任何条款的相反规定,均应以一个合理的价格予以代替。如果价格应由一个第三人来确定,而该第三人不能或不愿确定价格,则应采用一个合理的价格。如果确定价格需要参照的因素不存在,或已不再存在,或已不可获得,则应取最近似的因素作为替代。

3. 关于履约期限

当事人履约应在订立合同后的一段合理时间内进行。任何当事人可通过在事先一段合理时间内发出通知,终止该合同。

4. 关于履行地

如果合同中既未明确规定履行地,依据合同也无法确定履行地时在下述地点履行:金钱债务在债权人的营业地;任何其他义务在债务人自己的营业地。当事人应承担在合同订立后因其营业地的改变而给履行增加的费用。

5. 关于履行费用

每一方当事人应承担其履行义务时所发生的费用。

我国《合同法》第 62 条规定,当事人就有关合同内容约定不明确,依照本法第 61 条的规定仍不能确定的,适用下列规定:

第一,质量要求不明确的,按照国家标准、行业标准履行;没有国家标准、行业标准的,按照通常标准或者符合合同目的的特定标准履行。

第二,价款或者报酬不明确的,按照订立合同时履行地的市场价格履行;依法应当执行政府定价或者政府指导价的,按照规定履行。

第三,履行地点不明确,给付货币的,在接受货币一方所在地履行;交付不动产的,在不动产所在地履行;其他标的,在履行义务一方所在地履行。

第四,履行期限不明确的,债务人可以随时履行,债权人也可以随时要求履行,但应当给对方必要的准备时间。

第五,履行方式不明确的,按照有利于实现合同的目的方式履行。

第六,履行费用的负担不明确的,由履行义务一方负担。

我国《合同法》第 63 条规定,执行政府定价或政府指导价的,在合同约定的交付期限内政府价格调整时,按照交付时的价格计价。逾期交付标的物的,遇价格上涨时,按照原价格执行;价格下降时,按照新价格执行。逾期提取标的物或者逾期付款的,遇价格上涨时,按照新价格执行;价格下降时,按照原价格执行。

第五节　合同的变更与转让

一、合同的变更

合同变更有狭义和广义之分。前者是指在不改变主体的情况下,双方当事人就原合同的内容进行修改或补充而形成新的权利和义务关系；后者是指合同的主体发生变化，即合同当事人向第三人全部或部分转让其合同权利或合同义务，通常称为合同的转让。

这里所指的合同的变更，是指在合同成立之后、尚未履行完毕之前，当事人就合同的内容进行修订和补充。合同变更有以下特征：

(1)合同的主体不改变；

(2)合同的变更须经当事人协商一致；

(3)合同的变更是对合同内容的部分变更。

根据合同法的传统规则，一般不允许当事人随意变更合同。但是在合同订立后，如果客观情况发生了变化，不修改合同原合同很难得到履行，或是履行原合同反而变得不公平，当事人对合同做出一定的修改，或者是某些情况发生了变化、依据当事人之间的协议做出修改，均为各国法律所认可。法律规定的允许一方当事人变更合同的事由主要包括不可抗力、情势变迁等。

合同的变更原则上必须经双方当事人协商一致达成新的合意，但在特殊情况下，一方当事人也可不经对方同意，直接请求法院或仲裁机构予以变更。合同的变更，既可以用新的合同完全取代旧的合同，也可以在保持旧的合同效力的基础上，就某些条款进行修改和补充，原合同和补充条款一并生效。经双方当事人协商一致或是依法定的程序变更后的合同，对双方当事人具有法律约束力。双方当事人应依变更后的合同履行各自义务；违反变更后的合同，同样要承担违约责任。合同的变更一般不溯既往，对已履行的合同部分不产生效力。

二、合同的转让

合同的转让(Assignment)，又称为合同的让与，是指由一方当事人将其合同的权利和义务全部或部分转让给第三人。在合同的转让中，合同的主体发生变更，即由新的合同当事人代替原当事人，但合同的客体(即合同的内容)仍保持不变。合同的转让有三种情形：①合同权利的转让；②合同义务的转让；③合同权利和义务的概括转让。

1. 合同权利的转让

合同权利的转让是指合同债权人将合同的权利全部或部分转让给第三人，后者基于债权的转让成为新的债权人。从各国实践来看，绝大多数合同的权利都是可以转让的，但是对于下列三种合同权利，许多国家的法律一般都不允许任意转让：①根据合同权利的性质不能转让的权利；②法律禁止转让的权利；③合同当事人约定不得转让的权利。

关于合同权利的转让是否须经债务人同意，各国立法做出两种不同的规定：

(1)债权转让无须征得债务人的同意

此主张认为，债权人转让其合同权利仅依据原债权人与新债权人之间的合同即可成立，不必征得债务人的同意，也不必通知债务人。采取此种法律主张的国家有德国、美国等。《德国民法典》第 398 条规定："债权得依债权人与第三人的合同而转移于第三人，新债权人依合同的成立取得债权人的地位。"如果未通知债务人，而债务人仍旧向原债权人做出清偿，则债务人已清偿的债务可告解除；如果债务人被通知或知悉合同权利的转让，则不论其是从何处得悉该转让的，都不应向原债权人履行义务，否则不能解除其义务。美国法也认为债权人可以自由转让其权利，只要这些合同权利不是某种具有个人特色的权利，例如提供个人劳务、技能或判断力的合同外，均可以转让。

(2)转让合同权利必须通知债务人

此主张认为，债权人转让其债权虽不必征得债务人的同意，但必须将债权转让的事实及时通知债务人，只有在债务人接到债权转让的通知或者对债权转让做出承诺后，债权转让才对其发生效力，债权受让方才能享有受让的权利。采取此种法律主张的有法国、日本等国家。

我国《合同法》第79条规定："债权人可以将合同的权利全部或者部分转让给第三人。"对于债权让与的范围，《合同法》规定了三种排除情况：①根据合同性质不得转让；②按照当事人约定不得转让；③依照法律规定不得转让。对于权利让与的要件，采用的是通知主义。《合同法》第80条规定："债权人转让权利的，应当通知债务人。未经通知，该转让对债务人不发生效力。"债权人让与权利时，只需将其让与权利的情况及时通知债务人，而不必征得债务人的同意。

2. 合同义务的转让

合同义务的转让，是指债权人或债务人与第三人之间达成转让债务的协议，由第三人取代原债务人承担债务。由于义务是合同义务人必须做出的行为或不行为，且义务的履行直接关系到权利人权利的实现，具有不同的履约能力或信用的义务人会对合同履行的程度和质量产生直接的影响。因此，对于债务人与第三人达成的转让债务协议，一般都要求经过债权人的同意。债务人与第三人达成转让债务协议，一经债权人的同意即发生效力；如果债权人拒绝同意，则债务人与第三人订立的转让债务协议无效。《法国民法典》第1271条规定："债权人得解除旧债务人的债务而由新债务人代替之。"英国普通法也认为，非经债权人的同意，合同的债务不得转移。

我国法律也承认合同义务的转移，但要求必须征得债权人的同意。《合同法》第80条规定："债务人将合同的义务全部或者部分转移给第三人的，应当经债权人同意。"

3. 合同权利和义务的概括转让

合同权利和义务的概括转让，是指由原合同一方当事人将其在合同中的权利和义务一并转让给第三人，由第三人概括地继受这些债权和债务。对此，各国法律基本上都要求须经另一方当事人的同意方可成立生效。在取得合同另一方的同意后，受让方将完全代替原合同当事人一方的地位，原合同当事人一方将完全退出合同关系。

第六节　合同的消灭

一、大陆法各国对合同消灭的有关规定

大陆法系各国家对于合同消灭的规定基本相同，大体包括清偿、抵销、提存、免除、混同等。

(一)清偿(Payment)

清偿，是指按合同的约定实现债权目的的行为。各国法律一致认为，清偿是债消灭的主要原因，当债权人接受债务人的清偿时，债的关系即告消灭。

清偿一般是指由债务人向债权人履行合同的行为。但是，各国法律一般都承认代为清偿

制度，即由债务人以外的第三人向债权人进行清偿。此外，还规定了代位权制度，即对债务履行有利害关系的第三人，在为债务人向债权人清偿了债务后，在法律上即取得了债权人的债权，使自己处在债权人的地位。

关于清偿费用，如当事人无特殊约定，一般应由债务人负担。但是若由于债权人的原因，导致清偿费用增加的部分，应由债权人承担。

关于清偿地点，如果合同对履行地已有明确规定，按照规定的地点履行；如果合同对此没有做出规定，则根据标的物的不同性质而有两种不同的选择：其一，如属特定物的债务，应于订约当时该特定物之所在地交付；其二，如果是属于其他债务，究竟应当在债权人的住所地还是在债务人的住所地交付，各国法律分别采取两种不同的办法：第一种办法被称为往取债务，即以债务成立时债务人的住所为清偿地，法国、瑞士采取这种办法；第二种办法被称为赴偿债务，即以债权人现时的住所地为清偿地，日本采取这种办法。前者着重于维护债务人的利益，后者着重于维护债权人的利益。

关于清偿期间，如果合同已有规定，按照合同规定；如合同没有规定，债权人在合同成立以后随时可以向债务人要求清偿，当然必须给对方一定的准备期限，债务人也可随时向债权人清偿。

（二）抵销（Set-off）

抵销，是指双方互负债务时，各以其债权充当债务之清偿，而使其债务与对方的债务在对等额内相互消灭。抵销依其产生根据不同，可分为三种：一是法定抵销。这是法国民法典规定的抵销方法。《法国民法典》第 290 条规定，当双方互负债务时，“债务人双方虽均无所知，依法律的效力仍然可以发生抵销”。法国法称之为当然抵销。二是以当事人单方面的意思表示抵销。德国、日本民法典与瑞士债务法典均认为，双方在互负债务时，任何一方当事人均可以意思表示通知对方进行抵销。三是约定抵销。各国的法律都允许互负债务的双方根据合同的约定，将各自的债务进行抵销。

（三）提存（Deposit）

提存，是指由于债权人的原因而无法向其交付合同标的物时，债务人将该标的物交给提存部门而消灭合同的制度。大陆法规定，提存原因包括以下几项：一是债权人无正当理由拒绝受领；二是债权人下落不明；三是债权人死亡未确定继承人或者丧失行为能力未确定监护人。

提存的效力主要有以下三个方面：

1. 免除债务人责任

债务人一旦把应给付的物品寄存在提存所后，债权人只能向提存所收取提存物，不能再向债务人请求清偿。

2. 提存物风险转移

提存物寄存在提存所后，其风险就由债权人承担，如果发生损坏或灭失，则债务人概不负责。

3. 费用负担转移

提存物寄存在提存所期间所产生的一切费用均由债权人负担。

债务人在提存后，除非由于实际困难不能通知债权人，必须立即将有关情况通知债权人。如果债务人没有及时发出通知，致使债权人蒙受损失，则债务人必须负赔偿责任。但是，如果由于实际情况有困难不能通知时，则无须通知。

（四）免除（Release）

免除，是指债权人免除债务人的债务，亦即债权人放弃其债权，从而消灭合同关系及其他债之关系的单方面行为。免除是否需要债务人的同意才能生效，各国的法律有不同的规定。法国法与德国法认为，免除是双方的法律行为，必须经债务人的同意才能成立。德国法还认为，免除是抽象的法律行为，与其原因相互独立。日本民法典则认为，免除是单独行为，只要债权人有免除债务的意思表示，无须经债务人的同意，债的关系亦可归于消灭。

（五）混同（Merger）

混同，是指债权与债务同属于一个人，即同一个人既是债权人同时又是债务人。在这种情况下，债的关系已经没有存在的必要，应当归于消灭。

混同的原因主要有以下三种：

1. 民法上的继受

在自然人死亡时，如果该死者是债权人或债务人，而由其债务人或债权人继承其债权或债务，在这种情况下，其债权或债务即因混同而消灭。

2. 商法上的继受

作为债权人的公司与作为债务人的公司进行合并时，公司的债权、债务也可能因混同而消灭。

以上两种情况称为概括继受。

3. 特定继受

如果因为债权转让或债务承担而使债权、债务集中于一个人身上时，则也可以发生混同，从而使债的关系归于消灭。

二、英美法关于合同消灭的法律规定

（一）合同因双方当事人的协议而消灭

英美法认为，合同是根据双方当事人的协议成立的，所以它也可以根据双方当事人之间的协议而解除。以协议的方式来解除合同的做法有以下几种：

1. 以新的合同代替原合同

如果双方当事人约定以一个新的合同代替其原来的合同，则新合同成立时原来合同的权利和义务即告终止。

2. 变更原合同的实质性内容

如果双方当事人以协议修改或增减原合同的实质性内容，那么原来所规定的相关权利与义务亦告终止。

3. 依合同自身规定的条件而终止合同

如果双方当事人在订立合同时约定，若遇到某种情况，合同即告解除。当该种情况发生时，合同即告消灭。

4. 弃权

弃权，是指一方当事人自愿放弃其依据合同所享有的权利，从而解除另一方当事人的义务。如果买方对卖方所交的货物有异议，而在合理时间内没有通知对方，也将视同弃权。

(二)合同因依约履行而消灭

履行是合同消灭的主要原因。所谓合同的履行,就是合同的当事人双方根据合同的明示条款和默示条款的规定,完成各自所承担的义务。合同一经履行,当事人之间的债权债务关系即告消灭,双方的合同关系也告终止。

(三)合同因当事人违约而消灭

根据英美法的解释,如果一方当事人完全不履行合同义务、拒绝继续履行合同义务和不完全履行合同义务已构成违反条件或重大违约的程度,另一方就可以依法解除合同。

(四)合同被依法消灭

在英美法中,有一些法律规定可以使合同的权利义务在某些情况下消灭,主要有以下几种情况:

1. 合并。合并有两种情况:一种与大陆法的混同相似,即合同的权利义务同归一人;另一种是以安全性更强的合同代替原合同,后者因合并人前者而消灭。

2. 破产。破产人宣布破产后,经过破产清理程序,取得了法院的解除命令,即可解除一切债务及责任。

3. 擅自修改书面合同。如果一方当事人擅自对书面合同做了修改,对方即可解除合同。

4. 合同落空。在合同落空的场合下,对于未履行的合同义务,当事人可以免除责任。

5. 无效合同和违法合同。

三、我国的规定

我国《合同法》第 91 条规定:“有下列情形之一的合同的权利义务终止:

(一)债务已按照约定履行;

(二)合同解除;

(三)债务相互抵销;

(四)债务人依法将标的物提存;

(五)债权人免除债务;

(六)债权债务同归于一人;

(七)法律规定或者当事人约定终止的其他情形。”

我国将合同解除列为合同消灭的法定事由之一。《合同法》第 93 条规定:“当事人协商一致,可以解除合同。当事人可以约定一方解除合同的条件。解除合同的条件成就时,解除权人可以解除合同。”第 94 条规定:“有下列情形之一的,当事人可以解除合同:

(一)因不可抗力致使不能实现合同目的;

(二)在履行期限届满之前,当事人一方明确表示或者以自己的行为表明不履行主要债务;

(三)当事人一方迟延履行主要债务,经催告后在合理期限内仍未履行;

(四)当事人一方迟延履行债务或者有其他违约行为致使不能实现合同目的;

(五)法律规定的其他情形。”

第七节　违约责任与救济方法

一、违约的概念及条件

违约(Breach of Contract)，是指合同依法成立后，合同当事人由于某种原因不履行或者不完全履行合同义务的行为。对于违约责任做出规定，是用法律手段促使合同当事人认真履行合同义务的有力保证，也是解决合同纠纷的重要依据。

确定合同当事人承担违约责任，通常须具备一定条件，但在就如何构成违约这个问题上，两大法系还存在着很大的分歧。

1. 行为人有过错

大陆法系各国以及我国的法律是以过错责任作为民事责任的一项基本原则。行为人有过错，是指当事人不履行或不完全履行合同义务是出于其故意或过失。故意，是指当事人预见到自己的行为可能发生不良后果，但有意使这种结果发生。过失，是指当事人应当预见，但由于疏忽大意或者由于行为上的失误，以致发生不良后果。大陆法认为，合同债务人只有当存在可以归责于他的故意或过失时，才承担违约的责任。换言之，如果仅仅证明债务人没有履行其合同的义务，还不足以构成违约，而必须同时证明或推定债务人的上述行为有某种可以归责于他的故意或过失，才能使其承担违约的责任。《德国民法典》第 276 条规定，债务人除另有规定外，对故意或过失应负责任；债务人基于故意的责任，不得预先免除。《法国民法典》第 1147 条规定，凡是不履行合同是由于不能归责于债务人的外来原因造成的，债务人可以免除损害赔偿的责任。

与此相反，英美法则认为，只要允诺人没有履行其合同的义务，即使他没有任何过失，也构成违约，必须承担违约的后果。英美法认为，一切合同都是"担保"，只要债务人不能达到担保的结果，就构成违约，应负赔偿损害的责任。《美国合同法重述》第 314 条对违约做出了以下定义："凡是没有正当理由地不履行合同中的全部或部分允诺，构成违约。"英美法不以允诺人有无过失作为构成违约的必要条件。

2. 不履行或不完全履行合同义务

不履行，就是指当事人对合同义务全部没有履行；不完全履行，就是指没有按义务全部履行。对于不完全履行合同义务的行为中的某些规定，两大法系也存在着一些分歧。尤其是对于合同中没有明确规定履行日期的情况下，债务人应于何时承担延迟履行责任的问题，两大法系的规定就存在着很大的差别。按照大陆法系国家的规定，在上述情况下，债权人必须首先向债务人发出催告，然后才能使债务人承担延迟履约的责任。而英美法则没有催告制度。按照英美法系各国的规定，若合同中没有明确规定履行日期，债务人就应在合理期间内履行合同义务，否则就构成延迟履约的责任。

催告，是指债权人向债务人请求履行合同的一种通知。催告是大陆法的一种制度，在合同没有明确规定确定的履行日期的情况下，债权人必须首先向债务人做出催告，然后才能使债务人承担延迟履约的责任。根据大陆法的解释，催告的作用主要有以下三个方面：

(1)从催告之日起,不履约的风险完全由违约的一方承担;

(2)债权人有权就不履行合同请求法律上的救济;

(3)从送达催告之日起,开始计算损害赔偿及其利息。

如果债权人在清偿期届满后,不向债务人做出催告,就表示他不打算追究债务人延迟履约的责任。但是,如果合同已经明确地规定了履行的日期,或者债务人已经明白地表示不打算按期履行合同的义务,则债权人可以不做上述催告。

英美法没有催告这个概念。英美法认为,如果合同规定了履行期限,则债务人必须根据合同规定的期限履行合同;如果合同没有规定履行期限,则应于合理的期间内履行合同,否则即构成违约,债权人无须催告即可请求债务人赔偿由于延迟履约所造成的损失。

3. 有财产上的损害事实

损害,是指由于当事人不履行或不完全履行合同义务所造成的直接损失和间接损失。根据大陆法系各国以及我国法律的规定,如果当事人不履行或不完全履行合同义务根本没有造成损害的结果就不存在赔偿的问题,因此也谈不上承担违约责任的问题。但若根据英美法系各国的规定,如果不履行或不完全履行合同义务的结果即使未造成损害,债权人虽无权要求实质性的损害赔偿,但他可以请求名义上的损害赔偿。

二、违约的形式

违约有各种不同的情况,有的是不履行或部分不履行,有的是不能履行,有些则是履行延迟等。各国法律一般均根据违约的不同情况,将违约分成不同形式,然后根据违约的不同形式,规定相应的救济措施。因违约的情况不同,违约一方应当承担的违约责任也有所不同。

(一)大陆法

德国民法典把违约分为两类:给付不能和给付延迟。

1. 给付不能(Supervening Impossibility of Performance)

给付不能,是指债务人由于种种原因不可能履行其合同义务,而不是指有可能履行合同而不去履行。《德国民法典》把给付不能分为自始给付不能与嗣后给付不能两种情况。

自始给付不能,是指在合同成立时,该合同就不可能履行。对此,如果属于双方共同错误,则合同无效;但如果一方当事人在订约时已经知道或应该知道该合同履行不可能,则应对无过错的一方负赔偿责任。嗣后给付不能,是指合同成立时,该合同是可以履行的,但合同成立后至履行前,由于发生了阻碍合同履行的原因,造成合同不能履行。

根据区别是否有可以归责于债务人的事由,嗣后给付不能有以下不同的处理办法:

(1)如果给付不能不是由于债务人的过失造成的,债务人不承担不履行合同的责任。例如,在合同成立之后,由于出现了不可抗力事故,以至于合同不可能履行,在这种情况下,债务人可以免除履行合同的义务。

(2)如果由于债务人的过失造成给付不能,债务人就应当承担损害赔偿责任。

(3)如果合同双方当事人因不可归责于双方当事人的事由,致使自己不能履行时,双方均可以免除其义务。

2. 给付延迟(Delay in Performance)

给付延迟,是指债务已届履行期,而且是可能履行的,但是债务人没有按期履行其合同的义务。这里同样包含两种不同的情况：一种情况是债务人没有过失地履行延迟；另一种情况是债务人有过失地履行延迟。

在给付延迟的情况下，非由于债务人的过失而未为给付者，债务人不负迟延给付责任。在履行期届满前，由于发生了不可抗力事故，致使债务人无法按期履行债务，对此债务人可以免除迟延给付责任。但是，凡在履行期届满后，经债权人催告仍不给付者，债务人自受催告时起负迟延给付责任。这时，债务人不但要对延迟履行期间由于他的过错所造成的一切损失负责，而且还须对他的非过错（如不可抗力事故）所造成的损失负责。

此外，根据德国民法典的规定，债权人必须向债务人提出催告，才能使债务人承担延迟履行的责任。除了合同另有规定外，催告是债权人就履行延迟请求损害赔偿的必要条件。根据大陆法系许多国家的规定，如果在合同中没有明确规定履行日期，债权人必须首先向债务人做出催告，然后才能使债务人承担延迟履行的责任。否则，如果债权人不向债务人做出催告，则表示债权人不拟追究债务人延迟履约的责任。

（二）英美法

1. 英国法

英国法把合同条款分为条件（Condition）与担保（Warranty），把违约的情形也区分为违反条件与违反担保两种主要形式。

（1）违反条件（Breach of Condition）

违反条件，即是指违反合同的重要条款。双方当事人在合同中往往订有各种各样的条款，其中有些是重要的、带根本性的；有的则是次要的，是从属于（Subsidiary or Collateral）合同的主要目的的。根据英国法的解释，如果一方当事人违反了“条件”，即违反了合同的主要条件，对方有权解除合同，并可以要求赔偿损失。具体来讲，在买卖合同中，关于履约的时间与地点、货物的品质及数量、支付的工具及方式等项条款，均属于合同的条件。如果卖方不能按时、按质、按量将货物交到合同所规定的地点，买方就有权拒收货物，并可以请求损害赔偿，或者不解除合同，只请求损害赔偿。如果一方明确地表示，他认为某有关事项是极为重要的，因而除非对方按照该有关事项办理，否则他将不订立合同，这时，该有关事项即使不是主要条款也可以构成条件。至于哪些合同规定的事项构成“条件”，哪些不是合同的“条件”，这是一个法律问题，应由法官根据合同的内容与当事人的意思做出决定。

（2）违反担保（Breach of Warranty）

违反担保，是指违反合同的次要条款或随附条款。所谓次要条款是相对主要条款而言的，也就是指在合同中除了主要条款外，其他条款均属次要条款。违反担保的法律后果与违反条件有所不同。在违反担保的情况下，无过错的一方不能解除合同，只能向违约的一方请求损害赔偿。换言之，当一方违反担保时，对方不能以此为理由拒绝履行其合同的义务，而仍然必须继续履行他所应承担的合同义务，但是他有权以违反担保为理由请求损害赔偿。

2. 美国法

美国法把违约分为两类：轻微违约（Minor Breach）和重大违约（Material Breach）。所谓轻微违约，是指当事人一方在履约中，尽管存在一些违约行为，但另一方已经从中得到该项交易的主要利益的违约。在轻微违约的情况下，无过错的一方只能请求损害赔偿，但不能拒绝履行自己的合同义务。例如，履行的时间略有延迟，交付的数量与质量略有出入等，都属于轻微违约。所谓重大违约，是指由于债务人没有履行合同或履行合同有缺陷致使债权人不能得到该项交易的主要利益的违约。在重大违约的情况下，受损害的一方可以解除合同，即解除自己对合同履行的义务，同时可以要求赔偿全部损失。美国法对违约行为所做的这种区分，与英国法中的违反条件与违反担保，从法律后果看，基本上是一致的，即美国法中的轻微违约相当于英国法中的违反担保，重大违约相当于违反条件，两者并无实质上的差别。

在英美法系各国的法律中除上述主要违约形式以外，还有以下两种违约形式：

(1)预期违约(Anticipatory Breach of Contract)

预期违约，是指一方当事人在合同规定的履行期到来之前，就明确表示或以自己的行为表示履行期限届满时将不履行合同的行为。当一方当事人预期违约时，对方可以解除自己的合同义务，并可以立即要求损害赔偿，不必等到合同规定的履行期届满时才采取行动。但是，受损害一方也可以拒绝接受对方预期违约的表示，坚持认为合同仍然存在，等到合同规定的履行期届满时，再决定采取何种法律上的救济办法。在这种情况下，他就必须承担在这段时间内情况变化的风险。

(2)履行不可能(Impossibility of Performance)

履行不可能有两种情况：一种情况是在订立合同时，该合同就不可能履行；另一种情况是在订立合同之后，发生了使合同不可能履行的情况。

第一，订约时合同就不可能履行。例如，在订立合同时，双方当事人认为合同的标的物是存在的，但是实际上该标的物已经灭失，在这种情况下，合同属于无效，因为这是属于双方当事人的“共同错误”。

第二，发生在合同成立之后的履行不可能，是指在任何一方都没有过错的情况下，由于发生了某种意外事故，致使整个合同的履行实际上已经成为不可能。在这种情况下，一般认为该类合同可以解除。

(三)《销售合同公约》

《销售合同公约》把违约主要区别为三种：根本违约、非根本违约和提前违约。

1. 根本违约

《销售合同公约》第25条对根本违约所做的定义是：“一方当事人违反合同的结果，如使另一方当事人蒙受损失，以至于实际上剥夺了他根据合同有权期待得到的东西，即为根本违反合同，除非违反合同的一方并不预知而且同样一个通情达理的人处于相同情况中也没有理由预知会发生这种结果。”①根据《销售合同公约》的规定，构成根本违约主要有下列情况：

第一，当事人一方完全不履行其在合同中的任何义务，构成根本违约；

第二，当事人一方不完全履行其在合同中的义务，致使另一方遭受重大损失时，构成根本违约；

第三，一方未在或拒绝在另一方给予的合理的宽限期内履行义务，致使另一方遭受重大损失时，构成根本违约；

① A breach of contract committed by one of the parties is fundamental if it results in such detriment to the other party as substantially to deprive him of what he is entitled to expect under the contract, unless the party in breach did not foresee and a reasonable person of the same kind in the same circumstances would not have foreseen such a result. Article 25 of the CISG.

第四，在分批交付合同中，如果各批货物是互相依存不可分割的，只要当事人不履行其中任何一批货物的义务，就构成对整个合同的根本违约。

公约对根本违约规定了相应的救济办法，包括交付替代物、解除合同、损害赔偿等。

2. 非根本违约

非根本违约，是指在合同履行中，凡不具备构成根本违约的轻微违约。在非根本违约的情况下，受损害方不能要求解除合同。

3. 提前违约

公约对预期违约也做出了明确的规定，主要有以下两种情况：

第一，在订立合同之后，一方当事人鉴于对方履行合同的能力或信用有严重的缺陷，或者从对方在准备履行合同或履行合同的行为中看出对方显然将不履行其大部分重要的义务时，一方当事人可以中止履行其义务。

第二，如果在履行合同日期之前，显然看出一方当事人将根本违反合同，另一方当事人可以撤销合同。

（四）中国法

对于违约形态的分类，中国合同立法大多采用了两分法，即不履行和不适当履行两种类型。《民法通则》第 111 条规定："当事人一方不履行合同义务或者履行合同义务不符合约定条件的，另一方有权要求履行或者采取补救措施，并有权要求赔偿损失。"《合同法》第 107 条规定："当事人一方不履行合同义务或者履行合同义务不符合约定的，应当承担继续履行、采取补救措施或者赔偿损失等违约责任。"

三、违约的救济方法

违约的救济方法(Remedies for Breach of Contract)，是指合同的一方当事人的合法权利被他方侵害时，法律上给予受损害一方的补偿方法。各国法律对于不同的违约行为，都规定了相应的救济办法，但在具体规定上，各国法律的规定并不完全相同。

（一）实际履行

实际履行，又称为具体履行或依约履行，是指债权人要求债务人按合同的规定履行合同；或者由债权人向法院提起实际履行之诉，由执行机关运用国家的强制力，使债务人按照合同的规定履行合同。

(1)大陆法系国家原则上采取以实际履行作为不履行的主要救济办法。凡是债务人不履行合同时，债权人都有权要求债务人实际履行。法院在债权人有此请求且履行合同尚属可能的情况下，原则上也应做出实际履行的判决，除非属于作为或不作为的债务。《德国民法典》第 241 条规定："债权人根据债务关系，有向债务人请求履行债务的权利。"但是法院只有在债务人履行合同尚属可能时，才会做出实际履行的判决，如果属于履行不可能的情况，就不能做出实际履行的判决。《法国民法典》第 1184 条规定，契约双方当事人的一方在不履行其债务时，债权人有选择权，即或者在合同的履行尚属可能时，请求他方当事人履行合同，或者解除合同并请求损害赔偿。根据法国法的解释，实际履行是一种可供选择的救济方法，即在债务人不履行合同的情况下，债权人可以在请求实际履行或请求解除合同并要求损害赔偿两者之中任择其一。但是，债权人提起实际履行之诉的前提条件是债务人履行合同尚属可能。

(2)英美法对待实际履行的态度与大陆法有所不同。英美法系中各国普通法没有实际履行这一救济方法。因为英美法的普通法没有实际履行这种补救办法,所以如果一方当事人不履行其合同的义务,对方的唯一权利是提起违约之诉,要求损害赔偿。衡平法虽有实际履行这一救济方法,但也是作为一种例外的补救方法,并且赋予法院较大的自由裁量权。在英美法系各国的衡平法中,支配实际履行这一救济方法的两个主要原则是:第一,只有在损害赔偿不足以救济时;第二,只有在法院认为实际履行完全可以执行时。根据英国和美国法院的审判实践,在下列情况下法院将不予以做出实际履行的判决:

①金钱损害赔偿已可以作为充分的救济方法者,即不得请求实际履行;

②凡是属于提供个人劳务的合同,法院将拒绝做出实际履行的判决;

③凡是法院不能监督其履行的合同,例如建筑合同等,法院也不会做出实际履行的判决;

④对一方当事人为未成年人的合同,法院不判决强制执行;

⑤如果实际履行对被告会造成过分苛刻的负担,法院也不会做出这种判决。

(3)《销售合同公约》对实际履行这一救济方法,一方面允许当事人按公约规定,要求违约方实际履行合同义务;另一方面,在司法救济上又允许法院依据其国内法进行裁决。《销售合同公约》第 28 条规定:“如果按照公约的规定,当事人一方有权要求他方履行某项义务,法院没有义务做出判决,要求实际履行此项义务,除非法院依照其本身的法律对不受本公约支配的类似买卖合同可以这样做。”①

(4)我国《合同法》第 107 条原则性地将实际履行列为违约的救济方式之一,并在第 109 条和第 110 条分别对金钱债务和非金钱债务做了规定。第 109 条规定:“当事人一方未支付价款或者报酬的,对方可以要求其支付价款或者报酬。”第 110 条规定:“当事人一方不履行非金钱债务或者履行非金钱债务不符合约定的,对方可以要求履行,但有下列情形之一的除外:(一)法律上或者事实上不能履行;(二)债务的标的不适于强制履行或者履行费用过高;(三)债权人在合理期限内未要求履行。”

(二)损害赔偿

损害赔偿,是指违约方因不履行或不完全履行合同义务而给对方造成损失,依法律或依合同约定而应当承担的责任。当合同的一方发生违约,另一方当事人除采用上述请求实际履行的救济方法之外,还可以请求损害赔偿等。各国的法律都认为,损害赔偿是对违约的一种救济方法。但是各国的法律对损害赔偿责任的成立、损害赔偿的方法以及损害赔偿的计算,各有不同的规定与要求。

1. 损害赔偿责任的成立

大陆法在确定民事责任时沿袭了罗马法的传统,采取过错责任原则。凡不履行或不完全履行或延迟履行合同义务的一方当事人只有在有过错时才构成违约,也只有当债务人有过错并给债权人造成损害时债权人才能向其请求损害赔偿。大陆法认为,损害赔偿责任的成立必须具备以下三个条件:

(1)必须有损害的事实。对于发生损害的事实,一般必须由请求损害赔偿的一方予以

---

① If, in accordance with the provisions of this Convention, one party is entitled to require performance of any obligation by the other party, a court is not bound to enter a judgement for specific performance unless the court would do so under its own law in respect of similar contracts of sale not governed by this Convention. Article 28 of the CISG.

证明。

(2)必须有归责于债务人的原因。原则上,债务人仅对其故意或过失所造成的损失负责。但是,在某些情况下,即使债务人没有过失也应负责。例如,德国民法典规定,旅店的主人对旅客所携带的物品,如果发生灭失或毁损,虽然店主没有过失,则亦应负责赔偿。

(3)损害发生的原因与损害之间必须有因果关系,即损害是由于债务人应予以负责的原因所造成的。

英美法不同于大陆法。英美法强调合同的一切义务都是当事人所做的允诺,因此,不采取过错责任原则,只要当事人没有全部履行合同,即构成违约。根据英美法的解释,只要一方当事人违反合同,对方就可以提起损害赔偿之诉,而不以违约一方有无过失为条件,也不以是否发生实际损害为前提。如果违约的结果没有造成损害,债权人虽然无权要求实质性的损害赔偿,但是他可以请求名义上的损害赔偿,即在法律上承认他的合法权利受到了侵犯。此外,英美法还规定,当一方违约时,受损害的一方有义务采取一切合理的措施以减轻由于违约所造成的损失。如果由于受损失一方的疏忽而造成的本来可以合理避免的损失,不能要求给予赔偿。

《销售合同公约》在此问题上没有采取大陆法的过错原则。根据《销售合同公约》第 45 条和第 61 条的规定,只要合同的一方没有履行其在合同和本公约中规定的任何义务,他方当事人就可以请求损害赔偿,而无须证明对方的违约是否出于过失。

我国《合同法》第 107 条规定:当事人一方不履行合同义务的或者履行义务不符合约定的,应当承担继续履行、采取补救措施或者赔偿损失等违约责任。

2. 损害赔偿的方法

损害赔偿的方法有回复原状与金钱赔偿两种。所谓回复原状,是指恢复到损害发生之前的原状。这种方法可以完全达到损害赔偿的目的,但是实行可能有一定困难。例如在特定物的买卖中,特定物灭失后无法找到与其完全相同的物品作为替代,而造成回复原状的实行的困难。所谓金钱赔偿,是指以支付金钱弥补对方所受到的损害。这种方法便于实行,但是有时不能完全满足损害赔偿的本旨。因此,各国的法律对这两种方法一般都予以考虑。德国法对损害赔偿以回复原状为原则,以金钱赔偿为例外;法国法以金钱赔偿为原则,以回复原状为例外。而英美法对损害赔偿采取金钱赔偿的方法。

3. 损害赔偿的范围

关于损害赔偿的范围,各国法律的规定基本相同,即应该包括违约所造成的实际损失(Specific Damages)和间接损失(Consequential Damages)。

实际损失,是指合同规定的合法利益,由于可归责于债务人的事由而遭受损害。例如,应交货而未交货或少交货,应交付优质商品而交付劣质商品等情况。

间接损失,是指如果债务人不违反合同,债权人本应能够取得的,但是因为债务人的违约而丧失了的利益。例如,某房东已将装修中的新屋出租给他人,但是装修公司没有根据合同计划的日期完成装修任务,以致房东不能出租新房取得租金,则此项租金可以作为间接损失。

此外,当一方违约时,受损害的一方有义务采取一切合理的措施以减轻由于违约造成的损失。如果由于受损害的一方的疏忽,没有采取合理的措施减轻损失,则受损害的一方对于违约发生之后本来可以合理避免的损失,不能要求给予赔偿。《销售合同公约》第 74～77 条规定损害赔偿的范围包括实际损失和间接损失。①

中国法对于赔偿的方式，是以金钱赔偿为主。对于损害赔偿的范围，也是包括实际损失和可得利益。《合同法》第 113 条规定："当事人一方不履行合同义务或者履行合同义务不符合约定，给对方造成损失的，损失赔偿数额应当相当于因违约造成的损失，包括合同履行后可以获得的利益，但不得超过违反合同一方订立合同时预见到或者应当预见到的因违反合同可能造成的损失。"

（三）解除合同(Rescission)

解除合同，是指合同当事人依约或者依法行使解除权终止合同的权利和义务的行为。关于解除合同的条件及后果，各国法律的规定存在着较大的分歧。

根据《法国民法典》第 1184 条的规定，双务合同的一方当事人不履行其所订定的债务时，应视为有解除条件的约定。即在双务合同中，当一方当事人不履行债务时，另一方当事人可宣告解除合同，但合同并不因此当然解除，债权人要求解除合同的应向法院提出，法院得根据情况给予被告一定期限。同时，法国法还认为解除合同具有溯及既往的效力，不但未履行的义务不再履行，即使已履行的义务也要恢复原状。债权人在行使解除合同的权利时，不妨碍损害赔偿的请求。

德国法也认为，在债务人不履行合同时，债权人有权解除合同。《德国民法典》第 325 条与第 326 条明文规定，在一方当事人履行不可能或履行延迟的情况下，双方有权解除合同。在行使解除权时，主张解除合同的一方当事人只需把解除合同的意思通知对方就可以了，不必一定经过法院的判决。根据德国法，债权人只能在解除权与损害赔偿请求权两者间任择其一，而不能同时享有两种权利。也就是说，如果债权人要求损害赔偿，就不能解除自己应承担的合同义务；反之，如果要求解除合同，债权人就不能要求损害赔偿。

英美法与大陆法有所不同。英国法把违约分为违反条件与违反担保两种不同的情况，只有当一方当事人违反条件时，对方才可以要求解除合同；如果一方当事人仅仅是违反担保，则

---

① Article 74 Damages for breach of contract by one party consist of a sum equal to the loss, including loss of profit, suffered by the other party as a consequence of the breach. Such damages may not exceed the loss which the party in breach foresaw or ought to have foreseen at the time of the conclusion of the contract, in the light of the facts and matters of which he then knew or ought to have known, as a possible consequence of the breach of contract.

Article 75 If the contract is avoided and if, in a reasonable manner and within a reasonable time after avoidance, the buyer has bought goods in replacement or the seller has resold the goods, the party claiming damages may recover the difference between the contract price and the price in the substitute transaction as well as any further damages recoverable under article 74.

Article 76 (1) If the contract is avoided and there is a current price for the goods, the party claiming damages may, if he has not made a purchase or resale under article 75, recover the difference between the price fixed by the contract and the current price at the time of avoidance as well as any further damages recoverable under article 74. If, however, the party claiming damages has avoided the contract after taking over the goods, the current price at the time of such taking over shall be applied instead of the current price at the time of avoidance. (2) For the purposes of the preceding paragraph, the current price is the price prevailing at the place where delivery of the goods should have been made or, if there is no current price at that place, the price at such other place as serves as a reasonable substitute, making due allowance for differences in the cost of transporting the goods.

Article 77 A party who relies on a breach of contract must take such measures as are reasonable in the circumstances to mitigate the loss, including loss of profit, resulting from the breach. If he fails to take such measures, the party in breach may claim a reduction in the damages in the amount by which the loss should have been mitigated.

对方只能请求损害赔偿，不能要求解除合同。而且，解除合同不使合同自始无效，只意味着在解除合同时，双方不再履行尚未履行的合同义务，至于已履行的义务原则上不涉及返还的问题。

美国法把违约分为重大违约与轻微违约，只有当一方当事人的违约构成重大违约时，对方才可以要求解除合同，如果只是属于轻微的违约行为，就只能请求损害赔偿，不能解除合同。但在解除合同的后果上却与大陆法基本相似，即解除合同要导致恢复原状的效果，双方当事人均应把从对方处取得的东西尽可能复原并返还给对方。

《销售合同公约》对解除合同规定得十分详细和具体①。《销售合同公约》规定：

(1)一方只有在对方根本违反合同时，才能行使解除合同的权利；

(2)宣告合同无效的声明，只有在向对方发出通知时才产生效力；

(3)解除合同与请求损害赔偿这两种救济方法可以同时行使；

(4)解除合同要导致恢复原状的效果，双方当事人均应把从对方处取得的标的尽可能复原并返还给对方。

我国《合同法》第 93～98 条均是有关合同解除的规定：

第一，当事人协商一致，可以解除合同。

第二，当事人可以在对方有下列情形之一时解除合同：

A. 因不可抗力致使不能实现合同目的；

B. 在履行期届满之前，当事人一方明确表示或者以自己的行为表明不履行主要债务；

C. 当事人一方延迟履行债务或者有其他违约行为致使不能实现合同目的；

D. 法律规定的其他情形。

第三，当事人在行使合同解除权时，应当通知对方，对合同解除存有异议的可请求法定机构裁定。但法律、法规规定解除合同应当办理批准、登记手续的，应当遵守其规定。

第四，合同自解除通知到达对方当事人时解除。

第五，合同解除后，尚未履行的义务，终止履行；已经履行的义务，根据履行情况和合同的性质，当事人可以要求恢复原状、采取其他补救措施。

第六，当事人可以同时行使解除合同权和损害赔偿请求权。

(四)违约金(Liquidated Damages)

违约金，是指以保证合同履行为目的，由双方当事人事先约定当债务人违反合同时，应向债权人支付的钱款。对于违约金性质的认定，各国法律有不同的规定。

就违约金的性质而言，大陆法规定了两种不同的违约金：具有惩罚性质的违约金和作为预定损害赔偿总额的违约金。

德国法认为，违约金是对债务人不履行合同的一种制裁，具有惩罚的性质。《德国民法典》第 339 条规定："债务人对债权人约定在不履行债务或不以适当方法履行债务时，应支付一定金额作为违约金者，于债务人延迟时，罚其支付违约金。"由于德国法认为违约金具有惩罚的性

① 第 25 条规定了根本违约的概念；第 26 条规定了解除合同只有在向对方发出通知后才产生效力；第 49 条规定了买方宣告解除合同的条件；第 64 条相应地对卖方宣告解除合同的条件做了规定；第 72 条对在提前违约的情况下，另一方宣告解除合同的条件做了规定；第 73 条则规定了在分批交货合同下受损害一方宣告解除合同的条件；第 75、76 条及第 81～84 条均是对解除合同的后果的具体规定。

质，因此，当债务人不履行债务时，债权人除了请求违约金外，还可以请求由于违约造成的损害赔偿。但在违约金过分高于或低于违约所造成的损失时，允许法院对违约金予以减少或增加。

法国法认为，违约金的性质属于预先约定的损害赔偿金额，双方当事人事先约定，如果债务人违约，就应付给债权人一定的金额作为损害赔偿。《法国民法典》第 1229 条规定："违约金是对债权人因主债务不履行所受损害的赔偿。"法国法原则上不允许债权人在请求违约金的同时，要求债务人履行主债务或另行提出不履行债务的损害赔偿。法国民法典规定，债权人对于主债务及违约金，只能选择其一，不能并行请求。当违约金过分高于或低于违约所造成的损失时，当事人可以请求法院或仲裁机构予以适当减少或增加。

英美法认为，对于违约只能要求赔偿，不能予以惩罚，认为违约金只能相当于违约所造成的损失方才有效。因此，在涉及合同中有关违约金条款时，首先要区别这一金额是作为罚金，还是作为预先约定的损害赔偿金额。如果双方当事人约定的金额过高，大大超出违约所能引起的损失，或者带有威胁的性质，目的在于对违约的一方施加惩罚，法院将认为这是罚金，不予承认，则当一方违约时，对方不能得到这笔余额，只能索取他所遭受的实际损失的损害赔偿。如果这一金额是双方当事人在订约时考虑到作为违约可能引起的损失，法院将认为这是真正的预先约定的损害赔偿金额，当一方违约时，对方即有权取得这一约定的金额。

《合同通则》规定，如果合同规定不履行的一方应就该不履行而向受损害方支付一定的金额，受损害方有权获得这一金额，不论实际损害如何；但金额显然过高，可将其减少至一个合理的数额，无论有无与之相反的约定。在违约金这个问题上，我国《合同法》第 114 条做出了与《合同通则》相一致的规定。我国《合同法》也认为，违约金是预先约定的损害赔偿金。即当一方违约时，对方可取得此项约定的金额，但当违约金过分高于或低于违约所造成的损失时，当事人可以请求法院或仲裁机构予以适当减少或增加。

由于各国的法律对违约金条款的态度与处理方式存在很大的分歧，因而使得这种条款的作用与有效性往往处于不确定的状态，成为国际贸易交往的一种障碍。为解决这个问题，联合国国际贸易法委员会制定了适用于违约金条款的法律规则《关于在不履行合同时支付约定金额的合同条款的统一规则》(Uniform Rules on Contract Clause for an Agreed Sum Upon Failure of Performance)（以下简称《统一规则》），供各国采用。《统一规则》规定：当事人一方不履行合同应承担违约责任时，另一方当事人有权取得约定的金额，不论该项约定金额是作为赔偿金还是作为罚金。如果合同规定，当出现延迟履行以外的不履约情况时，债权人有权取得约定的金额，则债权人有权要求履行合同，或者要求支付约定的金额。但是，如果约定的金额不能合理地补偿不履约造成的损失，则债权人有权在要求履行合同的同时，要求支付约定的金额。如果债权人有权取得约定的金额，则在该项约定金额所能抵偿的范围内的损失，债权人不得请求损害赔偿。但是，如果损失大大地超过约定的金额，则对于约定的金额不能抵偿的部分，债权人仍可以请求损害赔偿。此外，除非约定的金额与债权人所遭受的损失很不相称，法院或仲裁法庭均不得减少或增加合同约定的金额。

四、情势变更、合同落空和不可抗力

一般而言，在订立合同之后，如果一方当事人不履行合同或者不适当地履行合同，都要承担违约的责任。但是，如果在合同成立之后发生了当事人无法预料的事情，导致合同无法履行，或虽然可履行但将大大增加当事人一方的义务，产生不公平的结果，对于这种情况，则应当作为例外情况处理，由此而形成情势变更、合同落空和不可抗力制度。

1. 情势变更(Changes of Circumstances)

情势变更，亦称情势变迁，是指合同成立后，作为合同关系基础的情势，由于不可归责于当事人的原因，发生了非缔约当初所能预料到的变化，如仍坚持原来的法律效力，将会产生显失公平的结果，有悖于诚实信用原则，因此应将合同做相应变更或解除的制度。

情势变更是大陆法中的一项重要制度，虽然在民法中对于情势变更的效力没有做出明确的规定，但是各国均认可该项制度，并在司法实践中予以应用。

2. 合同落空(Frustration of Contract)

合同落空是英美法的术语，与大陆法中的情势变更原则类似。合同落空是指在合同成立之后，非由于当事人自身的过失，而是因某种意外事件致使当事人在缔约时所谋求的商业目标受到挫折。在这种情况下，对于尚未履行的合同义务，当事人可免除履行的责任。

英国法中导致合同落空的情势大体有：标的物灭失；合同因法律修改而变为非法；情况发生根本性变化；政府实行封锁禁运或进出口许可证制度等。

《美国合同法重述》第 288 条规定："凡以任何一方应取得某种预定的目标或效力的假设的可能性作为双方订立合同的基础时，如这种目标或效力已落空或肯定会落空，对于这种落空没有过失或受落空损害的一方，得解除履行合同的责任，除非发现当事人另有相反的意思表示。"

3. 不可抗力(Force Majeure)

由于情势变迁和合同落空在国际上没有统一的认定标准，因而在国际商事交往中往往约定不可抗力，以此作为违约的免责条件。不可抗力是指当事人在缔结合同时不能预见、不能避免并不能克服的客观情况。不可抗力事故包括两种情况：

第一，由自然原因引起的，包括地震、暴风、火灾、洪水等；

第二，由社会原因引起的，包括战争、罢工、政府禁运等。

不可抗力事件可引起全部免责、部分免责和延迟履行合同三种法律后果。但是，因不可抗力而不能履行或不能完全履行合同的一方当事人，应及时通知对方以减轻其损失，并在合理期限内提供相关证明。

《销售合同公约》第 79 条第 5 款规定：当事人因不可抗力原因不履行义务时仅得以免除损害赔偿责任，而任何一方行使其他救济方法的权利不受妨碍。

此外，由于各国法律关于不可抗力或类似问题的法律规定不尽相同，往往会导致纠纷。为此，《合同通则》第 7.1.7 条对不可抗力专门做出下述四点规范①：

---

① (1) Non performance by a party is excused if that party proves that the nonperformance was due to an impediment beyond its control and that it could not reasonably be expected to have taken the impediment into account at the time of the conclusion of the contract or to have avoided or overcome it or its consequences.

(2) When the impediment is only temporary, the excuse shall have effect for such period as is reasonable having regard to the effect of the impediment on the performance of the contract.

(3) The party who fails to perform must give notice to the other party of the impediment and its effect on its ability to perform. If the notice is not received by the other party within a reasonable time after the party who fails to perform knew or ought to have known of the impediment, it is liable for damages resulting from such nonreceipt.

(4) Nothing in this article prevents a party from exercising a right to terminate the contract or to withhold performance or request interest on money due.

(1)不可抗力是一方当事人不履行的抗辩。构成不可抗力需具备四个条件:a. 非该方当事人所能控制的障碍所致;b. 无法合理地预见;c. 无法合理地避免;d. 无法克服该障碍及其影响。这四个条件须同时具备,缺一不可。如果一方当事人能证明上述事宜,则应免除其责任。

(2)若上述障碍所造成的不可抗力只是暂时的,免责只在一个合理的期限内具有效力。

(3)主张不可抗力而免除履行的一方当事人,必须将障碍及对其履约能力的影响通知另一方当事人。若另一方当事人在合理时间内未收到前述通知,则由此而导致的损害应由一方当事人负赔偿责任。

(4)不可抗力规定并不妨碍一方当事人行使终止合同、拒绝履行或对到期应付款项要求支付利息的权利。

本章小结

本章主要阐述了以下内容:

1. 合同的订立,主要涉及要约、承诺以及要约邀请和对价等内容。

2. 合同的效力,主要涉及合同当事人具有相应的民事行为能力、当事人意思表示真实、合同的内容合法等内容。

3. 合同的履行,主要涉及全面履行、诚实信用履行、法定补充履行等内容。

4. 合同的变更和转让,主要涉及合同内容的变更和合同主体的转让等内容。

5. 合同的消灭,主要涉及大陆法、英美法对合同消灭方式的具体规定。

6. 违约形式和救济方法,主要涉及大陆法、英美法以及国际公约对违约的构成、违约形式的认定以及违约救济方法的相应规定等内容。

案例分析

案例一

某公司向美国某贸易商出口一批工艺品,我方于周一上午十时以自动电传向美商发盘,公司原定价为每单位500美元CIF纽约,但我方工作人员由于疏忽而误报为每单位500元人民币CIF纽约。

请问在下述三种情况下应如何处理较为妥当:

(1)如果是在当天下午发现问题,应如何处理?

(2)如在第二天上午九点发现,客户尚未接受,应如何处理?

(3)如在第二天上午九点发现,客户已经接受,应如何处理?

案例二

某年3月10日,我国陕西某进出口公司(以下简称“我方”)应荷兰某客商(以下简称“对方”)的请求,报出某初级产品的实盘:数量100公吨,每公吨CIF鹿特丹人民币2 000元,麻袋装，即期装运，不可撤销即期信用证。

3月13日，对方接到我方报盘后发来回电，没有表示接受，而再三请求我方增加数量，降低价格，并延长装运期。3月20日，我方回电，同意将数量增至200公吨，价格减至每公吨CIF鹿特丹人民币1 900元，装运期延长到5月底。3月22日对方回电，仍然没有表示接受，要求再降低价格，并延长装运期。3月28日，我方回电表示价格不能再降，但装运期可延长到6月20日，并声明4月28日运到有效。对方没有立即回电。直到4月20日，对方来电接受我方3月28日的发盘，但附加了包装条件为"需提供良好适合海洋运输的包装"。

我方在接到对方接受电报时，发现该产品主产国因遭受自然灾害而影响了该商品的产量，导致该产品的国际市场价格已猛涨，于是我方拒绝成交，并复电称："由于世界市场的变化，货物在接到贵方接受电报前已售出。"

但对方不同意这一说法，认为接受是在要约有效期内做出的，因而是有效的，坚持要求我方按要约的条件履行合同。并提出，要么执行合同，要么赔偿对方差价损失20万余元人民币，否则提交仲裁机构解决。

我方回电，提出我方的发盘未注明"Firm Offer"（实盘）字样，并强调中国的习惯做法是："凡国外的订单都需要以我方最后确认为准"，所以合同无效。

请问此案件该如何处理？

练习与思考

一、名词解释

合同，要约，承诺，免除，提存，抵消，混同。

二、简答题

1. 合同成立的要件有哪几项？
2. 要约与要约邀请的区别是什么？要约人在什么情况下可以撤回或撤销要约？
3. 英美法与大陆法对承诺生效的时间有什么不同的规定？
4. 当一方违约时，另一方可以采取哪些救济措施？

第五章

国际货物买卖法

本章要点

- 国际货物买卖法的渊源
- 国际货物买卖合同的成立
- 买卖双方的义务
- 违约及其救济方法
- 货物所有权与风险的转移

第一节 国际货物买卖法概述

国际货物买卖法是所有调整国际货物买卖关系的法律规范的总称，包括调整国际货物买卖的国内法、国际公约和国际贸易惯例三部分。国际货物买卖法是国际贸易法的重要组成部分。

国际货物买卖是传统和古老的国际贸易方式。其中"货物"一般指有形的和可以移动的物品，其范围非常广泛，只要相关国内法不禁止即可以作为买卖的标的。国际货物买卖通常指跨越国境的买卖，但何种货物买卖构成国际货物买卖的标准并不统一。"国际性"可以有很多标准，如以当事人营业地为标准，以行为发生地为标准，以货物跨越国境为标准，或以当事人国籍为标准，等等。中国过去的《涉外经济合同法》的涉外性以当事人的国籍为标准，由此可能发生双方订立了一个营业地在不同国家的国际货物买卖合同，但货物可能并不在一国范围以外流动的情况。[①]《联合国国际货物买卖合同公约》采用以当事人的营业地为标准，规定国际货物买卖合同是指营业地分处不同国家的当事人之间订立的合同。

---

① Roy Goode，1995，*Commercial law*，Penguin Books，p878.

一、国际货物买卖法的渊源

国际货物买卖法的渊源是指国际货物买卖法的表现形式，即形式渊源。它包括国内立法、国际公约和国际贸易惯例三部分。

（一）国内立法

1. 大陆法系国内立法

国际货物买卖法属于商法范畴，大陆法系有民商合一和民商分立两种立法模式。在实行民商分立立法模式的国家，除民法典外，还制定单独的商法典，民法的规定适用于商法，商法典作为民法的特别法，针对商事行为做出补充规定，例如《法国民法典》《法国商法典》《日本民法》《日本商法》等。《日本民法》在第三篇“债权”第二节契约中，就契约的成立、契约的效力、契约的解除做了规定，第三节“买卖”对总则、买卖的效力、买回做了规定。《日本商法》第三篇“商行为”对属于商行为的买卖所涉及的特殊问题做了规定。在大陆法系的实行民商合一立法模式的国家，买卖法通常是作为民法典的一部分在债篇中加以规定，如《瑞士债务法典》《意大利民法典》《土耳其民法典》《泰国民法典》等。

2. 英美法系国内立法

英美法系包括判例法和制定法两部分。它没有民法和商法的划分，除了以法院判例形成的普通法原则外，还通过颁布单行法规的形式制定了货物买卖法。典型的制定法如《1893 年英国货物买卖法》(Sale of Goods Act 1893)、《美国统一商法典》(Uniform Commercial Code)等。

《1893 年英国货物买卖法》是资本主义国家最早的货物买卖法之一，是对英国法院数百年来判例的整理编撰，该法为英美法系各国制定各自的买卖法提供了一个样板。曾被美国 36 个州采用的 1906 年《美国统一货物买卖法》(Uniform Sale of Goods Act)就是以 1893 年英国货物买卖法为蓝本制定的。《香港货物售卖条例》比照英国《1893 年货物买卖法》于 1896 年 8 月 1 日制定。《1893 年英国货物买卖法》经过多次修改补充至今在英美法系国家的买卖法中仍具有重大影响。现行的是 1995 年 1 月 3 日生效的《1979 年货物买卖法》的 1995 年修订本。该法包括契约的成立、契约的效力、契约的履行、未收货款的卖方对货物的权利、对违约的诉讼、补充共 6 部分 62 条，涵盖货物买卖法的主要内容。

《美国统一商法典》由美国统一州法全国委员会与美国法学会从 1942 年起联合起草，1952 年正式公布后多次修改。但是，该法典不同于大陆法国家的商法典，它不是由美国国会通过的法律，而只是由一些法律团体起草、供各州自由采用的一部样板法。因为美国是联邦制国家，根据美国宪法的规定，有关贸易方面的立法权原则上属于各州，联邦只对涉及州与州之间的贸易与国际贸易的事项享有立法权。所以，各州有权自主决定是否采用《美国统一商法典》。现在美国 50 个州中，除保持大陆法传统的路易斯安那州外，其他各州均采用美国统一商法典。

买卖法是《美国统一商法典》的第二篇，它是该法典 10 篇条文的中心与重点。该篇共分 7 章，包含 104 条规定，是《美国统一商法典》各篇中篇幅最长的一篇，内容相当丰富。“买卖”篇的一个重要特点是，从过去的统一货物买卖法强调所有权，转向强调债权。该篇主要是规范以商品买卖为目的的合同所产生的买卖双方权利与义务的法律制度，该篇同时集中概括了美国合同法的主要规定，包含了许多合同法的内容，对买卖合同的成立、履行、变更与解释等一系列重要问题做出了具体规定。

该法典是世界上最著名的法典之一。著名国际贸易法学家施米托付称赞《美国统一商法典》"成为西方世界最先进的商法，尽可能地接近商业现实"。该法典对1980年《联合国国际货物买卖合同公约》(CISG)影响很大。有西方学者甚至认为，任何一个对美国统一商法典的体例和内容较为熟悉的律师，都会发现CISG中几乎没有什么新东西。①

3. 中国国内立法

我国没有制定专门的商法典，现行有关货物买卖的法律主要在《中华人民共和国民法通则》(以下简称《民法通则》)和《中华人民共和国合同法》(以下简称《合同法》)和2007年最新通过的《中华人民共和国物权法》(以下简称《物权法》)等法律中。我国曾经制定了单独的《涉外经济合同法》调整国际货物买卖。1999年3月15日，第九届全国人民代表大会第二次会议通过了《合同法》，根据该法规定，《合同法》实施后，《涉外经济合同法》废止。《物权法》的通过是中国市场经济立法的重大事件，对商品的流转买卖将产生重要的影响。1988年我国加入了《联合国国际货物买卖合同公约》(Convention on Contracts for the International Sale of Goods)。作为我国的公司、企业或其他经济组织在对外签订货物买卖合同时，可以选择《联合国国际货物买卖合同公约》作为该合同适用的法律。对于公约的未尽事项，仍要适用我国《民法通则》和《合同法》的有关规定。

中国是批准《联合国国际货物买卖合同公约》的最早成员国之一。中国政府曾派代表参加了1980年召开的维也纳会议，并于1986年12月向联合国秘书长递交了关于该公约的核准书，成为该公约的缔约国。应当注意的是，中国在核准该公约时，根据该公约第95条与第96条的规定，对该公约提出了两项重要的保留：

(1)关于合同书面形式的保留

中国在核准该公约时，对合同形式问题提出了保留。中国坚持认为，订立国际货物买卖合同必须采取书面形式。根据《联合国国际货物买卖合同公约》第11条的规定，国际货物买卖合同不一定以书面形式订立或以书面证明，在形式方面不受任何其他条件的限制。可见，公约对国际货物买卖合同没有提出任何特定的形式要求。无论采取口头形式或采取书面形式订立合同都是有效的。公约的这些规定，与当时中国涉外经济合同法关于涉外经济合同，包括国际货物买卖合同在内，必须采用书面形式订立的规定是不一致的。因此，公约的上述规定对中国不适用。但是，中国、《合同法》第10条已经不再对合同要求必须采用书面形式，已经与公约第11条的规定一致。我国《合同法》第10条明确规定：当事人订立合同，有书面形式、口头形式和其他形式。法律、行政法规规定采用书面形式的，应当采用书面形式。当事人约定采用书面形式的，应当采用书面形式。但法律、行政法规规定或当事人约定采用书面形式，而当事人未采用书面形式但一方已履行其主要义务，对方接受的，合同成立。因此，我国的上述保留已经失去意义。

(2)关于公约适用范围的保留

中国认为该公约的适用范围仅限于双方的营业地分处于不同的缔约国的当事人之间所订立的货物买卖合同。根据《联合国国际货物买卖合同公约》第1条第1款(a)项的规定，如果合同双方当事人的营业地处于不同的国家，而且这些国家都是该公约的缔约国，该公约就适用于

---

① Michael Bridge, 1999, *the International Sale of Goods-Law and Practice*, Oxford University Press, p51.

他们之间订立的货物买卖合同。对于这一点，中国是赞同的，没有任何异议。但是，该款中的(b)项又规定，只要双方当事人的营业地处于不同的国家，即使他们的营业地所在国不是公约的缔约国，但是如果根据国际私法的规则导致适用某一缔约国的法律，则该公约亦将适用于这些当事人之间订立的国际货物买卖合同。对此，中国在核准该公约时也提出了保留。

（二）国际公约

国际上很早就产生了有关货物买卖的公约。但有关国际货物买卖的国际公约都属于任意性法律规定，没有强制力，由货物买卖双方当事人自由选择是否采用。

目前，国际上有3项关于国际货物买卖的国际公约。它们是1964年《国际货物买卖统一法公约》(ULIS)、《国际货物买卖合同成立统一法公约》(ULS)以及1980年《联合国国际货物买卖合同公约》(CISG)。由于种种原因，前两项公约没有能够被广泛接受。1980年《联合国国际货物买卖合同公约》是迄今为止关于国际货物买卖的一个最重要的国际公约。由于核准或参加这一公约的国家越来越多，它对国际贸易的影响也会越来越大。

由于1964年海牙会议通过的上述两项公约都未能达到统一国际货物买卖法的预期目的，联合国国际贸易法委员会(UNCITRAC)于1969年成立了一个专门工作小组，在上述1964年两项公约的基础上制定一部统一的国际货物买卖法，力求使其得到不同社会经济制度与不同法律制度的国家的广泛接受。为了在国际事务上达成一致，代表们不得不设法在普通法和大陆法的不同传统之间进行调和。① 工作组经过大约10年的酝酿和准备，于1978年完成了起草公约的任务，并命名为《国际货物买卖合同公约》(以下简称《公约》)。公约的宗旨是：以建立新的国际经济秩序为目标，在平等互利的基础上发展国际贸易，促进各国间的友好关系。该《公约》于1980年3月在维也纳获得通过，1988年1月1日起生效。截至2005年，核准与参加该公约的国家共有64个。

1.《公约》的缔约方

时至今日，作为贸易大国的巴西、印度和英国尚未加入CISG公约。截至2018年底，核准和参加该公约的国家或地区共有88个。

2.《公约》的适用范围

《公约》分为四个部分：(1)适用范围；(2)合同的成立；(3)货物买卖；(4)最后条款。全文共有101条。按其规定，公约适用范围如下：

第一，缔约国中营业地分处不同国家的当事人之间的货物买卖。

第二，由国际私法规则导致适用某一缔约国法律。这项规定的目的是为了扩大公约的适用范围，使该公约不仅适用于营业地处在缔约国的当事人之间所订立的买卖合同，而且还有可能适用营业地处于非缔约国的当事人之间所订立的买卖合同。只要根据国际私法的规则导致该合同适用任何一个缔约国的法律，如根据合同的订立地或履行地法导致适用某一缔约国的法律即可。

第三，货物买卖。《公约》没有对货物、买卖和买卖合同做出定义。② 所谓货物，各国法律有不同规定，通常指有形动产，包括尚待生产与制造的货物。《公约》用排除法，列举了不适用公约的货物买卖：(1)股票、债券、票据、货币和其他投资证券的交易；(2)船舶、飞机、气垫船的

---

① A Garro, 1988, *Compromise of Legal Traditions in CISG*, International lawyer, Vol, 23, p443.

② Michael Bridge, 1999, *The International Sale of Goods-Law and Practice*, Oxford University Press, p68.

买卖;(3)电力的买卖;(4)卖方的主要义务在于提供劳务或其他服务的买卖。

此外,《公约》不适用以下列形式进行的货物买卖:

(1)仅供私人、家人或家庭使用的货物买卖。这意味着总经销商和零售商之间的消费品销售合同将会被认为属于商业合同,并受到 CISG 管辖,而向单个消费者出售消费品的合同则不受 CISG 管辖。它同样意味着向一家公司出售一辆商业用途的汽车可能会受到 CISG 的管辖,但是,如果同一辆汽车是销售给个人的,并用于个人和私人用途,那么就不会受 CISG 的管辖。①

(2)由拍卖方式进行的销售。

(3)根据法律执行令状或其他令状的销售。

第四,就买卖合同而言,《公约》仅适用合同的订立和买卖双方的权利、义务,而不涉及:(1)合同的效力,或其任何条款的效力或惯例的效力;(2)合同对所有权的影响;(3)货物对人身造成伤亡或损害的产品责任问题。

凡《公约》未涉及的问题,可依照双方业已同意的惯例或依据合同适用的国内法予以解决。国际货物买卖合同的内容不仅通过隐含的条款,而且还可以通过习惯和惯例得以明确。②

3.《公约》的性质和效力

根据《公约》第 6 条规定,双方当事人可以约定不适用《公约》,虽然他们的营业地所在国是缔约国,他们也可以减损公约的任何规定或改变其效力,但必须尊重营业地所在缔约国已经做出的保留。由此可见,《公约》虽然具有法律约束力,但只是一种任意性的规定,因为《公约》可以被合同当事人任意取舍,只受缔约国保留条款的影响。需要注意的是,如果符合《公约》规定的当事人不对公约的适用做出明示排除,《公约》就可以自动予以适用。

(三)国际贸易惯例

国际贸易惯例是国际买卖法的渊源之一。国际贸易惯例是在长期的国际贸易实践中形成的习惯做法,不具有普遍的法律约束力,通常由当事人在实践中选择适用,但一经选择,即对当事人具有约束力。现在的国际贸易惯例经过整理、编纂,大多表现为书面的成文形式。

国际贸易惯例的主要作用是:第一,可以补充现有法律规定的不足,明确合同条款具有的含义,更好地确定当事人的意图和权利义务关系。第二,国际贸易惯例促进了国际贸易规则的统一,减少了当事人的分歧和争议。

在国际货物买卖中,双方当事人可以在他们的买卖合同中规定采用某种国际贸易惯例,用以确定他们之间的权利与义务。

1.《国际贸易术语解释通则》(International Rules for The Interpretation of Trade Terms, INCOTERMS)

《国际贸易术语解释通则》是由国际商会(ICC)在 1936 年制定的。该通则对内陆交货(如工厂交货 EXW)、装运港船上交货(如 FOB)以及成本加运费与保险费交货等 13 种贸易术语做了详细的解释,具体地规定了买卖双方在交货方面的权利与义务。该通则在国际上已经得到广泛的承认与采用,是国际货物买卖的最重要的贸易惯例。

为了适应国际货物运输方式和科学技术的新发展,如集装箱运输方式和电子数据交换系

---

① Michael Bridge, 1999, *The International Sale of Goods-Law and Practice*, Oxford University Press, p70.

② Michael Bridge, 1999, *The International Sale of Goods-Law and Practice*, Oxford University Press, p98.

统(Electronic Data Interchange),国际商会于1990年、2000年和2010年对该通则做了全面修改与补充。《国际贸易术语解释通则》最新版本是2010年9月27日公布、2011年1月1日实施的INCOTERMS2010。

2.《华沙—牛津规则》(Warsaw-Oxford Rules)

《华沙—牛津规则》是国际法协会在1932年制定的,在国际上曾经有较大的影响。但现在由于《国际贸易术语解释通则》的普遍适用而逐渐失去影响。1928年,该协会在华沙举行会议,制定了有关CIF买卖合同的统一规则,共有22条,称为1928年《华沙规则》。后经1930年的纽约会议、1931年的巴黎会议与1932年的牛津会议修订为21条,因此,定名为《华沙—牛津规则》。该规则完全是针对"成本加运费、保险费合同(CIF)"制定的。它对CIF合同中买卖双方所承担的责任、费用与风险做出了详细的规定。

3.《1941年美国对外贸易定义修正本》(Revised American Foreign Trade Definitions 1941)

1919年,美国9大商业团体制定了《美国出口报价及其缩写条例》(The U.S. Export Quotation and Abbreviations)。1941年美国第二十六届全国对外贸易会议对该条例做了修订,称为《1941年美国对外贸易定义修正本》。《1941年美国对外贸易定义修正本》为美国商会、美国进口商协会与全国对外贸易协会所组成的联合委员会采用,并由全国对外贸易协会予以发行。《1941年美国对外贸易定义修正本》对以下六种贸易术语做出了解释:

(1)Ex(Point of Origin) 产地交货;

(2)FOB(Free on Board) 在运输工具上交货;

(3)FAS(Free Along Side) 在运输工具旁交货;

(4)C&F(Cost and Freight) 成本加运费;

(5)CIF(Cost ,Insurance, Freight) 成本加保险费、运费;

(6)Ex Dock (Named Port of Importation) 目的港码头交货。

二、《国际贸易术语解释通则》

(一)国际贸易术语简介

国际贸易术语属于国际贸易惯例,表现为一组字母和简短概念的组合。贸易术语又被称为"价格术语"或"交货条件"。国际贸易术语的主要功能在于划分买卖合同双方当事人之间的责任、风险、费用,并反映价格构成、交货条件。在国际货物买卖合同中,国际贸易术语构成了合同条款的重要组成部分。

贸易术语的使用大大简化了当事人的贸易谈判、合同订立的过程,同时明确了买卖双方相关的权利义务。应该注意的是,国际贸易术语属于国际贸易惯例,具有选择性、非强制约束的特点;同时,某些具体术语在不同的规则中具有不同的含义。例如,CIF术语在INCOTERMS、《华沙—牛津规则》、《1941年美国对外贸易定义修正本》中含义各不相同。因此,在使用某一具体术语时,应注明选择的是哪一"版本",否则可能产生争议。

与普通法系国家进行国际贸易时,尤其需要注意的是,在普通法国家,如英国,在国际贸易术语方面存在其自己的判例法,在国际贸易合同当事人没有明确适用哪一规则时,法院往往适用其判例法,从而可能与当事人的真实意图相违背。例如,如不特别注明,香港法院即适用香港有关贸易术语的判例法。

(二)INCOTERMS2000

国际商会编纂的《2000年国际贸易术语解释通则》是最有影响、在实践中得到广泛采用的国际贸易术语。国际贸易术语的分类可以有多种方法。《2000年国际贸易术语解释通则》采用的是按卖方承担义务由小到大,用英语字母E、F、C、D排列,将13个贸易术语分成四组的分类方法。

1. E组

该组只有一个贸易术语EXW,全称为EX Works (named place),意思是工厂交货(指定地点)。

2. F组

该组包括三个贸易术语:FAS,全称为Free Alongside Ship (named port of shipment),意思是船边交货(指定装运港);FOB,全称为Free on Board (named port of shipment),意思是船上交货(指定装运港);FCA,全称为Free Carrier (named place),意思是货交承运人(指定地点)。

3. C组

该组包括四个贸易术语:CFR,全称为Cost and Freight (named port of destination),意思是成本加运费(指定目的港);CIF,全称为Cost ,Insurance and Freight (named port of destination),意思是成本、保险费加运费(指定目的港);CPT,全称为Carriage Paid to (named place of destination),意思是运费付至(指定目的地);CIP,全称为Carriage Insurance Paid to (named place of destination),意思是运费、保险费付至(指定目的地)。

4. D组

该组包括五个贸易术语:DAF,全称为Delivered at Frontier (named place),意思是边境交货(指定地点);DES,全称为Delivered Ex Ship (named port of destination),意思是目的港船上交货(指定目的港);DEQ,全称为Delivered Ex Quay (Duty Paid) (named port of destination),意思是目的港码头交货(关税已付)(指定目的港);DDU,全称为Delivered Duty Unpaid (named place of destination),意思是未完税交货(指定目的地);DDP,全称为Delivered Duty Paid (named place of destination),意思是完税后交货(指定目的地)。

(三)INCOTERMS2010

INCOTERMS2010在术语分类方面做了调整,由原来的EFCD四组分为两类,分别适用于各种运输方式和水运,并将贸易术语的数量由原来的13种调整为11种。

1. 两个新的贸易术语——DAT与DAP

DAT和DAP取代了INCOTERMS2000中的DAF、DES、DEQ和DDU规则。国际贸易术语的数量从13个减至11个,这是因为DAT(运输终点交货)和DAP(目的地交货)这两个新规则取代了INCOTERMS2000中的DAF、DES、DEQ和DDU规则。

在这两个新规则下,交货在指定目的地进行:在DAT术语下,买方处置运达并卸载的货物所在地(这与以前DEQ的规定相同);在DAP术语下,同样是指买方处置,但需做好卸货的准备(这与以前的DAF、DES和DDU的规定相同)。

新的规则使INCOTERMS2000中的DES和DEQ变得多余。DAT术语下的指定目的地可以指港口，并且 DAT 完全适用于 INCOTERMS2000 中 DEQ 所适用的情形。同样，DAP 术语下的到达的“运输工具”可以指船舶，指定目的地可以指港口，因此 DAP 完全适用 INCOTERMS2000 中 DES 适用的情形。与前任规则相同，新规则也是“到货交付式”地由买方承担所有费用，即买方承担全部费用（除了与进口清算有关的费用）以及货物运至指定目的地前所包含的全部风险。

2. INCOTERMS2010 的 11 个术语

INCOTERMS2010 的 11 个术语分为显然不同的两类：

（1）适用于任一或多种运输方式的规则

EWX 工厂交货

FCA 货交承运人

CPT 运费付至

CIP 运费及保险费付至

DAT 目的地交货

DAP 所在地交货

DDP 完税后交货

这一类所包含的 7 个 INCOTERMS2010 术语——EWX、FCA、CPT、CIP、DAT、DAP 和 DDP，可以适用特定的运输方式，亦可适用一种或同时适用多种运输方式，甚至适用非海事运输的情形。需要注意的是，以上规则仅适用存在船舶作为运输工具之一的情形。

（2）只适用于海运及内河运输的规则

FAS 船边交货

FOB 船上交货

CFR 成本加运费

CIF 成本、保险费加运费

在第二类术语中，交货点和把货物送达买方的地点都是港口，所以只适用于“海上或内陆水上运输”。FAS、FOB、CFR 和 CIF 都属于这一类。最后的三个术语删除了以越过船舷为交货标准而代之以将货物装运上船。这更贴切地反映了现代商业实际且避免了风险在臆想垂线上来回摇摆这一颇为陈旧的观念。

3. 使用 INCOTERMS2010 时的注意事项

尽管 INCOTERMS2010 在多个方面有了明显改进，但其具体效果还难以判断。我们认为，使用新版本时有以下几个问题值得关注：

第一，不存在新版本替代旧版本。ICC 的 INCOTERMS 属于国际惯例，效力上并不存在“新法取代旧法”，对当事人不产生必然的强制性约束力。在新旧版本交替之际，交易双方应就所使用的 INCOTERMS 版本在合同或信用证中给予明确，以免责任不清、产生纠纷，影响合同的履行。

第二，风险临界点仍需确定。此次修订删除了 FOB、CFR 和 CIF 项下的船舷界限，但在装运港作业时的意外风险仍可能存在，那么风险如何划分（即所谓临界点的问题）仍不可避免。新版本意将具体问题留待当事人自行解决，这就需要双方在订立合同时要考虑该问题，必要时可在商定的基础上另行规定双方认可的风险临界点。

第三，电子文件取代纸质文件。通则的早期版本对所需单据进行了规定，这些单据可被电子数据交换信息替代。对应国际贸易市场的电子货运趋势，INCOTERMS2010 赋予了电子通信方式完全等同的功效，只要各方当事人达成一致，电子文件可取代纸质文件。这一规定有利于新的电子单证的演变发展。

第四，重视适用于各种运输方式的贸易术语的使用。随着国际贸易运输方式（即集装箱、多式联运和滚装船运输）的广泛发展，以及很多处于内陆的国家或者地区、省份对外贸易的增多，常用贸易术语 FCA、CPT、CIP 有取代 FOB、CFR、CIF 的趋势。因此，在实际业务中，应有意识地使用 FCA、CPT、CIP，而不是在应该用 FCA、CPT、CIP 时仍不恰当地使用 FOB、CFR、CIF，使买卖双方的责任无法真正明确下来，增大卖方责任、风险、费用，为日后合同履行埋下隐患。

虽然 INCOTERMS 2010 对商业界来说并非一次根本性变革，但它的实施可以让贸易双方更好地适应国际贸易的新变化，促进交易文件更新换代。当然，提单、货物保单及其他各种文件可以继续参考使用旧版的通则，也可以继续采用即将淘汰的 DAF、DES、DEQ 和 DDU。我们建议，我国企业对新通则应采取积极态度。

（四）常用贸易术语

1. FOB 术语

FOB 是海上运输最早出现的国际贸易术语，也是国际上普遍应用的贸易术语之一。FOB 意思是船上交货（指定装运港），全称是 Free on Board (named port of shipment)，表明卖方在货物装上船时完成交货义务，其特性是要求买卖双方合作履行①。按照 INTERCOMS2000 的规定，FOB 合同中买卖双方承担的责任、风险和费用等概括如下：

卖方必须：(1)提供符合合同规定的货物和单证或相等的电子单证；(2)自负费用及风险办理出口许可证及其他货物出口手续，缴纳出口捐、税、费；(3)按照约定的时间、地点，依照港口惯例将货物装上买方指定的船舶，并给买方以充分通知；(4)承担在装运港货物越过船舷以前的风险和费用。

买方必须：(1)支付货款，并接受卖方提供的交货凭证或相等的电子单证；(2)自负费用及风险取得进口许可证，办理进口手续，缴纳进口的各种捐、税、费；(3)自费租船，并将船名、装货地点、时间给予卖方以充分通知；(4)承担在装运港货物越过船舷以后的风险和费用。

在国际货物买卖合同中使用 FOB 术语时应注意以下几个问题：

(1)注明 FOB 的“版本”，是 INCOTERMS2000 还是《1941 年美国对外贸易定义修正本》中的 FOB。后者应当在 FOB 后面加上“vessel”字样。

(2)两个充分通知问题。FOB 术语中涉及两个充分通知：一个是买方租船后，应将船名、装货时间、地点给予卖方以充分通知；另一个是卖方在货物装船时给买方以充分通知。

(3)明确 FOB 的相关装船费用。现代，许多船舶是自行平舱的，所以平整货物的过程是自动进行的。货物一旦装上船舶就由卖方承担责任。②

为了明确在租船运输时有关装船的费用划分，应当在 FOB 后加上附加条件，从而形成 FOB 的变形。例如 FOB 班轮条件（FOB liner terms）即装卸由班轮负责，卖方不负责装船费

---

① Michael Bridge, 1999, *The International Sale of Goods-Law and Practice*, Oxford University Press, p141.

② Michael Bridge, 1999, *The International Sale of Goods-Law and Practice*, Oxford University Press, p144.

用;卖方负责装船费用时,可以选择 FOB 理舱(FOB stowed)或者 FOB 平舱(FOB trimmed)。

2. CIF 术语

CIF 术语是国际贸易中最通用的术语,全称是 Cost,Insurance and Freight (named port of destination),意思是成本、保险费加运费(指定目的港)。CIF 合同使卖方有义务将货物装运到指定的港口,并对货物以行业中的通常条款办理保险。卖方可以是连环贸易条件下的中间贸易商,而不是原托运人。[1] 根据 INTERCOMS2000 的规定,买卖双方的责任、风险和费用概况如下:

卖方必须:(1)提供符合合同规定的货物和单证或相等的电子单证;(2)自负风险和费用办理出口许可证及其他货物出口手续,并缴纳出口捐、税、费;(3)自费订立运输合同,将货物按惯常航线在指定日期装运至指定目的港,并支付运费;(4)自费投保、缴纳保险费,如无明示的相反协议,按伦敦保险业《协会货物保险条款》投保海上运输的最低险别;(5)承担在装运港货物越过船舷以前的风险及除运费和保险费以外的费用。

买方必须:(1)支付货款,并接受卖方提供的交货凭证或相等的电子单证;(2)自负费用和风险取得进口许可证,办理进口手续,缴纳进口的各种捐、税、费;(3)承担在装运港货物越过船舷以后的风险和除运费、保险费以外的费用。

使用 CIF 术语应注意如下几个问题:

(1)在 CIF 术语中,替买方投保并支付保险费是卖方的一项义务。但是,当双方未就保险条款和投保险别加以约定时,卖方只负责按《伦敦保险业协会货物保险条款》投保海上运输的最低险别。买方如要投保其他险别或特种险,应在合同中说明并自负该项加保费用。

(2)CIF 后的港口是目的港。指明运输费和保险费的计算是从装运港至目的港全程的运输费和保险费,而不是指卖方的交货地点。在 CIF 术语中,卖方的交货义务是在装运港将货物交到船上完成的。

(3)CIF 也有其变形条件,它的主要作用是解决装船费用的负担问题。包括:CIF 班轮条件,指卸货费按班轮条件办理,即买方不负担卸货费;CIF 舱底交货,指货到目的港后,由买方负责卸货费用;CIF 并着陆条件,指卖方负责货到目的港岸上为止的卸货费用,包括驳船费用和码头捐。

3. CFR 术语

CFR 全称是 Cost and Freight (named port of destination),意思是成本加运费(指定目的港)。CFR 术语与 CIF 术语的不同之处仅在于价格构成。CFR 术语的价格构成中不包括保险费,即买方要自行投保并支付保险费用,卖方对此不负责。除此之外 CFR 中买卖双方的义务都与 CIF 术语相同。

使用 CFR 术语应注意的问题是卖方的装船通知。与 FOB 合同一样,卖方要给买方货物装船的充分通知,否则,由此造成买方漏保货运险而引起的损失应由卖方承担。

FOB、CIF 和 CFR 的共同之处是:(1)适合海上运输或内河航运;(2)交货地点都是在装运港口;(3)风险划分都是以装运港的船舷作为界限;(4)交货性质属象征性交货,即卖方提交了代表货物所有权的凭证就等于履行了交货义务。运输合同项下的装运(以及办理保险),连同

---

① Michael Bridge, 1999, *The International Sale of Goods-Law and Practice*, Oxford University Press, p205.

交付记载完成此类义务的单证，可以视为传统销售合同项下货物实际交付买方的替代。①

4. DAT 术语②

DAT 即 Delivered at Terminal(Insert Named Terminal at Port or Place of Destination)，类似于取代了的 DEQ 术语，指卖方在指定的目的地或目的港的"运输终端"卸货后将货物交给买方处置即完成交货，术语所指目的地包括港口。卖方应承担将货物运至指定的目的地或目的港的"运输终端"的一切风险和费用(除进口费用外)，并且卖方要负责将货物从到达的运输工具上卸下，所以卖方在签订运输合同时应注意运输合同与买卖合同相关交货点的协调。该术语不需要考虑特定的运输方式，可适应一种或者多种运输方式。"运输终端"指任何地方，包括但不限于码头、仓库、集装箱堆场、公路、铁路或者空港。采用 DAT 术语，卖方没有订立保险合同的义务，但运输过程中的风险由卖方承担。

5. DAP 术语③

DAP 即 Delivered at Place(Insert Named Place of Destination)，类似于取代了的 DAF、DES 和 DDU，指卖方在指定的目的地交货。卖方应承担将货物运至指定的目的地的一切风险和费用(除进口费用外)；卖方不负责将货物从到达的运输工具上卸下，但要保证货物可卸载。本术语适用于任何运输方式(包括多式联运)及海运。该术语不需要考虑特定的运输方式。

第二节 国际货物买卖合同的成立

依据合同法的一般原则，合同成立的条件是：当事人主体资格合法；当事人意思表示一致；合同内容合法；合同形式合法。国际货物买卖合同的成立也要遵循这些原则。但由于各国合同法律制度的巨大差异，《联合国国际货物买卖合同公约》难以对国际货物买卖合同成立的所有条件达成一致，目前只对合同当事人意思表示一致和合同的形式等问题达成一致，其余问题只能由合同所适用的相关国内法调整。

一、合同当事人

自然人、法人、国际组织和国家都可以成为国际货物买卖合同的当事人。但有些国家，尤其是发展中国家或对外贸控制的国家，要求从事国际贸易的人必须具有国家授予的资格，否则不能签订国际货物买卖合同。中国对国际贸易曾经实行严格的管制，法人只有经过严格的批准才能从事对外贸易，自然人则被禁止从事对外贸易。但根据 2004 年修订的《中华人民共和

---

① Michael Bridge, 1999, *The International Sale of Goods -Law and Practice*, Oxford University Press, p205.

② "Delivered at Terminal" means that the seller delivers when the goods, once unloaded from the arriving means of transport, are placed at the disposal of the buyer at a named terminal at the named port or place of destination. "Terminal" includes a place, whether covered or not, such as a quay, warehouse, container yard or road, rail or air cargo terminal. The seller bears all risks involved in bringing the goods to and unloading them at the terminal at the named port or place of destination.

③ "Delivered at Place" means that the seller delivers when the goods are placed at the disposal of the buyer on the arriving means of transport ready for unloading at the named place of destination. The seller bears all risks involved in bringing the goods to the named place.

国对外贸易法》,对外贸易经营者包括根据对外贸易法从事对外贸易经营活动的法人、其他组织和个人。任何法人、其他组织和个人,只要向有关部门提交从事对外贸易的备案申请,即可以获得外贸经营资格。随着世界贸易更加趋向自由,各国的经济更加开放,对贸易资格的限制会越来越少。

《联合国国际货物买卖合同公约》对当事人有特殊要求①。公约规定,适用公约的国际货物买卖的当事人的营业地必须分处不同国家,同时还要满足以下条件:

(1)双方当事人的营业地分处公约的成员国领土上。如果只有一方营业地在公约的成员国领土上,或者都不在成员国领土上,则公约不能适用。

(2)由国际私法规则导致适用某一缔约国的法律。

这样合同的两个非缔约国当事人之间或者一方是非缔约国的当事人之间签订的国际货物买卖合同也可以适用该公约。但《公约》第 95 条规定国家加入公约时可以对第 1 条(1)款(b)由国际私法规则导致适用某一缔约国法律而适用公约的规定做出保留。

二、合同形式

合同形式在法律上分为要式原则和不要式原则。前者要求合同必须具备某种特定形式,后者不要求合同具有某种特定形式。从世界各国合同立法发展的趋势看,许多国家逐渐放松了对合同形式的要求。大多数国家法律对货物买卖合同基本上都采取了不要式原则,即合同无须按特定的形式和手续订立,当事人不论是采用口头方式、书面方式或者是以某种行为来订立买卖合同,都是合法有效的。作为大陆法系代表的《德国民法典》和《法国民法典》,对商事合同的规定,不要求以特定形式签订合同。英美法系合同立法也趋向合同形式自由。例如,英国《1979 年货物买卖法》废除了书面要求,一份合同可以是书面的,可以是口头的,可以部分是书面的、部分是口头的,甚至可以通过当事人的行为默示。

《联合国国际货物销售合同公约》对合同订立的形式采取不要式原则为主,要式原则为辅,即以合同形式自由为原则,以做出保留为例外。该公约第 11 条、第 12 条规定,买卖合同,包括其更改或终止,要约与承诺,或者其他意思表示,无须以书面订立或书面证明,在形式上也不受任何其他条件的限制,可以用包括人证在内的任何方法证明。② 由于一些国家的法律要求其对外贸易方面的合同必须采用书面形式,该公约特别规定了保留条款。我国政府在批准该公约时对上述内容提出了保留,从而对不采用书面形式的合同排除该公约的适用。但由于我国新合同法对合同形式采取不要式原则,该保留已经失去意义。

---

① Article 1 (1) This Convention applies to contracts of sale of goods between parties whose places of business are in different States: (a) when the States are Contracting States; or (b) when the rules of private international law lead to the application of the law of a Contracting State.

② Article 11 A contract of sale need not be concluded in or evidenced by writing and is not subject to any other requirement as to form. It may be proved by any means, including witnesses.

Article 12 Any provision of article 11, article 29 or Part II of this Convention that allows a contract of sale or its modification or termination by agreement or any offer, acceptance or other indication of intention to be made in any form other than in writing does not apply where any party has his place of business in a Contracting State which has made a declaration under article 96 of this Convention. The parties may not derogate from or vary the effect or this article.

三、要约与承诺

国际货物买卖合同是双方当事人意思表示一致的结果。虽然签订合同的具体情形、具体过程不同，但从法律性质分析，合同的签订由要约与承诺两个主要过程组成。各国法律或国际公约一般通过要约和承诺两个方面对合同的成立做出规定。

(一)要约

要约(Offer)在外贸实践中又被称为发价、发盘，是指一方向另一方提出愿意按一定的条件与对方订立合同的建议。发出要约的一方称为要约人，其相对方称为受约人。根据《联合国国际货物销售合同公约》，要约是要约人向一个或一个以上的特定人(受要约人)提出的订立合同的建议。

1. 构成要约的条件

一项要约一般应具备下述几个条件：内容确定，向特定人发出，表明如要约被承诺则要约人受其约束。

(1)向一个或一个以上特定的人提出

所谓特定的人，是指受约人必须是特定人，即发约人在发约时必须把受约人特定化和明确化。要约的这项条件是将普通商业广告或向广大公众散发的商品目录、价目表等行为与要约区别开。普通商业广告是向广大公众发出的，不是向某一个或某几个特定的人发出的，其对象是广大公众，而不是特定的人。

与要约相联系的是要约邀请这一概念。要约邀请是希望他人向自己发出要约的意思表示。寄送的价目表、拍卖公告、招标公告、招股说明书、商业广告等通常为要约邀请。

许多国家的法律规定，普通的商业广告不属于要约，只是一项要约邀请。北欧各国认为普通商业广告是要约邀请；[①]但是有些国家，例如英国和美国的判例则认为，商业广告原则上虽然不是一项要约，但如果广告的内容十分明确与肯定，则在某些例外的情况下，也可以视为一项要约。有普通法的案例认为，商业广告属于要约，要约可以向特定人发出，也可以向全世界发出。向特定人发出的要约，只能由特定人承诺，向全世界发出的要约，任何人都可以表示承诺。[②] 我国现行合同法第 15 条也规定，一般商业广告属于要约邀请，不属于要约，但商业广告的内容符合要约规定的，视为要约。

《联合国国际货物销售合同公约》对此基本上采取折中的办法。公约第 14 条第 2 款规定，凡不是向一个或一个以上特定的人提出的订约建议，仅应视为要约邀请，而不是一项要约。但是，如果此项建议符合作为要约的其他要求，而且提出该建议的人明确表示有相反的意向，例如，明确地表示他所刊载的广告是作为一项要约提出来的，在这项建议就可以视为要约。

(2)要约的内容必须确定

要约应当明确提出准备与对方签订合同的主要内容，一旦受约人承诺，即足以成立一项对双方都有约束力的合同。所谓“确定”，是指要约的内容应能达到可以确定买卖双方权利和义务的最低程度。各国的合同法对要约应明确的最基本的内容有不同的规定。

《联合国国际货物销售合同公约》强调发约人无须在其要约中详细列出合同的全部条款，

---

① 沈达明、冯大同：《国际商法》，对外贸易出版社 1982 年版，第 45 页。

② Carrlill v. Carbolic Smoke Ball Co. (1893) 1 Q. B. p256.

只要达到足以确定合同的内容的程度即可，而且其进一步规定如果包含以下三项内容就符合"十分确定"的要求[①]：①应当载明货物的名称。②应明示或默示地规定货物的数量或规定如何确定数量的方法。③应明示或默示地规定货物的价格或规定确定价格的方法。

(3)要约送达受要约人

如果要约未送达受要约人，受要约人不知道要约的内容，无法做出承诺。

2. 要约的撤回和撤销

各国法律都承认在要约送达要约人之前，要约还未生效，要约人可以收回要约，此为要约的撤回。在收回要约的通知与要约同时送达受要约人时，要约也视为撤回。要约生效后的收回称为撤销。要约的撤销是指在受要约人承诺之前，要约人收回要约。应注意，一项表明是不可撤销的要约，也是可以撤回的。

但要约的撤销是有条件的，有些条件下要约不能撤销。依据我国《合同法》，要约人确定了承诺期限，或者以其他形式明确要约不可撤销，或者受要约人有理由认为要约是不可撤销的，并已经为履行合同做了准备工作，则要约不可撤销。承诺期限是指确定的承诺到达要约人的期限。

英美法系从对价(Consideration)学说出发认为，要约发出后随时可以撤回，即使规定了有效期限或明确指出是不可撤销的要约，要约人也可以撤销。除非该要约在撤销前已经被承诺或受要约人为该要约已经支付了对价。[②]

公约回避了对价学说，基本采纳了普通法的规定。公约规定[③]，一项要约可以撤回，只要撤回通知于要约送达受要约人之前或同时送达受要约人。在未订合同之前，只要撤销通知于受要约人发出承诺通知之前送达受约人，要约可以撤销；然而，在但书部分，公约采纳了大陆法系的信赖原则，规定在合同成立前，写明或以其他方式表示要约是不可撤销的，则不能撤销；受约人有理由信赖要约是不可撤销的，并本着这种信赖行事，要约也不能撤销。

3. 要约的生效和失效

要约在送达受约人时生效是世界各国的普遍原则。要约生效，是指如果受要约人对要约做出承诺，要约人即受其要约的约束。

要约失效是指要约对要约人和受约人都失去约束力。下列情况下要约失效：要约生效后，如果受要约人在要约约定的承诺期限内没有承诺；要约人依法撤销要约；该要约为受要约人拒绝；或者受要约人对要约的内容做出实质性的变更。我国《合同法》规定，在受要约人拒绝要约时，要约失效的时间是拒绝的通知到达要约人时。

(二) 承诺

承诺(Acceptance)是受要约人无条件同意要约的意思表示，又称为接受、受盘。

---

① Article 14 (1) A proposal for concluding a contract addressed to one or more specific persons constitutes an offer if it is sufficiently definite and indicates the intention of the offeror to be bound in case of acceptance. A proposal is sufficiently definite if it indicates the goods and expressly or implicitly fixes or makes provision for determining the quantity and the price. (2) A proposal other than one addressed to one or more specific persons is to be considered merely as an invitation to make offers, unless the contrary is clearly indicated by the person making the proposal.

② Schlesinger, 1987, *Formation of the Contract*, Sweet & Maxwell, pp. 748,755—756, 760.

③ Article 16 (1) Until a contract is concluded an offer may be revoked if the revocation reaches the offeree before he has dispatched an acceptance. (2) However, an offer cannot be revoked: (a) if it indicates, whether by stating a fixed time for acceptance or otherwise, that it is irrevocable; or (b) if it was reasonable for the offeree to rely on the offer as being irrevocable and the offeree has acted in reliance on the offer.

1. 承诺的构成

一项有效的承诺必须具备以下条件：

(1)承诺必须由受约人做出

由于要约是向特定人发出的，所以承诺必须由特定的人，即受约人或其授权的代理人做出。任何第三人即使知道要约的内容并对此做出同意的意思表示，则不是承诺，不能成立合同。

(2)承诺的内容应与要约一致

早期的合同法对承诺采用的是与要约绝对一致，即所谓镜像原则。承诺的内容与要约一致是合同成立的核心要素。如果承诺与要约不一致，则只能被视为一个新的要约。但现在对镜像原则都有所突破，允许对要约作非实质性变更。承诺对要约的变更可以区分为实质变更和非实质变更。

我国《合同法》规定，受要约人对有关合同标的、数量、质量、价款、履行期限、履行地点和方式、违约责任和解决争议方法的变更，是对要约内容的实质性变更。受要约人对要约的内容做出实质性变更的，为新要约。

为了适应现代商业发展的需要，《联合国国际货物销售合同公约》允许承诺对要约作非实质性变更①。《公约》第 19 条规定，只有承诺不在实质上改变要约的内容，而且要约人在合理的时间内未对此发出异议通知，则可以构成有效的承诺。《公约》第 19 条规定，有关货物价格、付款条件、货物质量和数量、交货地点和时间、一方当事人对另一方当事人的赔偿责任范围和解决争端等的添加或不同条件，均视为实质上变更要约的条件。但因为在具体的合同中，某一条款是否具有实质意义，应视合同的具体情形而定，所以公约也很难就何谓实质性或非实质性条款做出更加具体的规定。

(3)承诺必须在有效期间内做出

如果要约规定了承诺的有效期限，则承诺应在规定的期间内做出；如果要约没有规定期限，则应在合理的时间内做出。如果承诺的时间迟于要约的有效期，就被称为“迟到的承诺”。迟到的承诺不是有效的承诺，而是一项新的要约，只有得到原要约人的承诺后才能成立合同。《公约》第 18 条规定，逾期的承诺原则上无效，但如果考虑到交易情况或要约人毫不迟疑地发出通知表示接受，则仍具有承诺的效力。

2. 承诺的方式

我国《合同法》要求承诺应当以通知的方式做出，但根据交易习惯或者要约表明可以通过行为做出承诺，则可以不用通知的方式。按照《联合国国际货物销售合同公约》的规定，承诺的

---

① Article 19 (1) A reply to an offer which purports to be an acceptance but contains additions, limitations or other modifications is a rejection of the offer and constitutes a counter—offer.

(2) However, a reply to an offer which purports to be an acceptance but contains additional or different terms which do not materially alter the terms of the offer constitutes an acceptance, unless the offeror, without undue delay, objects orally to the discrepancy or dispatches a notice to that effect. If he does not so object, the terms of the contract are the terms of the offer with the modifications contained in the acceptance.

(3) Additional or different terms relating, among other things, to the price, payment, quality and quantity of the goods, place and time of delivery, extent of one party's liability to the other or the settlement of disputes are considered to alter the terms of the offer materially.

方式可以采用明示通知的方式，也可以采用行为表示同意，但缄默或不行为本身并不构成承诺。明示的方式可以包括口头或书面方式。所谓以行为来承诺，就是根据交易习惯或当事人的约定，以受约人的特定行为用默示的方式表示接受，如以发运货物或支付货款行为表示接受要约。而缄默和不行为本身不同于默认，缄默和不行为是没有任何行为表示。如果受约人不以其行为表示拒绝要约，不能因此认为合同已经成立。除了法律有特别规定，受约人拒绝要约也没有通知的义务。但如果在长期的交易习惯中都认可了缄默和不行为作为接受的方式，则也可以使其成为一种承诺的方式。

3. 承诺的生效

在承诺生效的时间问题上，大陆法系与普通法系的规定不完全相同。大陆法系采取到达原则，即承诺到达要约人时生效。普通法系采取投寄生效的原则，即以信件、电报做出承诺时，只要受约人将电报、信件交付邮局时，承诺即生效，不论信件电报是否中途丢失。还有的国家（如意大利、比利时）对承诺采取了解生效的原则，即承诺不仅要送达要约人而且要约人了解承诺的内容后才生效。[①] 但应该注意，投邮原则并非适用于所有的承诺方式，只有在通过信件承诺时才适用这一原则。在快速通信方式的情况下，例如电传、传真、电子数据交换和电子邮件，承诺的生效时间是要约人收到承诺的时间。

《联合国国际货物销售合同公约》采取到达生效原则，即承诺在表示同意的通知到达要约人时生效。但是还规定，如果根据要约的要求，或者根据交易习惯，受约人以行为做出的承诺，承诺生效的时间于该行为做出时起生效，无须受约人另行发出通知。

我国《合同法》规定，承诺通知到达要约人时生效。承诺不需要通知的，根据交易习惯或者要约的要求做出承诺的行为时生效。采用数据电文形式订立合同的，承诺的到达时间，在收件人指定特定系统接收数据电文的，该数据电文进入该特定系统的时间，视为到达时间；未指定特定系统的，该数据电文进入收件人的任何系统的首次时间，视为到达时间。

4. 合同的成立[②]

合同在承诺到达要约人时成立。在承诺到达要约人之前，或承诺到达要约人的同时，要约人收到了承诺人撤回承诺的通知，该承诺被撤回，合同未成立。

承诺生效地点为合同成立地点。采用数据电文形式订立合同的，收件人的主营业地，或没有主营业地时其经常居住地，为合同成立地。但当事人另有约定的除外。

对于口头合同，如果一方根据已达成的口头协议，开始履行合同，应认定为合同成立。根据我国《合同法》，即使法律、行政法规规定或当事人约定采用书面形式订立合同，当事人未采用书面形式，但一方已经履行合同，对方接受的，该合同成立。采用合同书形式订立合同，在签字或者盖章之前，当事人一方已经履行主要义务，对方接受的，该合同成立。

---

① Georges R. Delaume, 1983, *Transnational Contracts Applicable Law and Settlement of Disputes—Law and Practice*, Vol. 5, p14.

② Article 23 A contract is concluded at the moment when an acceptance of an offer becomes effective in accordance with the provisions of this Convention.

Article 24 For the purposes of this Part of the Convention, an offer, declaration of acceptance or any other indication of intention "reaches" the addressee when it is made orally to him or delivered by any other means to him personally, to his place of business or mailing address or, if he does not have a place of business or mailing address, to his habitual residence.

四、合同的主要条款

本部分以《国际销售示范合同》为例，说明国际货物买卖合同主要条款。

《国际销售示范合同》(ICC Model International Contract of Sale)于1997年6月由国际商会国际惯例委员会通过。该示范合同以《联合国国际货物买卖合同公约》和国际商业惯例INCOTERMS作为合同适用的法律，对国际货物买卖的主要事项做了统一规定(原材料、机械设备、食品及长期供货合同除外)。与现有的国际货物买卖合同公约与国际商业惯例相比，示范合同在所有权保留、适用法律、损害赔偿金的计算、争议解决等方面都做了有益的补充和完善，将促进国际货物买卖特别是制成品的国际货物买卖合同的统一。

《国际销售示范合同》分为A、B两部分。A部分为合同的具体条款，如货物名称、价格、交货条件、交货时间、货物检验等，由买卖双方协商填写；B部分是合同的一般条款，是一般货物买卖合同共同使用的标准条件。一般条款旨在供当事人填写具体内容或对文本提供的选项进行选择。一般条款结合具体条款使用，亦可单独使用。除当事人的有关情况外，主要包括以下条款：

1. 货物条款

该条款具体描述货物的特征。对于卖方提供的商品目录、说明书、传单、广告、图示、价目表中包括的任何有关货物及其用途的信息，除非合同明确提及，都不作为合同条款而生效。应当注意的是，与货物有关的软件、图纸，即使为买方取得，与其有关的知识产权并不因此转让给买方。

2. 价格条款

包括计价货币和总额。一般不包括增值税，但包括卖方根据合同承担的费用。

3. 交货条件

指采用的国际贸易术语，每一术语应包括相应的指定地点、目的地、装运港或目的港。该示范合同要求应注明INCOTERMS2000。采用某一术语时应考虑到制成品一般在装卸区或内陆仓库交付运输。需要时应填写承运人。

4. 交货时间

应根据上述相应的贸易术语，确定卖方必须完成其交货义务的日期或期间。交货时间与双方选择的交货地点相联系。交货地点不一定是货物到达买方的地点。

5. 货物检验

双方可以约定在装运前卖方给予合理通知以便买方检验货物。

6. 所有权保留

双方应就货物的所有权保留做出约定，如有效地做出保留，则在买方付清货款之前，货物所有权归卖方。也可以做出其他约定。据有些国家的法律，保留所有权并不一定有效。

7. 支付条件

即采取何种支付方式，如：赊账以及有关担保(见索即付保函或备用信用证)；预付货款，包括时间、数额；跟单托收，并注明是D/P还是D/A；不可撤销信用证，是否保兑，开证或保兑银行及地点，信用证兑现方式(即期付款、延期付款、承兑付款、议付)，通知信用证的日期等。

8. 单据条款

卖方须提交的单据，应与选择的贸易术语相一致。通常涉及商业发票、运输单据(具体种类)、保险单据、原产地证书、商检证书、装箱单等。

9. 解约日期

主要规定卖方在一定期限前未交付货物,买方在通知卖方的情况下,有权解除合同。

10. 延迟交货的责任

可规定一定的赔偿金,表示方式可以是每延迟一定时间赔偿货款总额的一定百分比,也可以是一确定金额。在买方终止合同的情况下,应确定卖方因延迟交货而承担的最高赔偿额。延迟交货的预订赔偿额不应超过延迟交货价款的一定百分比,或约定的最高额。

11. 货物与合同规定不符的责任限制

买方在目的地的验货,不符点的及时通知,未及时通知的效果,具体救济方式(减价、替代、修复、偿还价款、损害赔偿),以及卖方的最大责任额。

12. 买方保留与合同不符的货物时卖方的责任限制

买方可以取得差价,但最多应不超过货物价款的一定百分比。

13. 不可抗力

应对不可抗力的范围做出约定。遭遇不可抗力的一方应承担证明、通知义务。

14. 诉讼时效

除非另有约定,一般在货物到达之日起 2 年后买方不得向法院起诉或向仲裁机构申请仲裁。应当注意的是,中国法律规定国际货物买卖合同的诉讼时效是 4 年。

15. 适用法律

由《联合国国际货物销售合同公约》管辖,该公约未规定的事项由卖方所在国法律管辖。

16. 争议解决

就诉讼或仲裁,只能选择其中一种,应具体表明选择的仲裁机构或管辖法院。

第三节　买卖双方当事人的义务

一、卖方义务

交付货物和单据是卖方最主要的义务。根据《联合国国际货物销售合同公约》,卖方必须按照合同和该公约的规定,交付货物,移交一切与货物有关的单据,并转移货物所有权。卖方义务主要表现为四个方面,即交付货物、交付有关单据、品质担保和权利担保。

(一)交付货物

交付货物主要涉及交付的时间、地点。其基本原则是,卖方要按照合同约定交付货物,合同有约定的,按约定履行;合同没有约定的,或约定不明确的,按调整该合同的国内法法律或公约的规定履行。

《联合国国际货物销售合同公约》对于合同未约定的交货时间和地点做了详细规定。交货地点规定如下①：

1. 货交第一承运人

如卖方的交货义务涉及运输，则卖方只要把货物交由第一承运人就履行了交货义务。

2. 特定地点交货

如交货不涉及运输，如果合同指的是特定货物或从特定存货中提取的或尚待制造或生产的未经特定化的货物，且买卖双方在订立合同时知道这些在某一特定地点，或将在某一特定地点制造或生产，则卖方应在该地点把货物交给买方处置。

3. 卖方营业地交货

在其他的情况下，卖方在其订立合同时的营业地向买方交货；买方自备运输工具将货物运走。

至于交货时间，公约规定②：如果合同规定有交货日期，或从合同可以确定交货日期，应在该日期交货；如果合同规定有一段时间，或从合同可以确定一段时间，除非情况表明应由买方选定一个日期，应在该段时间内任何时候交货；在其他情况下，就在订立合同后一段合理时间内交货。

国际货物买卖合同中的交货时间一般是某一段时间或某一日期之前，只要符合这一规定，无论是在期限的第一天或最后一天交货，卖方都在规定的时间履行交货义务。"合理时间"应当根据合同的性质、货物的特征等确定。

卖方交付货物必须满足交付方式的要求，包括包装、标记。在将货物交付承运人时，应清楚注明货物属于合同项下。货物没有以货物上加标记或以装运单据或其他方式清楚地注明有关合同，卖方必须向买方发出列明货物的发货通知。

在国际货物买卖中存在两种交货方式：一种是实际交货，即卖方将货物连同代表货物所有权的单据一起交付买方，完成货物所有权与占有权的转移；另一种是象征性交货，即卖方将代表货物所有权的单据或者凭以提取货物的单据交给买方以完成交货义务。卖方交付货物的义务应据贸易术语详尽确定。根据国际商会的《2000 年国际贸易术语解释通则》，货物的交付可以分为两类：一类是卖方直接将货交由买方处置，如 EXW、DAF、DES、DEQ、DDU、DDP，称为实际交货；一类是货交承运人，包括 FAS、FCA、FOB、CIF、CFR、CPT、CIP，卖方向承运人交货视为向买方买货，称为象征性交货。在每一类当中，情况也不完全相同，如 CIF 和 FOB，差别比较大，前者只确定了目的港，在何处装运却没有明确的限定，而后者有特定的交货地点，即在装运港买方指定的船上。因此，交付货物要符合合同所使用的贸易术语

---

① Article 31 If the seller is not bound to deliver the goods at any other particular place, his obligation to deliver consists: (a) if the contract of sale involves carriage of the goods-in handing the goods over to the first carrier for transmission to the buyer; (b) if, in cases not within the preceding subparagraph, the contract relates to specific goods, or unidentified goods to be drawn from a specific stock or to be manufactured or produced, and at the time of the conclusion of the contract the parties knew that the goods were at, or were to be manufactured or produced at, a particular place-in placing the goods at the buyer's disposal at that place; (c) in other cases-in placing the goods at the buyer's disposal at the place where the seller had his place of business at the time of the conclusion of the contract.

② Article 33 The seller must deliver the goods: (a) if a date is fixed by or determinable from the contract, on that date; (b) if a period of time is fixed by or determinable from the contract, at any time within that period unless circumstances indicate that the buyer is to choose a date; or (c) in any other case, within a reasonable time after the conclusion of the contract.

的具体要求。

（二）交付有关单据

与货物有关的单据在国际货物买卖中具有重要的作用。有的单据具有货物所有权凭证的作用，如海运提单。一般情况下提单的转让即货物所有权的转让，没有这种单据，交易就不能正常进行，买方不能提取、处置货物。单据还是卖方据以结算、买方据以付款以及报关、索赔的凭证。常用的单据有发票、运输单据、保险单、质量检验证书、原产地证明、出口许可证等。

仅是按时交付货物不表示卖方履行义务完毕，如果不按规定交付单据，卖方属于违约。卖方交付单据的义务一般是按合同规定的形式、内容、种类、数量、时间、地点、方式交付有关单据。

根据《联合国国际货物销售合同公约》，如果卖方有义务移交与货物相关的单据，他必须按照合同所规定的时间、地点和方式移交这些单据。卖方应当保证单据的完整并符合合同和公约的约定。如果卖方规定的时间以前已移交这些单据，他可以在规定的时间到达前纠正单据中不符合合同规定的情形，但是，此权利的行使不得使买方遭受不合理的不便或承担不合理的开支。但是，买方保留该公约所规定的要求损害赔偿的任何权利。

（三）品质担保

品质担保又称为质量担保和瑕疵担保，是指卖方对所提交的货物的质量、性能、用途所承担的法律责任。

《联合国国际货物销售合同公约》对卖方的品质担保义务做出了明确的规定，其内容与英美法中的默示条件或默示担保义务有很多相似之处。根据《联合国国际货物销售合同公约》第35条的规定①，卖方交付的货物必须与合同规定的数量、质量与规格相符，并且必须根据合同规定的方式装箱或包装，除双方当事人另有协议外，卖方所交的货物应当符合下列要求，否则就认为其货物与合同不相符：

(1)货物适用于同一规格货物通常使用的目的。

(2)除非情况表明买方不依赖于卖方的技能和判断力，或者这种依赖对他不合理，货物适用于订立合同时买方曾明示或默示地通知卖方的任何特定目的。例如，根据他指定的商标选购货物，或者使用高度技术性的规格描述他所需要的货物，就可以认为买方是凭对自己的自信选购货物，而不是依赖卖方的技能与判断力为他提供货物。

---

① Article 35 (1) The seller must deliver goods which are of the quantity, quality and description required by the contract and which are contained or packaged in the manner required by the contract.

(2) Except where the parties have agreed otherwise, the goods do not conform with the contract unless they:

(a) are fit for the purposes for which goods of the same description would ordinarily be used;

(b) are fit for any particular purpose expressly or impliedly made known to the seller at the time of the conclusion of the contract, except where the circumstances show that the buyer did not rely, or that it was unreasonable for him to rely, on the seller's skill and judgement;

(c) possess the qualities of goods which the seller has held out to the buyer as a sample or model;

(d) are contained or packaged in the manner usual for such goods or, where there is no such manner, in a manner adequate to preserve and protect the goods.

(3) The seller is not liable under subparagraphs (a) to (d) of the preceding paragraph for any lack of conformity of the goods if at the time of the conclusion of the contract the buyer knew or could not have been unaware of such lack of conformity.

(3)货物的质量与卖方向买方提供的货物样品或样式相同。

(4)货物按照同类货物通用的方式装箱或包装，如果没有这种通用方式，则按照足以保全和保护货物的方式装箱或包装。

但公约同时规定，如果买方在订立合同时知道或者没有理由不知道货物与合同不符，则卖方无须按照上述第1项和第2项规定承担货物与合同不符合的责任。

上述义务是在双方当事人没有其他约定的情况下由公约加之于卖方身上的义务。因此，只要双方当事人在合同中没有做出与此相反的规定，公约的上述规定就适用于他们之间的合同。

值得注意的是，凭样品买卖时，即使交付的货物与样品一致，但如果样品存在检查样品时不能发现的缺陷，该缺陷使得该货物不能用于预期目的，该货物仍为不合格货物。我国《合同法》规定，凭样品买卖的买受人不知道有隐蔽瑕疵的，即使交付的标的物与样品相同，出卖人交付的标的物的质量应当符合同种物的通常标准。如对样品有说明，交付的货物既要与样品一致，又要与说明相符。

关于品质担保的时间，《公约》第36条规定，卖方交付相符货物的责任通常限于风险转移到买方时，如果此时货物合格，即认为卖方交付了合格的货物。但这不排除卖方对在风险转移之前就已经存在、风险转移之后方始明显不符，承担责任。同时，如果货物不符在风险转移之后出现，而该不符是由于卖方的违约行为造成的，卖方则应承担责任，例如违反在一段时间内货物将继续适用于其通常使用目的或者某种特定目的、将保持某种特定质量或性质的任何保证。这就是说，公约认为卖方对货物应符合合同要求的责任，原则上虽然是以风险转移的时间作为衡量标准，即只要货物在风险转移于买方的时候符合合同的要求，卖方就算作履行了他的义务。但是，也有例外的情况，即如果货物与合同的要求不相符的情形要在风险转移于买方之后的一段时间才能发现或显露出来。例如，有些货物需要经过科学鉴定甚至需要经过使用一段时间后才能显示其是否与合同的要求相符。

公约还规定，如果卖方在交货日期前交付货物，可以在该日期到达前交付任何缺漏部分或补足所交付货物的不足数量，或交付用以替换所交付的不符合合同规定的货物，或对所交付货物中任何不符合合同规定的情形做出补救。但这一权利的行使，不得对买方造成不合理的不便或损失。

(四)权利担保

卖方对货物的权利担保是指卖方应当对买方承担以下保证义务：在交付货物时对货物享有所有权或处置权；出售的货物上不存在未向买方透露的担保权益，如抵押权、留置权；同时卖方还必须保证其出售的货物没有侵犯他人的知识产权，如专利权、商标权。

《联合国国际货物销售合同公约》对物权担保与知识产权担保做了不同规定。对物权担保的时间限制是交付货物时，而对知识产权担保的时间限制是订立合同时。由于知识产权的时间性和地域性，卖方的担保责任限于依订立合同时双方同时预期的转售国或使用国或买方营业地国法律的权利或要求，以卖方在订立合同时已知或不可能不知道的权利或要求为限。公

约对卖方的权利担保义务主要规定如下：①

1. 卖方所交付的货物，必须是第三方不能提出任何权利或要求的货物，除非买方同意在这种权利或要求的条件下收取货物。如果有任何第三人对货物提出权利主张或者请求权，卖方都应当对买方承担责任。该担保义务是严格的，必须是第三方不能提出权利或要求，如果第三方提出要求，即使该要求没有法律依据而败诉，卖方仍然违反权利担保义务，应承担责任。公约上述规定主要是保护善意买方的利益，善意买方买的是货物，而不是"官司"。

2. 卖方所交付的货物，必须是第三方不能根据工业产权或其他知识产权主张任何权利或要求的货物，但以卖方在订立合同时已知道或不可能不知道的权利或要求为限。因为工业产权和知识产权具有地域性，同一商品在一个国家不侵犯他人的知识产权，在另一国家则可能被认为侵犯了他人的知识产权。因此，公约并不是绝对地要求卖方承担这种义务，公约对卖方的这种工业产权或其他知识产权的担保义务规定了限制条件：

第一，卖方在下述情况下对买方承担责任，即第三方的有关工业产权或其他知识产权权利或要求是根据下述国家的法律规定取得：如果双方当事人在订立合同时预期货物将在某一国境内转售或做其他使用，则根据货物将在其境内转售或做其他使用的国家的法律；在任何其他情况下，依据买方营业地所在国家的法律。

第二，如果买方在订立合同时已知道或不可能不知道此项权利或要求，或者此项权利或要求的发生，是由于卖方要遵守买方所提供的技术图样、图案、程序或其他规格，则卖方对由此引起的后果不承担责任。

第三，对于卖方的上述权利担保义务，如果买方不在已知道或理应知道第三方的权利或要求后一段合理时间内，将此权利或要求的性质通知卖方，则丧失援引上述规定的权利。卖方如果知道第三方的权利或要求以及此权利或要求的性质，就无权援引前述有关买方丧失权利的规定。

二、买方义务

根据《联合国国际货物销售合同公约》的规定，买方的基本义务主要有两大方面，即按合同或法律的规定支付货物价款和接受货物。

---

① Article 41 The seller must deliver goods which are free from any right or claim of a third party, unless the buyer agreed to take the goods subject to that right or claim. However, if such right or claim is based on industrial property or other intellectual property, the seller's obligation is governed by article 42.

Article 42 (1) The seller must deliver goods which are free from any right or claim of a third party based on industrial property or other intellectual property, of which at the time of the conclusion of the contract the seller knew or could not have been unaware, provided that the right or claim is based on industrial property or other intellectual property: (a) under the law of the State where the goods will be resold or otherwise used, if it was contemplated by the parties at the time of the conclusion of the contract that the goods would be resold or otherwise used in that State; or (b) in any other case, under the law of the State where the buyer has his place of business.

(2) The obligation of the seller under the preceding paragraph does not extend to cases where: (a) at the time of the conclusion of the contract the buyer knew or could not have been unaware of the right or claim; or (b) the right or claim results from the seller's compliance with technical drawings, designs, formulae or other such specifications furnished by the buyer.

(一)支付价款

《公约》第53条和第54条规定①,买方应根据合同和公约的规定履行支付价金的义务,包括根据合同或任何法律和规章规定的步骤和手续,在约定的时间和地点支付货款。买方支付货物价款应当履行支付价款的必要手续和步骤。在使用远期汇票的情况下,付款人必须先承兑汇票。在使用信用证付款的情况下,买方必须先通过银行开出信用证。在实行外汇管制的国家,如需对外支付外汇,必须先向有关当局提出申请,取得许可。这些都是买方付款的不可缺少的手续和步骤。卖方未办理必要的相关手续而使得货款难以支付,则构成违约。

对于付款地点,该公约规定,如果买方没有义务在任何其他特定地点支付价款,他应当在以下地点向卖方支付价款:卖方的营业地,如果卖方有一个以上的营业地,则在与合同的履行关系最密切的营业地;如凭移交货物或单据支付价款,则为移交货物或单据的地点。

在付款时间上,该公约规定,如果买方没有义务在任何特定时间内支付价款,买方应当于卖方按照合同和该公约的规定将货物或控制货物处置权的单据交给买方处置时支付价款;在涉及运输时,卖方可以把买方支付价款作为向买方提供货物或控制货物处置权的单据的条件发运货物。但是公约同时规定,买方在未有机会检验货物前无义务支付价款,除非这种机会与双方当事人议定的交货或支付程序相抵触。

在具体的国际货物买卖实践中,由于合同中使用的贸易术语不同,合同规定的支付方式不同,买方具体的付款义务也不同。

(二)接收货物

买方接收货物的义务包括两个方面:一是采取一切理应采取的行动,以便卖方能交付货物;二是接收货物。在国际货物买卖中,卖方义务的履行往往依赖于买方的配合,否则卖方不能履行其义务。这时买方就应为卖方履行义务提供方便,否则就构成对接收货物义务的违反。例如在FOB合同中,卖方的义务是在买方指定的时间、地点将货物装到买方指定的船上。买方没有指定船只,或船只没有到达,或船只不能收受货物,或船只提前停止装船,都会导致卖方不能全面、适当地履行其义务。

值得注意的是,在国际货物买卖中,"接收"与"接受"是两个完全不同的概念。"接受"是指买方认为货物在品质和数量等方面都符合合同的规定。

第四节 违约及其救济方法

当合同一方当事人违约使对方当事人的权利受到损害时,受损害的一方有权根据法律或者合同的约定采取补救措施,以维护其合法的权益。这些补救措施,法律上称之为救济措施或者救济方法。救济措施的主要目的是为了使受损方得到经济补偿,使其获得根据合同本应获得的经济利益,但有些救济措施带有惩罚性质。

---

① Article 53 The buyer must pay the price for the goods and take delivery of them as required by the contract and this Convention.

Article 54 The buyer's obligation to pay the price includes taking such steps and complying with such formalities as may be required under the contract or any laws and regulations to enable payment to be made.

一、违约的主要分类

以违约所造成的后果和严重程度为标准将违约分为根本违约和一般违约;根据违约的时间,可以将违约分为根本违约和预期违约。

(一)根本违约

根本违约(Fundamental Breach)是《联合国国际货物销售合同公约》借鉴了大陆法系和英美法系的相关法律制度而创造的全新法律概念。《公约》第 25 条规定①,如果一方当事人违反合同的结果,使另一方当事人蒙受损害,以至于实际上剥夺了他根据合同有权期待得到的东西,即为根本违反合同,除非违反合同的一方并不预知而且同样一个通情达理的人处于相同情况中也没有理由预知会发生这种结果。构成根本违约的基本标准是,实际上剥夺了受损一方根据合同有权期待得到的东西,即受害方预期利益的丧失,同时还必须满足另外两个标准:违约方应当预知这种结果,第三人能预知这种结果(客观标准)。但对何谓"实际上剥夺",公约未加以规定,这就需根据每一合同的具体情况,例如合同金额、违反合同造成的损失或违反合同对受害方其他活动的影响程度等,来确定损害是否重大。

对根本违约,《公约》规定受害的当事人可以同时采用宣告合同无效和其他任何合法的救济方法。宣告合同无效的法律效力是解除了双方在合同中的义务,任何一方无权要求另一方继续履行合同规定的义务。但该法律效力不影响合同中关于解决争端的任何规定,不影响合同中关于双方在宣告合同无效后权利和义务的任何其他规定,而且各方仍应负责损害赔偿。

根据《公约》的相关规定,下述情况下受害方可以宣告合同无效:

(1)卖方不交付货物或不按合同规定交付货物等于根本违反合同;

(2)货物不符合合同构成根本违反合同;

(3)卖方不履行其在合同或该公约中的义务,等于根本违反合同;

(4)买方不履行其在合同或该公约中的义务,等于根本违反合同;

(5)在分批交货的合同中,一方当事人不履行对任何一批货物的义务对该批货物、对以后各批货物或对整个货物构成根本违反合同;

(6)一方给予对方额外时间履行合同,对方未能履行或声明不履行,预期违约构成根本违反合同。

根本违约以外的实际违反合同即是一般违约。对此,《公约》规定,受害的当事人只能采取其他合法的救济方法而不能宣告合同无效。

(二)预期违约

根据《公约》规定②,预期违约(Anticipatory Breach)是指合同订立后、合同规定的履行期

---

① Article 25 A breach of contract committed by one of the parties is fundamental if it results in such detriment to the other party as substantially to deprive him of what he is entitled to expect under the contract, unless the party in breach did not foresee and a reasonable person of the same kind in the same circumstances would not have foreseen such a result.

② Article 71 (1) A party may suspend the performance of his obligations if, after the conclusion of the contract, it becomes apparent that the other party will not perform a substantial part of his obligations as a result of:

(a) a serious deficiency in his ability to perform or in his creditworthiness; or

(b) his conduct in preparing to perform or in performing the contract.

Article 72 (1) If prior to the date for performance of the contract it is clear that one of the parties will commit a fundamental breach of contract, the other party may declare the contract avoided.

限到来前，因一方当事人履行义务的能力或信用有严重缺陷，或在准备履行合同或在履行合同中的行为表明他将不履行其大部分义务，则另一方可以中止履行其义务。预期违约可能是一般违约，也可能构成根本违约。

如果在合同义务履行之前，明显看出一方当事人将根本违约，例如特定物已经灭失，在这种预期根本违约的情况下，对方可以宣告合同无效。当另一方显然将不履行其大部分重要义务时，一方可以暂时中止合同的履行。但当事人在行使上述权利的同时应当承担下列义务：

第一，应当把自己中止或者宣告合同无效的决定立即通知对方。

第二，当对方对履行合同提供了充分的保证时，如提供了银行保函或抵押担保等，中止履行的一方应继续履行合同。

第三，中止履行的一方须有对方上述不能履行合同的确切证据，否则无根据地怀疑对方不能履行合同即擅自中止履行合同则应负违约责任。

至于何谓“不能履行合同的确切证据”以及“对履行合同提供充分的保证”，《公约》未作规定。我国《合同法》第 68 条列举了以下四种情况为证明当事人有不履行合同义务的证据：(1)经营状况严重恶化；(2)转移财产，抽逃资金，以逃避债务；(3)丧失商业信誉；(4)有丧失或可能丧失履行债务的其他情况。当事人没有确切证据中止履行的，应当承担违约责任。

二、违约的主要救济方法

《联合国国际货物销售合同公约》对违反合同的补救方法分为三种情况：卖方违约时买方可以采取的救济方法；买方违约时卖方可以采取的救济方法；买卖双方都可以采取的救济方法。

（一）卖方违约时买方可以采取的救济方法

卖方违约是指卖方不交付货物或单据、交付迟延、交货不符合合同的约定三种情形。公约对各种情形都规定了买方相应的救济措施。

1. 要求卖方实际履行

《公约》第 46 条规定①，卖方不交付货物时，买方可以要求卖方履行义务，除非买方已经采取与该要求相抵触的某种救济方法。根据公约规定，实际履行应当满足以下条件：

第一，买方不得采取与这一要求相抵触的救济方法；

第二，买方应给予卖方履行合同的宽限期；

第三，当卖方交货不符时，只有这种不符构成根本违反合同时，买方才能要求提交替代物，而且应在发现交货不符时，将这一要求及时通知对方。

但是对于实际履行这种救济方式，大陆法系和英美法系的态度不同。英美法系认为，对违反合同的主要救济方法是损害赔偿，而不是实际履行。只有当金钱赔偿不足以弥补受损害一

---

① Article 46 (1) The buyer may require performance by the seller of his obligations unless the buyer has resorted to a remedy which is inconsistent with this requirement. (2) If the goods do not conform with the contract, the buyer may require delivery of substitute goods only if the lack of conformity constitutes a fundamental breach of contract and a request for substitute goods is made either in conjunction with notice given under article 39 or within a reasonable time thereafter. (3) If the goods do not conform with the contract, the buyer may require the seller to remedy the lack of conformity by repair, unless this is unreasonable having regard to all the circumstances. A request for repair must be made either in conjunction with notice given under article 39 or within a reasonable time thereafter.

方的损失时，衡平法才考虑判令实际履行。大陆法系国家特别是德国法认为实际履行是对不履行合同的一种主要的救济方法，当债务人不履行合同时，债权人有权要求债务人实际履行。

由于大陆法系和英美法系的巨大分歧，公约对这种救济方式未做强制性规定，而交由各国法院根据法院所在国的法律决定。这意味着，当买方依公约的规定向法院提起实际履行之诉时，法院是否做出实际履行的判决，要看法院所在国家的法律对其他类似的买卖合同如何处理而定。

2. 减少价金

《公约》第 50 条规定①，如果卖方所交货物与合同规定不符，不论货款是否已付，买方可以要求减价。减价应按实际交付的货物在交货时的价值，与符合合同的货物在当时的价值两者之间的比例计算。但如果卖方已对货物不符合合同的规定做了补救，或者买方拒绝卖方对此做出补救，则买方不能要求减少价金。这实际上是大陆法系的合同法原则。

3. 要求卖方对货物进行修补

在卖方交付货物不符合合同，但尚未构成根本违反合同，只需卖方加以修理即可使之符合合同要求的情形下，买方可以要求卖方对货物进行修补。但是，如果根据当时的具体情况，要求卖方对货物不符合合同之处进行修理的做法是不合理的，买方就不能要求卖方对货物不符合之处进行修理。

4. 交付替代物

要求卖方交付替代物，意味着卖方要承担运费损失、处理与合同不符的货物等，实际上是一种实际履行的要求。如果卖方交付的货物与合同的规定不符，且这种情形已构成根本违反合同，买方可要求卖方交付替代物。

5. 宣告合同无效

根据《公约》规定，当卖方违反合同时，买方在下列情况下可以宣告合同无效：

(1)卖方不履行其在合同中或公约中规定的任何义务，已构成根本违反合同；

(2)如果发生不交货的情况，卖方在买方规定的宽限期内仍不交货；

(3)卖方声明将不在买方规定的宽限期内交货。

6. 损害赔偿

在国际货物买卖中，损害赔偿是使用最广泛的一种救济方法，而且这种救济方式可以与其他救济方式并存。《公约》第 74 条至第 77 条对损失赔偿的原则、责任范围和计算方法做了具体的规定。

(二)买方违约时卖方可以采取的救济方法

买方违约主要指买方不按照合同规定支付货款和不按照合同规定收取货物。卖方在买方违约时的救济方法可以有两种：一种是物权法上的救济，这是卖方对货物所享有的权利，是一种对物权，包括所有权的保留、留置权和再出售权等；另一种是债权法上的救济，包括提出损害

---

① Article 50 If the goods do not conform with the contract and whether or not the price has already been paid, the buyer may reduce the price in the same proportion as the value that the goods actually delivered had at the time of the delivery bears to the value that conforming goods would have had at that time. However, if the seller remedies any failure to perform his obligations in accordance with article 37 or article 48 or if the buyer refuses to accept performance by the seller in accordance with those articles, the buyer may not reduce the price.

赔偿、要求实际履行、宣告合同无效等，这是一种对人权。公约规定的买方违约时卖方可以采取的救济措施主要有以下几种：

1. 实际履行

《公约》第 62 条规定①，卖方可以要求买方支付价款、收取货物或者履行其他义务。应当注意的是，如前所述，实际履行并不是公约规定的强制性义务。

2. 宣告合同无效

根据《公约》的规定②，在下列情况下，卖方可以宣布合同无效：

(1)买方不履行其在合同或公约中的义务构成根本违反合同；

(2)买方不在卖方给予的宽限期内履行合同；

(3)买方声明不履行合同。

宣告合同无效的法律后果是不需要再交付货物，在货物已经交付时，可以要求返还货物。

3. 请求损害赔偿

当买方违反其合同义务时，卖方有权请求损害赔偿。根据《公约》的规定，卖方请求损害赔偿的权利，不因其已采取上述其他补救方法而受到影响。值得注意的是，无论买方还是卖方违约，请求损害赔偿的救济措施的原则、适用条件以及责任范围等都相同。

4. 要求支付利息

《公约》第 78 条规定，如果一方当事人没有支付价款或任何其他拖欠金额，另一方当事人有权对这些款额收取利息。即如果买方没有支付价款或任何其他拖欠金额，卖方有权对这些款额收取利息，但这并不妨碍卖方根据《公约》可以取得损害赔偿。

根据《公约》规定，在不同的情况下，未收货款的卖方可行使以下四种权利：停止交货权、留置权、停运权、再出售权。

(三)买卖双方都可以采取的救济方法

从上述救济措施可以看出，损害赔偿、实际履行和宣告合同无效是买卖双方在对方违约时都可以采取的救济措施，此外还有合同分割履行中的违约救济方法。这种救济方法是：

(1)如果一方当事人不履行对任何一批货物的义务，使另一方当事人有充分的理由断定对今后各批货物将发生根本违约，该另一方当事人可以在一段合理时间内宣告合同今后无效。

(2)对于分批交付货物的合同，如果一方当事人不履行对任何一批货物的义务，便对该批货物构成根本违约，另一方当事人可以宣告合同对该批货物无效。

(3)如果各批货物之间是相互依存的，不能将其中的任何一批货物单独用于当事人订立合同时的预期目的，买方宣告合同对任何一批货物的交付为无效时，可以同时宣告合同对已交付的或今后交付的各批货物均为无效。

需要指出的是，实际履行和宣告合同无效是买卖双方在对方违约时都可以采取的救济措施，但其采用的具体条件不同。

---

① Article 62 The seller may require the buyer to pay the price, take delivery or perform his other obligations, unless the seller has resorted to a remedy which is inconsistent with this requirement.

② Article 64 (1) The seller may declare the contract avoided: (a) if the failure by the buyer to perform any of his obligations under the contract or this Convention amounts to a fundamental breach of contract; or (b) if the buyer does not, within the additional period of time fixed by the seller in accordance with paragraph (1) of article 63, perform his obligation to pay the price or take delivery of the goods, or if he declares that he will not do so within the period so fixed.

在国际货物买卖中，损害赔偿是使用最广泛的一种救济方法，而且这种救济方式可以与其他救济方式并存。此处对《公约》对损害赔偿的相关规定做了重点说明。

《公约》第 74 条至第 77 条对损失赔偿的原则、责任范围和计算方法做了具体的规定。

1. 损害赔偿的原则与范围

《公约》第 74 条规定："一方当事人违反合同应当负责的损失赔偿额，应当与另一方当事人因他违反合同而遭受的包括利润在内的损失相等。但这种损害赔偿不得超过违反合同一方在订立合同时，依照他当时已经知道和理应知道的事实和情况，对违反合同预料到或者理应预料到的可能损失。"[①]作为损害赔偿的一般原则，该规定没有具体说明如何计算因违约造成的损失，但它给出了足够的信息指导法院和仲裁庭准确计算损害赔偿的范围。正如 Honnold 所言，"第 74 条建立的这一标准是简洁的，又是强有力的"。

结合《公约》的相关条文，对《公约》规定的损害赔偿的原则和范围应当做如下理解：

(1)对损害赔偿采用无过错原则

《公约》规定的损害赔偿并不以过失为要件，只要给另一方当事人造成损失，就应赔偿其损失。

(2)损害赔偿的责任范围

《公约》对损害赔偿实行全部赔偿原则，即赔偿范围包括预期利润在内的所有损失，即应当包括实际损失和利润损失两部分。也就是说，让受损害一方的利益救济与合同假如被履行时他本应得到的利益相当。从《公约》的内容来看，实际损失包括卖方为转卖货物另付的运费、手续费、仓储费，或者在交付货物有缺陷时，买方留下货物并对货物进行修理所产生的修理费等。利润损失包括因延迟交货或不交货而导致买方停产所失利润等。这是以维护违约相对方的合法利益为出发点，使其损失得到应有的救济。

但《公约》对损害赔偿又规定了限制原则，即赔偿仅以违约方在订立合同时可以预见到的损失为限。《公约》规定，一方当事人违反合同应承担的损害赔偿额，应与另一方当事人因其违反合同而遭受的包括利润在内的损失额相等，但这种损害赔偿不得超过违反合同一方在订立合同时，依照他当时已知或应知的事实和情况，对违反合同预料到或理应预料到的可能损失。公约的上述规定与我国合同法的损害赔偿规定相同。

(3)损害赔偿与其他救济方式并存

《公约》第 45 条和第 61 条规定，当卖方或者买方违约时，买方或者卖方可能享有的要求损害赔偿的权利，并不因他已经采取其他救济方法而丧失。也就是说，卖方违约时，买方要求损害赔偿的权利并不因采用了拒收货物、宣告合同无效等救济措施而丧失。《公约》对买方在宣告合同无效的一段合理时间内，以合理方式购买替代物的损害赔偿额做了规定。此时买方可以取得合同价格和替代价格之间的差价。如果买方没有采取实际买进，则原合同的价格与宣告合同无效时的时价之间的差价就是损害赔偿的额度。

---

① Article 74 Damages for breach of contract by one party consist of a sum equal to the loss, including loss of profit, suffered by the other party as a consequence of the breach. Such damages may not exceed the loss which the party in breach foresaw or ought to have foreseen at the time of the conclusion of the contract, in the light of the facts and matters of which he then knew or ought to have known, as a possible consequence of the breach of contract.

(4)防止损失扩大

《公约》第 77 条规定[①]，声称另一方违约的合同的一方，应根据具体情况采取合理措施，减轻由违约而造成的损失，包括利润方面的损失。如果不采取这种措施，则违约一方可要求从损害赔偿中扣除原应可以减轻的损失数额。这是对损害赔偿一般原则的重要限制。

2. 损害赔偿的计算方法

《公约》根据不同情况规定了三种不同的计算方法。

(1)独立请求损害赔偿的计算方法

《公约》第 74 条规定："损害赔偿金额应与另一方当事人因他违约而遭受的包括利润在内的款额相等，这种损害赔偿额不得超过违反合同一方在订立合同时，依照他当时已知道或理应知道的事实和情况，对违反合同预料到或理应预料到的可能损失。"本条款有以下两个方面的内容：

第一，损害赔偿乃是一种补偿，受损害方要求获得的经济补偿必须与其失去的经济利益相符，亦即英美法中的"金钱上恢复原状"原则。其计算公式为：

请求损害赔偿额＝实际损失＋利润损失

第二，规定了对请求损害赔偿金额的限制，即不得超过违反合同一方在订立合同时，依照他当时已知道或理应知道的事实和情况，对违反合同预料到和理应预料到的可能损失。目的在于保护违约方的利益，防止出现受害方过高索取赔偿金额从而对违约方造成损害。

(2)宣告合同无效要求替代物交易并附带损害赔偿的计算方法

《公约》第 75 条规定[②]，如果合同被宣告无效，而在宣告无效后的一段合理时间内，买方已以合理方式购买替代货物，或者卖方以合理方式转卖了货物，则要求损害赔偿的一方可以取得合同价格和替代物交易价格之间的差额，以及按照第 74 条规定可以取得的任何其他损害赔偿。本条款有以下两个内容：

第一，损害赔偿的计算公式为：

请求损害赔偿额＝合同价格和替代交易之间的差价＋其他损失

对于差价的确定，一般是通过买卖方买进替代物或转卖货物的行为，无须受损害方提供价格证明，除非他故意低价出售或高价购入。

第二，受损害方必须在合理的时间内以合理方式进行替代交易，方能适用上述公式。否则，将无权引用上述公式请求损害赔偿。

(3)宣告合同无效并在没有替代交易情况下损害赔偿的计算方法

《公约》第 75 条规定："如果合同被宣告无效，而货物又有时价，要求损害赔偿的一方没有购买替代物或转卖货物，则可以取得合同规定的价格和宣告合同无效时的时价之间的差额，以及按照第 74 条规定可以取得的任何其他损害赔偿。但是，如果要求损害赔偿的一方在接收货

---

① Article 77 A party who relies on a breach of contract must take such measures as are reasonable in the circumstances to mitigate the loss, including loss of profit, resulting from the breach. If he fails to take such measures, the party in breach may claim a reduction in the damages in the amount by which the loss should have been mitigated.

② Article 75 If the contract is avoided and if, in a reasonable manner and within a reasonable time after avoidance, the buyer has bought goods in replacement or the seller has resold the goods, the party claiming damages may recover the difference between the contract price and the price in the substitute transaction as well as any further damages recoverable under article 74.

物之后宣告合同无效，则应适用接收货物时的时价，而不适用宣告合同无效时的时价。”

损害赔偿范围包括利息。《公约》第 78 条[①]和第 84 条规定，受损害方可以请求违约方支付利息。具体来说，卖方有义务归还货款，而且必须同时从支付价款之日起支付价款利息，买方应该支付拖欠款利息或其他任何拖欠金额的利息。

第五节　货物所有权与风险的转移

买卖合同的目的是买方取得货物所有权，卖方取得货款。因为各国关于所有权转移问题的法律分歧较大，不容易实现统一，所以，《联合国国际货物销售合同公约》第 4 条明确规定，该公约不涉及买卖合同对货物的所有权可能产生的影响。公约将货物所有权转移问题排除在其调整范围，将风险转移问题与所有权转移问题分开处理。因此，国际货物买卖中货物所有权转移是国内法调整的问题。但货物所有权何时由卖方向买方转移，各国法律没有统一的规定。同时，国际贸易惯例也很少涉及货物所有权转移问题。

关于所有权转移的时间，各国法律一般都承认当事人约定的效力。货物所有权可能因合同订立或当事人的约定转移、因卖方交付转移、因单据转让转移等。各国在民法或买卖法中对所有权转移的问题都做出了具体的规定，但是各国的法律在这个问题上的差异比较大。各国法律对所有权转移的主要原则有：原则上承认当事人约定优先；以合同成立的时间作为所有权转移时间；以交货时间作为所有权转移时间；以货物特定化作为转移所有权的前提等。

一、货物所有权的转移

（一）英美法系

1. 英国法

英国货物买卖法关于货物的所有权转移的问题，主要是区别特定物的买卖（Sale of Specific Goods ）与非特定物的买卖（Sale of Unascertained Goods ）这两种不同的情况。货物的所有权从何时起由卖方转移于买方是一个十分重要的问题，它决定风险的转移，并直接影响到在一方违约时可能采取的救济方法以及其他有关权利与义务。

第一，特定物的买卖。此种所有权何时转移于买方完全取决于双方当事人的意图。根据《英国货物买卖法》的规定，在特定物或已经特定化的货物买卖中，货物的所有权应在双方当事人意图转移的时候转移于买方。如果双方当事人在合同中对此没有做出明确的规定，则法院可以根据合同的条款、双方当事人的行为以及当时的具体情况确定合同双方的意图。

第二，非特定物的买卖。非特定的货物通常是指仅凭说明进行交易的货物。在非特定物的买卖中，将货物特定化是货物所有权转移的前提条件。根据《英国货物买卖法》的规定，凡是属于凭说明买卖未经指定或未经特定化的货物，在将货物特定化之前，其所有权不转移于买方。但是，将货物特定化只是转移货物所有权的前提，至于把货物特定化之后，货物的所有权是否转移于买方，还必须根据卖方有无保留对货物的处分权而定。所谓特定化，就是把处于交

---

① Article 78 If a party fails to pay the price or any other sum that is in arrears, the other party is entitled to interest on it, without prejudice to any claim for damages recoverable under article 74.

货状态的货物无条件地划拨于合同项下的行为。

2. 美国法

美国在采用统一商法典以前，关于货物所有权转移的法律与英国法的规定基本上是一致的。为适应现代商业发展的要求，《美国统一商法典》把所有权的转移问题与风险转移问题以及救济办法分离开来，不再以所有权的转移作为风险与救济办法的关键性因素。

根据《美国统一商法典》的规定，在将货物划拨在合同项下之前，货物的所有权不转移于买方。这是所有权转移的一项基本原则。如果当事人对所有权转移问题有约定，则依据约定。同时，《美国统一商法典》规定了当事人没有约定时所有权转移的方法：

第一，货物的所有权在卖方完成交货时转移给买方，而不管卖方是否通过保留货物的所有权的凭证（如提单）保留其对货物的权利。因为根据《美国统一商法典》的规定，货物的所有权的凭证（如提单）一般只起到担保权益的作用，即以此作为买方支付货款的担保，但是这并不影响货物的所有权根据该法典的规定转移于买方。

第二，在不需要移动货物即可交付时，如果卖方应交付所有权凭证，所有权在交付所有权凭证的时间和地点转移；如果合同订立时货物已特定化，且无须交付所有权凭证，所有权在合同订立的时间和地点转移。

第三，如果买方拒绝接受或保留货物，或买方正当地撤销对货物的接受，所有权重新转移，即重新转移到卖方。

（二）大陆法系

1. 法国法

法国法对货物所有权的处理比较特殊。法国法原则上是以买卖合同的成立时间为货物的所有权转移的时间，但在司法实践中法院对货物所有权转移问题做变通处理。根据《法国民法典》第1583条的规定，当事人就标的物及其价金相互同意时，即使标的物尚未交付，价金尚未支付，买卖即告成立，而标的物的所有权即依法由卖方转移于买方。但是，在审判实践中法国法院会适用下列原则：

（1）如果买卖的标的物是种类物，则必须经过特定化之后，其所有权才能转移于买方，但是无须交付；

（2）如果是附条件的买卖则必须满足条件后所有权才转移于买方；

（3）买卖双方可以在合同中规定所有权转移的时间。

2. 德国法

德国法对所有权转移的规定更加特殊，要求买卖合同的当事人订立独立的物权合同，转移货物所有权。德国法认为，所有权的转移属于物权法的范畴，而买卖合同则属于债权法的范畴，买卖合同本身并不起到转移所有权的效力。根据德国法的规定，动产所有权的转移，就必须以交付标的物为必要条件。在卖方有义务交付物权凭证的场合，卖方可以通过交付物权凭证而将货物的所有权转移于买方。

（三）中国法

我国对货物所有权转移实行约定优先、一般情况下交付转移的原则。我国《民法通则》对所有权转移的原则性规定是：按照合同或其他合法方式取得财产的，财产所有权从财产交付时转移。法律另有规定或当事人另有约定的除外。我国新《合同法》重复了上述原则性规定，同时补充规定，当事人可以在买卖合同中约定买方未履行支付价款或其他义务的，标的物的所有权属于卖方。

2007 年 10 月 1 日生效的我国《物权法》对动产所有权的规定仍然坚持上述原则，但更加具体和完善。该法主要规定如下：

第 23 条规定，动产物权的设立和转让，自交付时发生效力，但法律另有规定的除外。

第 24 条规定，船舶、航空器和机动车等物权的设立、变更、转让和消灭，未经登记，不得对抗善意第三人。

第 25 条规定，动产物权设立和转让前，权利人已经依法占有该动产的，物权自法律行为生效时发生效力。

第 26 条规定，动产物权设立和转让前，第三人依法占有该动产的，负有交付义务的人可以通过转让请求第三人返还原物的权利代替交付。

第 27 条规定，动产物权转让时，双方又约定由出让人继续占有该动产的，物权自该约定生效时发生效力。

《物权法》对所有权的取得做出了特别规定。与国际货物买卖有关的主要是该法第 106 条。该条规定，无处分权人将不动产或者动产转让给受让人的，所有权人有权追回；除法律另有规定外，符合下列情形的，受让人取得该不动产或者动产的所有权：

(1)受让人受让该不动产或者动产时是善意的；

(2)以合理的价格转让；

(3)转让的不动产或者动产依照法律规定应当登记的已经登记，不需要登记的已经交付给受让人。

受让人依照前款规定取得不动产或者动产的所有权的，原所有权人有权向无处分权人请求赔偿损失。

(四)国际贸易惯例的有关规定

《国际贸易术语解释通则》等国际贸易惯例都没有涉及所有权转移的问题。只有国际法协会制定的《华沙—牛津规则》对所有权转移于买方的时间做出了规定。根据《华沙—牛津规则》第 6 条和第 22 条的规定，在 CIF 合同中，货物的所有权转移于买方的时间，应当是卖方将装运单据(提单)交给买方的时间。但如果卖方依据法律对所售货物享有留置权、保留权或者中止交货权时，所有权不发生转移。虽然《华沙—牛津规则》是针对 CIF 合同的特点制定的，但通常认为，这项原则也可以适用于卖方有提供提单义务的“象征性交货”的合同，包括 CFR 合同与卖方有义务提供提单的 FOB 合同。至于卖方没有提供提单义务的情况，如工厂交货或者目的地交货合同中，可以推定所有权是在交给买方或置于其控制之下的时间发生转移。①

二、风险转移

国际货物买卖比国内货物买卖的风险大，风险的转移具有重要的意义，直接影响合同当事人的权利义务。货物风险转移到买方后，货物的毁损不解除买方支付价款的义务，除非货物的毁损是由于卖方的原因所造成。划分风险的目的是确定这种损失应当由谁来承担。

① 王传丽主编：《国际贸易法》，法律出版社 2006 年版，第 61 页。

（一）国内法有关风险转移的规定

各国国内法中主要有"风险随所有权转移"和"风险因交付转移"的区别。在风险转移问题上没有大陆法系和英美法系之间的明显差别，即使同一法系中也存在明显不同。

1. 风险随所有权转移

英国和法国等国的买卖法均采取了这一原则，即在货物所有权转移买方之前，货物风险由卖方承担；在货物所有权转为买方所有时，不论货物是否交付，风险由买方承担。

2. 风险因交付转移

美国、德国、奥地利等国的买卖法均采取这一原则，其中以《美国统一商法典》为代表。美国许多法学界人士认为，将所有权的概念同与它无直接关系的问题搅在一起，是不符合当代商业发展的要求的。因此，美国在制定统一商法典时就抛弃了这种陈旧的概念，把所有权的转移问题与风险转移问题以及救济办法分离开来，不再以所有权的转移作为风险与救济办法的关键性因素。《美国统一商法典》通过以下规则来确定货物风险的转移：

（1）买卖双方当事人可以通过协议来确定双方承担风险的界限，也可采用国际贸易术语来确定各方承担的风险。

（2）合同中没有规定风险转移的内容，且合同中也没有违约的情形，则要根据以下情形来确定货物风险的转移：

一是装运合同和到货合同的风险转移。如果货物要经过移动才能完成交付，则风险转移就要看合同的规定。如是装运合同，卖方不需将货物送至指定的地点，那么货物的风险在货物被适当交给承运人时转移给买方，在货交承运人后，运输中的风险由买方承担。如是到货合同，即合同规定卖方把货物交到指定的目的地，那么卖方要负担到达指定目的地前货物的风险，即货物的风险于卖方在目的地向买方提交货物并让买方能受领货物时，才转移于买方。

二是货物已存放于受托人处，不需移动即可交货。风险的转移根据受托人是否出具可转让的物权凭证而定。如受托人已出具可转让的物权凭证，则货物风险从卖方把这项可以转让的物权凭证交给买方的时候转移于买方；如受托人没有出具可转让的物权凭证，则应经过一段合理的时间，在该受托人承认买方有权占有货物时，货物的风险转移于买方。

（3）违约情况下的风险转移。如有违约的情形，则根据以下情形确定风险的转移：

一是卖方违约。当卖方交付的货物不符合合同，致使买方有权拒收时，在卖方做出补救或在买方接受货物前，风险仍由卖方承担。

二是买方违约。如果卖方已把符合合同规定的货物确定在合同项下，而买方在货物的风险转移给他以前撤销合同或有其他违约行为，卖方可就自己有效保险之不足部分，在商业合理的期间内，要求买方承担货物的风险。

3. 中国法律的有关规定

我国原则上以货物的交付划分风险责任，但有例外。《合同法》第 142 条规定："标的物毁损、灭失的风险，在标的物交付之前由出卖人承担，交付之后由买受人承担，但法律另有规定或当事人另有约定的除外。"《合同法》第 144 条还规定："出卖人出卖交由承运人运输的在途标的物，除当事人另有约定的以外，毁损、灭失的风险自合同成立时起由买受人承担。"

（二）《联合国国际货物销售合同公约》的有关规定

货物的风险从何时由卖方转移于买方，《联合国国际货物销售合同公约》所采取的某些原则与美国法的规定有相似之处。公约抛弃了以所有权转移决定风险转移的陈旧观念，原则上以交货时间确定风险转移的时间。应当注意的是，公约的规定只是原则性的，具体国际货物买卖合同中货物风险的转移和交货方式与贸易术语密切相关。

《公约》第 66 条至第 70 条对风险转移问题规定了以下七项原则：

1. 采用当事人约定优先原则

《公约》允许双方当事人在合同中约定有关风险转移的规则。《公约》规定，双方当事人可以在合同中使用某种国际贸易术语（如 FOB、CIF 等），或者以其他办法规定货物损失的风险从卖方转移于买方的时间及条件。如果双方当事人在合同中对此做出了具体的规定，其效力将高于《联合国国际货物买卖合同公约》的规定。也就是说，如果双方当事人在合同中已经对风险转移做出约定，则应按合同的约定办理；如果当事人买卖合同对此没有做出具体约定时才适用《公约》的规定。

2. 划拨是风险转移的前提

根据《公约》的规定，货物在划拨合同项下前风险不发生转移。所谓"划拨"，又称"特定化"，是指对货物进行计量、包装、加上标记，或已提交装运单据，或向买方发通知等方式表明货物已归于合同项下。经过划拨的货物，卖方不得再随意进行提取、调换或挪作他用。当交货涉及运输时，《公约》第 67 条规定：风险于货交第一承运人时起转移到买方，但在货物未划拨合同项下前不发生转移；在交货不涉及运输时，《公约》第 69 条规定：风险是在货物交由买方处置时发生转移，但当货物未划拨合同项下以前不得视为已交给买方处置。①

3. 风险转移的后果

《公约》第 66 条规定②，如果货物在风险转移于买方后发生灭失或损坏，则买方支付货款的义务并不因此解除，除非这种灭失或损坏是由于卖方的行为或不行为造成的。根据这项规定，一旦风险转移于买方之后，买方就要对货物的损失承担责任，即使货物发生灭失或损坏，买方仍然必须支付货款，而不得以此为理由拒付货款。但是，如果这种损失是由于卖方的行为或不行为造成的，则不受此限。

4. 买卖合同涉及运输时风险转移时间

根据《公约》第 67 条规定，如果买卖合同规定涉及货物的运输，风险从何时起由卖方转移于买方，主要有两种情况：一种情况是合同没有规定卖方有义务在某个指定的地点交付货物。在这种情况下，货物的风险在卖方根据合同的规定将货物交付给第一承运人以运交买方时起就转移给买方承担。另一种情况是卖方有义务在某一特定地点将货物交付给承运人，货物在该特定地点交付给承运人以前，风险仍由卖方承担。但是，无论在何种情况下，在货物特定化

---

① Article 67 (1) If the contract of sale involves carriage of the goods and the seller is not bound to hand them over at a particular place, the risk passes to the buyer when the goods are handed over to the first carrier for transmission to the buyer in accordance with the contract of sale. If the seller is bound to hand the goods over to a carrier at a particular place, the risk does not pass to the buyer until the goods are handed over to the carrier at that place. The fact that the seller is authorized to retain documents controlling the disposition of the goods does not affect the passage of the risk. (2) Nevertheless, the risk does not pass to the buyer until the goods are clearly identified to the contract, whether by markings on the goods, by shipping documents, by notice given to the buyer or otherwise.

② Article 66 Loss of or damage to the goods after the risk has passed to the buyer does not discharge him from his obligation to pay the price, unless the loss or damage is due to an act or omission of the seller.

以前，风险不能转移于买方。

《公约》同时规定，卖方有权保留控制货物处置权的单据并不影响风险的转移。因为，卖方保留控制货物处置权的单据，只是作为买方支付货款的一种担保权益，不影响风险的转移。这表明公约采用了《美国统一商法典》的相关规定。

5. 货物在运输途中出售时风险转移时间

在国际货物买卖中，卖方先将货物装上开往某个目的地的船舶，然后再寻找适当的买主订立买卖合同，这种在运输途中进行的货物买卖，也称之为“海上路货”(Floating Cargo)。

在运输途中出售货物的风险划分非常困难。因为在订立买卖合同时，货物已经装在运输工具上，买卖双方都可能难以了解货物是否有损坏或灭失等情况。如果货物在运到目的地后发现损坏或灭失，往往很难判断这种损失究竟是发生在运输过程的哪一个阶段。因此，很难确定这种损失的风险究竟应当由卖方承担还是由买方承担。

《公约》第 68 条①对此规定了以下三种解决办法：

(1)对于在运输途中出售的货物，原则上从订立买卖合同时起，风险就转移给买方承担。

(2)如果情况表明有需要时，则从货物交付给签发了载有运输合同单据的承运人时起，风险就由买方承担。这项规定的目的是把风险转移的时间提到订立合同之前，即提前到将货物交付给承运人的时候转移。至于何谓“情况表明有需要”，必须根据具体的案情确定。

(3)如果订立买卖合同时卖方已知道或理应知道货物已经发生灭失或损坏，而他又隐瞒这一事实不告知买方，则这种损失应由卖方负责。

6. 不涉及货物的运输时风险转移时间

买卖合同并不涉及货物的运输问题时，货物风险从何时起由卖方转移于买方，《公约》第 69 条规定如下②：

第一，在不属于第 67 条至第 68 条规定的其他情况下，从买方收受货物时起，或者如果买方不在适当的时间内收受货物，则从货物已交由他处置而他违反合同不受领货物时起，风险即转移给买方。这一条主要适用于卖方在其营业地点把货物交由买方处置的场合，即由买方自备运输工具到卖方的营业地提货的场合。

第二，如果买方有义务在卖方的营业地点以外的某一地点(如某个公共仓库)收取货物，则当交货时间已到而买方知道货物已经在该地点交由他处置时起，风险才转移于买方。但是，如果合同出售的货物在上述时间尚未确定在该合同项下，即尚未特定化，则在这些货物清楚地确定在该合同项下以前，不得视为货物已经交由买方处置，风险也不转移于买方。

---

① Article 68 The risk in respect of goods sold in transit passes to the buyer from the time of the conclusion of the contract. However, if the circumstances so indicate, the risk is assumed by the buyer from the time the goods were handed over to the carrier who issued the documents embodying the contract of carriage. Nevertheless, if at the time of the conclusion of the contract of sale the seller knew or ought to have known that the goods had been lost or damaged and did not disclose this to the buyer, the loss or damage is at the risk of the seller.

② Article 69 (1) In cases not within articles 67 and 68, the risk passes to the buyer when he takes over the goods or, if he does not do so in due time, from the time when the goods are placed at his disposal and he commits a breach of contract by failing to take delivery. (2) However, if the buyer is bound to take over the goods at a place other than a place of business of the seller, the risk passes when delivery is due and the buyer is aware of the fact that the goods are placed at his disposal at that place. (3) If the contract relates to goods not then identified, the goods are considered not to be placed at the disposal of the buyer until they are clearly identified to the contract.

7. 根本违反合同对风险转移的影响

根据《公约》第70条的规定[1]，如果卖方已经根本违反合同，则上述第67条至第69条的规定，都不损害买方对这种根本违反合同可以采取的各种补救办法。应当注意，此项规定仅适用于卖方根本违反合同的场合。

根据这项规定，即使卖方已经根本违反合同却不影响货物的风险根据《公约》的规定转移于买方。但是，在这种情况下，买方对卖方根本违反合同所应享有的采取各种补救方法的权利不应受到损坏。例如，如果因为卖方根本违反合同，使货物发生灭失或损坏，即使货物的风险已经根据《公约》第67条至第69条的规定转移于买方，但是买方仍然有权要求撤销合同，要求卖方交付替代货物或请求损害赔偿等救济方法。

（三）国际贸易惯例优先

如果双方当事人在国际货物买卖合同中采用了贸易术语，则应按贸易术语关于风险转移的规定来确定风险转移的时间，而不按《公约》的规定来确定风险转移的时间。

国际商会制定的《国际贸易术语解释通则》对风险转移的时间有明确的规定。例如，在EXW合同中，货物的风险是从卖方在工厂把货物交给买方支配时起转移给买方；在FOB、CFR和CIF合同中，货物的风险是从货物在装运港装船越过船舷时起转移于买方；在目的港交货合同中，货物的风险是在货物运到目的港交由买方支配时起转移于买方。

国际法协会制定的《华沙—牛津规则》等，对风险转移的时间也有明确的规定。

本章小结

1. 国际货物买卖法的渊源是指国际货物买卖法的表现形式，即形式渊源。它包括国内法、国际公约和国际贸易惯例三部分：《销售合同公约》《2000年国际贸易术语解释通则》和常用贸易术语。

2. 国际货物买卖合同的成立。

3. 买卖双方当事人的义务。卖方义务主要表现为四个方面，即交付货物、交付有关单据、品质担保和权利担保。买方的基本义务主要有两大方面，即按合同或法律的规定支付货物价款和接受货物。

4. 违约的救济措施。以违约所造成的后果和严重程度为标准将违约分为根本违约和一般违约；根据违约的时间，可以将违约分为根本违约和预期违约。违约的救济措施可以分为：卖方违约时买方可以采取的救济措施，买方违约时卖方可以采取的救济措施，买卖双方都可以采取的救济措施。损害赔偿是使用最广泛的一种救济方法，而且这种救济方式可以与其他救济方式并存。

5. 货物所有权和风险的转移。CISG不调整货物所有权的转移。货物所有权主要由相关国内法调整。各国法律一般都承认当事人对货物所有权的约定的效力。各国法律对所有权的转移的主要原则有：原则上承认当事人约定优先；以合同成立的时间作为所有权转移时间；以交货时间作为所有权转移时间；以货物特定化作为转移所有权的前提等。

---

① Article 70 If the seller has committed a fundamental breach of contract, articles 67, 68 and 69 do not impair the remedies available to the buyer on account of the breach.

各国国内法中主要有“风险随所有权转移”和“风险因交付转移”的区别。CISG 对风险转移做了详细规定。有些国际惯例对风险转移也有明确规定。

案例分析

案例一

【案情】

中国粮油贸易进出口公司 T 省分公司与 M 国德菲公司经多次交换电传，于某年 1 月 25 日达成购销协议：按 FOB 条款给德菲公司 4.8 万吨中国籼米，装运期为 2～3 月，每月装运 2.4 万吨。

FOB 条款规定：“1. 买方所租载货船舶必须不迟于合同规定的每一装运月份的第 20 天抵达装运港。由于载货船舶延迟而使卖方遭受经济损失和额外费用需由买方负担；2. 买方必须于船舶到达装运港前 10 天将船名、船旗、船长国籍和估计到达装运港的时间通知卖方，并以卖方接受为准。”据此，T 省分公司于 2 月 5 日发电传催请德菲公司告知第一艘船舶到港时间。经数次电传联系，船舶于 2 月 25 日抵 T 港受载，2 月份的 2.4 万吨籼米到 2 月底装运完毕。

3 月份，T 省分公司又通过电传催询派船情况，外方于 3 月 10 日复称：因租船市场船源短缺，租不到船，要求延迟一个月装运。由于我方已将货物备好装运，延迟装运势必造成我方损失。为此，当日即电传复告对方：(1)3 月份装运的货物 2.4 万吨籼米已经备妥，不能同意延迟装运。贵方必须在 3 月 20 日前派船抵 T 港以履行合同义务。(2)假如租船确有困难，可例外允许延迟到 4 月份装运，但须以每吨 12 美元赔偿我方损失为前提(按 2.4 万吨计算，共要求赔偿 28.8 万美元)。

德菲公司发来电传称，由于不断搜觅船位而造成租船严重困难，而且货物已经转销，运价上升，已具破坏性影响。因此，除给予象征性补偿外，不能承担额外费用。

我方通过电传提出，希望仍按合同规定派船装货，如确有困难，可延迟到 4 月份装运。考虑到双方的友好关系，愿做让步，允许支付 20 万美元作为象征性补偿。后来，外方称这是一起明显的“不可抗力事故”，同时由于运价上涨，已遭受重大损失，要求我方减少补偿金额。我方根据这种情况，认为外方并非否定其应负的责任，而由于意外的困难，要求减少赔偿金额。因此，我方仅就赔偿金问题与对方进行磋商，同意将赔偿金额减少到 10 万美元。后来又经过多次电传磋商，最后确定赔偿金额为 5 万美元，货物延期到 4 月份装运。至此，我方在这笔交易中造成 23.8 万美元的不必要损失。①

请分析在此案中我方公司应吸取什么教训？

案例二

我国某机械进出口公司向一法国商人出售一批机床。法商又将该机床转售美国及一些欧洲国家。机床进入美国后，美国的进口商被起诉侵犯了美国有效的专利权，法院判令被告赔偿

---

① 袁绍岐主编：《国际商法练习题及分析解答》，暨南大学出版社 2006 年版，第 55 页。

专利人损失，随后美国进口商向法国出口商追索，法国商人又向我方索赔。[①]

请分析我方是否应该承担责任？为什么？

练习与思考

一、名词解释

国际货物买卖，权利担保，国际贸易惯例，发盘，根本违约，FOB，CIF。

二、简述题

1. 简述国际货物买卖法的渊源。
2. 简述 CISG 规定的卖方违反交货义务时买方的救济措施。
3. 简述卖方的品质担保和权利担保。
4. 简述 CISG 规定的卖方和买方的义务。
5. 简述要约与承诺的构成条件。
6. 简述国际货物买卖中风险的转移。
7. 简述 CISG 的适用范围。

---

① 本案案情选自《国际经济贸易题解》，中国对外经济贸易出版社 1994 年版。

第六章

国际服务贸易法

本章要点

- 国际服务贸易的基本概念
- 国际服务贸易的法律渊源
- 国际货物的运输方式和运输合同的装运条款
- 国际货物运输的主要运输单据
- 调整国际货物运输的国际公约和惯例
- 国际海上货运保险
- 国际航空货运保险
- 汇付、托收和信用证
- 《服务贸易总协定》的产生及内容

在传统的国际贸易中，货物贸易历来占据主导地位。但 20 世纪 90 年代以来，随着世界经济结构的调整和世界经济一体化进程的加快，以及第三产业的日益发展，国际服务贸易得到了迅猛的发展。根据 WTO 公布的 2017 年全球及各国货物贸易和服务贸易情况，2017 年全球货物进口额达到 18.02 万亿美元，货物出口额达到 17.73 万亿美元；服务进口额达 5.04 万亿美元，服务出口额达 5.25 万亿美元。高速发展的服务贸易需要有相应的法律规范予以调整，以 GATS 为核心，有关服务贸易的国际法律体系基本形成。

第一节　国际服务贸易法概述

一、国际服务贸易的概念和形式

服务即是服务主体应服务客体的要求所做的工作或所尽的义务，换句话说，服务就是为个人或企业所做的工作或行为。服务的主体一定是自然人、法人、社会团体或政府部门，而服务的客体也同样是自然人、法人、社会团体或政府部门。服务提供者通过直接接触或间接接触为服务接受者提供有益的工作或帮助行为。这是对服务所做的最一般的定义。

20 世纪 60 年代以来，西方主要经济学家对服务及服务经济进行了大量的研究，逐渐形成了一个共识，就是服务与生产是同等重要的，他们提出"生产者服务"也是经济增长的动力，这对传统经济理论是一个很大的突破。这里，"生产者服务"是指为最后消费或进一步生产而提供服务的生产者所使用的中间投入。这些生产者大多使用人力资本和知识资本作为主要的投入，因而生产出包含有大量人力资本和知识资本的服务，于是生产者服务可以促进生产专业化，扩大资本与知识密集型生产，从而提高劳动及其要素的生产率。

国际服务贸易一词源于关贸总协定 20 世纪 70 年代的谈判决议中。[①] 狭义的国际服务贸易是有形的，即指发生在国家之间的符合服务定义的直接服务输出与输入活动。而广义的国际服务贸易不仅包括有形的劳动力的输出输入，也包括无形的提供者与使用者在没有实体接触的情况下的交易活动，如卫星传送和传播、专利技术贸易等。广义的国际服务贸易是关贸总协定乌拉圭回合服务贸易谈判的对象。

GATS 对服务贸易做出了明确的定义：(1)从一缔约方境内向任何其他缔约方的境内提供服务；(2)从一缔约方的国境向其他任何缔约方的服务消费者提供服务；(3)一缔约方在其他任何缔约方境内的通过提供服务的商业存在而提供服务；(4)一缔约方的自然人在其他任何缔约方境内提供服务。

由以上定义可以看出，服务贸易通过以下四种方式进行：

(1)过境交付(Cross—Border Supply)，是指一国(或地区)向另一国(或地区)提供服务，没有人员、物资和资金的流动，而是通过电讯、邮电、电脑网络实现的，如视听、金融、信息等。

(2)境外消费(Consumption Abroad)，是指一国(或地区)消费者到另一国(或地区)接受服务提供者提供的服务。例如，本国病人到国外就医，外国人到中国来旅游，本国学生到外国留学等。

(3)商业存在(Commercial Presence)，是服务贸易活动中最主要的形式。它是指允许外国的企业和经济实体来本国开业，提供服务，包括投资设立合资、合作或独资公司。例如，外国公司到中国来开饭店，建零售商店，办律师事务所等。

(4)自然人流动(Movement of Personnel)，是指允许外国的个人来本国提供服务。例如美国教授、高级工程师或医生到日本从事个体服务。相对于有形贸易来说，服务贸易具有生产与消费同时进行、不可储存、无形和异质的特点。

二、服务贸易的内容和分类

随着国际社会文明程度的不断提高，国际服务贸易也随之呈现复杂化、多样化和系统化的趋势，国际服务贸易的内容也日渐庞杂，对之进行分类也因人的视角和判据不同而出现不同的分类体系。目前国际上通行的有以下四种分类法：

---

① 周汉民：《国际贸易法》，上海教育出版社 1995 年版，第 427 页。

1. 联合国标准贸易分类(UN SITC)

该分类法是按照知识含量或加工程度来对服务项目进行由低到高的排列,共分为46个服务类别。

2. 国际标准工业分类(ISIC)

该分类法将服务贸易分为批发零售、零售贸易、餐馆、运输与贮存、通信、金融机构、不动产及商业服务、公共管理及防务、社会服务及社区服务、娱乐及文化服务、个人及家庭服务、国际机构及跨境组织12个类别。

3. 国际货币基金组织(IMF)分类

该分类法将服务业分为6大类,线条较粗。

4. 世界贸易组织统计与信息系统局(SISD)分类法

该分类法已经WTO服务贸易理事会评审认可。它按照一般国家标准的服务部门分类法,将全世界的服务部门分为11大类142个服务项目。这11个大类是:商业服务、通信服务、建筑及有关工程服务、销售服务、教育服务、环境服务、金融服务、健康与社会服务、与旅游有关的服务、文化与体育服务及运输服务。

由于第四种分类法为世界贸易组织所认可,因而具有权威性,而且在分类上也比较合理,具有推广的价值。

三、国际服务贸易的发展趋势

进入20世纪90年代以来,国际贸易的发展趋势是:货物贸易、技术贸易和服务贸易迅速发展,尤以国际服务贸易发展最快。具体来说,当今国际服务贸易呈现出下列发展趋势:

1. 国际服务贸易领域不断扩大,技术、知识密集型服务发展迅猛

传统的国际服务贸易主要集中在运输、旅游和劳务输出与输入领域。目前国际服务贸易涉及的部门和行业众多,大大超越了传统国际服务贸易范围,主要有以下16大类:

(1)国际运输;

(2)国际旅游;

(3)国际金融服务(包括保险);

(4)国际信息处理和传递软件资料服务;

(5)国际咨询服务(如会计、律师服务);

(6)建筑和工程承包等劳务输出;

(7)国际电信服务;

(8)广告、设计;

(9)国际租赁服务;

(10)商品的维修、保养、技术指导等售后服务;

(11)国际视听服务;

(12)教育、卫生、文化艺术的国际交流服务;

(13)商业批发与零售服务;

(14)知识产权服务;

(15)国际投资服务;

(16)其他官方国际服务等。

目前在国际服务贸易领域中，虽然运输服务贸易和旅游服务贸易仍占很大比重，大约分别占国际服务贸易总额的 1/4 和 1/3，但近年来，随着科技的发展，特别是信息技术的发展，技术、知识密集型的服务发展很快，增长最快的是电信服务贸易和金融服务贸易。

2. 国际服务贸易在国际贸易中的比重不断加大

20 世纪 80 年代以来，由于国际分工的深化、产业结构的不断调整以及跨国公司的崛起，国际服务贸易以高于国际货物贸易的速度增长。如 1970 年，国际服务贸易总额只有 710 亿美元，而 1980 年则猛增至 3 830 亿美元，1999 年国际服务贸易总额达 13 400 亿美元，在全球贸易总额中的比重超过 1/4。专家预计，随着国际服务贸易自由化进程的加速发展，各国将进一步开放服务市场，国际服务贸易也会随之进一步发展。

3. 在国际服务贸易中，发达国家占主导地位，发展中国家地位趋于快速上升

国际服务贸易一直是以发达国家为中心而发展的。从整体上看，发达国家具有巨额的国际服务贸易顺差，在国际服务贸易总额中占有绝对份额。目前全球近 200 个国家和地区，在国际服务贸易中居前 25 位的国家和地区几乎全是发达国家和地区。美国在服务贸易进出口排名一直处于世界第 1 位。目前美国服务业的国内产值占 GDP 的比重达 75%，提供的就业岗位占就业总数的 80%，可见，国际服务贸易已成为发达国家的主导产业。

发展中国家在国际服务贸易中处于明显的劣势，但国际服务贸易发展有逐步向发展中国家转移的趋势，发展中国家在国际服务贸易中的地位趋于上升。由于亚洲及其他发展中国家有着广阔的国际服务贸易市场，随着国际服务贸易自由化程度的不断提高，以及各发展中国家服务市场的进一步开放，可以肯定，发展中国家特别是亚洲的发展中国家将在国际服务贸易领域中占有越来越重要的地位。

4. 国际服务贸易自由化进程加快

现在，发达国家产业结构中，第三产业产值已占 60%，发展中国家一般也在 40%左右。第二次世界大战前，国际服务业产品稀少。目前，国际服务业产品多达 150 种以上，众多新兴服务行业是高科技产业或与高新技术产业相关联的产业。国际服务业的发展壮大，必然要求“服务”产品在世界范围内实行自由贸易，要求各国开放服务贸易市场。

1994 年 4 月 15 日达成并通过了《服务贸易总协定》，1995 年 7 月 26 日世界贸易组织又达成了《全球多边金融服务贸易协议》，规定了各国在国际服务贸易中应该遵守的原则和在有关领域逐步实现自由化的内容，这为国际服务贸易进一步自由化奠定了坚实的基础。

5. 服务贸易壁垒更加隐蔽

由于服务贸易的特殊性，关税保护方式并不适用于对服务贸易的保护。但为了保护本国的服务业，各国纷纷采取非关税壁垒措施，主要表现为：

(1)政府对服务贸易的管理加强。政府通过制定法律、规则、标准、制度等对外国服务的进入设置障碍。

(2)政府采购和补贴。政府在安排服务支出的时候，一般对本国优先考虑。

服务贸易壁垒分为以下四类：

(1)直接明显的歧视性壁垒，即直接针对服务业的明显的贸易壁垒，如电视和广播中对国内内容的管制，对外国人建立和拥有金融机构的限制；

(2)间接但明显的歧视性壁垒,指不是专门针对服务业但明显歧视外国人或要素在国际间流动的贸易壁垒,如对移民以工作为目的的暂时入境的限制,向国外付款和支付的限制等;

(3)直接但明显中性的贸易壁垒,即对国内外单位和个人都限制的服务业管制,如电路和电信的管制;

(4)间接但明显中性的壁垒,指并非针对服务业也并非针对外国人的壁垒,如国内标准、职业服务中的许可证、文凭或凭证规定。

四、国际服务贸易的法律渊源

国际服务贸易的法律渊源可以从两个不同的角度来观察。

1. 以这些法律规范的制定主体的不同,可以认定国际服务贸易的法律渊源是由以下三个部分组成:全球性的服务贸易法律规范、区域性的服务贸易法律规范和各国国内有关服务贸易的法律规范。全球性的法律规范如世界贸易组织下的一整套有关服务贸易的法律规范,其制定者是参与乌拉圭回合谈判的各缔约国,为数众多。区域性的服务贸易法律规范有:美加自由贸易协定以及后来在该协定基础上发展起来的《北美自由贸易协定》,《欧洲联盟条约》(尤其是其中所包括的《欧洲共同体条约》),以及澳大利亚和新西兰签订的《澳新紧密经济关系协议》等。这些规范有如下特点:制定者只限于某一区域的特定国家;有关服务贸易的法律规范并不是作为一项独立的法律文件签署,而是作为一项内容更广泛的多边协议的一个组成部分;参加者主要是发达国家。由于多数国家加入 WTO 和国民待遇原则的适用,各国国内有关服务贸易的法律规范实际上比以前更具有国际性。

2. 从世界贸易组织内部来观察,国际服务贸易的法律渊源可划分为三个层次:

(1)《关于建立世界贸易组织的马拉喀什协定》(简称《世界贸易组织协定》)。这是 WTO 的"宪法"性文件。该协定第 2 条第 2 款和第 3 款分别规定:"各个协议以及与其有联系的法律文件,凡包括在附录 1,2 和 3 中(以下简称《多边贸易协定》),是本协定不可分割的组成部分,对所有成员有约束力";"包含在附录 4 中的协议和有关法律文件(以下简称《诸边贸易协定》)对接受它们的成员来说,也是本协定的组成部分,并对这些成员有约束力。"第 16 条第 3 款规定:"如果本协定的某一规定与《多边贸易协定》中的某一规定发生冲突,则在冲突的范围内,本协定的规定优先适用。"由此可见,《服务贸易总协定》以及《诸边贸易协定》都是《世界贸易组织协定》的组成部分,其效力层次要低于后者。

(2)《服务贸易总协定》及其附录和具体承诺表等。GATS 第 29 条规定:"本协定的附录是本协定的整体组成部分。"其中包括 8 个附录,以及各成员方做出的具体承诺表。这一部分是国际服务贸易法律体系的核心。

(3)辅助性服务贸易法律规范。这是《世界贸易组织协定》中涉及服务贸易的其他规范。如《关于争议解决规则与程序的谅解》(简称《争议解决谅解书》或 DSU),贸易政策评审机制,《诸边贸易协定》,尤其是其中的《政府采购协议》。

第二节 国际货物运输法

国际货物运输不同于国内运输,它具有线长面广、中间环节多、情况复杂多变和风险大等特点。为了多快好省地完成进出口货物运输任务，从事进出口业务的人员必须合理地选用各种运输方式，订好合同中的各项装运条款，正确编制和运用各种运输单据，并掌握与此有关的运输基本知识。

一、国际货物的运输方式

在国际贸易中采用的运输方式很多，其中包括海、陆、空等各种运输方式，而每种运输方式都有其自身的特点和独特的经营方式。了解各种运输方式的特点和经营方式对于合理选择和正确利用各种运输方式，有着重要的意义。

（一）海上货物运输

海上货物运输是国际贸易中最主要的运输方式，我国绝大部分进出口货物都是通过海上货物运输方式运输的。海上货物运输通过能力大，万吨以上甚至数十万吨的巨轮都可在海洋中航行。由于海上货物运输量大，运输成本低，所以许多国家特别是沿海国家的进出口货物，大部分都采用海上货物运输。但海上货物运输因自然条件和气候的影响，风险较大，且航行速度较慢，因此，对于不宜经受长期运输的货物以及急用和易受气候条件影响的货物，一般不宜采用海上货物运输方式。

按照船公司对船舶经营方式的不同，商船可分为班轮和不定期船两种类型。由于这两种类型的船舶在经营上各有自己的特点。所以海洋运输又可分为班轮运输和租船运输两种方式。

1. 班轮运输（Liner Transport，Liner Shipping）

（1）班轮运输的概念与特点

班轮运输是指在预先固定的航线上，按照船期表在固定港口之间来往行驶。其主要特点有：

①船舶行驶的航线和停靠的港口都是固定的。

②船舶按船期表航行。船舶开航和到港时间都较为固定。

③船公司按预先公布的班轮运价表收取运费。运费率相对固定。

④在班轮运费中包括装卸费，故班轮运输的港口装卸费由船方负担。

⑤班轮承运货物比较灵活，不论数量是多少，只要有舱位，都接受装运。

因此，少量货物或杂货，通常多采用班轮运输。

（2）班轮运费

班轮运费包括基本运费和附加费两部分。基本运费是指货物在预定航线的各基本港口之间进行运输所规定的运价，它是构成全程运费的主要部分。基本运费的计收标准通常按不同商品分为下列几种：

①按货物的毛重计收。在运价表内用“W”字母表示。

②按货物的体积（或尺码吨）计收，在运价表内用“M”表示。

③按商品的价格计收，即按从价运费收取，在运价表内用“A. V. ”表示。

④按货物的毛重或体积，由船公司选择收费较高的一种收费，在运价表中用“W/M”表示。

⑤按货物的重量、体积或价值三者中选较高的一种计收运费，在运价表中用“W/M or A. V”表示。

⑥按货物的件数计收。

⑦对大宗低值货物,采用船、货双方临时议定运价的办法。

此外,班轮公司对同一包装、同一票货物或同一提单内出现混装情况时,计收运费的原则是就高不就低,具体收取办法是:

①不同商品混装在同一包装内,全部运费一般按其中收费较高者收取。

②同一票货物,如包装不同,其计费标准和等级也不同,如托运人未按不同包装分别列明毛重和体积,则全票货物均按收费较高者计收运费。

③同一提单内有两种以上的货名,如托运人未分别列明不同货物的毛重和体积,则全部货物均按收费较高者计收运费。

班轮运费中的加费名目繁多,其中包括:超长、超重附加费,选择卸货港附加费,变更卸货港附加费,燃油附加费,港口拥挤附加费,绕航附加费,转船附加费和直航附加费等。上述基本运费和各种附加费均按班轮价目表计算。

2. 租船运输(Charter Shipment,Shipping by Chartering)

租船通常是指包租整船而言,大宗货物一般都采用租船运输。租船方式主要包括定程租船和定期租船两种,前者是指按航程租赁船舶,后者是指按期限租赁船舶,不论是按航程或按期限租船,船、租双方都要签订租船合同,以明确双方的权利和义务。

(1)定程租船(Voyage Charter)

在定程租船方式下,船方必须按租船合同规定的航程完成货物运输任务,并负责船舶的经营管理及其在航行中的各项费用开支;租船人则应支付双方约定的运费,定程租船的运费一般按照装运货物的数量计算,也有按航次包租总金额计算的,至于货物在港口的装卸费用究竟由船方抑或租方负责,应在租船合同中做出明确规定。

(2)定期租船(Time Charter)

按期限租船时,船租双方的权利与义务应在期限船合同中订明,船方应提供适航的船舶,关于船员薪金、伙食等费用以及保持船舶具有适航价值而产生的有关费用,均由船方负担。在船舶的出租期间,租船人可根据租船合同规定的航行区域自由使用和调动船舶,但船舶经营过程中产生的燃料费、港口费、装卸费和垫舱物料费等项开支,均应由租船人负责,关于定期租船的租金一般是按租期每月每吨若干金额计算。

(二)铁路运输

铁路运输是仅次于海运的一种主要的运输方式。铁路运输的运行速度较快,载运量较大且在运输中遭受的风险较小,它一般能保持终年正常运行,具有高度的连续性。为了充分利用铁路运输货物,早在20世纪50年初期,我国即参加了国际铁路货物联运,使我国同一些亚洲和欧洲国家连成一片,为发展我国对外贸易提供了较为有利的条件。1980年以来,我国利用西伯利亚大陆桥开展了集装箱国际铁路联运业务,有效地加快了货运速度,节省了运杂费用,从而更有效地促进了我国对外贸易的发展。1992年,由我国连云港至荷兰鹿特丹的新亚欧大陆桥开始经营,这更进一步缩短了运输距离,加速了国内外物资的交流,并节省了运输费用。随着国际铁路联运业务的开展,铁路运输在我国对外贸易中将起更大的作用。

(三)航空运输

航空运输速度很快,运行时间短,货物中途破损率小,但航空运输运量有限,且运费一般较高。航空运费通常是按重量或体积计算，以其中收费较高者为准。尽管航空运费一般较高，但由于空运比海运计算运费的起点低，同时空运能节省包装和保险费，并因运行速度快而便于货物抢行应市和卖上好价，所以小件急需品和贵重的物品采用航空运输反而有利。

（四）邮包运输

采用邮包运输，手续简便，费用也不太高，但运量有限，故只能用于运输量轻和体积小的商品。国际邮包运输具有国际多式联运和"门到门"运输的性质。我国同许多国家签订了邮政运输协议和邮电协定，为我国发展对外贸易货物的邮包运输提供了有利的条件。由于邮包运输量有限，每件邮包重量不得超过 20 千克，长度不得超过 1 米，因此，它只适用于运送某些零部件、药品和急需的零星商品。

（五）国际多式联运

多式联运是指利用各种不同的运输方式来完成某项运输任务，它包括陆海联运、陆空联运和海空联运等。在国际间进行的这种联运称为国际多式联运。由于集装箱最适于多式联运，故随着集装箱运输的发展，国际多式联运也迅速发展起来。在国际贸易中，开展以集装箱运输为主的国际多式联运，有利于简化货运手续，加快货运速度，降低运输成本和节省运杂费用。

（六）其他运输方式

我国同相邻国家的少量进出口货物是通过公路运输的，同我国有河流相连通的国家，也有少量进出口货物是通过河流运输的。此外，我国出口到朝鲜的石油，一般采用管道运输。以上表明，国际货物运输方式很多，在实际业务中，我们应根据货物特性、运量大小、距离远近、运费高低、风险程度、任务缓急及自然条件和气候变化等因素，审慎选用合理的运输方式。

二、国际货物运输的装运条款

买卖双方洽商交易时，必须就各项装运条款谈妥，并在合同中订明，以利合同履行。装运条款的内容同买卖合同的性质和运输方式有着密切的关系，不同性质的运输方式，其装运条款也不相同。鉴于我国大部分进出口货物是通过海洋运输，而且对外签订的进出口合同大部分属 FOB、CIF、CFR 合同，故以下仅就这类合同的装运条款，其中包括装运期、装卸率和滞期费、速遣费等内容，分别加以介绍和说明。

（一）装运期

1. 装运期的含义及其重要性

装运期是指卖方在起运地点装运货物的期限。它与交货期是含义不同的两个概念，不应混同使用。例如，在目的港船上交货条件下，装运期是指在装运港装船的期限，交货期则是在目的港船上交货的时间，两者在时间上显然不同。

在装运地或装运港交货条件下，装运期是买卖合同中的主要条件。若装运合同当事人一方违反此项条件，另一方则有权要求赔偿其损失，甚至可以撤销合同。因此，进出口业务中，订好买卖合同中的装运期条款，使装运期规定合理和切实可行，以保证按时完成约定的装运任务，有着十分重要的意义。

2. 装运期的规定方法

(1)明确规定具体装运期限

在进出口合同中，一般都订明装运的年度及月份，例如限于某年某月内装运，或某年某月以前装运。对大宗或在偏僻港口装货时，装运期可适当放长一些，如规定跨月份装运，或在某季度内装运。此方法期限具体，含义明确，既便于落实货源和安排运输，又可避免在装运期问题上引起争议，因此，它在国际贸易中被广泛使用。

(2)规定在收到信用证后若干天装运

这种规定方法适用于下列情况：

①按外商要求的花色、品种或规格成交，或专为某一地区或某商号生产的商品，如一旦外商毁约，这些商品便难以转售出去。为避免盲目生产或采购而造成商品积压和蒙受经济损失，则采用这种规定方法。

②在一些外汇管制较严的国家和地区，一般实行进口许可证和进口配额。如洽商交易时，买方还不能肯定批准进口许可证或外汇配额的具体时间，因而无法确定具体装运期。为了促进成交和扩大出口，也可采用这种方法。

对某些拖延开证的客户，采用这种规定方法，有利于促使其按时开证。上述规定方法的好处是，既能促使买方早开证或按时开证，以利卖方有计划地安排生产和组织货源，又能避免因买方拖延开证而引起的卖方加工、备货紧张或赶不上装期的被动局面。但上述方法也有弊病，因为装运期的确定是以买方来证为前提条件的，如签订合同后，市场价格出现对买方不利的变化，买方有可能拒不开证或拖延开证，装运期也就无法确定，从而使卖方处于无法装运的被动局面。

为了促使买方按时开证，在采用这类规定方法时，必须在合同中相应加列约束性的条款。例如，买方必须最迟于某某日期将有关信用证开抵卖方，否则，卖方有权按买方违约提出索赔。

(3)笼统规定近期装运

采用这类规定方法时，不规定装运的具体期限，只有"立即装运""迅速装运""尽速装运"等词语来表示。由于这种规定方法太笼统，故国际商会修订的《跟单信用证统一惯例》规定，不应使用"迅速""立即""尽速"和类似的词语，如使用了这类词语，银行将不予理会。

(二)装运港和目的港

装运港是指开始装货的港口，目的港是指最终卸货的港口。在海运进出口合同中，一般都订明装运港和目的港。

1. 装运港和目的港的规定方法

装运港和目的港由交易双方商定，其规定方法有下列几种：

(1)在通常情况下，只规定一个装运港和一个目的港，并列明港口名称。

(2)在大宗商品交易条件下，可酌情规定两个或两个以上的装运港和目的港，并分别列明港口名称。

(3)在商订合同时，如明确规定一个或几个装运港和目的港有困难，可以采用按"选择港口"的规定办法。规定选择港口有两种方式：

一是从两个或两个以上列明的港口中选一个，如 CIF 伦敦或汉堡或鹿特丹；二是从某一航区的港口中任选一个，如地中海主要港口。

上述规定方法，究竟采用哪一种，应视具体情况而定。

2. 规定装运港和目的港的注意事项

(1)规定国外装运港和目的港的注意事项

①必须考虑港口的具体装卸条件。

②对港口的规定应明确具体，不宜过于笼统。

③不能接受内陆城市作为装运港或目的港的条件。

④应注意国外港口有无重名的问题。

(2)规定国内装运港和目的港的注意事项

①贯彻就近装卸的原则。

②应考虑港口的设施、装卸条件等实际情况。

(三)分批装运和转运

分批装运和转运都直接关系买卖双方的利益。是否需要分批装运和转运，买卖双方应根据需要和可能在合同中做出明确具体的规定。

1. 分批装运

分批装运是指一笔成交的货物分若干次装运。但一笔成交的货物，在不同时间和地点分别装在同一航次、同一条船上，即使分别签发了若干不同内容的提单，也不能按分批装运论，这是因为该笔成交的货物是同时到达目的港。

国际上对分批装运的解释和运用不一。比如，有些国家的法律规定：如合同未规定分批装运，则不得分批装运。但国际商会修订的《跟单信用证统一惯例》却规定："除非信用证号另有规定，允许分批装运。"为了避免在履行合同时引起争议，交易双方应在买卖合同中订明是否允许分批装运；若双方同意分批装运，应将批次和每批装运的具体时间与数量订明。

此外，《跟单信用证统一惯例》还规定："如信用证规定在指定时期内分批装运，其中任何一批未按批装运，信用证对该批和以后各批货物均告失效，除非信用证另有规定。"因此，如果在买卖合同和信用证中规定分批定期、定量装运时，则卖方必须重合同、守信用，严格按照买卖合同和信用证的有关规定办理。为了使分批装运条款能顺利执行，规定每批装运的时间要留有适当的间隔，一笔货物不宜规定在很短时间内分若干批装运，而且每批装运的规定也要适当，防止过分集中，以免因安排装运有困难而影响全局。

2. 转运

货物中途转运，不仅延误时间和增加费用开支，而且还有可能出货损差，所以买方对其进口的货物一般不愿转运，故在商订合同时，提出订立"限制转运"的条款，不过零星件杂货在往往没有直达船的港口，或虽在直达船而船期不定或航期间隔时间太长的港口，为了便利装运，则应当在买卖合同中订明"允许转运"的条款。

《跟单信用证统一惯例》规定，除非信用证有相反的规定，可准许转运。为了明确责任和便于安排装运，交易双方是否同意转运以及有关转运的办法和转运费的负担等问题，都应在买卖合同中具体订明。

(四)装运通知

装运通知是装运条款中不可缺少的一项重要内容。不论按哪种贸易术语成交，交运双方都要承担相互通知的义务。规定装运通知的目的在于明确买卖双方的责任，促使买卖双方互相配合，共同搞好车、船、货的衔接，并便于办理货运保险。因此，要发装运通知条款，有利于合同的履行。

应当特别强调的是，买卖双方按 CFR 条件成交时，装运通知具有特殊重要的意义，所以卖方应在货物装船后，立即向买主发出装运通知。

按其他贸易术语成交时，买卖双方都应约定相互给予有关交接货物的通知，以便互相配合，共同搞好货物的交接工作。

（五）装卸时间、装卸率和滞期、速遣费条款

买卖双方成交的大宗商品，一般采用租船运输，负责租船的一方在签订买卖合同之后，还要负责签订租船合同，而租船合同中通常都需要订立装卸时间、装卸率和滞期、速遣费条款。为了明确买卖双方的装卸责任，并使买卖合同与租船合同的内容互相衔接和吻合，在签订大宗商品的买卖合同时，应结合商品特点和港口装卸条件，对装卸时间、装卸率和滞期、速遣费的计算与支付办法做出具体规定。

1. 装卸时间

装卸时间是指装货和卸货的期限，装卸时间的规定方法很多，其中使用最普遍的是按连续24小时计算。这种计算方法用于昼夜作业的港口，它指在好天气好条件下，作业24小时算作一个工作日来表示装卸时间的办法，如中间有几小时坏天气不能作业，则应予以扣除，此外星期日和节假日也应除外。关于利用节假日作业是否计入装卸时间的，国际上有不同的规定。因此，在工作日之后应补充订明："星期日和节假日除外"，"不用不算，用了要算"或"不用不算，即使用了也不算"。

此外，也有的是按照港口习惯速度装卸，来表示装卸时间。采用这种规定，是指在好天气条件下，按港口装卸速度进行装卸来计算装卸时间的方法，只能适用于装卸条件、装卸效率高和装卸速度稳定的港口。采用这种方法时，星期日、节假日以及因坏天气而不能进行装卸作业的时间应不除外。

上述装卸时间的起算和止算，应当在合同中订明。关于装卸时间的起算，一般规定在收到船长递交的"装卸准备就绪"后，经过一定的规定时间后开始起算。关于装卸货物的止算时间，通常是指货物实际装卸完毕的时间。

2. 装卸率

买卖大宗商品时，交易双方在约定装卸时间的同时，还应约定装卸率。所谓装卸率，即指每日装卸货物的数量。装卸率的高低关系到运费水平，从而在一定程度上影响货价。装卸率偏高或偏低都不合适，装卸率应根据货物品种和有关港口的装卸速度来确定。

3. 滞期、速遣费条款

买卖双方在大宗交易中，除约定装卸时间和装卸率外，还应相应规定滞期、速遣条款，以明确货物装卸方的责任。负责装卸货物的一方，如果未按照约定的装卸时间和装卸率完成装卸任务，则需要向船方缴纳延误船期的罚款，此款项称之滞期费用；反之，如负责装卸货物的一方在约定装卸时间内提前完成装卸任务，有利于加快船舶的周转，则可以从船方取得奖金，此项奖金称为速遣费。按一般惯例，速遣费通常为滞期费的一半，在规定买卖合同的滞期、速遣费条款时，应注意内容与将要订立的租船合同的相应条款保持一致，以造成不应有损失。

三、国际货物运输的主要运输单据

在国际贸易中，提交约定的单据是卖方的一项基本义务，因此，买卖双方签订合同时，必须根据运输方式和实际需要，就卖方提供的各种单据的种类和份数做出明确规定，因此，有关单据的规定就成为合同条款中不可缺少的内容。

由于运输方式和合同当中人对单据的要求不一,所以使用的运输单据多种多样,其中主要包括海运提单、铁路运单、航空运单、邮包收据和多式联运单据等。

(一)海运提单(Bill of Lading,B/L)

1. 提单的性质和作用

提单是承运人或其代理人收到货物后签发给托运人的一种证件,它体现了承运人与托运人之间的相互关系。提单的性质和作用主要表现在下列3个方面。

(1)它是承运人或其代理人出具的货物收据,证实其已按提单的记载收到托运人的货物。

(2)它是代表货物所有权的凭证,提单的持有人拥有支配货物的权利,因此提单可以用来向银行议付货款和向承运人提取货物,也可用来抵押或转让。

(3)它是承运人和托运人双方订立的运输契约的证明,由于运输契约是在装货前商订的,而提单一般是在装货后签发的,故提单本身不是运输契约,而只是运输契约的证明。

2. 提单的分类

海运提单包括班轮提单和租船合同项下的提单。海运提单正面除做了有关货物和运费事项的记载外,在提单背面还有印就的运输条款。为了统一提单背面的运输条款的内容,国际上曾先后签署了《海牙规则》《维斯比规则》和《汉堡规则》三项国际公约。

提单可以从各种不同的角度分类,在国际贸易中使用的提单主要有下列几种:①

(1)按签发提单时货物是否装船来分,有已装船提单(Shipped or on Board B/L)和备运提单(Received for Shipment B/L)

已装船提单是指货物装船后,由承运人签发给托运人的提单,它必须载明船名和装船日期。由于这种提单对收货人按时收货有保障,故买方订买卖合同时,一般都规定卖方必须提供已装船提单。备运提单是指承运人收到托运货物,尚未装船而向托运人签发的提单。由于这种提单没有载明装货日期,也没有注明船名,即使注明也只是拟装船名,将来货物能否装运和何时装运都难以预料,故买方一般不愿接受该提单。

(2)按提单有无不良批注,可分为清洁提单(Clean B/L)和不清洁提单(Claused B/L,or Foul B/L)

清洁提单是指托运货物的外表状态良好,承运人未加有关货损或包装不良之类批语的提单。买方为了收到完好的货物,以维护自身的利益,故都要求卖方提供清洁提单。不清洁提单是指承运人加注了托运货物外表状况不良或存在缺陷等批语提单。此种提单买方通常都不接受,银行也拒绝接收。

(3)按提单收货人抬头分类,有记名提单(Straight B/L)、不记名提单(Open B/L,or Bearer B/L)和指示提单(Order B/L)

记名提单是指在提单收货人栏内具体指定收货人名称的提单。不记名提单是指在提单收货人栏内不填写收货人名称而留空,故又称空名提单。由于记名提单只能由指定的收货人提货,它不能转让流通;而不记名提单,仅凭单交货,风险较大,故这两种提单在国际贸易中都很少使用。指示提单是指在提单的收货人栏内填写"凭指定"或"凭某人指定"字样的提单,此种提单可通过背书转让。背书的方法有二:由背书人单纯签字盖章的称作空白背书;除背书人签

① 沈达明、冯大同:《国际贸易法新论》,法律出版社1989年版,第158页。

字盖章外，还有列明被背书人名称的，称作记名背书。提单经背书后，可转让给其他第三者，因而又称为可转让的提单。由于指示提单可以背书转让，故其在国际贸易中广为使用。在我国贸易中，通常采用凭指定空白背书提单，习惯上称为“空白抬头、空白背书提单”。

(4)按运输方式分类，则有直达提单、转船提单(Direct B/L)和联运提单(Through B/L)

承运人对自装运港直接送到目的港的货物所签发给托运人的提单，称为直达提单。在装运港装货的船舶，不直接驶往目的港，而需中途转船后再驶往目的港，由第一承运人在装运港签发运往最后目的港的提单，称为转船提单，应注“在某港转船”的字样。联运提单是在由海运和其他运输方式所组成的联合运输时使用。它是由承运人或其代理人在货物起运地签发运往货物最终目的地的提单，并收取全程运费。由于联运提单包括全程运输，故第一程承运人或其代理人应将货物转交给下一程承运人，有关货物中途转换运输工具和交接工作，均不需托运人办理。

(5)其他种类的提单

①集装箱提单。凡用集装箱装货而由承运人签发给托运人的提单，称为集装箱提单。

②舱面提单。舱面提单，是指货物装在船舶甲板上运输所签发提单，故又称甲板提单，在这种提单中应注明“在舱面”字样。

③过期提单。关于过期提单有两种说法：一种是提单晚于货物到达目的港，称为过期提单。在海洋运输中难免会出现这种情况，因此，买卖合同中一般都规定“过期提单可以接受”的条款。另一种是向银行交单时间超过提单签发日期 21 天，这种滞期交到银行的提单也称为过期提单，银行有权拒收。

综上所述，提单的种类很多，买卖双方洽商交易时，究竟采用哪一种提单，应在合同中具体订明。

(二)其他主要运输单据

1. 铁路运单(Railway Bill)

铁路运单是铁路与货主间缔结的运输契约。国际铁路货物运输使用的运单和国内运单的格式和内容有所不同。国际铁路货物联运运单随同货物从始发站至终点站全程附送，最后交给收货人。它既是铁路承运货物的凭证，也是铁路向收货人交付货物和核收运费的依据。国际铁路货物联运运单副本在铁路加盖戳记证明货物的承运和承运日期后交给发货人。它可作为发货人据以结算货款的凭证。

2. 航空运单(Airway Bill)

航空运单是航空公司出具的承运货物的收据。它是发货人与承运人缔结的运输契约，但不能作为物权凭证进行转让和抵押。航空运单也是海关查验放行的一项基本单据。

3. 邮包收据(Parcel Post Receipt)

邮包收据是邮局收到寄件人的邮包后出具的收据。它是收件人提取邮包的凭证，当邮包发生灭失或损坏时，它还可作为索赔和理赔的依据。

4. 多式联运单据(Multimodal Transportation Document)

多式联运单据是指证明多式联运合同以及证明多式联运经营人接管货物并负责按合同条款交付货物的单据，它由多式联运经营人签发。签发这种单据的多式联运经营人必须对全程运输负责，即不论货物在哪种运输方式下发生属于承运人责任范围内的灭失或损害，都要对托运货物的人负赔偿责任。多式联运单据使用的范围较联运提单广。联运提单限于在由海运与其他运输方式所组成的联合运输时使用，而多式联运单据既可用于海运与其他运输方式的联运，也可用于不包括海运的其他运输方式的联运。

除上述各种主要的装运单据外，在实际业务中，还有一些其他装运单据，如重量单和装箱单等。

四、调整国际货物运输的国际公约和惯例

(一)关于提单的三个国际公约

在19世纪，船公司所签发的提单列举了大量免责事项，形成了“除了收取费用，对所承运的货物几乎不负任何责任”的状况，引起了代表货方利益的商界的不满。1893年，美国国会通过哈特法，规定了承运人承担的最低责任，把承运人的过失分为管货过失和管船过失，在有2种过失的情况下，提单中免责条款无效。1921年国际法协会在海牙召开会议制定海牙规则。1924年，布鲁塞尔会议对其做了一些修改，正式定名为《关于统一提单的若干法律规则的国际公约》，通称为《1924年海牙规则》，1931年生效，目前有87个成员国。海牙规则还是侧重保护船东利益。1968年在布鲁塞尔制定了《修订统一提单法规国际公约的议定书》，简称《维斯比规则》，对《海牙规则》做了小的修改。该议定书影响不大。

由于发展中国家的斗争和要求，1978年联合国贸易会议主持制定了《汉堡规则》，全称为《联合国海上货物运输公约》。该公约在有20个国家批准后一年届满的次月第一日起生效。目前已有20个缔约国，1992年11月1日生效。《汉堡规则》按照船方和货方合理分担风险的原则，适当加重了承运人的责任，使双方权利义务趋于平等。其修改内容主要包括以下几个方面：

1. 适用范围

《海牙规则》适用于在任何缔约国签发的一切提单。

《汉堡规则》在此基础上扩大其适用范围，规定：

(1)装货港在一缔约国内；

(2)预订的卸货港或实际的卸货港在一缔约国内；

(3)提单或证明海上运输合同的其他单据是在缔约国内签发；

(4)提单或证明海上运输合同的其他单据规定，公约的各项规定或使其生效的国内立法约束该提单；

(5)依租船合同签发的提单，如果该提单约束承运人和非承租人的提单持有人之间的关系。

2. 承运人责任起讫

从《海牙规则》规定的，从货物装上船时起至卸下船时止，货物处于承运人掌管之下的全部期间扩展为承运人在装货港接管货物时起至卸货港交收货人为止货物在承运人掌管之下的整个期间。值得注意的是，我国海上运输实践中一直采用《海牙规则》规定的责任起讫时间。新颁布的《海商法》做了新的规定，对集装箱货物和非集装箱货物的运输加以区分，并在承运人承担责任上分别做出规定：对于集装箱装运的货物的责任期间，是从装货港接收货物时起至卸货港交付货物时止，货物处于承运人掌管之下的全部期间；对非集装箱装运的货物，其责任期间从货物装上船时起至卸下船时止，货物处于承运人掌管之下的全部期间。对于装船前和卸船后所承担的责任，由双方协议决定之。这样，对非集装箱货物适用《海牙规则》，而对集装箱货

物承运人的责任起讫适用《汉堡规则》。

3. 赔偿责任

《汉堡规则》把《海牙规则》中承运人的不完全过失责任改为承运人的推定完全过失责任，即除非承运人证明他本人及代理人和所雇佣人员为避免事故的发生及其后果已采取了一切合理要求的措施，否则，承运人对在其掌管期间因货物灭失、损坏及延迟交货所造成的损失负赔偿责任。

4. 货物

《海牙规则》中货物的概念不包括舱面货物和集装箱装运的货物及活动物。《汉堡规则》规定，承运人只有与托运人达成协议或符合特定的贸易习惯或为法规或条例要求时，才能在舱面载运货物，否则要对舱面货物发生的损失负赔偿责任。对于活动物，只要承运人证明是按托运人对该活动物做出的指示办事，则对活动物的灭失、损坏或延迟交货造成的损失视为运输固有的特殊风险而不承担责任。我国《海商法》也规定了与之相类似的内容。

5. 赔偿金额

《汉堡规则》将《海牙规则》和《维斯比规则》的规定提高到每件或其他装运单位相当于毛重每千克 2.5 计算单位的金额，以较高者为准。所谓计算单位是指国际货币基金组织规定的特别提款权。对于延迟交货，承运人的赔偿责任以相当于该延迟交付货物应付运费的 2.5 倍为限，但不得超过海上运输合同中规定的应付运费金额。

6. 保函

《汉堡规则》将保函合法化。规定托运人为取得清洁提单向承运人出具承担赔偿责任的保函在托运人和承运人之间有效，但对提单受让人包括任何收货人在内的任何第三方无效。在发生诈欺的情况下（无论是托运人或者承运人），承运人承担赔偿责任，且不能享受公约规定的责任限制利益。

7. 索赔与诉讼时效

《汉堡规则》将《海牙规则》和《维斯比规则》规定的 1 年时效改为 2 年，并规定接到索赔要求人的声明可以多次延长。收货人应在收到货物次 1 日，将损失书面通知承运人。如货物损失属非显而易见的，则在收货后连续 15 日内，《海牙规则》规定 3 天内，我国《海商法》规定 7 天内，集装箱在运输交付货物次日起 15 天内，延迟交货应在收货后连续 60 天内将书面通知送交承运人；否则，收货人丧失索赔权利。

8. 管辖权

对此，《海牙规则》和《维斯比规则》均未做规定。《汉堡规则》规定，原告就货物运输的法律程序，可就法院地作下列选择：

(1)被告主营业所在地或惯常居所所在地；

(2)合同订立地，且合同是通过被告在该地的营业所、分支机构或代理机构订立的；

(3)装货港或卸货港；

(4)海上运输合同中指定的其他地点。

(二)调整国际航空货物运输关系的国际公约

目前，调整国际航空货物运输关系的国际公约主要有三个：《华沙公约》《海牙议定书》和《瓜达拉哈拉公约》：

(1)《统一国际航空运输某些规则的公约》(简称《华沙公约》)，1929 年在华沙签订，1933 年

2月13日生效。我国1958年加入该公约。

(2)《修改1929年统一国际航空运输某些规则的公约的议定书》(简称《海牙议定书》),订于1955年9月,1963年8月1日生效。我国于1975年加入该议定书。

(3)《统一非缔约承运人所办国际航空运输某些规则以补充华沙公约的公约》(简称《瓜达拉哈拉公约》),订于1961年,1964年5月1日生效。我国未加入该公约。

(三)调整国际铁路货物运输关系的国际公约

目前,关于国际铁路货物运输的公约有两个:《国际货约》和《国际货协》。

《国际货约》(CIM),全称为《关于铁路货物运输的国际公约》,1961年在伯尔尼签字,1975年1月1日生效。其成员国包括了主要的欧洲国家,如法国、德国、比利时、意大利、瑞典、瑞士、西班牙及东欧各国,此外还有西亚的伊朗、伊拉克、叙利亚以及西北非的阿尔及利亚、摩洛哥、突尼斯等共28国。

《国际货协》(CMIC),全称为《国际铁路货物联合运输协定》,1951年在华沙订立。我国于1953年加入。1974年7月1日生效的修订本,其成员国主要是苏联、东欧一些国家加上中国、蒙古、朝鲜、越南共计12国。

加入《国际货协》的东欧国家又是《国际货约》的成员国,这样《国际货协》国家的进出口货物可以通过铁路转运到《国际货约》的成员国,这为沟通国际间铁路货物运输提供了更为有利的条件。我国是《国际货协》的成员国,凡经由铁路运输的进出口货物均按《国际货协》的规定办理。

(四)调整国际多式联运的国际公约和国际惯例

1973年国际商会制定了《联运单证统一规则》。由于国际货物多式联运提单采用此规则,该规则具有国际惯例性质。

1980年5月在联合国贸发会议的主持下,制定并通过了《联合国国际货物多式联运公约》(简称《联运公约》)。我国在会议最后文件上签了字。该公约目前尚未生效。

第三节　国际货运保险法

国际货运保险,是指被保险人(出口商或进口商)对国际运输的货物按一定的金额向保险人(保险公司)投保一定的险别,并缴纳保险费,保险人在承保收费后,对所承保的货物在运输过程中发生保险责任范围内的自然灾害或意外事故所致损失,按保险单的规定给予经济补偿。

在国际贸易中,由于买卖双方分处不同的国家,进出口货物在运输过程的装卸、运输和储存环节中,都有可能发生各种风险。为保障买卖双方的经济利益,使货物在遭遇风险受损失时,能得到一定的经济补偿,货物的买方或卖方都应向保险机构投保货物运输保险。

国际货运保险包括海上货物运输保险、航空货物运输保险、陆上货物运输保险、邮包运输保险和联运保险等险种。限于篇幅,本节主要阐述海上货物运输保险和航空货物运输保险。其中以海上货物运输保险历史最悠久,也是国际货运保险的主要业务之一。①

---

① 周汉民:《国际贸易法》,上海教育出版社1995年版,第210页。

一、国际海上货运保险

国际航空货物运输保险是以国际海上货物为对象的保险。

（一）海上货物运输保险合同

海上货物运输保险合同是指由保险人与被保险人订立的，由被保险人支付保险费，在保险标的发生承保范围内的风险而遭受损失时，由保险人负责给予赔偿的合同。

海上货物运输保险合同的订立，通常是由投保人填制投保单，然后以此向保险人投保，经保险人审核同意，保险合同即告成立。实践中，保险人同意投保人的申请后，即凭投保单向投保人签发一份保险单。在保险单中，除载明被保险人的名称、保险的货物、运输工具种类与名称、保险的险别、保险起讫地、保险期限、保险金额等项内容外，还规定有保险的责任范围和保险人与被保险人的权利义务等详细条款。因此，保险单是保险合同的证据，也是确定双方当事人权利义务的依据。保险单和被保险人填制的投保单，实际上就是保险合同的书面表现形式。

海上货物运输保险合同的转让，一般通过保险单的背书来实现，无须取得保险人的同意。

海上货物运输保险合同的终止，主要基于期满终止、协议终止或违约失效。

（二）海上货物运输保险承保的风险与损失

1. 海上货物运输保险承保的风险

海上货物运输保险承保的风险主要有三类：

（1）自然灾害

自然灾害指恶劣气候、雷电、海啸、地震、洪水等人力不可抗拒的灾害。

（2）意外事故

意外事故是指运输工具遭受搁浅、触礁、沉没、互撞、与流冰或其他物体碰撞，以及失火、爆炸等由于偶然原因所造成的事故。

（3）外来风险

外来风险指上述风险以外的其他风险，包括一般外来风险和特殊外来风险。前者为偷窃、短量、碰损、缺损、雨淋等，后者则主要指由于政治、社会原因造成的风险，如战争、罢工等。

2. 海上货物运输保险承保的损失

海上货物运输保险承保的损失，限于上述风险造成的损失，又称海损。它分为全部损失和部分损失两大类。

（1）全部损失

全部损失简称全损，又分实际全损和推定全损。实际全损是指保险标的发生保险事故后灭失，或者受到严重损坏完全失去原有形体、效用，或者已不能再归保险人所有。推定全损是指货物发生保险事故后，认为实际全损已经不可避免，或者为避免发生实际全损所需支付的费用与继续将货物运抵目的地的费用之和将超过保险价值。

（2）部分损失

部分损失即不属于实际全损或推定全损的损失，又分为共同海损和单独海损。

共同海损是指在同一海上航程中，船舶、货物和其他财产遭受共同危险，为了共同安全，有意地合理地采取措施所直接造成的特殊牺牲、支出的特殊费用。共同海损必须具备以下条件：

①必须是确实遭遇危及船舶、货物的共同危险。

②所做出的特殊牺牲和支出的特殊费用，必须具有非常性质。

③做出特殊牺牲或支出的特殊费用，必须是有意的和合理的。

④牺牲或支出的费用必须是为挽救处在共同危险中的船舶和货物，并须使船、货取得救助的实际效果。

单独海损是指保险标的由于承保的风险所引起的不属于共同海损的部分损失。与共同海损相比，它的特点是：

①它是承保风险直接造成的，而不是由人的有意识行为做出的。

②它只涉及船舶或货物单独一方的利益。

③它只能由受损一方单独承担，而不能由航行中的各方利益关系人共同分摊。

（三）海上货物运输保险的险别和责任范围

根据国际惯例并结合我国实际，将海上货物运输保险险别分为基本险和附加险两大类。

1. 基本险

基本险是海上货物运输保险的主要险别之一。它是指对于被保险货物在运输中遭受暴风、雷电、流冰、海啸、地震、洪水等自然灾害或由于运输工具搁浅、触礁、碰撞、沉没、失火或爆炸，以及装卸过程中整件货物落海等意外事故所造成的全部或部分损失，以及因上述事故引起的救助费用、共同海损的牺牲和分摊，由保险人负责赔偿的保险。

基本险是可以单独投保的险别，分平安险、水渍险和一切险三种。按其责任范围，平安险最小，水渍险居中，一切险最大。三种基本险的基本责任范围见表6－1。投保人（被保险人）应该根据货物本身的特点、货物去向及船公司的营运状况等条件选择投保的险别。

表6－1　　海上货物运输基本险的责任范围

<table>
<tr><td rowspan="3">一切险</td><td rowspan="2">水渍险</td><td>平安险</td><td>1. 由于下列原因造成的实际全损或推定全损：
(1)自然灾害：恶劣气候、雷电、海啸、地震、洪水等，通常指人力不可抗拒的灾害
(2)意外事故：运输工具搁浅、触礁、沉没、互撞、与流冰或其他物体碰撞以及失火、爆炸等，通常指外遇的突然的、非意料中的事故
2. 由于运输工具发生意外事故：搁浅、触礁、沉没、互撞、与流冰或其他物体碰撞，以及失火、爆炸等造成的部分损失
3. 在装卸转船过程中，一件或数件落海造成的全部或部分损失
4. 对受损货物进行施救所支付的合理费用
5. 船舶遇难后在遇难港被迫卸货所造成的损失
6. 共同海损牺牲、分摊和救助的费用
7. 根据船舶互撞责任条款规定应由货方偿还船方的损失</td></tr>
<tr><td colspan="2">8. 由于恶劣气候、雷电、海啸、地震、洪水所造成的部分损失</td></tr>
<tr><td colspan="3">9. 由于外来原因所致的全部或部分损失，包括偷窃、提货不着、淡水雨淋、短量短少、玷污、渗漏、破损破碎、串味、受潮受热、钩损、包装破裂、锈损</td></tr>
</table>

(1)平安险

其原意是“单独海损不赔”，指保险人仅负责赔偿因自然灾害或意外事故造成的货物全损（含推定全损）和共同海损的损失。

(2)水渍险

其原意是“负单独海损责任”，除包括上列平安险的各项责任外，本保险还负责被保险货物由于恶劣气候、雷电、海啸、地震、洪水等自然灾害所造成的部分损失。

(3)一切险

一切险又称综合险，是指除包括上列平安险和水渍险的各项责任外，本保险还负责被保险货物在运输途中由于外来原因所致的全部或部分损失。

2. 附加险

附加险是基本险的补充。它可以由被保险人根据需要选择确定加保一种或几种附加险。附加险所承保的是外来原因所致的损失，包括一般附加险、特别附加险和特殊附加险三种。

(1)一般附加险

一般附加险不能单独投保，必须在投保了主险(平安险、水渍险)的基础上加保或部分加保。由于一般附加险别的全部风险都属于一切险的责任范围之内，所以只要保了一切险则保险公司对一般附加险的所有风险都负责。一般附加险别主要有以下11种：

①偷窃、提货不着险；

②淡水雨淋险；

③短量短少险；

④玷污险；

⑤渗漏险；

⑥破损破碎险；

⑦串味险；

⑧受潮受热险；

⑨钩损险；

⑩包装破裂险；

⑪锈损险。

(2)特别附加险

特别附加险同一般附加险一样，必须在投保主险后，才能加保此险。这种附加险的责任范围已超出了一般“意外事故”的范围，故不属于一切险的责任范围之内，甚至致损原因往往同政治、国际行政管理及一些特别风险相关联。特别附加险分为以下几种险别：

①交货不到险；

②进口关税险；

③舱面险；

④拒收险；

⑤黄曲霉素险；

⑥出口货物到中国香港(包括九龙在内)或中国澳门存仓火险责任扩展条款。

(3)特殊附加险

特殊附加险也必须在保了主险后才能加保，其责任范围也已超出了一般的“意外事故”，故不属于一切险的责任范围。特殊附加险的险别主要包括战争险、罢工险等。

(四)海上货物运输保险的除外责任和被保险人责任

1. 海上货物运输保险的除外责任

保险人对不属于保险责任范围内的风险事故所造成的保险标的的损失或由此产生的费用不承担责任。海上货物运输保险的三种基本险中，保险人对下列原因所造成的货物损失都不负责赔偿：

（1）被保险人的故意行为或过失行为所造成的货损。

（2）被保险货物的潜在缺陷和货物本身性质所造成的损失，包括货物已存在的品质不良、包装不善、标志不清所造成的损失，以及因发货人责任所造成的损失。

（3）被保险货物的自然损耗、自然渗漏和自然磨损所造成的损失。

（4）被保险货物因市价跌落或运输延误所引起的损失或费用。

（5）属于战争险条款和罢工险条款所规定责任范围和除外责任的货损。

2. 被保险人的责任

被保险人除按约定缴付保险费外，还应承担下列责任：

（1）及时提货，尽快报损，保留向有关责任方索赔的权利。

（2）合理施救，积极处理，防止或减少被保险货物的损失。

（3）对保险内容变化，应立即通知保险人并加缴保险费。

（4）索赔时，备全单证，办妥手续，以使保险人能定损核责结案。

（5）尽到对船舶互撞责任的通知义务。

（五）海上货物运输保险责任期限

保险责任期限，是指保险公司承担保险责任时间的起讫规定，又称保险有效期。不同的保险条款对海上货物运输保险责任期限的规定也不尽相同。

1.“仓至仓”条款

“仓至仓”条款规定，保险人对保险货物所承担的保险责任，是从保险单所载明的起运港发货人的仓库开始，直到货物运抵保险单所载明的目的港收货人的仓库为止。当货物一经进入收货人的仓库，保险责任即行终止，在仓库中发生的损失概不负责。但是，货物从目的港卸离海轮时起算满 60 日，不论保险货物有无进入收货人的仓库，保险责任均告终止。例如，纱锭 100 件从张家港出口到新加坡，海轮于 6 月 1 日抵达新加坡港口开始卸货，6 月 3 日卸完，但卸在码头货棚里，而没有运往收货人仓库，那么保险责任至 8 月 2 日即告终止。如果 8 月 2 日前将这批纱锭运到了收货人仓库，则不论哪一天进入该仓库，保险责任也即终止。由于货物到达目的港后，进入收货人仓库的情况较为复杂，应按照不同情况加以规定：

（1）保险单上所载的目的地就是卸货港。收货人提货后，运到他自己的仓库，保险责任即行终止。如果收货人提货后，并不是运往他自己的仓库，而是对货物进行分配、分派或者是分散转运，保险责任从这个时候起也即行终止。

（2）保险单上所载的目的地不在卸货港，而是在内陆某地。收货人或其代表将货物提取后运到内陆某地。当货物进入内陆目的地收货人的仓库时，保险责任即行终止。

（3）保险单上所载的目的地是内陆。保险货物从海轮卸离后运往内陆目的地时，并没有直接运往收货人的仓库，而是在途中先放在某一个仓库，然后将整批货物进行分配、分派或者是分为几批运往几个地方，包括其中有一部分仍运往保险单原来载明的目的地。保险责任在到达分配地后全部终止，包括那部分运往原保险目的地的。

上述情况均受保险货物卸离海轮 60 日的限制。

2. 扩展责任条款

扩展责任条款是指保险货物在运输途中，由于在被保险人无法控制的情况下产生的船只绕道、延迟、被迫卸货以及转运等，保险公司对此仍继续负责。此外，对船、车或租船人根据运输契约或租船合同所赋予的权力改变航程，保险责任仍继续有效。

3. 航程终止条款

在被保险人无法控制的情况下，保险货物在运抵保险单载明的目的地之前，运输契约在其他港口或地方终止，或者由于其他原因，航程在运输条款规定的保险责任截止期以前先告终止，保险继续有效。负责期限直到保险货物在这些卸载的港口或地方卖出去以及送交时为止。但是，最长期限不能超过货物在卸载港全部卸离海轮后满 60 日。这两种情况保险期限终止应以先发生的为准。如果在上述 60 日的期限内，或者在约定的任何扩展期限内，保险货物仍旧运到原来保险单所载明的目的地，或者运到其他目的地，保险期限的终止依旧按照运输条款的规定办理。保险公司对发生这些被保险人无法控制的特殊情况，并不终止保险责任，原来的保险继续有效。当然，被保险人在获悉这些情况后，应该立即通知保险公司，而且保险公司认为有必要，还可以加收保险费。

4. 驳运条款

海上运输的货物有两种装卸情况：一种是海轮靠停码头，直接从码头上将货物装上或卸下；另一种是海轮停泊在海面的浮筒旁，用驳船将货物装上去或卸到驳船上。驳船在驳运过程中也常会发生损失，而驳船又非保险单上写明的海轮。本条款就因此而造成的货物损失予以负责，负责的范围按保险单上所载的承保险别办理。这一条款中还规定每一条驳船均作为单独保险。单独保险的含义是指驳船上承运的货物虽然从整个保险单所保的货物来看，是一个部分，不是单独的，但是可将它作为一个单独的整体来考虑。例如，一张保险单承保了 1 200 包水泥的平安险，可装 4 条驳船驳往海轮，每艘驳船装 300 包水泥，其中一条驳船在驳运过程中遭遇恶劣气候，300 包水泥全部损失，如果作为一张保险单的一部分来对待，那么没有达到所有货物的全损，保险公司不予负责。现在将它作为单独保险来处理，则已经到达驳船的货物全部损失，保险公司予以负责。

(六)海上货物运输保险的索赔时效

索赔是指被保险人在被保险货物因所承保的风险而遭受损失时，向保险人要求赔偿损失。被保险人提出索赔时，必须应保险人的要求，提供与确认事故性质和损失程度有关的证明和资料。保险人只有在经过审查确定风险事故与损失之间存在因果关系，风险事故又属于承保范围之内的，才按损失的程度予以赔偿。此外，被保险人提出索赔还必须在索赔时效的期限之内，否则将丧失索赔权利。根据《海商法》的规定，该时效为 2 年，自保险事故发生之日起计算。

索赔时效亦即诉讼时效。被保险人只有在索赔时效内提起仲裁或诉讼，其权利才能得到保护，否则丧失追诉权。

二、国际航空货物运输保险

国际航空货物运输保险是以国际航空货物为对象的保险。

(一)保险责任范围

国际航空货物运输保险分为航空运输险和航空运输一切险两种。被保险货物遭受损失时，保险人按保险单上订明承保险别的条款负赔偿责任。

1. 航空运输险的责任

(1)被保险货物在运输途中遭受雷电、火灾、爆炸或由于飞机遭受恶劣气候或其他危难事故而被抛弃，或由于飞机遭受碰撞、倾覆、坠落或失踪意外事故所造成的全部或部分损失。

(2)被保险人对遭受承保责任内危险的货物采取抢救、防止或减少货损的措施而支付的合理费用，但以不超过该批被救货物的保险金额为限。

2. 航空运输一切险的责任

除包括上列航空运输险的责任外，航空运输一切险还负责被保险货物由于外来原因所致的全部或部分损失。

(二)除外责任

国际航空货物运输保险的除外责任与国内航空货物运输保险的除外责任基本相同，此处不再重述。

(三)责任期限

1. 该保险负“仓至仓”责任，自被保险货物运离保险单所载明的起运地仓库或储存处所开始运输时生效，包括正常运输过程中的运输工具在内，直至该项货物运达保险单所载明目的地收货人的最后仓库或储存处所或被保险人用作分配、分派或非正常运输的其他储存处所为止。如未运抵上述仓库或储存处所，则以被保险货物在最后卸载地卸离飞机后满 30 日为止。如在上述 30 日内被保险的货物需转送到非保险单所载明的目的地时，则以该项货物开始转运时终止。

2. 由于被保险人无法控制的运输延迟、绕道、被迫卸货、重新装载、转载或承运人运用运输契约赋予的权限所做的任何航行上的变更或终止运输契约，致使被保险货物运到非保险单所载目的地时，在被保险人及时将获知的情况通知保险人，并在必要时加缴保险费的情况下，该保险仍继续有效。保险责任按下述规定终止：

(1)被保险货物如在非保险单所载目的地出售，保险责任至交货时为止。但不论任何情况，均以被保险的货物在卸载地卸离飞机后满 30 日为止。

(2)被保险货物在上述 30 日期限内继续运往保险单所载原目的地或其他目的地时，保险责任仍按上条的规定终止。

航空货物运输保险的正常责任期限，同海洋货物运输险的责任期限基本相同。但在扩展保险期限上航空货运险是 30 日，比海运险的 60 日短。这是因为航空货物运输所需时间比海洋运输短，所以扩展责任期限也相应缩短。

(四)被保险人的义务

被保险人应按照以下规定的应尽义务办理有关事项，如因未履行规定的义务而影响保险人利益时，保险人对有关损失有权拒绝赔偿：

1. 当被保险货物运抵保险单所载目的地以后，被保险人应及时提货。当发现被保险货物遭受任何损失，应立即向保险单所载明的检验、理赔代理人申请检验，如发现被保险货物整件短少或有明显残损痕迹，应立即向承运人、受托人或有关当局索取货损货差证明。如果货损货差是由承运人、受托人或其他有关方面的责任造成，应以书面的方式向他们提出索赔，必要时还须取得延长时效的认证。

2. 对遭受承包责任内危险的货物，应迅速采取合理的抢救措施，防止或减少货物损失。

3. 在向保险人索赔时，必须提供下列单证：保险单正本、提单、发票、装箱号、磅码单、货损货差证明、检验报告及索赔清单。如涉及第三者责任，还须提供向责任方追偿的有关函电及其他必要单证或文件。

（五）索赔期限

该保险的索赔时效，从被保险货物在最后卸载地卸离飞机时起算，最多不超过2年。

第四节　国际贸易结算法

在国际贸易中，常见的支付方式有三种，即汇付、托收和信用证。

汇付支付方式采用的是顺汇法，即由进口商（债务人）主动把货款交给本国银行，委托银行使用某种支付工具，把货款汇付给出口商（债权人）。因其支付工具的传送与资金的流动方向相同，故称之为顺汇。托收和信用证方式下收取货款采用的是逆汇法，即出口商（债权人）通过银行主动向进口商（债务人）索取货款。因其支付工具的传送方向与资金的流动方向相反，故称之为逆汇。这三种支付方式，虽然都是通过银行办理，但就信用来说，银行承担的义务是不同的。信用证是银行保证付款的一种凭证，所以信用证属银行信用；在汇付和托收方式下，银行实际不承担进口人付款或出口人提交货运单据的义务，而由买卖双方根据贸易合同互相提供信用，因此汇付和托收属商业信用。

一、汇付

（一）汇付的概念和当事人

汇付（Remittance）指汇款人主动将货款交给银行，由银行根据汇款指示汇交给收款人的一种付款方式。一项汇付业务中通常涉及的当事人有：

1. 付款人（Remitter），通常是指国际贸易中的买方，即进口方。

2. 收款人（Payee），通常是指国际贸易中卖方，即出口方。

3. 汇出行（Remitting Bank），通常是指接受汇款人申请、代其汇款的银行，汇款行一般是进口地银行。

4. 汇入行（Paying Bank），是接受汇出行的委托、对收款人付款的银行，汇入行通常是出口地银行。

（二）汇付的种类

汇付有信汇、电汇和票汇三种办法。

1. 信汇（Mail Transfer，M/T），是汇出行应汇款人的申请，将信汇委托书寄给汇入行，授权解付一定金额给收款人的一种汇款方式。

2. 电汇（Telegraphic Transfer，T/T），是汇款人要求本地银行用电报或电传把汇付款委托通知在国外的汇入行，指示解付一定金额给收款人的汇款方式。

3. 票汇（Remittance By Bank's Demand Draft，D/D），是汇出行应汇款人的申请，开立以汇入行为付款人的银行即期汇票，列明收款人姓名、汇款金额等，交汇款人自行寄交或代交收款人，由收款人凭票向汇入行取款的汇款方式。

电汇、信汇和票汇的业务程序见图6—1和图6—2。

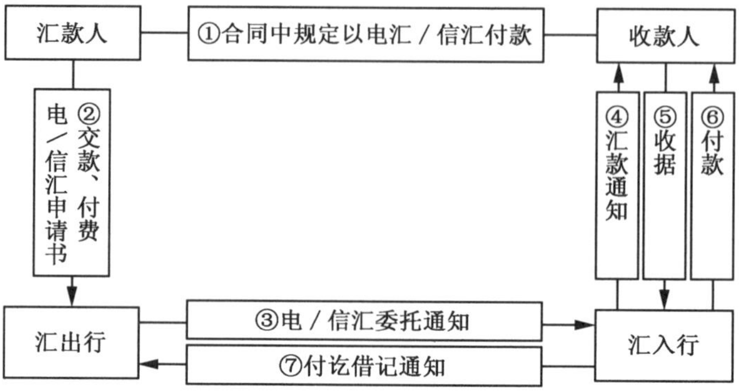

图6—1 电/信汇业务程序图

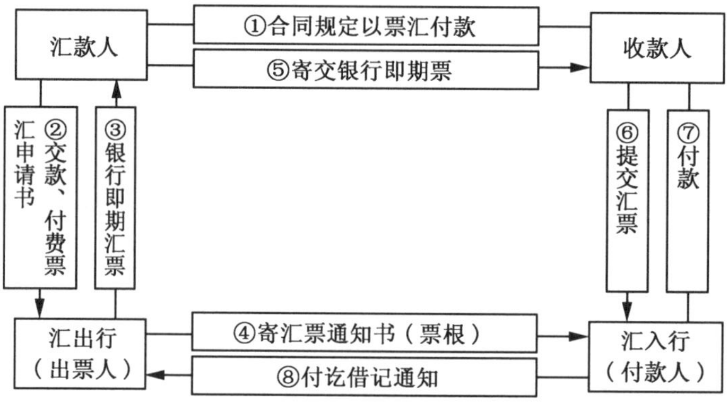

图6—2 票汇业务程序

（三）汇付方式的性质及其在国际贸易中的使用

汇付方式的性质属于商业信用。

在国际贸易中，汇付方式通常用于预付货款（Payment in Advance），随订单付现（Cash with Order，COD）和赊销（Open Account））等业务。采用预付货款和随订单付现，对卖方来说，就是先收款，后交货，资金不受占压，对卖方最有利；反之，采用赊销贸易时，对卖方来说，就是先交货，后付款，卖方不仅要占压资金还要承担买方不付款的风险，因此，对卖方不利，对买方最为有利。此外，汇付方式还用于支付订金、分期付款、货款尾数以及佣金等费用的支付。

二、托收

托收（Collection）是指债权人（出口人）出具汇票委托银行向债务人（进口人）收取货款的一种支付方式。

（一）托收方式的当事人及其当事人之间的法律关系

托收一般是通过银行办理的，故又称银行托收。其基本做法是：由出口人根据发票金额开出以进口人为付款人的汇票，向出口地银行提出托收申请，委托出口地银行通过它在进口地的代理行或往来银行代向进口人收取货款。

1. 一笔托收业务通常有以下当事人：

(1)委托人，就是债权人，通常为出口人。

(2)付款人，就是债务人，也是汇票上的受票人，通常为进口人。

(3)托收银行，就是债权人所在地的银行，又称寄单银行，即接受委托人委托代为收款的银行。

(4)代收银行，就是债务人所在地的银行，即接受托收银行委托向付款人收取票款的银行。代收银行通常是托收银行的国外分行或代理行。

2. 托收当事人之间有以下法律关系：

(1)委托人与托收行之间是委托代理关系。托收行应该严格按照委托人的托收委托指示进行托收业务，根据 URC522 的规定，银行应以善意和合理的谨慎行事。但是，托收行对于托收的款项并不承担必须收回的义务。

(2)托收行与代收行之间是委托代理关系。代收行应按托收行的指示，及时向汇票商上的付款人做付款提示或承兑提示以收取货款，如遭拒付则应及时通知托收行，并要保管好单据。如果代收行违反托收指示，在付款人未付款的情况下擅自将单据交给付款人，就违反了合理谨慎义务，应对托收行承担违约责任。

(3)委托人与代收行之间不存在直接的合同关系。

(4)代收行与付款人之间不存在任何法律上的权利义务关系。

(二)托收的国际惯例

为了调整在托收业务中各银行之间以及银行与客户之间的权利义务关系，国际商会于 1958 年起草《商业单据托收统一规则》(Uniform Rules on the Collection of Commercial Paper)，1967 年公布，1978 年修订，改名为《托收统一规则》(Uniform Rules for Collections，简称 URC322)，于 1979 年 1 月 1 日起实施。1995 年 5 月国际商会银行委员会通过了修订的《托收统一规则》，以国际商会第 522 号出版物的形式出版，简称为 URC522，于 1996 年 1 月 1 日起生效。URC522 是目前国际托收业务中普遍采用的国际结算惯例。URC522 共计 26 条，分别规定了总则和定义、托收的形式和构成、提示的形式、责任和义务、付款利息和费用、其他条款等七个方面的问题。《托收统一规则》是惯例性质，并非当然有约束力。然而必须看到，现在它已为许多国家的商会和银行所采用。

(三)托收支付方式的基本业务程序

托收的基本程序是：

1. 委托人(即卖方)出具汇票，并向其所在地银行提出托收申请，填写托收指示书。依《托收统一规则》的规定，送交托收的汇票和装运单据等单据，必须附有一份完整和明确的托收指示书。

2. 托收行(卖方所在地银行)接受申请后，委托其在买方的往来银行(即代收行)代为办理收款事宜。

3. 代收行向买方做付款提示或承兑提示，在付款人付款后通知托收行，托收行即向卖方付款。如付款人拒付，则由代收行通知托收行，再由托收行通知卖方。

(四)托收的种类

托收可分为光票托收和跟单托收两类。光票托收(Clean Collection)是指资金单据的托收，不附有商业单据，或仅附有发票等不包括运输单据的一般商业单据，即所谓“非货运单据”的托收。跟单托收(Documentary Collection)是指附有包括运输单据在内的商业单据的汇票的托收。在国际贸易中，大多数情况下均采用跟单托收。

跟单托收按照向进口人交付货运单据的条件不同，可分为付款交单和承兑交单两种。

1. 付款交单

付款交单是指出口人的交单以进口人的付款为条件，即出口人在委托银行向进口人收款时，指示银行只有在进口人付清货款时，才能向进口人交出货运单据。

按付款时间的不同，付款交单又可分为即期付款交单和远期付款交单两种。

(1)即期付款交单，是指由出口人在发货后开具即期汇票连同货运单据，通过银行向进口人提示时，进口人在审核无误后，即需全数付款，进口人在付清货款后向银行领取货运单据。

(2)远期付款交单，是指由出口人在发货后开具远期汇票，连同货运单据通过银行向进口人提示，进口人在审核无误后先在汇票上承兑，于汇票到期日付清货款后领取货单据。

在远期付款交单条件下，若到货日早于汇票到期日，可凭信托收据借取货运单据，先行提货。所谓信托收据，就是进口人借单时提供的一种书面信用担保文件，用来表示愿意以代收银行的受托人身份代为提货、报关、存仓、保险，并承认货物的所有权仍属银行。

2. 承兑交单

承兑交单是指出口人在装运货物后开具远期汇票，连同货运单据，通过银行向进口人提示时，进口人在审核无误后，即在汇票上承兑，代收行便将货运单据交给进口人，进口人待汇票到期日方才付款，即出口人的交单是以进口人在汇票上承兑为条件。

跟单托收的业务程序见图6—3。

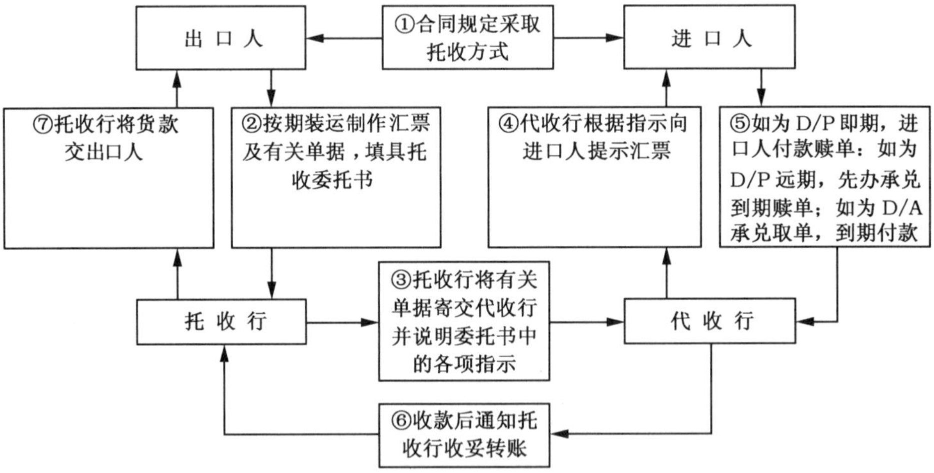

图6—3 跟单托收的业务程序

(五)托收的特点和利弊

托收属商业信用。采用托收方式收取货款，对出口人来说风险较大。所以在出口业务中采用委托方式收取货款，必须注意以下事项：

1. 必须严格审查进口人的资信情况和经营作风，成交金额不宜超过其信用额度。

2. 在交易条件上原则上应选择包括保险在内的贸易术语(CIF或CIP)；否则，应投保卖方利益险。

3. 对承兑交单和授权代收行凭进口人出具信托收据借单的做法应从严掌握。

4. 对于实行进口管制与外汇管制较严的国家以及银行对托收业务有特殊习惯做法的国家和地区，在出口业务中，一般不宜做托收。

托收方式对于汇款方式而言，使得钱货两讫，是一个进步，然而托收显然对出口商是不利的。由于托收方式是先发货后收款，对出口商而言，可能面临进口商由于各种原因而拒付赎单或承兑后拒绝付款的风险。在光票托收下，出口商可能遇到进口商拒付或延付的风险，即使是在跟单托收下，也会出现进口商承兑后拒付或延付的风险。这种不利使得贸易结算方式进一步演进，产生了信用证。

三、信用证

（一）信用证概述

1. 信用证的概念

信用证（L/C）是开证银行应开证申请人的申请签发的、在满足信用证要求的条件下，凭信用证规定的单据向受益人付款的一项书面凭证。

2. 信用证的国际惯例

国际商会于1930年制定了《商业跟单信用证统一规则》，供各银行自愿采用。1983年该规则改名为《跟单信用证统一惯例》（Uniform Customs and Practice for Documentary Credits，UCP）。目前使用的是2007年7月1日起实施的文本，简称为UCP600。

与1993年5月公布的UCP500相比，UCP600从原来的49条减至39条，而其条款更加清晰、易懂和实用。从其内容来看，UCP600的变化在于以下几个方面：一是增加了专门的定义条款，便于条款的理解和适用，如改进了议付定义，引入了Honour（兑付）概念。二是解释规制，删除可撤销信用证。三是进一步明确开证行、保兑行及指定银行的责任，规范第二通知行。四是审单标准更加清晰，审单时间从“不超过7个银行工作日的合理时间”改为“最多不超过5个银行工作日”；明确了交单期限的适用范围；将单据与信用证相符的要求细化为“单内相符、单单相符、单证相符”。五是将银行处理不符单据的选择增加到四种：持单听候交单人的处理；持单直到开征申请人接受不符单据；径直退单；依据事先得到交单人的指示行事。

银行在处理信用证业务中，遵循信用证独立性和严格相符原则。

信用证的独立性原则系指银行仅受信用证的约束，而与买卖合同无关，买卖双方因履行合同引起的任何争议，不影响银行在信用证下的权利和义务。

信用证的严格相符原则系指信用证的受益人提示的单据做到“单据和单据相符，单据和信用证相符”时，银行就必须履行其付款义务；反之，即使受益人所交付的货物与合同相符，但未能提供与信用证相符的单据，银行就无付款的义务。银行的审单责任仅限于单据的表面符合信用证条款，而不问其格式、完整性、真实性、伪造或其法律效力以及单据所代表的货物、签发人的情况或清偿能力，对于这些事项，银行均不承担责任。

（二）信用证的主要内容及其运作程序

1. 信用证的主要内容

（1）信用证的种类、编号、开证时间和地点等。

(2)信用证当事人,包括开证申请人、开证银行、受益人、通知行、议付行、偿付行等。

(3)支付条款,包括信用证支付货币币种和金额。该金额是开证行付款的最高限额。

(4)货物条款,包括对货物的名称、规格、数量、包装、价格等方面的记载和说明。

(5)汇票条款,此仅适用于使用汇票的信用证。

(6)单据条款,主要规定需要提交的单据类型和份数,通常包括商业发票、运输单据、保险单据、装箱单、原产地证、检验证书等。

(7)装运条款,主要规定装运港、装运日期及地点、卸货港、运输时间、是否转运或分批装运等。

(8)特殊条款,信用证可对每笔交易的不同需求做出特殊的规定。

2. 信用证的一般运作程序

(1)买卖双方在进出口贸易合同中规定采用信用证方式支付。

(2)买方向银行申请开证,并向银行缴纳押金或提供其他保证。

(3)开证行根据申请书的内容,开出以卖方为受益人的信用证,并寄交卖方所在地通知行。

(4)通知行核对印鉴无误后,将信用证交与卖方。

(5)卖方审核信用证与合同相符后,按信用证规定装运货物,并备齐各项货运单据,开出汇票,在信用证有效期内,送请当地银行(议付行)议付,议付行按信用证条款审核单据无误后,按照汇票金额扣除利息,把货款垫付给卖方。

(6)议付行议付后将汇票和货运单据寄开证行要求索偿。

(7)开证行或其指定的付款银行核对单据无误后,付款给议付行。

(8)开证行通知买方付款赎单。

采用信用证结算货款业务流程如图 6—4。

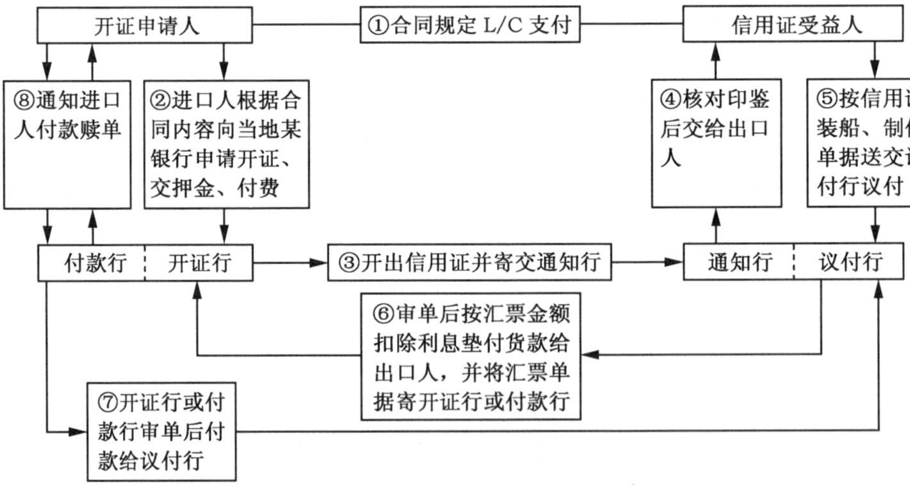

图 6—4　信用证结算货款业务流程

(三)信用证的有关当事人及其法律关系

1. 信用证的当事人

(1)开证申请人,指向银行申请开立信用证的人,通常是买卖合同中的进口方,也是信用证支付关系中的债务人。

(2)开证银行,是指接受开证人的委托,同意开立信用证的银行。

(3)通知银行,是指接受开证银行的委托,将信用证通知受益人的银行。

(4)受益人,是指信用证上所指定的有权享有该信用证权益的人。

(5)议付银行,是指愿意买入或贴现受益人交来的汇票的银行。

(6)付款银行,是指信用证上指定的付款银行,通常是开证银行本身。

(7)保兑银行,是指根据开证行的请求在信用证上加以保兑的银行。保兑银行和开证行均对受益人承担第一性的付款责任。

2. 信用证当事人之间的法律关系

信用证业务中主要当事人是开证人、开证行、通知行、议付行和受益人。

(1)开证申请人与受益人之间的法律关系

开证申请人与受益人的法律关系是买卖合同关系。买方的义务是必须根据合同规定按时申请开立信用证。

(2)开证申请人与开证银行之间的法律关系

开证申请人与开证银行的法律关系是以开证申请书为基础的委托合同关系。开证银行对开证申请人的义务和责任主要有两条:根据开证申请人的指示开证;以合理的谨慎审核受益人提交的单据。

(3)开证银行与受益人之间的关系

开证行开立信用证并送达受益人,受益人接受了信用证之后就确立了双方的法律关系,信用证形成了开证行和受益人之间的一项独立的合同。

(4)通知行和开证行、受益人之间的关系

通知行和开证行之间是一种委托代理关系,但它与受益人之间无合同关系。

(5)受益人与议付银行之间的法律关系

一般的公开议付信用证的议付银行与开证银行之间本没有委托代理关系,议付银行是自愿承担风险买入受益人的跟单汇票,然后以持票人的身份向开证银行行使索偿权。

(四)信用证的种类

根据不同性质,信用证可分为不同的种类:

1. 可撤销信用证(Revocable L/C)与不可撤销信用证(Irrevocable L/C)

(1)可撤销信用证是指开证行可以不经过受益人同意也不必事先通知受益人,在该信用证议付之前,可以随时修改或撤销的信用证。UCP600 已经将“可撤销信用证”删除,因此,除非选择适用 UCP500 等更早版本,信用证都是不可撤销的。

(2)不可撤销信用证是指信用证一经开出,在有效期内不经受益人或有关当事人同意,开证行不得单方加以修改或撤销的信用证。根据这种信用证,出口商只要提供了符合信用证要求的单据,开证行必须履行付款义务,为受益人收款提供了保障。因此,不可撤销信用证在国际贸易中得到广泛使用。根据 UCP500 第 6 条规定,凡信用证上未注明是可撤销的,应视为不可撤销信用证。

2. 保兑信用证(Confirmed L/C)和不保兑信用证(Non－confirmed L/C)

(1)保兑信用证是指一家银行开立信用证而由另一家银行加以保证付款的信用证。经过保兑的信用证就由开证行和保兑行共同对受益人承担付款责任。

(2)不保兑信用证是指未经另一家银行保兑的信用证。

3. 即期信用证(Sight L/C)与远期信用证(Time L/C,Usance L/C)

(1)即期信用证是指信用证内规定受益人开立即期汇票收款,银行收到信用证规定的单据后立即付款的信用证。

(2)远期信用证是指信用证规定受益人须开立远期汇票收款的信用证。

4. 可转让信用证(Transferable L/C)和不可转让的信用证(Untransferable L/C)

(1)可转让信用证是指信用证上注明"可转让"的信用证。这种信用证的受益人有权把该信用证上的全部或一部分权利(包括出运货物及交单取款的权利)转让给第三人。可转让信用证只能作转让一次。UCP600 在第 38 条对"可转让信用证"做了具体界定。

(2)不可转让信用证是指信用证上没注明"可转让"字样的信用证。该信用证只限于受益人使用。

5. 循环信用证(Revolving L/C)

循环信用证是指在相同条款的情况下,在一定时间内,信用证金额可以重复使用的信用证。即受益人全部或部分使用了信用证金额后,该金额可以重新恢复到原金额,供继续使用,周而复始直至规定的次数或规定的总金额用完为止。当买卖双方就相同商品签订了长期供货合同并规定分批交货时,买方为了节省开证申请手续和费用,卖方为了减少逐笔催证、逐笔审证的麻烦,往往要求买方开立可循环信用证。

6. 对开信用证(Reciprocal Credit)

对开信用证是指买卖双方同时既是出口商又是进口商,相互以开证申请人和受益人身份开立两张信用证,证额相等或大致相等。第一张开出时暂不生效,等对方开来第二张信用证时,两证同时生效。对开信用证多在易货贸易或补偿贸易中使用。

7. 备用信用证(Standby Credit)

备用信用证又称不跟单信用证(Clean L/C)、保证信用证(Guarantee L/C)、履约信用证(Performance L/C)等,是指开立备用信用证的银行向受益人担保,如果申请人不履行债务(不一定是金钱给付义务),则由开证行给予补偿。与普通跟单信用证的不同在于:

(1)备用信用证不需要随附很多商业单据,因此,可以减少银行审单的麻烦,节约时间和费用。在备用信用证中,受益人只要开出相应汇票及申请人未履行义务的书面证明即可得到开证行的偿付。

(2)备用信用证的开证行在申请人承担金钱给付义务时,承担的是第二付款人的责任。如果申请人履行了债务,备用信用证则属于备而不用。在某些国家,如美国、日本、加拿大,由于法律不允许银行为当事人提供担保,备用信用证在实际业务中可以起到银行保函的作用。因此,在这些国家里,备用信用证得到广泛使用。

(3)备用信用证的申请人可以是债务人,也可以是债权人。因此,在国际经济活动中,其适用范围更为广泛,不仅用于国际货物买卖,还广泛用于投标保证、履约保证、借款保证、赊购保证等。

(五)信用证交易中的欺诈行为及例外原则

银行在信用证业务中遵循信用证独立和严格单证相符原则,如果不法商人恶意利用这两项原则,利用伪造的但与信用证相符的单据向银行要求付款,将导致买方的重大损失。在国际贸易中信用证的欺诈案件时常发生，因此，信用证的信用地位受到很大威胁。美国法院确立了信用证欺诈例外的原则。此外，《美国统一商法典》对欺诈例外原则的适用做了明确规定，根据《美国统一商法典》第5－109节之规定，只要受益人提交的单证表面相符，开证行出于善意兑付了汇票或支付命令，开证行并不负任何责任，即使卖方已经发出通知，说明单据上存在欺诈、伪造或交易上有欺诈行为，仅法院有权禁止款项的兑付。包括中国在内的很多国家法院也已经接受了信用证欺诈例外的原则。

第五节 《服务贸易总协定》

早在18世纪，有关国际服务贸易的一些专项协议就已经出现。第二次世界大战之后，随着服务贸易在世界经济、政治中的地位日益提高以及世界经济全球化、区域集团化的发展，有关国际性和区域性的服务贸易协议不断达成，逐渐形成相对完整的体系。国际服务贸易协议在一定程度上协调了各国的服务贸易政策，促进了国际服务贸易的发展。

一、《服务贸易总协定》的产生

1986年开始的关贸总协定第八轮谈判——“乌拉圭回合”，首次将服务贸易列为3大新议题之一，并展开谈判，目标是为服务贸易自由化制定各缔约方普遍遵守的国际服务贸易规则。然而，由于服务贸易涉及面广，情况复杂，各国的要求不同，所以谈判并非一帆风顺。

（一）美国的主张

美国是服务贸易谈判最积极的倡导者。自1972年美国出现商品贸易逆差以来，该逆差由服务贸易顺差部分地加以弥补。美国在制造业比较优势逐步丧失的同时，服务业发展领先的优势日益突出，所以，它积极倡导服务贸易谈判，试图打开其他国家的服务贸易市场。

早在1974年，美国政府就已根据其外贸法第102节G款的规定，取得在“东京回合”中就服务贸易进行谈判的充分授权。由于当时有更加迫切的问题需要解决，美国才没有急于提出服务贸易的减让谈判。但在“东京回合”取得的一项成果（海关估价和政府采购协议）的有关条文中已对服务部门做了规范。在“东京回合”谈判期间，美国政府继续对服务业和服务贸易加以研究，为此专门成立了“服务贸易咨询委员会”，以直接沟通政府与企业之间的联系。

到1980年，美国为了就GATT主持下的服务贸易谈判达成所谓的“国际共识”，发动了一场公关运动，包括进行学术研究、举办高级研讨会以及在经合组织中促成一项关于服务贸易的工作计划等，为服务贸易的多边谈判大造国际舆论。

在1982年蒙特利尔的关贸总协定部长级会议召开之际，美国提出该会的首要议题是在GATT中确定一项关于服务贸易的工作计划，以便为这一领域的多边谈判准备技术基础。美国的提议遭到发展中国家和少数发达国家的反对，理由是在GATT范畴内讨论服务贸易会产生一个基本假定，即GATT原则应适用于服务贸易，这样的讨论将会导致商品贸易与服务贸易的减让互相联系的假设成立，从而使美国根据《贸易和关税法》及后来的《综合贸易和竞争法》将跨领域报复行为合法化。但蒙特利尔部长会议最终达成了一项妥协决议，认为对服务贸易感兴趣的缔约方可以就服务贸易问题（包括是否有必要就此进行谈判等问题）进行研究，并通过像 GATT 这样的国际组织交换相关信息。后来，几乎所有的发达国家都提交了相应的研究报告，对美国关于进行服务贸易谈判的动议表示支持。

1984 年 11 月召开了 GATT 第 40 届年会，决定成立服务贸易谈判工作组以促进有关信息的交流。另外，“乌拉圭回合”筹备委员会也对服务贸易进行了讨论。1986 年 9 月，埃斯特角部长宣言将服务贸易作为 3 项新议题之一列入“乌拉圭回合”多边贸易谈判程序，从此拉开了服务贸易多边谈判的序幕。在谈判中，美国提出了实现服务贸易全面自由化的具体意见，主要包括：

(1)确认总协定基本原则不仅适用于商品贸易，同时也适用于服务贸易；

(2)采取将商品贸易与服务贸易综合起来的“单轨制”谈判方式；

(3)拓宽服务贸易谈判的项目和范围，把通信、信息软件的处理等远距离核心服务以及涉及跨国公司内部交易及其有关的投资、开业权等问题全部包括在内；

(4)根据总协定关于“维持现状，逐步退回”的原则及达成的部分协议，逐步实现服务贸易多边自由化；

(5)为推进服务贸易自由化进程，消除市场壁垒，美国还提出“整体贸易互惠案”，即以美国等发达国家在商品贸易某些项目谈判中的让步，来换取发展中国家在服务贸易自由化问题上的让步。

(二)发展中国家的主张

美国的上述主张遭到了发展中国家的反对。发展中国家由于服务业和服务贸易落后，在绝大多数服务贸易领域都存在各种壁垒，做到服务贸易自由化困难重重。以巴西和印度为代表的发展中国家坚决反对将服务贸易纳入 GATT 体制，它们不仅认为本国尚未成熟的服务部门属“幼稚产业”，经不起发达国家服务部门激烈竞争的冲击，而且指出服务贸易争端不应与商品贸易谈判联系起来。然而，随着谈判的进行，发展中国家为了换取美国等发达国家在商品贸易上的让步，便在服务贸易谈判中做出一定程度的妥协，使服务贸易在如何纳入 GATT 多边贸易体系问题上有了突破性进展，即采取“双轨制”的谈判方式，将服务贸易作为与商品贸易并列的议题，由各国就旅游、建筑、金融、保险、电信和专业人员服务等展开具体谈判。

(三)服务贸易谈判的过程和 GATS 的产生

“乌拉圭回合”服务贸易谈判大体经历了 3 个阶段。

第一阶段是 1986 年 10 月～1988 年 11 月。该阶段的谈判重点是关于服务贸易的定义、范围、与服务贸易有关的国际规则或协议等问题。这一阶段各方分歧很大，发展中国家要求对国际服务贸易做比较狭义的定义，即“居民与非居民进行的跨国境的服务购销活动”。这个定义将跨国公司内部交易以及诸如金融、保险、咨询和法律服务等不必跨越国境的交易排除在外。美国等发达国家则坚持较为广义的定义，将所有涉及不同国民或国土的服务活动纳入国际服务贸易范畴。欧共体提出的折中意见主张不预先确定谈判范围，而是根据谈判需要对国际服务贸易采取不同定义。多边谈判基本上采纳了欧洲共同体的意见。

第二阶段为 1988 年 12 月～1990 年 6 月。1988 年 12 月在加拿大的蒙特利尔举行了中期评审会谈。会谈中，为加速谈判，各国在一定程度上摆脱了对服务贸易定义的纠缠，而将谈判重点集中在透明度、逐步自由化、国民待遇、最惠国待遇、市场准入、发展中国家的更多参与、例外和保障条款以及国内规章等原则在服务部门的运用方面。1989 年 4 月，服务贸易工作组举行会议，决定开始对电信和建筑部门进行审查，然后又审查运输、旅游、金融和专业服务部门，这样就进入了“部门测试”过程。与此同时，各国代表同意采纳一套服务贸易的准则，以消除服务贸易谈判中的诸多障碍。各国分别提出自己的方案，阐述了自己的立场和观点。1990 年 5 月，中国、印度、喀麦隆、埃及、肯尼亚、尼日利亚和坦桑尼亚 7 个亚非国家向服务贸易谈判组联合提交了“服务贸易多边框架原则与规则”提案，对最惠国待遇、透明度、发展中国家的更多参与等一般义务与市场准入、国民待遇等特定义务做了区分。后来 GATS 文本结构采纳了“亚非提案”的主张，并承认成员方发展水平的差异，对发展中国家做出了很多保留和例外，这在很大程度上反映了发展中国家的利益和要求。

第三阶段是 1990 年 7～12 月。1990 年 7 月服务贸易谈判组举行高级官员会议，各方代表对于国民待遇、最惠国待遇等原则在服务贸易领域的适用已达成共识，但在各国开放和不开放服务部门的列举方式上，出现了“肯定列表”和“否定列表”之争。美、加等发达国家提出“否定列表”方式，要求各国将目前无法实施自由化原则的部门清单列在框架协议的附录中作为保留，部门清单一经提出，便不能再增加，要承诺在一定期限内逐步减少不予开放的部门。发展中国家则提出“肯定列表”方式，即各国列出能够开放的部门清单，之后可随时增加开放的部门数量。这对于服务业相对落后的国家来说较为灵活，因为服务贸易范围广泛且不断扩大，发展中国家难以预先将本国不能开放的部门全部列举出来，如果采用“否定列表”方式将会带来难以预料的后果。后来文本采纳了发展中国家的主张，对市场准入和国民待遇等特定义务按“肯定列表”方式加以确定，从而使发展中国家的利益有了一定程度的保障。

毫无疑问，由于各国之间特别是发达国家与发展中国家之间利益上的矛盾与冲突，谈判的艰难程度可想而知。然而，各方经过妥协和让步，谈判最终还是进行下去了，并且取得了一定成果。在 1990 年 12 月 3～7 日的布鲁塞尔部长级会议上，服务贸易谈判组修订了“服务贸易总协定多边框架协议草案”文本。1991 年 4 月 8 日开始的讨论着重围绕 3 个重点进行：协定的框架、初步承诺表和部门附件。有关协定的谈判主要集中于最惠国待遇条款，最终确定了各缔约方可将选择的部门从最惠国待遇适用范围中免除的程度。1991 年 6 月 28 日，服务贸易谈判组达成一项《关于最初承担义务谈判准则》的协议，对初步承诺的时间进行了安排。依据该准则，各承诺方要在 1991 年 7 月 13 日之前提交有条件的各项承诺，并详细说明将承担草案文本第三、第四部分中所陈述的义务，同时对影响国际贸易的规则做出解释。各承诺方要求在当年 9 月 20 日之前提交最初要求。然而，承诺安排并未如期进行。到 1991 年 11 月大多数国家仍没有提交其承诺表。在附件方面，只有海运服务、电信、金融服务和劳工流动等取得了一些进展。

经过进一步谈判，1991 年 12 月 20 日关贸总协定总干事提交了一份《实施乌拉圭回合多边贸易谈判成果的最终方案(草案)》，即著名的《邓克尔方案》，从而形成了 GATS 草案。该草案包括 6 个部分、35 个条款和 5 个附录，基本确定了该协定的结构。草案由参加谈判的代表团带回各自国内进行讨论。如果各国认为基本可以接受，就将该草案作为进一步谈判的基础；如果各国不同意该草案的主要规定，那么谈判就此结束。倘若如此，将意味着“乌拉圭回合”整体谈判的完结，建立新的多边贸易体系的努力告吹。事实证明，尽管各国都对 GATS 草案存有或多或少的不同意见，但都不愿承担“乌拉圭回合”失败的责任，因此都表示可以进一步考虑，于是各国进入了关于开放服务市场具体承诺的双边谈判阶段。经过各国继续磋商、谈判，协议草案根据各国的要求又进行了进一步修改。最后，各谈判方终于在 1994 年 4 月 15 日于摩洛哥马拉喀什正式签署了 GATS。该文本在总体结构和主要内容上对框架协议草案并无重大变更，只在部分具体规范上有所调整。该协定作为“乌拉圭回合”一揽子协议的组成部分和世界贸易组织对国际贸易秩序的管辖依据之一，于 1995 年 1 月 1 日与世界贸易组织同时生效。

“乌拉圭回合”之后，有关服务贸易的后续谈判主要包括两方面内容：一是部门谈判，即各谈判方根据 GATS 的要求继续就“自然人跨国流动”“金融服务”“基础电信服务”和“海运服务”进行互相开放市场的谈判；二是完善 GATS 有关条款的谈判，主要是就“服务业紧急保障问题”“服务业补贴问题”和“政府服务采购”等进行谈判，以便确立完善的规则。

二、《服务贸易总协定》的内容

(一)GATS 的总体结构

GATS 由两大部分构成：框架协定和各缔约方按协定第 20 条规定提交的具体义务承诺。

1. 框架协定

GATS 框架协定由两个部分组成，即条款部分和附录部分。条款部分包括 1 个序言和 6 个部分共 29 条，明确了制定服务贸易各项原则和多边规则的基本宗旨，规定了适用于所有成员方的基本权利和义务。附录部分是总协定不可分割的部分，它涉及“免除最惠国待遇义务”“自然人提供服务活动”“航空运输服务”“金融服务”“海运服务谈判”“电信服务”和“基础电信谈判”等 8 个附录的内容。这些附录旨在处理特定服务部门及服务提供方式的特殊问题。此外，“乌拉卡回合”一揽子协议中与 GATS 有关的文件还包括 9 个部长会议决议，如关于制度安排决议、关于争端解决程序决议、关于第 14 条(6)款“安全例外”的决议、关于服务贸易与环境决议，以及有关基础电信、金融服务、专家服务、自然人流动和海运的谈判决议等。

2. 成员具体义务承诺表

根据 GATS 第 20 条的规定，每一成员都应制定一项承担一定义务的计划表，详细说明市场准入和国民待遇的范围、条件、限制及适用时间框架等。各成员的承诺计划表附于 GATS 之后，作为其组成部分。目前各成员大多已向世界贸易组织秘书处提交了服务贸易的开放承诺表，根据其服务业的发展现状列出了其开放的具体服务部门。世界贸易组织秘书处已按成员国组别，即发达国家、欠发达国家和经济转型国家分类，将成员对各服务行业的开放情况整理汇总，并予以公布。

(二)GATS 的基本原则

1. 最惠国待遇原则

GATS 第 2 条对最惠国待遇原则做了规定：“有关本协议的任何措施，每一缔约方给予任何其他缔约方的服务或服务提供者的待遇，应立即无条件地以不低于前述待遇给予其他任何缔约方相同的服务或服务提供者。”但是本条规定不适用国际司法援助或行政援助以及边境贸易中的服务输出。

2. 透明度原则

GATS 前言指出：“本协议所有缔约方认识到服务贸易对世界经济增长和发展的重要性日

益加强，希望在透明度和逐步自由化的条件下，建立一个具有各项准则和规定的服务贸易多边框架以扩大此类贸易，并作为一种有利于促进所有贸易伙伴的经济增长和发展中国家经济发展的手段。”该协议第3条对透明度原则规定：“除非在紧急情况下，每一参加方必须将影响本协议实施的有关法律、法规、行政命令及所有的其他决定、规则以及习惯做法：无论是由中央或是地方政府做出的，还是由非政府有权制定规章的机构做出的，都应最迟在它们生效之前予以公布”。“本协议并不要求任何缔约方提供那些一旦公布就会妨碍其法律实施或对公共利益不利或损害公私企业正当合法商业利益的机密资料。”从以上规定看，服务贸易透明度的原则与货物贸易透明度原则的要求基本一致。

3. 区别于货物贸易的逐步自由化原则

服务贸易的逐步自由化原则与货物贸易的全面自由化要求显然有所不同，这是发展中国家争取的结果：

(1)应将服务贸易谈判与货物贸易谈判分开，形成了独立的服务贸易总协议；

(2)应明确给予发展中国家在承担服务贸易义务上的差别待遇，以促进发展中国家服务贸易的发展，这点经讨价还价最后也基本被接受；

(3)作为让步，发展中国家有接受“服务贸易逐步自由化”的原则。

4. 发展中国家更多参与原则

GATS在第4条中规定，发达国家缔约方可通过协商承担具体义务，以促进发展中国家国内服务业的效率和竞争力；改善销售渠道和信息网络；促进具体服务部门的市场准入和服务出口；提供商业和技术方面的服务；为获得服务技术给予各种便利等。这一原则规定与货物贸易的发展中国家区别待遇原则相比较，发展中国家在服务贸易中应当享有更多的区别待遇，以尽快提高国际服务贸易的整体水平。

5. 服务贸易的限制和禁止原则

GATS在第10条紧急保障措施、第12条对保障国际收支平衡而实施的限制、第14条一般例外和该条附则中的安全例外等条款中，对缔约方在服务贸易方面做出限制或禁止时的依据做了原则规定。

6. 服务提供申请获准原则

在GATS的第6条国内规定中，规定了服务提供者对一缔约国已具体承担义务的服务部门提出服务提供申请的条件和应受到的非歧视性待遇以及行政主管部门的审查批准义务。如在该条第3款规定：“当已经做出具体承担义务的服务提供者要求批准时，一参加方有管理权的当局应在接受申请后的合理期限内，根据国内法律及规定全面考虑，并把考虑的结果通知申请人。”该条还对管理部门审查批准时所考虑的申请人资格、能力和许可证程序等方面，做了合理、客观、公正和透明度方面的规定。

(三)GATS文本的主要内容

1. 序言

2. 六个部分的主要内容

第一部分——范围和定义

第二部分——一般责任与纪律

本部分内容包括最惠国待遇、透明度、发展中国家的进一步参与、经济一体化、国内规定、对服务提供者资格的承认、垄断与专营服务、商业管理、保障措施、支付与转移、政府采购、协定一般纪律与责任的例外、补贴等。

第三部分——承担特定义务

本部分内容包括第 16 条“市场准入”、第 17 条“国民待遇”和第 18 条“附加承担义务”。

第四部分——逐步自由化

第五部分——制度条款

第六部分——最后条款

3. 附录

在总协定文本之外，还有第 29 条“附录”。附录系本协议的整体组成部分，附录充实和补充了协议的若干重要内容。这些附录是：

(1)关于免除第 2 条义务的附录；

(2)根据本协议自然人提供服务活动的附录；

(3)空中运输服务的附录；

(4)金融服务的附录；

(5)金融服务的附录二；

(6)海运服务谈判的附录：

(7)电信服务的附录；

(8)基础电信谈判的附录。

三、《服务贸易总协定》的意义

GATS 的制定是自关贸总协定成立以来在推动世界贸易自由化发展问题上的一个重大突破，它将服务贸易纳入多边体制，标志着多边贸易体制渐趋完善。GATS 对全球服务贸易发展的促进作用是毋庸置疑的。

(一)协定是国际服务贸易迈向自由化的重要里程碑

在 GATS 签订之前，GATT 对于国际贸易自由化的推进和努力主要集中于商品贸易领域，对服务贸易一直未进行过统一规范。GATS 的诞生为服务贸易的逐步自由化第一次提供了体制上的安排与保障，对于建立和发展服务贸易多边规范是一项重大突破。它确立了通过各成员方连续不断的多边谈判，促进各国服务市场开放和发展中国家服务贸易增长的宗旨，使各成员方有了进一步谈判的基础，得以向服务贸易自由化方向不断迈进。服务市场的逐步开放将会带来更多的贸易机会，有助于建立更为稳定的贸易往来关系。这对于国际服务贸易的进一步增长具有不可低估的作用。

(二)协定对发展中国家给予了适当的照顾

GATS 有不少条文涉及发展中国家。鉴于发展中国家在世界服务贸易中的劣势地位，这些条文为发展中国家提高国际服务贸易的参与程度、加强本国服务业的竞争力、扩大服务贸易出口提供了较大的优惠，特别是在国民待遇、最惠国待遇、透明度、市场准入、逐步自由化以及在经济技术援助方面，都对发展中国家做了照顾性的特别规定。这比当初 GATT 成立时给予发展中国家的优惠条件要好得多。将一般义务与特定义务分开规范也是采纳了发展中国家集团“亚非提案”的主张。这些都表明，通过长期斗争和不懈努力，发展中国家的谈判地位已上升到新的高度。

（三）协定有利于促进各国在服务贸易方面的合作与交流

GATS不仅对国际服务贸易的扩大和发展起了巨大的推动作用，而且使各成员方从对服务市场的保护和对立转向逐步开放和对话，倾向于不断加强合作与交流。特别是在透明度条款和发展中国家更多参与条款中关于提供信息、建立联系点的规定，更有利于各成员方在服务贸易领域的信息交流和技术转让。另外，定期谈判制度的建立，也为成员方提供了不断磋商和对话的机制和机会。这使得各成员方在服务贸易方面更乐意采取积极合作的态度，从客观上促进了全球服务贸易的发展与繁荣。

另外，GATS将一般义务与特定义务分开规范的做法，使成员方在服务贸易领域既要遵守共同的原则和普遍的义务，又可根据本国服务业发展的实际情况安排服务市场开放的步骤，使本国服务业和经济发展不致受到严重冲击。协定考虑到成员方的发展水平和经济转刑国家的情况，制定了服务贸易谈判所应遵循的方针：谈判应在部门指示单的基础上进行，所达成的义务和保留应建立在适当分解的水平上，如关于部门目录、部门与下属部门等；给予发展中国家适当的灵活性，但必须约束在“严格限制的水平上”分阶段实施。这些都体现了规则的原则性和灵活性的有机统一，从而既可以推动各成员方在具体服务部门的谈判中迅即进入实质性阶段，也便于体现各成员方的利益和要求。

本章小结

本章从分析国际服务贸易的概念、形式、内容和分类入手，进而阐述了国际服务贸易的发展趋势和法律渊源。

国际货物运输、国际货运保险和国际贸易结算是本章的重点内容。在国际货物运输中，主要阐述其运输方式、装运条款、主要运输单据和不同国际货物运输的国际公约。鉴于篇幅原因，接下来主要是从国际海上货运保险和国际航空货运保险两个方面论述国际货运保险，并且重点论述国际海上货运保险。由于本书第七章已详细阐述了国际票据法，因此在本章第四节中的国际贸易结算法中，主要的内容为国际贸易的结算方式：汇付、托收和信用证。

最后，将视角集中到WTO的《服务贸易总协定》即GATS，主要是从其产生背景、内容和意义加以分析，因此也与本章的第一节形成了首尾呼应的作用。

案例分析

案例一

某年7月，中国丰和贸易公司与美国威克特贸易有限公司签订一项出口货物的合同。合同中，双方约定货物的装船日期为该年11月，以信用证方式结算货款。合同签订后，中国丰和贸易公司委托我国宏盛海上运输公司运送货物到目的港美国纽约。但是，由于丰和贸易公司没有能够很好地组织货源，直到第二年2月才将货物全部备妥，于第二年2月15日装船。中国丰和贸易公司为了能够如期结汇取得货款，要求宏盛海上运输公司按去年11月的日期签发提单，并凭借提单和其他单据向银行办理了议付手续，收清了全部货款。

但是，当货物运抵纽约港时，美国收货人威克特贸易有限公司对装船日期发生了怀疑，威克特公司遂要求查阅航海日志，运输公司的船方被迫交出航海日表。威克特公司在审查航海日志之后发现了该批货物真正的装船日期是第二年 2 月 15 日，比合同约定的装船日期要迟延达三个多月。于是，威克特公司向当地法院起诉，控告我国丰和贸易公司和宏盛海上运输公司串谋伪造提单，进行欺诈，既违背了双方合同约定，也违反法律规定，要求法院扣留宏盛运输公司的运货船只。

美国当地法院受理了威克特贸易公司的起诉，并扣留了该运货船舶。在法院的审理过程中，丰和公司承认了其违约行为，宏盛公司亦意识到其不妥之处，遂经多方努力，争取庭外和解。最后，我方终于与美国威克特公司达成了协议，由丰和公司和宏盛公司支付美方威克特公司赔偿金，威克特公司方撤销了起诉。

问题：结合本案，说明倒签提单应承担何种法律责任？

分析要点：提单是托运人与承运人之间订有国际海上货物运输合同的证明。在班轮运输中，托运人和承运人之间可能已订有货运协议，也可能已经定舱，取得定舱单，或托运人已填具托运单或与承运人通过电传、电话达成装货协议，因此正反两面印有提单条款的提单不一定就是承托双方之间唯一的合同，只是运输合同已经订立的证明；但如果承托双方除提单外并无其他协议或合同，则提单就是订有提单上条款的合同的证明。

但是，当提单转让给善意的受让人或收货人时，按照有些国家的提单法或海商法规定，收货人或提单持有人与承运人之间的权利义务按提单条款办理，此时提单就是收货人与承运人之间的运输合同。因为收货人不是承托双方订立合同的当事人，他无法知道他们之间除提单以外的契约关系，他只知道手里的提单，只能以此作为运输合同。本案中，承运方宏盛公司没有意识到提单的这一重要性质，而应托运人请求倒签日期，以掩盖托运人的违约事实，属于伪造单据的违法行为。提单的日期应该是该批货物装船完毕的日期。根据买卖合同，卖方应在买方开出的信用证规定的装运日期之前或当日完成装运，否则买方可无条件撤销买卖合约并提出索赔。

案例二

甲国 A 公司与乙国 B 公司签订了一份木材买卖合同。双方在合同中约定，如果 A 公司不能在约定期间内装船，B 公司有权取消该部分的买卖。合同采用信用证付款方式，但信用证的开证银行 C 银行按 B 公司要求开出的信用证上并未表明在买卖合同所规定的 8 月份装船的条件，而 A 公司实际上在 9 月 20 日才装船。B 公司根据合同的约定，取消这批交易，并拒收货物。但是，C 银行已取得了与信用证上要求相符的全套单据，并已对 A 公司付款，开证行要求 B 公司根据信用证条件赎单。B 公司认为，原合同已经解除，开证行不应付款，因而拒绝赎单。

问题：1. 买方 B 公司拒绝赎单是否正确？为什么？

2. 在信用证法律关系上，开证行是否负有合同义务？

分析要点：1. B 公司的行为不正确。因为根据信用证付款的一般规则，信用证独立于买卖合同。虽然买卖合同是开立信用证的基础，但信用证一经签发，其法律性即与买卖合同分离而独立，不受买卖合同的约束。本案中，信用证中未表明在买卖合同中所规定的装船日期的条件，A 公司提交的单证完全符合信用证要求，开证行付款是正确的，而 B 公司拒绝赎单的行为是不正确的。

2. 开证银行有义务合理小心地审核一切单据，以确定单据表面上是否符合信用证条款。但银行对于任何单据形式、完整性、准确性、真实性、伪造或法律效力，或单据上规定的或附加的一般及特殊条件，概不负责；而且对于单据中有关货物的品质、数量、价值以及对于发货人、承运人、保险人等的诚信与否、清偿能力、资信情况亦概不负责。

练习与思考

1. 什么是国际服务贸易？其形式有哪些？

2. 简述国际服务贸易的内容和分类。

3. 什么是提单？其性质与作用有哪些？

4.“多式联运单据”与“海运提单”有哪些区别？

5. 铁路运单、航空运单、邮包收据与海运提单有哪些异同？

6. 我国海上货物运输保险的附加险有哪些？在投保一切险时，是否包括上述列举的附加险？为什么？

7. 我国海上货物运输保险的基本险别有哪三种？三种基本险别的责任范围有何区别？

8. 汇款方式与其他结算方式相比有何优缺点？

9. 信用证包括哪些种类？各有什么特点？

10. 信用证与买卖合同之间有什么关系？

11. 阐述《服务贸易总协定》(GATS)的基本内容。

第七章

国际票据法

本章要点

- 票据的概念、分类、特征、功能
- 票据法的概念、性质
- 票据关系、票据行为、票据权利、票据抗辩
- 汇票及其出票、背书、承兑、保证、付款、追索权和汇票结算规则
- 本票和支票的基本法律制度
- 票据法的立法体系与国际统一化的成果与趋势

第一节　票据法概述

票据法是指调整票据关系以及与票据关系有关的其他社会关系的法律规范的总称，具有强行性、私法性、技术性、国际性及程序性等特征。票据法的宗旨就是促进票据的流通使用，保障票据交易的安全，使人们乐于使用票据，放心接受票据。整个现代票据法律制度是建立在票据流通和信用基础之上的。只有充分认识到票据的流通和信用方面的性质和功能，才能理解票据法的精髓，也才能从根本上掌握票据法及相关法律制度。①

一、票据的起源与性质

（一）票据的起源

票据是指出票人依法签发的、由自己无条件支付或指示他人无条件支付一定金额给受款人或持票人的有价证券。

① 张学森：《金融法学》，复旦大学出版社2006年版，第193页。

众所周知，货币起源于商品经济发展导致的物物交换的不便。而现代市场经济的发展又使商品的交换与货币清算分离成为必需，出现了赊购赊销形式的商品交易并不断发展，票据就是在这种情况下产生的，以充当钱货不能当场两清情况下的商品交易的信用工具，明确交易双方的债权债务约束。

票据的产生同远隔千山万水的货币运送困难和风险有较大关系。英国法学家布莱恩·鲍尔和弗兰克·罗斯在《商法原理》一书中指出：票据的起源归因于运送金钱存在的风险，为避免这种风险，商人们设计了各种证券，以此来设定、清偿和转移金钱债务，而不涉及金钱本身的实体转移。中国的票据起源于唐宋时期的"飞钱""交子"，但因中国长期奉行"重农抑商"的政策，而未能与欧美票据业同步发展起来。

票据一词有广狭二义。广义上的票据，指各种表示财产权的书面凭证，包括钞票、发票、提单、仓单、保单、车票、船票、机票、债券、股票、借据、汇票、本票、支票等。狭义上的票据，仅指以无条件支付一定金额为内容，且由票据法规范的有价证券。票据法所称之票据均指狭义上的票据。

我国票据法中所称的票据，是指出票人依票据法签发的，约定由本人或本人委托的人在见票时或者在票载日期到来时无条件支付确定的金额给收款人或持票人的一种有价证券，是狭义上的票据，包括汇票(Bills of Exchange)、本票(Promissory Notes)和支票(Cheques)。

票据的概念可从以下四个方面来理解：

(1)票据是一种有价证券。有价证券是指表示财产性民事权利的证券，如债券、股票、提单、票据等都是有价证券。其法律特征有二：一是有价性；二是权券结合性。

(2)票据是出票人与收款人约定由自己或自己委托的人作为付款人的有价证券。票据的付款人既可以是出票人自己，也可以是出票人委托的其他人。正因为付款人的不同，决定了票据的不同种类。

(3)票据是以无条件支付一定金额为内容的有价证券。所谓无条件，是指票据一旦签发，签发人自己或其委托的人就必须支付一定金额；而且，这一支付无对价利益可言，更不得附加任何条件或附带任何限制。

(4)票据必须是依票据法签发的有价证券。票据无论在内容上还是在形式上，都必须符合票据法的规定。票据当事人只能签发票据法规定种类的票据，必须严格按票据法规定在票据上记载有关事项。

(二)票据的性质

票据的性质，是指票据区别于其他有价证券的本质属性，包括以下 10 个方面：

1. 有价性

所谓有价性，是指证券上的权利之发生、转移及行使三者全部与证券有不可分离的关系。票据权利的产生以作成票据为必要；票据权利的转移以交付票据为必要；票据权利的行使以持有并提示票据为必要。可见票据是完全有价证券。

2. 设权性

票据权利产生的前提是制作证券，在证券制成之前不存在任何票据上的权利，票据制作完成时才同时创设了票据权利。没有票据，也就没有票据上的权利；当票据证券灭失或毁损而无法提示时，该证券权利也随之无法行使。设权证券有别于证权证券，证权证券上的权利在制作证券之前就已经存在，制作证券是为了进一步证明权利的存在。例如，提货单就是证权证券，货主对货物本来就享有物权，其持有提货单仅仅是为了证明其与运输者之间的关系。

3. 债权性

根据民商法理论，有价证券依其权利的法律属性可分为物权证券、社员证券及债权证券。物权证券持有人享有的是证券所代表的物权，例如仓单和提货单等；社员证券又称为团体证券，其持有人享有的是证券所代表的社员权，例如公司股票等；债权证券持有人享有的是证券所代表的债权。票据所创设的权利是金钱债权，票据持有人可以对票据记载的一定金额向票据的债务人（付款人或出票人）行使付款请求权和追索权，所以票据为债权证券。

4. 流通性

作为一种金钱债权证券，票据可以通过背书或交付而转让，具有很强的流通性。各国票据法尽管各有特点，但都以促进票据的流通作为票据立法的宗旨，并且在票据的流通规则方面如出一辙，英美国家通常是以“流通证券”(Negotiable Instruments)来概括票据。一般来说，除票据上记载有“不可转让”字样者外，记名式票据以背书和交付票据为转让要件，无记名式票据以票据的交付为转让的唯一要件。

5. 无因性

无因性是指证券效力与作成证券的原因完全分离，证券权利的存在与行使不以作成证券的原因为要件的一类证券。也就是说，对于无因证券，即使证券作成原因无效（不合法或不存在），证券本身仍可有效。票据是一种单纯的金钱支付凭证，在一定程度上有着货币的作用，票据关系具有独立性和无因性，其效力原则上不受原因关系和资金关系效力的影响。只要权利人持有票据，就享受票据权利，就可以行使票据上的权利。这对保障行使合法票据效力的确定性，对保障票据流转的安全性都十分必要。

6. 文义性

票据所创设的一切权利和义务，要完全、严格地以票据上依法记载的文字的含义为准。任何人都不得以票据文义之外的其他事实或因素来解释或确定或改变票据权利义务及票据债权人、债务人。即使票据上记载的文义有错，也要以该文义为准，而不得以当事人的意思或其他有关事项来确定票据上的权利义务关系。

7. 要式性

为了维护票据设权的明确和统一，避免票据文义的混乱或欠缺，票据的形式和记载事项，必须遵照法定格式，才能产生效力；不依法定方式制作的票据，会对票据产生一定的负面影响。我国《票据法》第 108 条规定，汇票、本票、支票的格式应当统一。票据凭证的格式和印制管理办法由中国人民银行规定。第 22 条规定了汇票必须记载的七个事项，还规定如果有任一事项未记载，则该汇票无效。此外，票据的转让、承兑、付款、追索等行为，也必须严格按照票据法规定的程序和方式进行。

8. 占有性

票据作为设权证券，票据权利的行使以实际占有票据证券为前提；没有票据，也就没有票据上的权利。当票据证券灭失、毁损或出质而不实际占有、无法提示时，则无法主张和行使该票据证券权利。

9. 提示性

“提示”即提供和出示之义，各国票据法都把提示作为行使票据权利的要件。票据权利人主张和行使票据权利，必须向票据债务人(即票据上记载的付款人)提示票据。提示包括提示承兑和提示付款。本票和支票属于见票即付的票据，不必提示承兑，只是提示付款；汇票属于委托证券，除另有规定者外，先提示承兑，再提示付款。

10. 返还性

票据的占有性和提示性特征决定了票据具有返还性的特征。如前所述，票据上的权利与票据的占有不可分离。持票人提示付款、取得票面金额后，必须将票据交给付款人，转移票据所有权。各国票据法一般都规定，持票人取得票面金额，以向付款人交付票据为要件。我国《票据法》第55条规定，持票人获得付款的，应当在汇票上签收，并将汇票交给付款人。

二、票据的分类和功能

(一)票据的分类

1. 法律上的分类

各国票据法对票据的种类采取法定主义，即票据法对票据的种类做出明文规定，不允许当事人自由创设法定种类之外的票据。英美法系国家的票据立法大多采用“合并主义”或“包括主义”，把汇票、本票和支票作为票据统一立法。例如，《美国统一商法典》第三编“商业证券”(Commercial Paper)包括汇票、本票、支票和存款单四种证券。而德国、法国、日本等大陆法系国家的票据立法以及日内瓦《统一汇票本票法》则采取“分离主义”，将票据仅分为汇票和本票，不包括支票，而把支票列为与票据并立的另一种有价证券，进行单独立法。

《中华人民共和国票据法》(以下简称《票据法》)第2条第2款规定：“本法所称票据，是指汇票、本票和支票。”可见我国票据立法采取了合并主义或包括主义的立法体例。

2. 学理上的分类

在票据法理论上，可根据不同的标准对票据做出不同的分类。

(1)自付票据与委托票据

这是依据出票人是否同时是付款人而进行的分类。凡是出票人约定由自己支付票据金额的票据即为自付票据，例如本票；自付票据由出票人本人直接承担对票据无条件付款的义务。凡是约定出票人自己不是付款人，而是委托他人支付票据金额的票据，即委托票据，例如汇票、支票；委托票据的出票人本人不直接承担付款义务，而是委托他人并在票据上加以记载，由该人承担无条件付款义务的票据。

(2)记名票据、无记名票据及指示式票据

这是依据票据对票据权利人的记载方式不同所进行的分类。记名票据是指在票据上明确记载权利人名称的票据；无记名票据是指票据上不记载收款人的名称，或者把权利人记作“持票人”或“来人”等字样的票据；指示式票据是指在票据上记载的收款人的姓名或名称之后，还附加记载有“或其指定之人”的票据。

记名式票据只能以背书交付方式转让；无记名式票据以单纯交付的方式转让；指示式票据应以背书方式转让，出票人、背书人不得作“禁止转让”的记载。

(3)即期票据与远期票据

这是依票据上所记载的到期日的不同所进行的分类。即期票据是指持票人得随时提示付款，由出票人见票付款的票据；远期票据是指在票据上记载将来某个日期为到期日，付款人在该日期到来时才付款的票据。即期票据的主要作用是对交易提供支付工具，而远期票据的主要作用是对出票日至付款到期日之间提供期间信用。我国票据法目前规定的银行汇票、支票和本票均属于即期票据，仅商业汇票为远期汇票。

(4)信用票据与支付票据

这是依据票据的经济职能所进行的分类。支票属于支付票据，而汇票与本票则属于信用票据。

(二)票据的功能

总体而言，票据是代表定额货币的有价证券，其在经济生活中的主要作用是替代现金使用，发挥支付结算和融通资金的作用。

1. 支付功能

票据具有代表定额货币、代替现金支付的功能，其最基本的功能是作为支付手段、代替现金使用。汇票、本票、支票都具有这一功能，支票是单纯的支付工具。用票据代替现金作为支付工具，既可以避免携带大量现金的不安全性，又可以避免清点现钞可能产生的错误和麻烦。在具体的商品交易或服务活动中，以票据进行债务抵销，发挥票据的结算功能，既方便又安全。

2. 汇兑功能

票据的汇兑功能，是指票据具有异地输送资金的作用。汇票、本票、支票都具有这一作用，但更主要、更明显是通过汇票来实现的。在现代社会中，票据的汇兑功能因其他汇兑方式的兴起而有所减弱，但在国际贸易中仍起着重要的作用。

3. 流通功能

票据在英文上称为“可流通票据”(Negotiable Instruments)，是因为其具有很强的流通性，其流通性可与货币媲美。票据可以作为信用货币代替现金用于支付和流通，从而节约商品流通环节中的货币资金，加快商品周转速度。同时，由于按照背书制度，背书人对票据付款负有担保义务，因此背书次数越多，对票据负责的人数也越多，该票据的可靠性也越高，这样就提高了票据的流通性，使票据的流通日益频繁和广泛。

4. 信用功能

票据的信用功能，是指票据具有使出票人将未来取得资金的信用能力转变为当前支付能力的作用。由于票据法规定了对票据债务人抗辩的种种限制和对票据债权人的严密保护，使票据称为一种可靠的信用工具。特别是远期票据，如果买卖合同中的买方欲先行取货，在取得货物后的某个期间再付款，就可以开出一张远期票据，实际上卖方向买方提供了贷款；同时，如果票据持有人急需现金，可以将未到期的票据予以贴现换取现金，银行在扣除到期日以前票据金额的利息以后，把票据金额支付给持票人；如果持票人在票据到期日以前需要履行债务，也可以将票据背书转让给债权人，以达到履行债务的目的。

5. 融资功能

票据的融资功能，是指票据当事人可以通过票据转让或贴现来筹集资金的作用。票据的融资作用建立在票据自由流转规则和贴现规则的基础上，它实际上是将远期票据的信用力短期贴现为货币资金。但我国现有法律对票据的融资作用有极大的限制。一方面,我国《票据法》对种类票据规定了较短的付款期限,其可以转让的期间最长不得超过6个月。另一方面,由于我国《票据法》并未完全认可票据关系的无因性,因此,远期票据实际上处于效力不确定的状态,即使是经过承兑的票据也存在着被退票的风险。我国应尽快修改、完善《票据法》,以满足市场经济快速发展的现实需要。

三、票据行为

(一)票据行为概述

1. 票据行为的概念

票据行为,是指具备票据法规定的特定要件,能够发生、变更、消灭票据法律关系的行为。票据行为的概念又有狭义、广义之分。

狭义的票据行为,仅指能够发生票据债务的法律行为,主要包括了出票、背书、承兑、保证、参加等五种行为。我国票据法中没有设立参加制度,所以只有四种行为属于狭义的票据行为。狭义的票据行为中,可再区分为基本票据行为和附属票据行为。基本票据行为仅为出票行为,又称主票据行为。附属票据行为包括了背书、承兑、保证等。

广义票据行为除了包括狭义的票据行为以外,还包括了票据的见票、提示、划线、付款、变造、更改、涂销等。一般而言,基于当事人的意思表示而发生相应法律效力的行为,称为票据法律行为,如出票、背书、保证、承兑等;不是基于当事人的直接意思表示,而是基于票据法的直接规定而产生效力的行为,称为票据法律行为,如付款等。

2. 主要票据行为

(1)出票(Issue)

出票是指出票人依照法定款式作成票据并交付于受款人的行为。它包括"作成"和"交付"两种行为。所谓"作成",就是出票人按照法定款式制作票据,在票据上记载法定内容并签名。由于现在各种票据都由一定机关印制,因而所谓"作成"只是填写有关内容和签名而已。所谓"交付",是指根据出票人本人的意愿将其交给受款人的行为,不是出于出票人本人意愿的行为如偷窃票据不能称作"交付",因而也不能称做出票行为。

(2)背书(Endorsement)

背书是指持票人转让票据权利与他人。票据的特点在于其流通。票据转让的主要方法是背书,当然除此之外还有单纯交付。背书转让是持票人的票据行为,只有持票人才能进行票据的背书。背书是转让票据权利的行为,票据一经背书转让,票据上的权利也随之转让给被背书人。

(3)承兑(Acceptance)

承兑是指汇票的付款人承诺负担票据债务的行为。承兑为汇票所独有。汇票的发票人和付款人之间是一种委托关系,发票人签发汇票,并不等于付款人就一定付款,持票人为确定汇票到期时能得到付款,在汇票到期前向付款人进行承兑提示。如果付款人签字承兑,那么他就对汇票的到期付款承担责任,否则持票人有权对其提起诉讼。

(4)参加承兑

参加承兑是指票据的预备付款人,或第三人为了特定票据债务人的利益,代替承兑人进行承兑，以阻止持票人于汇票到期日前行使追索权的一种票据行为。它一般是在汇票得不到承兑，付款人或承兑人死亡、逃亡或其他原因无法承兑、付款人或承兑人被宣告破产的情况下发生。

(5)保证(Guarantee)

保证是指除票据债务人以外的人为担保票据债务的履行、以负担同一内容的票据债务为目的的一种附属票据行为。票据保证的目的是担保其他票据债务的履行，适用于汇票和本票，不适用于支票。

(6)保付

保付是指支票的付款人向持票人承诺负绝对付款责任的一种附属票据行为。保付是支票付款人的一种票据行为。支票一旦经付款人保付，在支票上注明“照付”或“保付”字样，并经签名后，付款人便负绝对付款责任，不论发票人在付款人处是否有资金，也不论持票人在法定提示期间是否有提示，或者即使发票人撤回付款委托，付款人均须按规定付款。

(7)付款

付款是票据债务人以消灭票据关系为目的而向持票人支付票据金额的行为，即汇票的承兑人(或付款人)、本票的出票人或支票的付款人及代理付款人向持票人支付票据金额的行为。付款坚持提示付款原则。提示付款是指持票人请求票据债务人履行付款义务时，应当向付款人出示票据。

票据上的权利义务产生于出票行为，消灭于付款行为。票据一经付款，票据上的权利义务当然消失。付款义务人依法足额付款后，全体票据债务人的责任解除。付款人及其代理付款人以恶意或者有重大过失付款的，应当自行承担责任。

在具体操作时，票据行为表现为票据当事人把行为的意思按照法定的方式记载在票据上，并由行为人签章后将票据交付。它包括三方面内容，即记载、签章和交付。

记载，通俗地讲就是票据当事人在票据上写明所要记载的内容，如签发票据时应写明票据的种类、金额、无条件支付命令、签发票据日期以及其他需要明确的内容，承兑汇票时写上“承兑”字样，保证时应写上“保证”或“担保”字样。

签章，即是指签名、盖章或签名加盖章，它表明行为人对其行为承担责任。自然人签章是指在票据上亲自书写其姓名或加盖其私章。法人和其他使用票据单位的签章为该法人或者该单位的盖章加其法定代表人或其授权的代理人的签章。按照《票据法》规定，在票据上的签名应当为该当事人的本名，而不能用笔名、艺名等来代替。

交付，是指票据行为人应将票据交付给执票人。票据行为人在票据上进行记载，并进行签章后，票据还不能发生法律效力，只有票据被交付给了对方，票据才能发生法律效力。

(二)票据行为的特征

票据行为是一种民事法律行为，但它与一般民事法律行为有着很大的区别。

1. 票据行为的要式性

民事法律行为，依是否要式为标准，可以区分为要式行为和非要式行为。票据行为主要体现在三个方面：

(1)签章。各种票据行为的行为人必须依照签章规则在票据上签章，未在票据上签章的或在票据上签章不合规则的，其票据行为无效。

(2)书面。各种票据行为的意思表示必须记载于票据之上。

(3)款式。票据上应记载的内容、书写格式和书写之处等合称为票据款式。票据行为应依法定款式进行。不依法定款式进行票据行为的情形一般有四种：一是欠缺法定应记载事项；二是增加法定应记载事项之外的其他内容；三是是否依书写格式进行；四是记载之处是否符合规则。发生四种情形之一时的票据行为是否有效及其效力如何，是票据法规的重要内容和重要原理。

2. 票据行为的无因性

每一种票据行为都有基础关系。票据行为与基础关系在实质上虽密切相连，但在法律上却将票据行为抽象出来，强行将其与基础关系相分离。基础关系对票据行为一般不发生影响，票据行为仅为票据的目的而独立存在，不沾染基础关系的色彩，因此票据行为具有无色性、中性、抽象性或无因性。

票据行为的无因性主要体现在三方面：

(1)票据行为独立产生效力，仅依照票据行为本身的要件而确定其是否生效，不因基础关系的无效、瑕疵或消灭等而影响票据行为的效力；

(2)票据权利人行使票据权利，仅应持有和提示票据，证明票据转移的连续性，不负其他举证责任，不需证明取得票据的原因及其有效；

(3)票据债务人不得以基础关系对抗非直接当事人的持票人。

3. 票据行为的文义性

在确定票据权利义务的时候，只能以票据上记载的文字意义来决定。一般不允许当事人以票据以外的证明方法对票据文义进行变更、补充票据关系，这种性质称为票据行为的文义性。票据行为的文义性主要体现在三方面：

(1)票据债权人不得以票据文义没有记载的内容主张票据权利。

(2)除直接当事人以外，票据债务人不得以票据文义没有记载的内容抗辩票据权利。

(3)票据解释原则的限制。票据解释原则有三：

第一，外观解释原则。凡票据行为，如已具有法定票式，即使与事实不符，也不影响票据效力；

第二，客观解释原则。票据行为应依票据上记载的文字意义进行客观判断，不得以其他事实或证明方法任意解释或变更、补充票据文义；

第三，有效解释原则。解释票据行为应在票据形式和文义的基础上尽可能进行有效解释。

4. 票据行为的独立性

票据上的票据行为，大多是两个以上的票据行为，在同一张有效票据上进行的各个票据行为均独立产生效力。票据行为的独立性主要体现在三个方面：

(1)各个票据行为均独立发生，不因某一票据行为而当然发生其他票据行为；

(2)各个票据行为均独立生效，不因其他票据行为的有效而当然生效；

(3)各个票据行为一般也仅因自身的原因而无效(除基本票据行为因形式欠缺而无效可以导致附属票据行为也无效外)，不因其他票据行为的无效而当然无效。

票据行为的独立性主要出于两个原因：

第一，各票据行为虽然在同一张票据上进行，但是发生票据行为的基础关系是各自独立的，票据虽然流通，但基础关系并不流通，各个票据行为在实质上是独立进行的；

第二，票据具有流通性，如果因票据行为之一的无效而影响全部票据行为的效力，必须损害票据交易安全,影响票据的流通利用,而各个票据行为独立,则能切断不良票据行为的风险放大扩散,保障票据流通和交易安全。

5. 票据行为的协同性

在同一张票据上进行的各种票据行为都是为负担同一张票据债务而进行的票据行为,所有进行票据行为的人应对票据债务共同负责以实现票据权利,这种性质称为票据行为的协同性或连带性。票据行为的协同性主要表现在:票据出票人、背书人、保证人、承兑人等所有的票据债务人,对持票人负连带责任。

(三)出票

出票是指出票人签发票据并将其交付给收款人的票据行为。出票是基本票据行为。票据是设权证券,票据权利产生自出票人的出票行为。出票行为由作成票据和交付票据两部分构成。作成票据或制作票据,是指出票人按照票据法规定的格式和内容,在票据上记载规定事项的行为;交付票据则是出票人将制作好的票据实际交付给票据权利人的行为。

在性质上,票据行为是单方法律行为,并以交付为生效要件。出票行为完成,即票据依法作成并交付,就产生法律效力。出票人签发的是汇票时,即承担保证该汇票承兑和付款的责任;本票的出票人在持票人提示见票时,必须承担付款义务;出票人必须按照所签发的支票金额承担保证向该持票人付款的责任。

四、票据权利

(一)票据权利的概念

票据权利是指持票人向票据债务人请求支付票据金额的权利,包括付款请求权和追索权。票据权利与票据法上的权利不是同一概念。票据法上的权利是根据票据法的规定所产生的权利,票据权利的内容是以获得一定金钱为目的的债权即请求权;与一般的金钱债权不同,票据权利体现为二次请求权。第一次请求权是付款请求权;第二次请求权为追索权,这是指第一次请求权(即付款请求权)得不到满足时,向付款人以外的票据债务人要求清偿票据金额及有关费用的权利。

票据权利的特征主要有以下三点:

1. 票据权利是金钱债权,债务人履行义务时,不能以货物、劳务或其他无形财产权利来代替支付金钱的义务。

2. 票据权利的行使范围限定在票据的当事人中,当事人包括出票人、背书人、承兑人、保证人、付款人,这些人在票据中的地位均处在持票人之前,即持票人有权向这些人中的付款人或任何一个人请求实现自己的票据权利,不受被请求人所处票据活动中的阶段的限制,但是,持票人不得向处在自己后面的当事人追索。

3. 票据权利的确定性。出票人签发票据时须根据票据法的规定将确定的金额、收款人的名称、出票日期、本人的签章和无条件承诺的事项填写在票据上,之后该票据无论流通到何人手中,无论持票人与付款人之间存在着何种关系,该票据上所确定的票据种类、金额和支付日期是不会有任何改变的,不但持票人不能改变票据上的内容,就是出票人在票据签发后也不得改变票据的金额、日期和收款人的名称这些最基本的事项,如果有所更改的,被更改的票据无效。

（二）票据权利的取得

票据权利的取得，亦称票据权利的发生。行为人合法取得票据，即取得了票据权利。当事人取得票据主要有以下几种情况：

第一，从出票人处取得；

第二，从持有票据的人处受让票据；

第三，依税收、继承、赠予、企业合并等方式获得票据。

1. 票据权利的取得原则

票据权利的取得应遵循下列原则：

（1）任何人不得对持票人享有的、由出票人给予的票据权利的合法性提出疑义。

（2）在票据上记名的持票人拥有合法的票据权利，但前提必须是通过连续背书而取得票据。

（3）凡取得票据时是善意或无重大过失的，就合法地取得票据权利。《票据法》第 12 条规定，以欺诈、偷盗或者胁迫等手段取得票据的，或者明知有前列情形，出于恶意取得票据的，不得享有票据权利。持票人因重大过失取得不符合本法规定的票据的，也不得享有票据权利。

（4）凡是无代价或不以相当代价取得的票据，不得享有优于前手的权利。《票据法》第 11 条规定，因税收、继承、赠予可以依法无偿取得票据的，所享有的票据权利不得优于其前手。

2. 取得票据须注意的问题

取得票据时必须注意以下几个问题：

（1）票据的取得，必须给付对价。

（2）因税收、继承、赠予可以依法无偿取得票据的，不受给付对价之限制。但是，所享有的票据权利不得优于其前手的权利。

（3）因欺诈、偷盗、胁迫、恶意或重大过失而取得票据的，不得享有票据权利。

（三）票据权利的补救与时效

票据权利与票据是紧密相连的。如果一旦丧失，可采取补救措施，即挂失止付、公示催告、诉讼。

挂失止付是指失票人将票据丧失的情况通知付款人，并要求其停止付款的行为。这是一种书面形式。公示催告是指失票人应当在通知挂失止付后三日内，也可以在票据丧失后，申请法院宣告票据无效，从而使票据权利与票据本身分离。诉讼是指失票人可以直接向人民法院提起诉讼，要求法院判定票据债务人向其支付票据金额。

票据权利的时效，是指票据权利的有效期间。《票据法》第 17 条规定，票据权利在下列期限内不行使而消灭：

1. 持票人对票据的出票人和承兑人的权利，自票据到期日起 2 年。见票即付的汇票、本票，自出票日起 2 年。

2. 持票人对支票出票人的权利，自出票日起 6 个月。

3. 持票人对前手的追索权，自被拒绝承兑或者被拒绝付款之日起 6 个月。

4. 持票人对前手的再追索权，自清偿日或者被提起诉讼之日起 3 个月。

票据的出票日、到期日由票据当事人依法确定。

五、票据抗辩

（一）票据抗辩的概念

票据抗辩是指票据的债务人依照票据法的规定，对票据债权人拒绝履行义务的行为。票据抗辩是票据债务人的一种权利，是债务人保护自己的一种手段。票据抗辩可分为两种：

1. 对物抗辩。这是指基于票据本身的内容而发生的事由所进行的抗辩。

2. 对人抗辩。这是指票据债务人对抗特定债权人的抗辩。

（二）票据抗辩的限制

票据抗辩是有限制的，票据债务人不得以自己与出票人或者与持票人的前手之间的抗辩事由对抗持票人。但是，持票人明知存在抗辩事由而取得票据的除外。这便是对票据抗辩限制的规定。我国《票据法》中对票据抗辩的限制主要表现在以下几个方面：

第一，票据债务人不得以自己与出票人之间的抗辩事由对抗持票人。如果票据债务人与出票人之间存在抗辩事由，该票据债务人不得以此抗辩事由对抗善意持票人。

第二，票据债务人不得以自己与持票人的前手之间的抗辩事由对抗持票人。

第三，凡是善意的、已付对价的正当持票人可以向票据上的一切债务人请求付款，不受前手权利瑕疵和前手相互间执辩的影响。

第四，持票人取得的票据是无对价或不相当对价的，由于其享有的权利不能优于其前手的权利，故票据债务人可以对抗持票人前手的抗辩事由对抗该持票人。

六、票据的伪造、变造和更改

（一）票据的伪造、变造

票据的伪造是指假冒他人名义或虚构人的名义而进行的票据行为。票据上的伪造包括票据的伪造和票据上签章的伪造两种。票据的变造是指无权更改票据内容的人，对票据上签章以外的记载事项加以变更的行为。构成票据的变造，须符合以下条件：

一是变造的票据是合法成立的有效票据；

二是变造的内容是票据上所记载的除签章以外的事项；

三是变造人无权变更票据的内容。

根据《票据法》第 14 条第 2 款和第 3 款的规定，票据上有伪造、变造的签章的，不影响票据上其他真实签章的效力。票据上其他记载事项被变造的，在变造之前签章的人，对原记载事项负责；在变造之后签章的人，对变造之后的记载事项负责；不能辨别是在票据被变造之前或者之后签章的，视同在变造之前签章。这是由票据行为的独立性和文义性所决定的，也即在伪造、变造的票据上签章的人，仍然依票据的文义对票据负责。

但同时，票据伪造人或变造人应承担相应的法律责任。根据司法解释第 67 条，伪造、变造票据者除应当依法承担刑事、行政责任外，给他人造成损失的，还应当承担民事赔偿责任。

（二）票据的更改

票据的更改，是指有合法更改权限的人更改票据上记载事项的行为。根据《票据法》第 9 条第 2 款，票据金额、日期、收款人名称不得更改，如果更改则票据无效。但对票据上的其他记载事项，原记载人可以更改，更改时应当由原记载人签章证明。

如果行为人依票据法的规定对票据进行更改，则合法更改后记载的事项代替原记载事项，并产生票据法律效力。而如果未按照票据法的规定对票据进行更改，则票据无效，并且如果付款人或者代理付款人对此类票据付款的，应当承担责任。

七、票据的丧失与补救

票据的丧失，是指票据持票人并非出于自己的本意而丧失对票据的占有，也就是说票据在没有持票人放弃占有之意思的情况下，脱离持票人的占有。票据丧失还分为绝对丧失和相对丧失两种。前者指票据物质形态的毁灭，后者指票据在物质形态上仍然存在，只是脱离了权利人的占有。

由于票据是有价证券，票据权利人必须提示票据才能行使票据权利，因此票据的丧失也就意味着票据持票人无法依照票据法规定的程序行使票据权利了。但是，票据丧失并非出于持票人的本意，因此《票据法》对此规定了一些相关补救措施。

《票据法》第 15 条规定，票据丧失，失票人可以及时通知票据的付款人挂失止付，但是，未记载付款人或者无法确定付款人及其代理付款人的票据除外。收到挂失止付通知的付款人，应当暂停支付。失票人应当在通知挂失止付后 3 日内，也可以在票据丧失后，依法向人民法院申请公示催告，或者向人民法院提起诉讼。

八、票据法的基本概念

(一)票据法的概念

票据法有广义和狭义之分。广义的票据法，即实质意义上的票据法，是指各种法律中有关票据规定的总和，不仅包括狭义的票据法，还包括民法、刑法、行政法、破产法、税法等法律中有关票据的相关规定。而狭义的票据法，即形式意义上的票据法，则指有关票据法律关系的专门立法。一般所说的票据法，仅指狭义的票据法。

理论上讲，票据法是指调整票据关系以及与票据关系有关的其他社会关系的法律规范的总称。票据关系是指票据当事人之间因票据行为(出票、背书、承兑等)而产生的票据上的权利义务关系。与票据关系有关的其他社会关系，是指不是基于票据行为产生的，而是由票据法规定的，与票据关系密切联系的权利义务关系，又称为票据法的非票据关系。

(二)票据法的基本原则

票据法的宗旨就是促进票据的流通使用，保障票据交易的安全，使人们乐于使用票据，放心接受票据。为了达到这个目的，许多国家在票据法中都确定了如下一些基本原则：

1. 票据得以迅速、简便的方式进行转让

各国票据法都规定，票据仅凭交付或经适当背书后交付给受让人即可合法完成转让手续，而无须通知票据上的债务人。这一点同民法上的债权让与是不同的。按照许多国家的法律，民法上的债权让与一般都以通知债务人作为对债务人生效的条件或作为对抗第三人的要件。

2. 票据本身与其基础关系相分离

票据关系是指基于票据行为所产生的债权债务关系，即根据票据享有权利的人与承担义务的人之间的关系，如出票人、受款人、背书人、受背书人、执票人、承兑人彼此之间的关系等，这是票据本身所固有的法律关系。基础关系是指虽然与票据有某种关系，但却是处于票据之外的关系。基础关系包含原因关系和资金关系。

(1)票据的原因关系

票据的原因关系是指当事人之间发行票据或转让票据的依据或缘由。尽管票据的发行或转让都有某种原因为依据,但是,各国票据法都认为,票据上的权利义务关系一经成立,即与原因关系相脱离,不论其原因关系是否有效、是否存在,都不影响票据的效力。

(2) 票据的资金关系

票据的资金关系是指票据(汇票与支票)的付款人与出票人之间的资金补偿关系。票据的付款人之所以同意接受出票人的委托为其付款,也是有其一定的理由的。大多数国家的票据法都认为,票据的资金关系应与票据关系相分离。不论出票人是否向付款人提供了资金,票据的效力都不受影响。这也是为了促进票据的流通而采取的制度。

3. 强调保护善意第三人

善意并支付了对价的票据受让人,可以取得优于其前手的权利,不受其前手的权利瑕疵的影响。这是票据的流通转让(Negotiation)与民法上的债权让与(Assignment)的一个重大区别。按照民法的一般原则,让与人只能把自己所享有的权利转让给受让人,而不能把自己本来没有的权利转让给受让人,因此,让与人与受让人的地位是一样的,受让人不能取得优于让与人的权利。

4. 票据是一种要式的证券

所谓要式是指票据的作成必须符合法定的形式要求,如果不符合法定的形式,就不能产生票据的效力。

(三)票据法律关系

票据法律关系分为票据本身所产生的法律关系和与票据有关的法律关系。前者属于票据固有的法律关系,称为票据关系;后者不属于票据固有的法律关系,称为非票据关系。也就是说,所有与票据运作有关的法律关系,可以分为票据关系和非票据关系两大类。非票据关系又可以分为票据法上的非票据关系和民法上的非票据关系。

1. 票据关系

票据关系是指票据当事人之间因票据行为而直接产生的票据上的权利义务关系。它是一种特殊的民事法律关系,实质上是票据债权人与票据债务人之间的债权债务关系。票据关系具有以下特征:

(1)票据关系基于票据行为而产生。只有票据法规定的票据行为,才能产生票据权利义务。票据行为之外的任何行为,即便是票据法中规定的行为,也不能引起票据权利义务关系的发生。

(2)票据关系具有多重性。不同的票据行为就会引起不同的票据关系,从而使得票据关系具有多重性特点。在票据流通的过程中,随着票据当事人的不断增加,票据关系的数量也在增加;再加上汇票的承兑、汇票及本票的保证等票据行为的出现,在同一张票据上也会产生多个票据关系,从而使票据关系具有了多重性。

(3)票据关系具有无因性。所谓票据关系的无因性,是指票据关系一经合法成立,就与其赖以产生的基础关系相分离,独立于基础关系之外,其效力一般不受其基础关系的影响。即使其基础关系存有瑕疵,也不会影响票据关系的效力。

2. 非票据关系

非票据关系，是指与票据有密切关系，而又不是基于票据行为而产生的法律关系，包括票据法上的非票据关系和民法上的非票据关系两大类。民法上的非票据关系，又称为票据基础关系。

九、票据关系的当事人

票据法调整的对象是票据关系中的主要当事人。

(一)出票人

出票人(Drawer)是作为票据、在票据上签名并发出票据的人。票据关系因出票人的出票而产生。汇票的出票人是进行委托支付或发出支付命令的人；本票的出票人是承担或承诺付款的人；支票的出票人是向银行发出支付命令的人。

(二)持票人、背书人和被背书人

持票人(Holder)是持有票据并享受票据权利的人。票据上载明的收款人(Payee)即为第一持票人或原始持票人，持票人可以通过转让票据从而转让票据权利。背书人(Endorser)或转让人(Transfer)为前手持票人，受让人(Transferee)为后手持票人或被背书人(Endorsee)。票据可以经过多次背书转让，因此同一票据先后可能有多个持票人。

(三)付款人

付款人(Drawee)即受票人，是指票据上载明的承担付款责任的人。远期汇票的付款人在对汇票进行承兑后，即为承兑人；本票的付款人为出票人本人；支票的付款人为出票人指定的银行。汇票中还可记载预备付款人(Referee in Case of Need)和担当付款人(Person Designated as Payer)。

(四)保证人

保证人(Guarantor)是为出票人、背书人等特定债务人向付款以外的第三人担保支付全部或部分票据金额的人。

以上当事人可以组成不同的关系，其中出票人、持票人(收款人)、付款人三者间的关系是票据的基本关系，他们被称为票据基本关系人，也是票据法调整的主要对象。调整票据基本关系的规定，构成了票据法的核心内容。

十、国际票据法

(一)票据法的历史发展

一般认为，近代票据法起源于欧洲中世纪的商人习惯法，依托于12、13世纪意大利地中海沿岸城市发展起来的商人法，它主要表现为商业习惯和商业规则，为各国商人所共同接受。大约在17世纪以后，随着国家主权的兴起，各国相继颁布自己的商事法律，形成了各国成文的票据法。一般认为，1673年法国《陆上商事条例》关于票据的法律规定，是近代各国票据法的开端。

到20世纪30年代日内瓦统一票据法公约制定之前，世界上曾存在着三大有代表性的票据法体系，即法国法系、德国法系、英美法系。

1. 法国法系

法国是世界上最早开展票据立法的国家。早在1673年，法国国王路易十四颁布《陆上商事条例》，在第五章和第六章专门规定了票据规则，包括汇票和本票。1807 年颁布《商法典》，其中第一编第八章规定了汇票和本票。1865 年制定了《支票法》作为特别法。凡仿效法国票据立法的国家，在理论上被称为法国法系，包括意大利、西班牙、比利时、希腊、土耳其及拉丁美洲各国。

法国法系的最大特点是在票据作用上采用“输金主义”，即票据主要作为输送金钱的工具，偏重于票据的汇兑作用。而且，法国票据法不对票据关系和票据基础关系做分离，即不承认票据的无因性；在立法体例上，采取分立主义，即票据只包括汇票和本票，而对支票另行单独立法。

2. 德国法系

从 17 世纪到 19 世纪中叶，德国各邦相继制定了自己的票据法，很不统一。1847 年，德国以普鲁士邦法为基础，制定了统一的普通票据条例，几经修改，于 1871 年公布实行，即为《德国票据法》(规定汇票和本票)。1908 年，另行制定和实施了《支票法》。凡仿照德国票据立法的国家，在理论上被称为德国法系，主要包括奥地利、瑞士、丹麦、瑞典、匈牙利、日本、挪威等国。

德国法系的特点在于：立法体系上与法国法系一样，也是“分立主义”；票据作用上，既注重票据的汇兑作用，也强调信用作用和融资作用。更为重要的是，德国票据法系在制度上采用“新票据主义”，强调票据关系的无因性，认为票据关系与票据基础关系相分离，强化了票据的流通性。德国法系后来成为欧洲大陆法系的代表，影响日益扩大。在日内瓦统一票据法制定以后，法国法系与德国法系实际上形成了日益趋同的“日内瓦票据法系”。

3. 英美法系

英国于 1882 年在原有普通法和判例法的基础上颁布了《票据法》，规定了汇票和本票，而支票则作为汇票的一种来规范。1957 年，英国又颁布了《支票法》(共 8 条)作为对票据法有关规定的补充。美国于 1896 年由非官方组织统一州法委员会制定了《统一流通证券法》，对汇票、本票和支票做了规定。1952 年，美国法律协会和统一州法委员会合作编纂了《美国统一商法典》，其中第三编为“商业票据”，规定了汇票、本票、支票和存款单四种流通证券，陆续为各州立法所采用。

英美国家的法律理论及实践与大陆法系国家有很大不同，其票据立法也有自己显著的特色。英美票据法系的特点在于，立法模式上采取三票合一的“包括主义”，即对票据的各种形式规定于一部法律文件；同时，注重票据的信用作用、流通作用和无因性，强调对正当持票人的保护。英美票据法体系的国家除英国、美国外，主要包括加拿大、印度、澳大利亚及一些英属殖民地国家。

(二)票据法的国际统一化活动

19 世纪末 20 世纪初，票据随着贸易和旅游的发展而广泛流传于国际间，票据法各自为政的局面已难以适应这一发展，票据法的国际统一化问题引起了国际范围的广泛关注。早在 1869 年，意大利商业会议就开始倡导票据法的统一。1872 年德国法律学会倡议编纂欧洲统一票据法，19 世纪 80 年代前后国际法协会、国际法学会提出过数次统一票据法的草案，如《不莱梅规则》27 条、《标准票据法》106 条等。

自 20 世纪以来，统一票据法的国际活动主要有三次，分别是：海牙统一票据法会议、日内瓦统一票据法会议及联合国统一票据法活动。

1. 海牙统一票据法

1910 年和 1912 年，荷兰政府在海牙主持召开了两次国际票据法统一会议，制定了《统一汇票本票法规则》和《统一支票法规则》以及《统一汇票本票法公约》，这些规则和公约，习惯上被称为海牙统一票据法。海牙统一票据法比较适合欧陆国家的立法传统和社会实际，与会各国除英美外，其他大多数国家均予以承认。由于第一次世界大战爆发，未及各国政府批准，国际统一票据法运动便告中止，但对各国立法及其完善起到了很好的促进和示范作用。

2. 日内瓦统一票据法

第一次世界大战以后，国际联盟着手推动票据法的国际统一运动。1930 年和 1931 年，国际联盟在日内瓦先后召开了国际票据法统一会议，分别通过了《统一汇票本票法公约》《统一支票法公约》等一系列票据法公约，统称为“日内瓦票据公约”。公约主要以德国票据法系为基础，签署或参加公约的国家基本上都是大陆法系国家，包括德国、法国、日本和绝大部分欧洲大陆国家及部分拉丁美洲国家。至此，在国际上形成了日内瓦统一票据法体系。

然而，英国和美国没有派代表参加日内瓦会议，也一直拒绝参加这些公约，仍然坚持自己的票据法传统。所以，直至今天，世界上仍然存在着日内瓦统一票据法体系和英美票据法体系这两大票据法体系。

3. 联合国统一票据法

为了进一步促进各国票据法的国际统一，扩大票据的国际流通，联合国国际贸易法委员会于 1971 年开始着手起草国际统一适用的票据法草案。1988 年 12 月，联合国第 43 次大会通过了《联合国国际汇票本票公约》(United Nations Convention on International Bills of Exchange and International Promissory Notes)，该公约共有 9 章 90 条，并于 1990 年 6 月 30 日前开放签字。该公约 89 条第 1 项规定，公约须经至少 10 个国家送交批准文件或者加入文件后才能生效。该公约因批准或加入国家未达要求数量，至今尚未生效。但是，随着世界经济的全球化，各国票据法的统一将是不可避免的。

从《联合国国际汇票本票公约》的规定来看，该公约的适用范围仅限于“国际票据”，即票据签发地、出票地、受款人地、付款地等地点中至少有两地不在一个国家之内的票据。可见，该公约不是完全的国际统一票据法，而仅仅是适用于国际的票据法规范。至于缔约国国内的票据法规范，则不在该公约规范之列。同时，该公约对于缔约国当事人而言，不具有强制适用的效力，而只有任意性效力，即发票人或承兑人可以自由选择是否适用该公约。

（三）我国票据法的立法状况

在我国历史上，很早就有了类似于票据的汇兑支付工具。一般认为，我国现代意义的票据是出现于唐代的“飞钱”。但是，受封建社会自然经济的制约，我国票据实践长期没有实现制度化和法律化。

中华人民共和国成立后，国家实行高度集中的计划经济，严格现金管理，注重银行信用，限制和取消了商业信用，致使票据制度基本没有存在的必要。所以，一直没有制定票据法。

20 世纪 80 年代，我国实行经济改革和对外开放，随着从有计划的商品经济到有中国特色的市场经济的发展，票据制度得以逐步确立。1988 年 12 月，中国人民银行颁发了《银行结算办法》，规定在全国推行汇票、商业汇票、银行本票和支票。1995 年 5 月 10 日，八届全国人大常委会第十三次会议审议通过了《中华人民共和国票据法》，自 1996 年 1 月 1 日起施行。

我国《票据法》施行以后，1997 年 6 月 23 日，经国务院批准，中国人民银行于 1997 年 8 月 21 日发布了《票据管理实施办法》，自 1997 年 10 月 1 日起施行。同年 9 月 17 日，中国人民银行又制定了《支付结算办法》，以维护支付结算秩序。2004 年 8 月 28 日第十届全国人民代表大会常务委员会第十一次会议决定对《票据法》做出修订。除此之外，在《中华人民共和国刑法》《中华人民共和国民事诉讼法》等法律中都有关于票据的相关规定。由此，我国形成了一个比较完善的票据法律体系，为保障票据在经济生活中正常流转起到了重要的作用。

第二节　汇　票

一、汇票及其分类

我国《票据法》第 19 条规定："汇票是出票人签发的，委托付款人在见票时或者在指定日期无条件支付确定的金额给收款人或者持票人的票据。"《英国票据法》对汇票(Bill of Exchange)的定义是："汇票是由出票人向另一人签发的要求即期、定期或在可以确定的将来时间向指定人或根据其指令向来人无条件支付一定金额的书面命令。"以上两种定义的实质是相同的。

汇票是票据中最典型的一种，英美法系国家一般认为汇票是无附带条件的书面命令，它由发票人签名而向付款人开出，要求付款人见票即付、定期支付或在将来某个可确定的日期付给某特定受款人、其指定人或持票人一笔定额现金。一般认为，汇票得以发展并仍然使用主要有三个方面的原因：一是汇票能避免现实货币的多次转让，而这种多次转让即使不是危险的，也会是不实用的；二是汇票在商业上被视为像现金一样成熟；三是汇票通常可在将来特定时间而不是见票即付，因此提供了一个信用因素，这种信用要素维持了现代汇票的使用。此外，国际汇票通过规定到期以约定的货币付款，避免了货币汇率的波动。

汇票按照其性质、内容等的不同，可以分成不同的类型。其中较为重要的分类有以下几种：

1. 根据汇票对收款人记载方式的不同，可以分为记名汇票、指示汇票和无记名汇票。如果出票人在汇票上明确记载了收款人姓名或名称的汇票，就是记名汇票，又称为抬头汇票；如果不仅记载了收款人姓名或名称，还附有"或其指定人"的汇票，则属于指示汇票；如果汇票上未记载收款人姓名或名称，或者仅抽象记载"来人"或"持票人"，则是无记名汇票，又称为来人汇票或空白汇票。《票据法》第 22 条规定，收款人名称是汇票绝对必须记载事项，因此我国只有记名汇票。

2. 根据汇票对付款期限的不同记载，可以分为即期汇票(Sight Bill or Draft)与远期汇票(Time Bill or Draft)。汇票上付款日期有四种记载方式：见票即付(At Sight)；见票后若干天付款(At Days After Sight)；出票后若干天付款(At Days After Date)；定日付款(At a Fixed Day)。如果汇票上未记载付款日期，则视作见票即付。见票即付的汇票为即期汇票。其他三种记载方式为远期汇票。

3. 根据汇票出票人身份的不同，可以分为银行汇票(Banker's Draft)和商业汇票(Com-

mercial Draft or Trade Bill)。银行汇票，出票人是银行，付款人也是银行；商业汇票，出票人是企业或个人，付款人可以是企业、个人或银行。商业汇票根据承兑人的不同，还可以分为银行承兑汇票和商业承兑汇票。远期的商业汇票，经企业或个人承兑后，称为商业承兑汇票。远期的商业汇票，经银行承兑后，称为银行承兑汇票。银行承兑后成为该汇票的主债务人，所以银行承兑汇票是一种银行信用。

4. 根据汇票是否附有包括运输单据在内的商业单据，可分为光票和跟单汇票。光票(Clean Bill or Draft)，指不附带商业单据的汇票。银行汇票多是光票。跟单汇票(Documentary Bill or Draft)，指附有包括运输单据在内的商业单据的汇票。跟单汇票多是商业汇票。

二、汇票的内容与特征

(一)汇票的内容

汇票的内容是指汇票上记载的项目。根据其性质及重要性不同，这些项目可以分为以下三类：

1. 绝对必要记载项目

绝对必要记载项目是汇票必须记载的内容，必要项目记载是否齐全，直接关系到汇票是否有效。根据我国《票据法》规定，汇票应包括“汇票”字样、无条件的支付委托、确定的金额、付款人名称、收款人名称、出票日期、出票人签章等内容。其他国家《票据法》的规定也大同小异。

2. 相对必须记载事项

我国《票据法》第 23 条规定：汇票上记载付款日期、付款地、出票地等事项的，应当清楚、明确。汇票上未记载付款日期的，为见票即付；汇票上未记载付款地的，付款人的营业场所、住所或者经常居住地为付款地；汇票上未记载出票地的，出票人的营业场所、住所或者经常居住地为出票地。

3. 可以记载事项

我国《票据法》第 27 条第 2 款规定，出票人可以在汇票上记载“不得转让”字样的，此汇票不得转让。

(二)汇票的主要记载项目

汇票的主要记载项目如下：

1.“汇票”字样

主要目的是表明票据的性质和种类，以区别于其他票据。“汇票”一词在英文中有不同的表示方法，Bill of Exchange、Exchange、Draft 均可。

2. 无条件的书面付款命令或委托

汇票是出票人签发的，命令付款人向收款人付款的书面指示。汇票必须是书面的(In Writing)，而不是口头的，否则将无法签字；是命令(Order)，而不是请求、征求意见等。无条件意味着付款不能有限制或附带条件，即没有先决条件，这是汇票的本质和核心。这里所谓的“无条件”，并不是指毫无原因就开出一张付款命令要求对方付款，而是指汇票上的文义不能附加任何条件，比如，“货与合同相符即付款 10 万美元”“在货物运到后才付款 1 万美元”等都是有条件的限制性文句。如果汇票的付款命令附加了条件，则这张汇票就是无效汇票，因而不具备法律效力。

3. 确定的金额

票据上的权力必须以金钱表示，不能用货物数量等表示，并且金额必须确定，不能模棱两可，如“大约付 1 000 美元”“付 2 000 欧元左右”“付 10 万或 15 万日元”“付 1 000 美元加利息”等都是不确定的。另外在实际中，为防止涂改，票据的金额还必须同时用大小写。如果大小写不一致，《英国票据法》和《日内瓦统一票据法》都规定以大写为准；我国《票据法》则认为无效。

4. 付款人名称

付款人指汇票命令的接受者，亦即受票人。但是，受票人不一定付款，因为他可以拒付，也可以指定担当付款人。汇票上付款人的记载要有一定的确定性，以便持票人能顺利地找到。实务上一般都注明详细的地址，特别是以在同一城市有许多机构的银行为付款人时一定要仔细注明。

5. 汇票的收款人

汇票是否必须载明收款人的姓名，各国的法律有不同的规定。英美法认为，汇票上可以指定收款人，也可以不指定收款人，而仅填写“付给持有人”字样(To Bearer)，这种汇票成为无记名汇票或来人式汇票，谁持有汇票，谁就有权要求付款人支付票据上所记载的金额。但是日内瓦公约要求在汇票上记载收款人的姓名，原则上不承认无记名汇票。

根据《英国票据法》的规定，汇票上的收款人可以有以下三种写法：

(1)限制性抬头

例如，汇票上载明“仅付给甲公司”(Pay Co. A，Only)或“付给甲公司，不准转让”(Pay Co. A，not Transferable)。这种带有限制转让字样的汇票，不能以背书的方式转让，而只能根据一般民法中债权让与的方式转让。

(2)指示式抬头

例如，汇票上载明“付给甲公司或其指定的人”(Pay Co. A or Order，or Pay to the Order of Co. A)。这种指示式抬头的汇票可以经过背书转让。如果汇票上虽然载明收款人的姓名，但是没有加注限制转让的字样，例如汇票上仅写明“付给甲公司”，则此种汇票可以视同指示式汇票，可以背书转让。

(3)来人式抬头

汇票上不载明收款人的姓名，而只是写明“付给持票人”(Payable to Bearer)字样。这种汇票可以流通转让，而且在转让时无须由执票人背书，仅凭交付票据本身即可以实现转让的目的。

汇票上的收款人通常都是出票人以外的人，但是各国的法律都允许出票人与收款人同为一个人，这种汇票称为“指己汇票”。在转让时必须由出票人背书。

6. 汇票的出票日期及地点

“日内瓦票据公约”规定，汇票应当记载出票日期及地点，否则不得认为有效。但是有一个例外，如果汇票上没有记载出票地点，则以出票人姓名旁的地点为出票地点。英美法系则认为，出票日期与地点并不是汇票必须记载的事项。如果汇票上没有填写出票日期，汇票仍然有效，在这种情况下，执票人可以将其认为正确的日期补填在汇票上。如果汇票上没有载明出票地点，则可以以出票人的营业所、住所或居住地为出票地点。

7. 汇票的付款地点

关于汇票上是否必须载明付款地点的问题，各国的法律有不同的规定。《英国票据法》认为，票据上不一定载明付款地点，不管付款人在什么地方，只要执票人能找到他，就可以向他提示汇票，要求付款。“日内瓦票据公约”则要求在汇票上应记载付款地点，但是，如果没有记载付款地点，那么，可以将付款人姓名旁的地点视为付款地，亦即视为付款人的所在地。

8. 必须由付款人在汇票上签名

根据票据法的规定，只有在票据上签名的人，才对票据承担责任。因此，各国的票据法都规定，票据上必须有出票人的签名才能生效，欠缺出票人签名的汇票在法律上是无效的。

出票人的责任有两项：(1)担保其汇票将获得承兑。如果汇票的付款人不承兑，则执票人可以作成拒绝证书，向出票人行使追索权，请求其清偿票款。(2)担保其汇票将获得付款。如果汇票到期时不能得到付款，则出票人应对执票人承担清偿责任。关于出票人是否可以在汇票上列入“免予追索”的文句，以免除其对执票人的偿还责任的问题，各国的法律有不同的规定。根据“日内瓦票据公约”的规定，出票人可以在汇票上列入免责文句免除担保的责任，但是不得免除担保付款的责任。《英国票据法》与《美国统一商法典》规定出票人可以在汇票上列入免责文句，免除或限制其对执票人的偿还义务。

以上就是汇票出票时所应载明的事项。其中，有些事项是汇票的法定要素缺一不可，有些事项不是绝对必要的条件，即使没有记载也不影响汇票的效用。总的来说，德国法系对汇票的形式要求较严格，而英美法系一般比较灵活。

(三)汇票的主要特征

汇票主要有如下几个方面的特征：

1. 汇票是一种金钱证券，也是一种支付工具，为了保证使用可靠，在该票据上必须表明“汇票”的字样，以利使用者和其他利害关系人了解这种支付工具。

2. 汇票须有无条件支付一定金额的字样，以使这种支付工具在经济活动中有较高信用。

3. 汇票是确定一定的日期才履行支付义务的票据，汇票有见票即付和指定日期支付两种。

汇票使用过程中的各种行为，都由票据法加以规范。主要有出票、提示、承兑和付款。如需转让，通常应经过背书行为。如汇票遭拒付，还需做成拒绝证书和行使追索权。

三、出票(Issue)

(一)出票的概念

汇票出票是指出票人签发票据并将其交付给收款人的票据行为。出票又称为发票，是最基本的票据行为，也是背书、承兑、保证等票据行为的前提。

我国《票据法》第10条规定，票据的签发、取得和转让，应当遵循诚实信用的原则，具有真实的交易关系和债权债务关系；第21条规定，汇票的出票人必须与付款人具有真实的委托付款关系，并且具有支付汇票金额的可靠资金来源。不得签发无对价的汇票用以骗取银行或者其他票据当事人的资金。这些规定都对出票人的出票行为做了明确规范。但是，付款人不得因为前述原因对业经背书转让票据的持票人进行抗辩。

(二)出票的记载事项

汇票作为要式证券，出票是要式行为，必须依照票据法的规定记载一定事项。具体规定如下：

1. 绝对必须记载事项

我国《票据法》第22条规定，汇票上必须记载表明“汇票”的字样、无条件支付的委托、确定的金额、付款人名称、收款人名称、出票日期、出票人签章等7项内容，如果欠缺任何一项，则汇票无效；第8条规定，记载的金额如果以中文大写和数码同时记载，二者必须一致，二者不一致的，票据无效。值得注意的是，对此其他国家规定则不一样，澳大利亚的规定是以低的金额为准，英国则规定以文字为准。

2. 相对必须记载事项

我国《票据法》第23条，汇票上记载付款日期、付款地、出票地等事项的，应当清楚、明确。汇票上未记载付款日期的，为见票即付；汇票上未记载付款地的，付款人的营业场所、住所或者经常居住地为付款地；汇票上未记载出票地的，出票人的营业场所、住所或者经常居住地为出票地。

3. 可以记载事项

我国《票据法》第27条第2款规定，出票人可以在汇票上记载“不得转让”字样的，由此汇票不得转让。

4. 不得记载事项

我国《票据法》第24条规定，汇票上所记载的票据法规定事项以外的其他出票事项，不具有汇票上的效力。

（三）出票的法律效力

出票完成后，即可对汇票当事人产生票据法上的效力。《票据法》第26条规定，出票人签发汇票后，即承担保证该汇票承兑和付款的责任。出票人在汇票得不到承兑或者付款时，应当向持票人清偿汇票金额及相关费用。同时，持票人也便取得了汇票上的权利，包括付款请求权和追索权。但持票人的付款请求权在付款人承兑之前仅仅是一种期待权，付款人只有在对汇票承兑后才成为汇票的第一债务人，如果出票后付款人并不承兑，则并不负付款义务。

四、汇票的背书(Endorsement)

（一）概念

票据转让可以通过单纯交付的简单方法，这种方法仅限于无记名与空白背书票据。票据转让也可以通过背书进行。

背书是指持票人在票据上签名并交付受让人的票据行为。转让人是背书人，受让人是被背书人。他们分别称为前手和后手。被背书人可将受让的票据通过背书而转让他人，称为再背书。这种票据的连续转让，称为票据流通。每次背书都明确记载在票面上，要查究起来非常方便。

根据各国法律规定，除无记名汇票得仅凭交付转让外，记名汇票与指定汇票都必须以背书的方式进行转让。

背书必须记载于票面上。关于是否必须记载于票据的背面，各国票据法规定不一致。例如，英美法系就没有规定必须在票据背面记载，《日内瓦统一汇票法》也只规定空白背书必须记载于背面。

背书有两种效力:(1)把汇票上的权利转让给背书人;(2)背书人对被背书人在内的一切后手担保该汇票必然会被承兑或付款,如果汇票的承兑付款人拒绝承兑付款,任何后手都有权向背书人进行追索。

(二)背书的方式

背书的方式主要有以下几种:

1. 记名背书

记名背书(Special Endorsement)又称为完全背书或特别背书,执票人在背书时,在汇票背面写上背书人的姓名与商号,并签上自己的名字,然后将汇票交付给被背书人,汇票的转让即告完成。记名背书有两种写法,一种是仅写上被背书人的姓名,另一种是在被背书人的后面加上"或其指定人"(Or Order)字样。这两种写法的作用都是一样的。记名背书的被背书人仍然可以通过背书的方式把汇票再度转让。

关于背书时是否必须载明背书年、月、日的问题,各国的法律有不同的规定。法国、比利时、意大利与荷兰的法律认为,背书必须载明日期;英国、美国等国家的法律则认为,载明日期并不是背书的必要条件。

2. 空白背书

空白背书(Blank Endorsement)又称为无记名背书或略式背书,背书人在汇票背面签上自己的名字,而不用填写被背书人的姓名或商号。经空白背书后的汇票可以仅凭交付而转让,其结果同来人式汇票(To Bearer)相同。

空白背书可以转变为记名背书,记名背书也可以转变为空白背书。例如,取得空白背书汇票的执票人,可以将自己的名字加在背书人签名之后,这就将空白背书转变为记名背书。同样,取得记名背书汇票的执票人,在将该汇票再度转让时,可以仅签上自己的名字而不记载受让人的名字,从而使该汇票成为空白背书汇票。

空白背书的绝对应记载事项仅为背书人的签名。其任意记载事项及禁止记载事项与完全背书相同。

现在世界各国的票据法都承认空白背书是有效的。法国早期的票据法禁止采用空白背书,但是从 18 世纪以后承认空白背书是有效的。

(三) 背书的种类

背书的种类,根据背书人在背书时的意图,可以分为转让(Negotiable)与非转让(Non－negotiable)两大类,每一种类又分为不同的若干小种类(见图 7－1)。

1. 转让背书

转让背书是指以转让汇票上的权利为目的所做的背书,其受让人(手背书人)可以取得该汇票的所有权。除执票人在背书时另有约定外,通常的背书多属于此类。根据各国票据法的规定,执票人在背书转让汇票时,必须把汇票上的全部金额同时转让给同一个人,不能转让汇票金额的一部分,或把汇票金额分别转让给几个不同的人。这就是所谓的"背书的不可分割性"。例如,一张金额为 10 万美元的汇票,在背书转让时,不能只转让其中的 5 万美元,而留下 5 万美元;也不能将其中的 5 万美元转让给甲,而将其中的 5 万美元转让给乙,则这种背书在法律上是无效的。

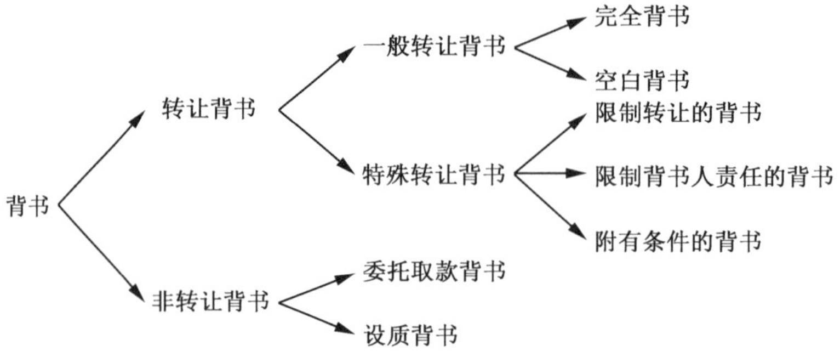

图 7—1

(1)一般转让背书

一般转让背书分为两类:完全背书,空白背书。

(2)特殊转让背书

这种背书是指执票人在背书时,除了签名外,还附加若干特殊的文句,以便限制自身的责任,限制汇票的再度转让,或附加其他条件等。特殊转让背书分为以下三类:

①限制转让的背书

这是背书人在背书时附加限制转让的文句。例如,0 表示"不得转让"(Not Negotiable)、"只许付给甲方"(Pay Party A Only)等。对于这种背书的法律效力,欧洲以及美国等国的规定有所不同。《美国统一商法典》第 3—206 条规定:如果背书人在背书时做了限制或禁止性的记载,那么,该汇票的背书人只能取得凭此汇票要求付款与对汇票上的有关当事人起诉的权利,但是无权将该汇票再次转让,除非另有授权。有些大陆法国家的法律规定了两种情况:

第一,出票人所为。如果出票人在出票时就已经做出禁止转让的记载,那么,该汇票就不能再用背书的形式进行转让,而只能根据一般债权让与的方式转让。

第二,背书人所为。如果背书人做出不得转让的记载,那么该汇票仍然可以通过背书方式进行转让,但是背书的效力有所不同,即该背书人仅是对其直接受背书人负责;如果该受背书人又以背书方式将该汇票转让给他人,则背书人对于在其做出禁止背书之后,再根据背书取得该汇票的其他人可以不负任何责任,可以拒绝其他人的追索。

②限制背书人责任的背书

背书人限制自己的责任,往往在汇票的背后写上"无追索权"(Without Recourse)这样的文句。这种文句可以起到背书人免除其由于在汇票上签名而产生的责任的作用。如果该汇票在以后遭到拒付,执票人向前手追索时,就不能向该背书人追索,而只能越过他向其他背书人或出票人追索。但是,《英国票据法》规定,加注了"无追索权"字样的背书人的地位,与仅凭交付票据而转让的不记名汇票的出让人的地位是相同的,即他们虽然对间接的受让人可以免受追索,但是如果有以下的情况则仍然必须对支付了对价的直接受让人(Immediate Transferee For Value)负责:汇票参加被伪造;背书人在转让汇票时已经知道该汇票将遭到拒付;转让人的权利有瑕疵,例如,无权出让该汇票等。

③附有条件的背书

背书应当是无条件的,如果背书人在背书时附加若干条件,要求必须履行这些条件背书才能生效，那么，这种附加条件的记载是无效的。

《日内瓦统一汇票本票法》规定，凡是背书附条件的，均视为无效。《英国票据法》也规定，对于附条件的背书，付款人可以不予以考虑，不论其所附条件履行与否，都可以向背书人付款，而且这种付款是有效的。付款人向受背书人付款后，就可以解除其责任。

2. 非转让背书

这是指背书人背书的目的不是为了转让汇票上的权利，而是有另外的目的。它通常分为以下两种：

(1)委托取款背书，也称为委任背书，是指背书人将汇票的权利授予他人的背书。背书人在背书时注明其背书的目的只是委托被背书人代为取款，而不是转让汇票的所有权。这种背书通常都注明“委托取款”(For Collection)或“委托代收”(By Procuration)等字样。

(2)设质背书，也称为质权背书，是指以设定质权为目的所做的背书。设质或质权，是指债务人向债权人出质(抵押)资产(股票、证券等动产)为偿还债务的保证。这种背书的受背书人，可以质权人(债权人)的身份行使背书上的权利，包括要求承兑、付款与行使追索的权利等。质权背书通常都记载“担保价值”(Value in Security)或“出质价值”(In Pledge)的字样。

(四)背书的连续性

背书的连续性，是指票据上记载的背书，自出票时的收款人开始到最后的被背书人，在票据背书形式上相互连接而无间断。即转让汇票的背书人与受让汇票的被背书人在汇票上的签章依次前后衔接。背书的连续性是票据法有关票据权利转让的特殊要求。从票据的流通性来看，票据经过许多持票人，到最后的持票人之手，最后的持票人由票据上的背书的连续来证明而取得该票据的权利。票据法规定，所有背书必须为记名背书。背书的连续性在形式上表现为：后一背书人是前一背书的被背书人。每一对背书人与被背书人的签章不间断衔接起来，就可以证明该背书的连续性。

背书的连续要具有同一性质。因为背书行为有两种：一种是转让背书，一种是非转让背书。因为非转让背书的被背书人不是票据的真正所有人，那么，即使允许被背书人再授权他人代行票据权利，该背书仍为非转让背书，这样在性质上没有使转让背书连续起来。只有再做出转让背书并且在时间上能够衔接，使转让背书连续起来，才能证明最终持票人享有票据权利。

背书的连续，只要求形式上的连续，如果在背书中有冒充签章的，或无权代理的人或无权签章的人签章的，造成背书的实质上不连续时，一般按伪造签名处理，不影响背书的连续性。对于形式上缺乏背书的连续性，而实际上票据的转让仍保持着连续性的，从保护合法的票据持有人的正当权益出发，如果其能通过举证，证明背书的连续时，票据合法持有人可继续享有和行使汇票权利。例如，持票人在背书转让或赠予他人之前死亡的，其继承人经行使继承权取得该票据权利，从形式上看，没有保持背书的连续性，但实质上票据权利是连续的；再如，持票人倒闭，经过破产程序，依法院判决取得的票据，无法取得破产企业的签章，这些都在形式上缺乏背书的连续性，但在实质上票据是保持着连续性的，持票人可以享有和行使票据权利。

五、汇票的提示(Presentment)

提示，是指执票人向付款人出示汇票，请示其承兑或付款的行为。这是执票人为行使与保全其票据权利所必须做的一种行为。提示可以分为承兑提示和付款提示两种。一般而言，远期汇票都应先向付款人做承兑提示，然后再于到期时做付款提示。特别是见票后定期付款的远期汇票更必须及时向付款人做承兑提示，以从承兑之日起计算付款的到期日。即使是出票日后定期付款的汇票(Payable After Date)，通常也要向付款人提示，以确定其付款的义务，因为付款人只有在其承兑汇票之后，才成为该汇票的债务人，承担到期付款的责任。但是，即期汇票(Bill Payable on Demand，at Sight or Presentation)只需做付款提示，无须做承兑提示。

不论是承兑提示还是付款提示都必须在法定期限内进行，或根据票据上的记载办理。对于提示的期限，各国的法律有不同的规定。《日内瓦统一法公约》规定，见票后定期付款的汇票，应在出票日起 1 年内做承兑提示；见票即付的汇票，应于出票后 1 年内做付款提示；出票人可以将该期限延长或缩短，背书人亦可以将该期限缩短，但不能延长。英国、美国的法律则没有规定具体的提示期限，只要求在“合理的时间”内提示。

六、汇票的承兑(Acceptance)

(一)承兑的概念

承兑，是指汇票的付款人接受出票人的付款委托，同意承担支付的义务，而将此项意思表示以书面文字记载于汇票之上的行为。

一般而言，是否要求付款人承兑，这是执票人的一项自由权，他在到期日前向付款人提示承兑，也可以等待到期日来临时向付款人要求。

(二)承兑的程序与方式

承兑首先必须由执票人向付款人出示汇票，即向付款人作承兑提示，然后再由付款人决定是否予以承兑。提示是承兑的前提，如果执票人不向付款人出示汇票(出示)，付款人就无从对汇票进行承兑。

承兑的方式通常是由付款人在汇票正面横写“承兑”字样，签上自己的名字，并注明承兑的日期。其中，最重要的是付款人的签字，如果没有付款人的签字，该汇票就不能认为已被承兑。至于是否载明“承兑”字样与注明承兑日期，各国的法律有不同的规定。《日内瓦统一法公约》规定，承兑应于汇票上记载“承兑”或其他相等的字样。至于是否必须注明承兑日期的问题，除西班牙与墨西哥等少数国家的法律要求必须注明承兑外，其余大多数国家都不以载明承兑日期作为承兑生效的必要条件。但是根据《日内瓦统一法公约》的规定，对于见票后定期付款的汇票与特别约定提示承兑期限的汇票，承兑人必须注明承兑的日期。对于这种汇票，如果在承兑时未载明日期，执票人为保全其对背书人与出票人的追索权，就应在适当的时间内做成拒绝证书，以证明漏注的承兑日期。

(三)承兑的作用

承兑的作用在于确定付款人对汇票金额的付款义务。因为从理论上说，开立汇票是出票人单方面的行为，出票人在开立汇票时可以指定任何人为付款人，而付款人并未参与出票，因此，凡是没有在汇票上签名承兑的付款人并不是汇票的当然债务人，他对汇票还没有承担责任。所以，执票确认为了确定付款人的付款责任，就必须向付款人提示承兑，那么，只有当付款人在汇票上签名承兑之后，他才对汇票的付款承担责任。如果付款人拒绝承兑，那么他对汇票的付款就不负法律上的责任。在这种情况下，执票人不能对他提起诉讼，而只能对汇票的背书人与出票人进行追索。

在汇票被付款人承兑以前，汇票的债务人是出票人而不是付款人，但是付款人承兑了汇票之后，他就成为承兑人(Acceptor)，并由此而成为汇票的主债务人，出票人与其他背书人则居于债务人的地位。如果付款人承兑汇票之后到期拒绝付款，则执票人可以直接对他提起诉讼。根据《日内瓦统一法公约》的规定，即使执票人是原出票人，也可以据以对抗承兑人。这就是承兑行为的主要法律效力。但是承兑不是债务更新。债务更新是由新债务人代替原债务人履行债务，债务经过更新以后，原债务人即可解除义务。而承兑并不能解除出票人与背书人对汇票的责任，如果承兑人在汇票到期时不付款，那么，执票人仍然有权向任何前手背书人或出票人进行追索。

七、汇票的保证(Guarantee)

(一)汇票保证的概念及其特点

汇票的保证，是指由汇票债务人以外的第三人，以担保因主票据行为所产生的债务为目的所做的票据行为。票据保证是保证债务的一种。保证人可以为出票人或背书人与承兑人提供保证。由于有第三人为票据的债务人提供保证，票据的信用将有所增强，对票据的流通不无好处。因此，《日内瓦统一法公约》及某些国家的票据法都对票据保证做出了比较详细的规定。但是，英国、美国等国家的票据法仅略有涉及，没有具体规定。

汇票保证有以下特点：

1. 汇票保证是一种要式行为

汇票保证要在汇票上或粘单上做出，注明“保证”或类似字句，并由保证人签名。根据《日内瓦统一法公约》的规定，保证人在做出保证时，可以在汇票上记载被保证人的姓名。如果没有记载，则视作由出票人提供保证。

2. 汇票保证具有独立性

这是汇票保证与民法中的保证的一个主要区别。汇票保证与民法中的保证虽然都有从属性，都以主债务的存在为前提，但是两者有很大的不同，即汇票保证具有独立性，而民法中的保证则无独立性。具体而言，在汇票保证的场合下，即使被保证的主债务因任何原因无效时，除因款式欠缺而无效外，保证人仍应承担义务。

(二)保证人的权利与义务

保证人的义务主要有以下四项：

1. 保证人与被保证人负同一责任。保证人根据汇票应承担何种义务，保证人亦承担该项义务；

2. 当有一个以上的保证人为同一汇票债务提供保证时，各保证人负连带责任；

3. 保证人当其担保的汇票债务因某种理由无效时，仍应承担支付义务，款式欠缺无效者除外；

4. 保证人可以就汇票的全额提供担保，也可以仅就部分金额担保，在后一情况下，保证人仅对他所保证的部分金额承担支付义务。

保证人的权利是保证人在清偿汇票债务后，有权行使执票人对被保证人以及对被保证人应负汇票上责任的前手的追索权。因为保证人清偿后即取得票据，成为该汇票的执票人，所以，他有权对被保证人及其前手行使追索权。

八、汇票的付款

(一)付款的概念

汇票付款是指付款人或其代理付款人支付汇票金额,以消灭票据关系的行为。付款的目的在于消灭票据关系,是完成汇票使命的最后阶段。

(二)付款的程序

完整的付款程序包括提示付款、实际付款与交回汇票。

1. 提示付款

提示付款是指持票人向付款人或其代理付款人依法出示汇票并向其请求付款的行为。持票人可以亲自提示付款,也可以通过委托收款银行或者通过票据交换系统向付款人提示付款,两者效力一样。根据《票据法》第 56 条第 1 款,持票人委托的收款银行的责任,限于按照汇票上记载事项将汇票金额转入持票人账户。

根据《票据法》第 53 条第 1 款的规定,持票人应当按照下列期限提示付款:见票即付的汇票,自出票日起 1 个月内向付款人提示付款;定日付款、出票后定期付款或者见票后定期付款的汇票,自到期日起 10 日内向承兑人提示付款。但是,如果持票人未按照上述规定的期限提示付款,在做出说明后,承兑人或者付款人仍应当继续对持票人承担付款责任。

2. 实际付款

根据《票据法》第 54 条的规定,持票人依照规定提示付款后,付款人必须在当日足额付款。付款时,应当以人民币支付,如果汇票金额为外币的,按照付款日的市场汇价,则以人民币支付。但是,汇票当事人对汇票支付的货币种类另有约定的,从其约定。

但是,付款人及其代理付款人付款时,应首先审查汇票背书的连续,并审查提示收款人的合法身份证明或者有效证件。如果付款人及其代理付款人以恶意或者有重大过失付款,例如付款人或者代理付款人未能识别出伪造、变造的票据或者身份证件而错误付款,则应当自行承担责任。也就是说,如果给持票人造成损失的,应当依法承担民事责任;但是,付款人或者代理付款人承担责任后有权向伪造者、变造者依法追偿。对于定日付款、出票后定期付款或者见票后定期付款的汇票,付款人如果在到期日前付款,也应自行承担所产生的责任。

3. 交回汇票

持票人获得付款的,应当在汇票上签收,并将汇票交给付款人。持票人委托银行收款的,受委托的银行将代收的汇票金额转账入持票人账户,视同签收。

(三)付款的法律效力

《票据法》第 60 条规定,付款人依法足额付款后,全体汇票债务人的责任解除,也即是汇票法律关系全部归于消灭,付款人和全体汇票债务人的票据责任因此而解除。

如果持票人的提示付款被拒绝,则付款人必须出具拒绝证明,或者出具退票理由书。未出具拒绝证明或者退票理由书的,应当承担由此产生的民事责任。

九、追索权

(一)追索权的概念

汇票追索权,是指汇票持有人在法定期限内提示承兑或提示付款而遭拒绝,或有其他无法行使汇票权利的法定原因时，依法向其背书人、出票人以及汇票的其他债务人请求支付汇票金额、利息及相关费用的一种票据上的权利。追索权是汇票上的第二顺序权利，是为了补充汇票上的第一顺序权利即付款请求权而设立的。因此只有当持票人行使第一顺序的付款请求权未获得实现时才能行使第二顺序的追索权；如果持票人不先行使付款请求权，则不能行使追索权，除非有特别规定。

持票人在行使追索权时，必须确定被追索的人。根据《票据法》第 68 条第 1 款，汇票的出票人、背书人、承兑人和保证人对持票人承担连带责任，也即是被追索人。同时，持票人还可以不按照汇票债务人的先后顺序，对其中任何一人、数人或者全体行使追索权，这称为选择追索权。并且，如果持票人对汇票债务人中的一人或者数人已经进行追索的，对其他汇票债务人仍可以行使追索权，这称为变更追索权。而被追索人清偿债务后，与持票人享有同一权利，可以对其前手债务人行使追索权，这称为代位追索权。值得注意的是，如果持票人为出票人的，则对其前手无追索权；持票人为背书人的，对其后手无追索权。

（二）追索权发生的条件

根据《票据法》第 61 条的规定，通常情况下，由于汇票到期被拒绝付款，汇票持票人无法行使第一顺序的付款权，所以才对背书人、出票人以及汇票的其他债务人行使追索权。但是，如果持票人未按照票据法规定的期限提示承兑和提示付款的，则丧失其对前手的追索权。

同时，如果在汇票到期前客观上发生了某些情况，使得持票人的付款请求权无法实现，则也可以在到期日前行使追索权。例如汇票被拒绝承兑的，承兑人或者付款人死亡、逃匿的，承兑人或者付款人被依法宣告破产的或者因违法被责令终止业务活动的。

值得注意的是，汇票权利人还应该在票据权利的有效期间内对其前手行使追索权。

（三）追索程序

持票人在行使追索权时，要先取得拒绝证明，然后再发出拒绝事由的通知，最后再得到支付并交回汇票。

持票人在行使追索权时，首先应当提供被拒绝承兑或者被拒绝付款的有关证明。这主要指承兑人或付款人出具的拒绝证明或者退票理由书。如果持票人因承兑人或者付款人死亡、逃匿或者其他原因，不能取得拒绝证明的，可以依法取得其他有关证明。例如，人民法院出具的宣告承兑人、付款人失踪或者死亡的证明、法律文书，公安机关出具的承兑人、付款人逃匿或者下落不明的证明，医院或者有关单位出具的承兑人、付款人死亡的证明，人民法院依法做出的宣告破产裁定书或者能够证明付款人或者承兑人破产的其他证据，有关行政主管部门的处罚决定，公证机构出具的具有拒绝证明效力的文书等。如果持票人不能出示拒绝证明、退票理由书或者未按照规定期限提供其他合法证明的，则丧失对其前手的追索权。但是，承兑人或者付款人仍应当对持票人承担责任。

持票人还应当自收到被拒绝承兑或者被拒绝付款的有关证明之日起 3 日内，将被拒绝事由书面通知其前手，该书面通知应当记明汇票的主要记载事项，并说明该汇票已被退票；接着，持票人的前手应当自收到通知之日起 3 日内书面通知其再前手。持票人也可以同时向各汇票债务人发出书面通知。如果是在规定期限内将通知按照法定地址或者约定的地址邮寄的，视为已经发出通知。如果未按照前述规定期限通知的，持票人仍可以行使追索权。但因延期通知给其前手或者出票人造成损失的，由没有按照规定期限通知的汇票当事人承担对该损失的赔偿责任，只是所赔偿的金额以汇票金额为限。

持票人行使追索权时，可以请求被追索人支付的金额和费用包括：被拒绝付款的汇票金额；汇票金额自到期日或者提示付款日起至清偿日止，按照中国人民银行规定的利率计算的利息；取得有关拒绝证明和发出通知书的费用。被追索人清偿债务时，持票人应当交出汇票和有关拒绝证明，并出具所收到利息和费用的收据。被追索人依照规定清偿后，也可以向其他汇票债务人行使再追索权，其请求其他汇票债务人支付的金额和费用包括：已清偿的全部金额；前项金额自清偿日起至再追索清偿日止，按照中国人民银行规定的利率计算的利息；发出通知书的费用。行使再追索权的被追索人获得清偿时，应当交出汇票和有关拒绝证明，并出具所收到利息和费用的收据。

第三节　本　票

一、本票及其种类

本票是出票人签发的，承诺自己在见票时无条件支付确定的金额给收款人或者持票人的票据。

与汇票一样，本票也可以根据对收款人记载方式的不同分为记名本票、指示本票和无记名本票。根据汇票对付款期限的不同记载，可以分为即期本票与远期本票。根据出票人的不同，可以分为银行本票和商业本票。与汇票一样，我国只有记名本票。但不同的是，我国的本票只有即期本票，并且我国只有银行本票而没有商业本票。

二、本票的必要记载事项

本票是一种要式证券。我国《票据法》对本票上的记载事项做了明文规定。本票必须记载以下事项：

1. 表明“本票”的字样；
2. 无条件的支付承诺；
3. 确定的金额；
4. 收款人名称；
5. 出票日期；
6. 出票人签章。

本票上未记载上述规定事项之一的，本票无效。同时，《票据法》要求本票上记载付款地、出票地等事项的，应当清楚、明确。本票上未记载付款地的，以出票人的营业场所为付款地；本票上未记载出票地的，以出票人的营业场所为出票地。

三、本票的关系人

本票的基本关系人有两个：

1. 出票人(Maker),出票人因承诺付款,因而称之为 Make a Promise,故而本票的出票人就称作为 Maker。

2. 受款人(Payee)即收款人,也称为本票的抬头人。

本票的收款人或抬头人的写法,通常与汇票相同,也有三种,即指示性抬头、限制性抬头和持票人抬头。

四、出票

本票的出票,从形式上看与汇票的出票相同,都包括作成票据和交付票据,也都要求具有票据金额的可靠资金来源。但是,汇票的出票是出票人委托付款人向收款人支付一定金额的票据行为,而本票的出票则是指出票人保证自己支付本票金额的票据行为。

与汇票相比,由于本票的付款人即出票人,所以仅少了付款人一项。本票的相对必须记载事项包括付款地和出票地。与汇票相比,因为只有即期本票,所以少了付款时间一项。同时,由于本票的出票人为银行,所以如果本票上未记载付款地的,出票人的营业场所为付款地;未记载出票地的,出票人的营业场所为出票地。本票的可以记载事项和不得记载事项同汇票完全一样。

由于发行本票具有提供信用的性质,为了防止信用膨胀,维护社会经济秩序,票据法对本票的管理是比较严格的。我国《票据法》第 75 条规定,本票出票人的资格由中国人民银行审定,具体管理办法由中国人民银行规定。这体现了管理者对本票出票的一种审慎态度,同时反映了我国在发展商品经济的同时亟待提高商业信用。

我国《票据法》还规定,本票的出票人必须具有支付本票金额的可靠资金来源,并保证支付。因为本票的出票人签发本票,就是承诺自己在见票时要无条件支付确定的金额给收款人或者持票人,他在票据关系中是主债务人,承担着首要、绝对和最终的付款责任,而不是像汇票的出票人那样,承担的是在汇票得不到承兑或者付款时才承担保证付款责任。

五、付款

根据《票据法》第 77 条,本票的出票人在持票人提示见票时,必须承担付款的责任。并且,本票的持票人必须在本票出票日起 12 个月内提示见票,否则丧失对出票人以外的前手的追索权。

1. 本票的出票人在持票人提示本票时,必须承担付款的责任。

2. 付款期限最长不超过 2 个月。

3. 第一次向出票人提示本票是行使第一次请求权,它是向本票的其他债务人行使追索的必经程序,没有按期提示的本票,持票人就不能向其前手追索。

六、本票的特征

1. 自付票据。本票是由出票人本人对持票人付款。

2. 基本当事人少。本票的基本当事人只有出票人和收款人两个。

3. 无须承兑。本票在很多方面可以适用汇票法律制度。但是由于本票是由出票人本人承担付款责任,无须委托他人付款,所以,本票无须承兑就能保证付款。

七、本票与汇票的比较

本票与汇票有许多共同之处，汇票中有关出票、背书、付款、拒绝证书以及追索权等规定，基本上都可适用于本票。

二者的区别主要有以下两点：

(1)汇票有三个当事人，即出票人、付款人与受款人；而本票只有两个当事人，即出票人(同时也是付款人)与受款人。

(2)汇票必须经过承兑之后，才能使承兑人(付款人)处于主债务人的地位，而出票人则居于从债务人的地位；本票的出票人即始终居于主债务人的地位，自负到期偿付的义务，不必办理承兑手续。

第四节　支　票

一、支票及其种类

支票是出票人签发的，委托办理支票存款业务的银行或者其他金融机构在见票时无条件支付确定的金额给收款人或者持票人的票据。

支票按照不同的标准，可以分成不同的类型。其中较为重要的分类有以下几种：

1. 根据支票对付款期限的不同记载，可以分为即期支票与远期支票。根据《票据法》第 90 条，支票限于见票即付，不得另行记载付款日期。另行记载付款日期的，该记载无效。可见，我国只有即期支票而没有远期支票。

2. 根据支票对收款人记载方式的不同，分为记名支票、无记名支票。无记名支票又称为空白支票，出票人在支票上不记载收款人的名称，在转让时不适用背书转让规则，可直接依票据交付行为实现支票的转让。根据《票据法》第 84 和第 86 条的规定，我国允许签发无记名支票；但是《支付结算办法》第 119 条又规定，支票的金额、收款人名称在补记前不得背书转让和提示付款。

3. 根据支票对付款方式的不同，可分为现金支票、转账支票、普通支票和划线支票。现金支票是指支票上印有“现金”字样、只能用于支取现金的支票；转账支票是指支票上印有“转账”字样、只能用于转账的支票；普通支票是指未印有“现金”或“转账”字样、可以用于支取现金也可以用于转账的支票；划线支票指支票左上角划两条平行线的、只能用于转账的支票。

二、支票的必要记载事项

拿到一张支票后，这张汇票是否生效，根据《日内瓦统一法》的规定，这张汇票要求具备以下必要项目：

1. 写明“支票”字样；

2. 收款人或其指定人；

3. 付款银行的名称；

4. 出票日期和地点；
5. 付款地点；
6. 写明即期；
7. 金额；
8. 收款人的名称；
9. 无条件支付命令。

三、出票

支票的出票，从形式上看与汇票的出票相同，都包括作成票据和交付票据。但为了强化支票的流通功能，确保交易安全，对支票的出票人有严格的资格要求。《票据法》第 82 条第 2 款规定，开立支票存款账户和领用支票，应当有可靠的资信，并存入一定的资金。《票据管理实施办法》第 11 条更明确规定，支票的出票人为在经中国人民银行批准办理支票存款业务的银行、城市信用合作社和农村信用合作社开立支票存款账户的企业、其他组织和个人。如果出票人签发的支票金额超过其付款时在付款人处实有的存款金额的，称为空头支票，这为票据法所禁止。此外，出票人在开立支票存款账户时，必须使用其本名，并提交证明其身份的合法证件，还应当预留其本名的签名式样和印鉴；出票人不得签发与其预留本名的签名式样或者印鉴不符的支票。

根据《票据法》第 84 条的规定，支票的绝对必须记载事项包括表明“支票”的字样、无条件支付的委托、确定的金额、付款人名称、出票日期、出票人签章 6 项。与汇票、本票相比，支票可以是无记名支票，所以少了收款人一项。支票的相对必须记载事项包括付款地和出票地，与本票一样，如果未记载付款地的，出票人的营业场所为付款地；未记载出票地的，出票人的营业场所为出票地。另外，支票的可以记载事项和不得记载事项则与汇票、本票完全一样。值得注意的是，《票据法》特别规定出票人可以在支票上记载自己为收款人。

根据《票据法》第 93 条第 2 款以及第 26 条的规定，支票出票人承担的责任与汇票的一样，签发支票后，即承担保证该支票付款的责任。出票人在支票不能付款时，应当向持票人清偿支票金额和相关费用。

四、付款

我国《票据法》第 89 条规定，出票人必须按照签发的支票金额承担保证向该持票人付款的责任。如果出票人在付款人处的存款足以支付支票金额时，付款人应当在当日足额付款。

对于提示付款的期限，《票据法》第 91 条规定，支票的持票人应当自出票日起十日内提示付款；异地使用的支票，其提示付款的期限由中国人民银行另行规定。如果超过提示付款期限的，付款人可以不予付款，但出票人仍应当对持票人承担票据责任。

如果付款人依法支付支票金额，则对出票人不再承担受委托付款的责任，对持票人不再承担付款的责任。但是，付款人以恶意或者有重大过失付款的除外。

五、支票与汇票的比较

我国《票据法》将汇票、本票和支票统一规定在一部票据法中，并以汇票的规定为中心内容。对支票与汇票相同的内容，票据法采用了与本票相同的适用汇票规定的立法技术。《票据法》第 93 条第 1 款规定："支票的背书、保证、付款行为和追索权的行使，除本章规定外，适用本法第二章有关汇票的规定。"因此，支票的背书、保证、付款行为和追索权的行为，除本节规定之外，适用第二节有关汇票的规定。

支票和汇票一样有三个当事人，即出票人、付款人与受款人。二者的差别主要有：

(1)支票的付款人限于银行，而汇票的付款人则不以银行为限；

(2)支票均为见票即付，而汇票则不限于见票即付。

本章小结

1. 票据是指出票人依法签发的，承诺由本人或委托他人在见票时或在票载日期无条件支付确定的金额给收款人或持票人的一种有价证券。我国《票据法》上的票据，是狭义上的票据，包括汇票、本票和支票。

2. 票据是设权证券、债权证券、金钱证券、流通证券、无因证券、文义证券、要式证券、占有证券、提示证券、返还证券等，构成票据的十大法律特征，揭示了票据区别于其他有价证券的本质属性。

3. 票据法是指调整票据关系以及与票据关系有关的其他社会关系的法律规范的总称。票据关系是指票据当事人之间因票据行为而产生的票据上的权利义务关系。与票据关系有关的其他社会关系是指不是基于票据行为产生的，而是由票据法规定的，与票据关系密切联系的权利义务关系，又称票据法上的非票据关系。

4. 票据法律关系分为票据本身所产生的法律关系和与票据有关的法律关系。前者属于票据固有的法律关系，称为票据关系；后者不属于票据固有的法律关系，称为非票据关系。也就是说，所有与票据运作有关的法律关系，可以分为票据关系和非票据关系两大类。非票据关系又可以分为票据法上的非票据关系和民法上的非票据关系。

5. 票据行为是指能产生票据债权债务关系的法律行为，包括出票、背书、保证、承兑、参加承兑和保付六种行为。我国《票据法》对参加承兑和保付行为未做明确规定。作为票据行为的实质要件，票据行为人必须具备票据能力，其意思表示也必须真实。票据行为的形式要件包括书面、签章、记载事项和交付四项。票据作为文义证券，各种票据行为必须以书面形式作成才能生效，并且票据法对票据格式等还有要求。

6. 票据权利是指持票人向票据债务人请求支付票据金额的权利，包括付款请求权和追索权。票据权利的行使，是指票据权利人向票据义务人提示票据、请求履行票据义务的行为，包括向付款人提示票据请求承兑、向承兑人或付款人提示票据行使付款请求权、向票据债务人行使追索权。

7. 票据抗辩是指票据债务人根据票据法规定对票据债权人拒绝履行义务的行为。

8. 票据丧失是指票据持票人并非出于自己的本意而丧失对票据的占有，也就是说票据在没有持票人放弃占有之意思的情况下，脱离持票人的占有。票据丧失意味着票据持有人无法依照票据法规定的程序行使票据权利，票据法往往会规定补救方法。我国票据丧失的补救方法有三种：挂失止付、公示催告、诉讼。

案例分析

2月10日，A建筑公司购买建材，向S钢筋厂签发一张远期银行承兑汇票，付款人为被告B商业银行，付款期限为出票后的3个月，票面记载的金额为500万元人民币，收款人为S钢筋厂。

当年3月3日，S将该票据提示承兑，同日将票据背书转让给钢材厂C。3月15日，C钢材厂又将该票据转让给原告M医药公司。4月15日，原告M医药公司持该汇票要求被告B商业银行付款，被告以A钢筋厂所供钢筋质量不符合合同约定为由予以退票。

6月10日，M医药公司向人民法院提起诉讼，要求被告B商业银行承担票据责任。

请问该案应该如何处理。

练习与思考

1. 试述票据的法律特征。
2. 如何理解票据的无因性、要式性和文义性？
3. 比较汇票、本票和支票的区别和联系。
4. 试析票据行为的概念、特征和要件。
5. 阐述票据权利行使与保全的要点和规则。
6. 什么是追索权？试述行使追索权的原因及程序。
7. 票据权利丧失应如何采取救济方式？
8. 简述票据抗辩及其限制。
9. 试述票据法定主义。
10. 试述票据法的立法体系与国际统一化的成果。

第八章

国际产品责任法

本章要点

- 产品责任的概念和性质
- 中国产品责任法的主要内容
- 美国产品责任法中的重要术语和产品责任理论
- 欧盟《产品责任指令》的主要内容
- 《产品责任法律适用公约》的主要内容

第一节　产品责任法概述

一、产品责任和产品责任法的概念

对于产品责任概念的界定，美国《布莱克法律词典》的解释具有一定的代表性："产品责任是指生产者或销售者因其生产或销售的缺陷产品致使购买者、使用者以及旁观者遭受财产损害或人身伤害而需承担的侵权法律责任。"①产品责任法，即是调整产品生产者或销售者因其生产或销售的缺陷产品致使产品使用者遭受损害而引起的侵权赔偿法律关系的法律规范的总称。

随着现代工业生产的发展，大量的新产品投入市场，造成消费者的人身和财产损害的案件不断增多，各国开始逐步发展和制定相应的产品责任法律制度，以期有效地保护消费者的合法权益，同时亦迫使企业推进全面的质量管理，提高产品的安全水准。此外，伴随着经济全球化的蓬勃发展，各国产品的跨国销售和消费的范围也越来越广泛，由此引起的跨国产品责任侵权

---

① *Black's Law Dictionary* (*eighth edition*): "product liability: a manufacturer's or seller's tort liability for damages or injuries suffered by a buyer, user, or bystander as a result of a defective product."

案件亦时常发生。但是由于目前世界上还没有形成国际统一的或被广泛接受的产品责任实体法律制度，因此，各国国内的产品责任法律制度成为保护本国消费者的重要依据和手段。也正因为如此，各国的产品责任法律制度亦成为影响国际货物贸易的重要因素之一。

二、产品责任和产品责任法的性质

产品责任起源于货物的买卖，货物的买卖主要属于买卖合同法的调整范畴，因此产品责任与合同责任有一定的关联。例如，在《联合国国际货物销售合同公约》中，卖方应对所提供的货物承担品质担保的规定与产品责任中生产者或销售者对产品质量所承担的义务有相同之处。但就法律性质而言，产品责任不同于合同责任。

合同是合同当事人合意的结果，合同当事人的权利义务主要基于双方的合同约定而产生，因此合同责任主要是指当事人一方未履行或未完全履行合同义务而给另一方当事人造成损失而承担的法律责任，主要体现为违约责任。合同责任的确立，当事人之间需要有合同法律关系。但产品责任的产生是基于产品生产者或销售者违反法律规定的义务，生产或销售的产品有缺陷而导致消费者遭受损害所致。产品责任属于侵权责任，缺陷产品的受害者主张侵权赔偿并不需要以存在合同关系为前提，其证明责任主要集中在产品是否有缺陷，以及缺陷产品与损害之间的因果关系。

合同法属于私法的范畴。同时，合同法的很多规定具有任意法的性质，合同当事人可以通过合同约定的方式加以更改或排除。严格意义上的产品责任法属侵权法，因此亦属于私法的范畴；但宽泛意义上的产品责任法还可以包括国家制定的有关产品生产者或销售者产品安全义务、有关产品质量或安全标准等的相关法律法规，这些法律规范则属于公法的范畴，涉及国家对产品安全的行政管理关系；而且在产品责任法中，有很多规定属强行法，如生产者对缺陷产品所承担的法定义务不能通过生产者与消费者之间的合同约定加以排除。

三、产品责任法的沿革

产品责任法的沿革可以以美国产品责任法的发展为代表。

产品责任法的出现可以追溯到普通法系的判例。1842 年，英国上诉法院（Exchequer of Pleas）判决的温特伯特姆诉赖特案（Winterbottom v. Wright）①是关于产品责任方面最古老的案例。但该案所确立的产品责任诉讼的基础是合同关系（privity），即缺陷产品的受害人与责任人之间需要有直接的合同关系，如果没有合同关系，受害人就不能要求生产者或销售者承担赔偿责任，即所谓“无合同，无责任”。该判例在普通法系国家奉行了近百年。虽然该判例对于消费者权益的保护有一定的作用，但由于受到合同关系的限制（Privity Bar），消费者的合法权益并没有得到有利的保护。

随着社会经济的向前发展，买卖关系的天平开始由“买主当心”（Caveat Emptor）向“卖主当心”（Caveat Venditor）倾斜，消费者的权益逐渐开始受到重视。从 20 世纪 20 年代开始，在普通法系国家尤其是美国，疏忽责任理论开始在产品责任诉讼中占据主导地位。疏忽责任理

---

① Winterbottom v. Wright, 152 Eng. Rep. 402, 1842。该案案情为：被告向邮局提供马车，并负责马车的修理，原告则受雇于邮局。由于马车的内在缺陷和疏于修理，原告在驾驶马车时因马车毁坏而受伤。原告诉被告赔偿，法院以双方没有直接合同关系而驳回了原告的诉请。

论属于侵权归责理论的范畴，该理论的纳入摒弃了产品责任诉讼附属于合同关系的限制，使产品责任真正开始进入侵权责任的领域。消费者即使与生产者或销售者之间不存在合同关系，但如果能够证明产品的缺陷是出于生产者或销售者的疏忽，其权利请求就可能获得支持。到了 20 世纪 60 年代，随着新判例的产生，以及美国法学会（The American Law Institute，ALI）《侵权法重述（第二版）》的出版，严格责任理论逐渐被美国各州的立法和司法判例所采纳。由于严格责任理论要求生产者或销售者对产品缺陷所导致的损害承担的是一种无过错责任，因此其更有利于消费者权益的保护。严格责任理论也是目前世界上大多数国家在产品责任立法上所采纳的主要归责原则。进入 20 世纪 90 年代，美国法学会颁布的《侵权法重述（第三版）：产品责任》标志着美国产品责任理论的发展进入一个新的阶段，主要体现了美国法学界对严格责任理论法律适用的反思和建议；其颁布必将对此后的美国各州乃至世界各国的产品责任立法和司法工作产生深远的影响。

在各国产品责任立法发展的同时，为协调各国的产品责任法律制度，产品责任的国际立法亦应运而生。其中，欧盟的区域性国际立法工作尤为突出。1985 年，欧洲经济共同体《产品责任指令》颁布，代表着欧盟在协调统一各成员国产品责任法律制度上的重大成果。

四、中国产品责任法

（一）中国产品责任法概述

我国的产品责任法起步较晚。1986 年全国人大制定通过的《民法通则》中的相关规定，可以视作中华人民共和国在产品责任立法上的正式开端。《民法通则》第 122 条规定："因产品质量不合格造成他人财产、人身损害的，产品制造者、销售者应当依法承担民事责任。"由于该规定比较简洁，不能应对我国日益复杂的产品责任问题，因此于 1993 年 2 月 22 日，我国第七届全国人民代表大会常务委员会第三十次会议制定通过了《中华人民共和国产品质量法》（以下简称《产品质量法》）。我国的《产品质量法》并非严格意义上的关于产品责任的单独立法，其内容包括我国政府对产品质量进行监督管理的规定，但同时也包含了大量有关产品责任的规定。

《产品质量法》的施行，对于遏制假冒伪劣产品泛滥、保护消费者的合法权益起到了一定的作用，但我国所面临的产品质量和安全问题依旧严峻。2000 年 7 月 8 日，第九届全国人民代表大会常务委员会第十六次会议通过了《关于修改〈产品质量法〉的决定》，该决定主要强化了产品质量的行政管理和行政责任，并适当扩大了产品责任中关于人身伤害的赔偿范围。《产品质量法》是我国目前关于产品责任的最主要的法律渊源，此外关于产品责任的规定还可散见于各相关法律法规中，如《中华人民共和国消费者权益保护法》《中华人民共和国食品卫生法》等。

（二）《产品质量法》的主要内容

1. 产品

《产品质量法》第 2 条规定："本法所称产品是指经过加工、制作，用于销售的产品。建设工程不适用本法规定；但是，建设工程使用的建筑材料、建筑构配件和设备，属于前款规定的产品范围的，适用本法规定。"根据上述规定，可以看到我国对产品的范围界定比较狭窄，主要是指加工过的、用于销售的动产，不动产和原始农产品并不包含在内。此外，对于一些特殊的产品，如电、输血用的血液等，是否包含在上述的产品定义中，我国《产品质量法》并未作明确的规定。①

2. 缺陷

《产品质量法》第46条规定："本法所称缺陷，是指产品存在危及人身、他人财产安全的不合理的危险；产品有保障人体健康和人身、财产安全的国家标准、行业标准的，是指不符合该标准。"我国对产品缺陷的定义采用双重标准：前一标准，即产品缺陷是指产品含有不合理的危险；后一标准，即在有国家标准或行业标准的前提下，缺陷是指产品不符合该标准。前一标准的规定基本与欧美国家的缺陷定义相同，但对于后一标准，欧美国家在其缺陷定义中基本没有规定。在欧盟的《产品责任指令》中，产品执行国家强行性法律规定是作为产品责任的免责理由之一。

3. 责任主体和归责原则

我国《产品质量法》将产品责任的承担者限定在产品的生产者和销售者。在产品责任的认定上，《产品质量法》对生产者和销售者采用了不同的归责原则。根据《产品质量法》第41条和第42条的规定，产品生产者对于缺陷产品所造成的损害承担严格责任，而产品销售者则承担过错责任，即如果产品的缺陷是因为销售者的过错所致，销售者应承担赔偿责任。但是，如果销售者不能指明缺陷产品的生产者也不能指明缺陷产品的提供者，即使销售者对产品缺陷没有过错，也应当承担赔偿责任。虽然生产者和销售者的归责原则不同，但两者对消费者因缺陷产品所遭受的损失须承担连带责任，也就是说销售者即使对产品缺陷没有过错，消费者亦可以要求销售者赔偿，只不过销售者可以就支付的赔偿向生产者进行追偿。《产品质量法》如此规定，有利于充分保护消费者的利益。

4. 损害赔偿的范围

根据《产品质量法》第44条的规定，损害赔偿的范围包括财产损失和人身伤害。对于因产品存在缺陷造成受害人财产损失的，侵害人应当恢复原状或者折价赔偿；如果受害人因此还遭受其他重大损失的，侵害人亦应当赔偿损失。其他重大损失主要是指受害人因财物毁损所导致的经济损失，应该包括"可得利益"的损失。对于人身伤害赔偿，应当包括医疗费、治疗期间的护理费、因误工减少的收入等费用的赔偿；如果造成受害人残疾的，还应当支付残疾者生活自助具费、生活补助费、残疾赔偿金以及由其扶养的人所必需的生活费等费用；如果造成受害人死亡的，并应当支付丧葬费、死亡赔偿金以及由死者生前扶养的人所必需的生活费等费用。上述赔偿费用中，残疾赔偿金和死亡赔偿金在我国属于精神损害赔偿的范畴，②但对于缺陷产品给受害人造成的其他精神损害是否给予赔偿，《产品质量法》没有作明确的规定。此外需要明确的是，在损害赔偿的原则上，《产品质量法》采用的是补偿原则，没有设定惩罚性赔偿。

5. 免责事项

《产品质量法》第41条规定：生产者能够证明有下列情形之一的，不承担赔偿责任：

(1)未将产品投入流通的；

(2)产品投入流通时，引起损害的缺陷尚不存在的；

---

① 1999年，河南省南阳市中级人民法院在一个输血感染艾滋病的案件中，认定输血用血液不符合《产品质量法》第2条的产品定义，因此不是"产品"。参见梁慧星：《中国产品责任法——兼论假冒伪劣之根源和对策》，《法学》2001年第6期。

② 最高人民法院于2001年发布的《关于确定民事侵权精神损害赔偿责任若干问题的解释》(法释2001年7号)。

(3)将产品投入流通时的科学技术水平尚不能发现缺陷的存在的。

该规定与欧盟《产品责任指令》规定的免责事项基本相同。

6. 诉讼时效

产品责任损害赔偿请求权的诉讼时效期间与我国民法规定的普通诉讼时效期间相同，即为2年，自当事人知道或者应当知道其权益受到损害时起算。

对此，我国《产品质量法》第45条规定，因产品存在缺陷造成损害要求赔偿的诉讼时效期间为2年，自当事人知道或者应当知道其权益受到损害时起计算。因产品存在缺陷造成损害要求赔偿的请求权，在造成损害的缺陷产品交付最初消费者满10年丧失；但是，尚未超过明示的安全使用期的除外。

该法第46条规定，所谓缺陷，是指产品存在危及人身、他人财产安全的不合理的危险；产品有保障人体健康和人身、财产安全的国家标准、行业标准的，是指不符合该标准。

第二节　美国产品责任法

一、美国的产品责任立法

美国是联邦制国家，由于联邦宪法对联邦政府立法权的限制，美国产品责任法的正式法律渊源主要表现为美国各州的普通法判例，以及各州的相关制定法。

为了统一各州的产品责任法，美国商务部于1979年公布了《统一产品责任示范法》(The Model Uniform Product Liability Act，以下简称《统一示范法》或MUPLA)以供各州采纳适用，但至今只有极少数几个州全部采纳。① 相反，对美国各州立法和司法判例具有重大影响的则是美国法学会编纂的《法律重述》。1965年，美国法学会颁布了《侵权法重述(第二版)》(Restatement (Second) of Torts，以下简称《重述二》或Restatement Second)。《重述二》中关于产品责任的核心条款是第402A条款，该条款彻底否定了产品责任诉讼的契约原则，同时确定了产品责任的归责原则为严格责任。《重述二》确定的严格责任理论迅速在美国各州流行，并为绝大部分州所采纳，成为产品责任归责理论的主导。严格责任对消费者权益的保护非常有利，但在随后的发展中，严格责任逐渐向低效率的绝对责任发展，②对产品生产者或销售者的责任要求越来越严格，抗辩的理由也越来越狭窄，从而导致企业生产成本的增加和经营风险的加重。

到了20世纪90年代，对《重述二》第402A条款修改的呼声日益突出。1997年5月，美国法学会颁布了《侵权法重述(第三版)：产品责任》(Restatement (Third) of Torts: Products Liability，以下简称《重述三》或Restatement Third)。③《重述三》包括四章共二十一条。《重述三》对《重述二》第402A条款所确立的严格责任原则做了重大的修改，限制了严格责任适用的范围，并力图对产品责任的相关主要问题做出清晰的整理和阐释。本节亦主要结合《重述

---

① [美]罗伯特·考特，托马斯·尤伦：《法和经济学》，上海三联书店、上海人民出版社1994年版，第623、624页。

② [美]罗伯特·考特，托马斯·尤伦：《法和经济学》，上海三联书店、上海人民出版社1994年版，第597页。

③ 《重述三》的报告人为James A. Henderson和Aaron D. Twerski。

三》的规定展开对美国产品责任法的介绍。

二、产品责任的重要术语

(一)产品(Products)

由于产品责任涉及严格责任的适用,因此对于产品的概念和范围的界定,是产品责任法中的一个首要问题。美国《统一示范法》第 102 条(C)项规定:"'产品'是指具有内在价值的,为进入市场而生产的,能够作为组装整件或作为零部件而交付的物品。但人体的组织器官包括血液及其组成成分除外。"①此外,《重述三》亦对产品做了定义,其第 19 条规定:"为本《重述》之目的:(a)产品是经过商业性销售以供使用或消费的有形动产。其他项目如不动产和电,当它们的销售及使用与有形动产的销售及使用足够类似时,也是产品,适用本《重述》所述规则是适当的。(b)服务,即使是商业性提供的,也不是产品。(c)人体血液及人体组织器官,即使是商业性提供的,也不受本《重述》规则的约束。"②③

依据上述文件的定义以及美国各州的立法和司法判例,美国产品责任法中的产品范围,除了普通的有形动产外,还可以延伸到下列财产,诸如:(1)天然产品(Natural Products),如原材料、原始农产品以及染病的动物等;④(2)无形动产(Intangible Personal Property),如电和信息类产品。前者主要是指因电压不稳定而致损害;后者诸如书籍、地图、航行图等,因其中提供的信息错误而致损害;⑤(3)不动产(Real Property),如出售和出租的房屋,尤其是批量生产的房屋。同时需要注意的是,虽然上述产品的范围非常广泛,但美国各州法院在部分案例上的判决和观点并非一致。此外,《重述三》亦指出,产品不包含服务。但服务中提供的商品应属于产品的范围,如在航空运输中,航空公司提供给乘客的食品。最后,《重述三》将人体血液和人体组织排除在产品责任的适用范围之外,基本代表了美国目前各州立法和司法实践的普遍观点。⑥

(二)缺陷(Defect)

缺陷是产品责任中的核心概念。如果产品没有缺陷,那么就不会产生相应的产品责任。

---

① MUPLA, Sec. 102 (C): "'Product' means any object possessing intrinsic value, capable of delivery either as an assembled whole or as a component part or parts, and produced for introduction into trade or commerce. Human tissue and organs, including human blood and its components, are excluded from this term."

② Restatement Third, § 19: For purposes of this Restatement: (a) A product is tangible personal property distributed commercially for use or consumption. Other items, such as real property and electricity, are products when the context of their distribution and use is sufficiently analogous to the distribution and use of tangible personal property that it is appropriate to apply the rules stated in this Restatement. (b) Services, even when provided commercially, are not products. (c) Human blood and human tissue, even when provided commercially, are not subject to the rules of this Restatement.

③ 本节《重述三》的中文译文参考或引自:肖永平,龚乐凡,汪雪飞译:《侵权法重述第三版:产品责任》,法律出版社 2006 年版。

④ 例如 Sease v. Taylor's Pets, Inc., 700 P. 2D 1054 (Or. App. 1985) 一案,宠物店出售的患狂犬病的臭鼬导致对宠物主人的伤害构成产品责任。

⑤ 对于信息类产品,美国法院的观点比较复杂,一般认为书籍中的信息错误属观点错误,因此不应包括在产品的范畴之中,例如 Winter v. G. P. Putnam's Sons, 938 F. 2d 1033 (9th Cir. 1991) 一案,蘑菇爱好者因信赖《蘑菇百科》一书的信息,采摘并食用蘑菇后中毒;但地图和航行图中的信息错误类似于"一个破裂的指南针或不精确的高度计",属产品的范畴,例如 Saloomey v. Jeppesen & Co., 707 F. 2d 671 (2nd Cir. 1983) 一案,飞机因航空图标示地形有误而坠毁。

⑥ 肖永平等译:《侵权法重述第三版:产品责任》,法律出版社 2006 年版,第 392~394 页。把人体血液和人体组织排除在产品的范围之外,主要是出于公共政策考虑,认为上述物品的供应所带来的公共利益比它们本身所含有的风险更为重要。

对于缺陷,美国立法和司法实践中同样没有一个统一的概念。但《重述二》第 402A 条的规定代表了美国对产品缺陷定义的普遍观点,该条第 1 款规定:“凡销售的缺陷产品对使用者或消费者或其财产具有不合理的危险,那么销售者应对最终使用者或消费者或其财产因此而遭受的实际损害承担责任。”①可见,《重述二》把产品的缺陷定义为“不合理的危险”(Unreasonable Danger)。② 从理论上而言,任何产品都有危险,但要构成产品责任法上的缺陷产品,是指产品含有不合理的危险。

然而如何界定产品是否含有不合理的危险,无论在美国的理论界还是司法实务界,始终是一个复杂而难解的问题。早期,美国各州法院多采用“消费者期望标准”(Consumer Expectations Test)作为判断产品缺陷的标准,即产品是否满足普通消费者对产品合理的安全期望。该标准的适用,对于提高美国产品的安全水准起到了非常重要的作用。但该标准本身就含有一个费解的问题,即消费者安全期望的合理值又在哪里？这个问题的性质和难度与界定危险是否合理的问题其实是一样的。由于消费者期望标准在司法实践中难以准确地把握,因而导致类似的案例在各州的法院出现判决迥异的情况。并且在部分案件中,由于法院偏袒消费者权益的保护,过分满足部分消费者的安全期望,从而造成生产者和消费者之间的利益失衡,不合理地加大了生产者的责任,造成对美国产业发展的不利影响,而这最终也会导致消费者整体利益的受损。为此,进入 20 世纪 80 年代,美国法律界开始对消费者期望标准的适用进行反思。《重述三》的颁布即体现了这一反思的成果,也反映了美国产品责任法今后的发展方向。

《重述三》在对产品缺陷进行分类的基础上,对于产品缺陷的认定,把“风险—效用比较标准”(Risk-utility Test)作为判断的主要标准,而消费者期望标准则只是作为判断的辅助标准,并不构成判断缺陷的独立标准。《重述三》在对第 2 条“产品缺陷的分类”所做的评注中针对产品的设计缺陷和警告缺陷,采用风险—效用比较标准,其目的“重点在于使制造商在产品的设计和营销方面达到最合适的安全水准”,并进一步阐述道:“过分安全的产品,社会并不一定因之得益,例如汽车的时速设计在每小时 20 英里的低速,虽然事故的可能性大大减低,但社会却因为低效率遭受更大的损失。当达到合适的或者最佳的安全水准的时候,社会才受益最多。从公平的角度出发,要求个人使用者和消费者承担适当的合理使用产品的责任,有利于防止那些谨慎仔细的使用者和消费者去补贴那些草率粗心的产品使用者和消费者——因为后者的事故赔偿金来源于前者对产品不得不作的更高的价格支付。”③因此,当一个产品存在风险或危险时,通过风险—效用比较标准的分析,如果产品的实际效用明显高于产品存在的危险,而且该危险不能通过合理的方式以合理的成本予以降低或消除的话,那么产品依然是安全的,是没有缺陷的。

对于产品缺陷的种类,美国产品责任法主要包括以下三种:

---

① Restatement Second, § 402A (1) One who sells any product in a defective condition unreasonably dangerous to the user or consumer or to his property is subject to liability for physical harm thereby caused to the ultimate user or consumer, or to his property, if…

② 对于产品缺陷的定义,《统一示范法》第 104 条的表述为“不合理的不安全”(Unreasonably Unsafe);《重述三》则在其第 2 条“产品缺陷的分类”所做的“报告人注释”中引入并推荐“非合理的安全”(Not Reasonably safe)这一概念,即缺陷产品是指产品不具有合理的安全性。参见肖永平等译:《侵权法重述第三版:产品责任》,法律出版社 2006 年版,第 108～110 页。

③ 肖永平等译:《侵权法重述第三版:产品责任》,法律出版社 2006 年版,第 18 页。

1. 产品的制造缺陷(Manufacturing Defect)

产品的制造缺陷是指产品存在与该产品的设计意图相背离的物理状况,从而使产品含有不合理的危险。例如,一听罐装食品中混杂有一颗小石子,导致消费者在食用时受伤,而小石子的混入并非生产者的意图。产品的制造缺陷往往是生产者在产品的生产或管理过程中的疏忽所致,但也不能排除生产者已经尽了合理注意义务,产品依旧存在制造缺陷。产品的制造缺陷一般只涉及整批产品中的个别产品。

2. 产品的设计缺陷(Design Defect)

产品的设计缺陷是指产品虽然符合产品的设计意图,但该设计本身含有不合理的危险。例如,一种新奇的"爆炸雪茄",在点燃时能产生轻微爆炸并带巨响和冒烟的恶作剧效果,购买者在给使用者使用时,导致使用者在点燃时因雪茄爆炸燃着他的络腮胡子而受伤。① 该案的雪茄符合生产者的设计意图,但该产品的设计显然含有不合理的危险,因为产品的危险性高于产品的实际效用。产品的设计缺陷不仅影响个别产品的安全性,而且会导致该设计下的整批产品存在缺陷。

3. 产品的警告缺陷(Warning Defect)

产品的警告缺陷是指产品存在可以合理预见的危险,但产品的生产者或销售者没有提供必要和充分的产品使用说明或警告以降低或避免产品存在的危险。例如,生产者没有对杀蟑喷雾剂的使用安全提出充分警告,从而导致使用者在使用该产品时因靠近火源而爆炸。产品的警告缺陷与产品的设计缺陷相类似,其同样会影响整批产品的安全性。

对于生产者承担产品危险警告义务的范围,《重述三》做了比较详细的阐释。一般原则是,生产者或销售者应对产品使用中可以合理预见的危险做出充分的说明和警告,但并非针对一切可能的危险。比如:其一,对于不可预见的产品使用方式及危险,尤其是因为产品的滥用而产生的危险,生产者没有义务做出警告;其二,对于显而易见的危险,生产者亦没有义务做出警告;其三,对于消费者使用药品而产生的不良过敏或特异体质反应,如果有相当数量(A Substantial Number)的人群会对药品使用产生不良反应,那么生产者必须对此提出警告,但是如果产生不良反应的情况或人非常罕见,那么不应苛责生产者的警告义务。同时,不良反应所造成伤害的严重程度应当作为判断生产者是否应当做出警告的重要参考因素。总之,过分详尽的说明或警告,不但不能增加产品的安全性,有时反而会降低警告总体上的有效性,消费者可能因此而忽视那些应当值得重视的警告。

另外,需要注意的是,单纯的警告并不能免除生产者应当承担的其他产品责任义务。比如,一个产品存有不合理的危险,而该不合理的危险可以通过更安全的设计予以降低或消除,那么生产者就不应将自己的义务仅仅停留在警告上。警告的作用是有限的,警告"并不能代替一个具有合理安全性的设计"。②

(三)责任主体(Persons Liable)

从产品制造的分工合作,到产品的批发和零售,产品最终到消费者手里需要经过很多环节,这意味着在其中的各个环节的产品经营者都有可能成为产品责任的承担者。根据《统一示范法》第 102 条至第 105 条的规定,产品责任的承担者包括两类:其一是产品的制造者(Manu-

---

① 肖永平等译:《侵权法重述第三版:产品责任》,法律出版社 2006 年版,第 26 页。

② 肖永平等译:《侵权法重述第三版:产品责任》,法律出版社 2006 年版,第 39 页。

facturers)，是指在产品出售给使用者或消费者之前，设计、生产、组装或加工产品或产品零部件的自然人或组织，亦包括非产品制造者但自称是制造者的人，此外还包括主要经营产品批发、零售的销售者，但这些销售者须在销售前从事产品设计、生产、组装或加工等活动；其二是产品的销售者(Product Sellers Other Than Manufacturers)，即指从事产品销售业务的自然人或组织。此外，《重述三》亦对产品责任承担者的范围做出了相类似的规定。根据《重述三》第1条和第20条的规定，产品责任承担者可分为两类：其一是生产性销售商(Manufacturing Sellers)，主要是指产品的生产者；①其二是非生产性销售商(Non－manufacturing Sellers)和其他类型的产品分销者，主要是指从事产品销售或分销的销售者，包括产品的批发、分销和零售业者，此外还可包括从事产品出租(Product Lease)的经营者、在销售—服务混合经营(Sales-service Combinations)中提供产品的经营者以及提供产品寄托(Product Bailment)的经营者。②《重述三》强调销售应为商业性销售，不包括非商业性销售或分销。销售的产品包括商业活动中的赠品。

虽然美国产品责任法中责任主体的范围较广，但各州法律对不同的责任主体所施加的责任基础并不相同，所有责任主体并非一律对产品的缺陷承担严格责任。在《统一示范法》中，要求产品制造者承担的是严格责任，而对于产品销售者要求承担的是疏忽责任。根据《统一示范法》第195条的规定，消费者只有证明产品缺陷所导致的损害是因为销售者没有尽到合理注意义务所致，才可以要求销售者承担产品责任。当然，《统一示范法》规定了一些例外情况，如销售者对产品所做的明示担保，或者产品制造者被法院宣告破产，以及判决对产品制造者难以强制执行等，销售者在上述情况下应承担与产品制造者相同的严格责任。对于上述问题，《重述三》主张，产品的销售者应该与生产者就产品的制造缺陷承担同样的严格责任，因为销售者比消费者具有更强的分担风险的能力，而且在大多数情况下，销售者可以将承担产品责任所负担的损失向产品的生产者进行追索。③

(四)权利请求者(Claimants)

在美国产品责任法中没有对产品责任的权利请求者做出统一的界定。但依美国各州的司法实践，在产品责任案件中，凡是其人身或财产因产品缺陷遭受损害的受害者(Victim)都有权向产品的生产者或销售者提出产品责任的权利请求，无论前者与后者是否有合同关系，因此亦包括可以合理预见的旁观者(Reasonably Foreseeable Bystanders)。

三、产品责任的归责理论

产品责任的归责理论(Doctrine of Liability Fixation)是指缺陷产品的生产者或销售者承担责任的责任基础(Basis of Liability)；从裁判的角度而言，也就是指法官以何种责任理论来认定缺陷产品提供者的法律责任。产品责任的归责理论是产品责任法中的核心制度。相比较世界上的其他国家，美国的产品责任归责理论最具代表性，其主要包含以下三种，即疏忽责任

---

① 需要注意的是，在美国产品责任法中，产品责任的承担者一般可以统称为销售者(Sellers)。

② 提供产品寄托的经营者，诸如自助洗衣店的经营者，其应对因自助洗衣机的缺陷所造成的损害承担产品责任。

③ 肖永平等译：《侵权法重述第三版：产品责任》，法律出版社2006年版，第17页。《重述三》在第1条评注c中提到一个例证(例证2)：生产商生产的香槟本身没有缺陷，销售商将其放在货架上后，由于其他消费者的不当处理，香槟产生缺陷，最后导致购买者因香槟爆炸而受伤。其结论是生产商不承担产品责任，但销售商即使已经尽了合理的谨慎，仍需承担产品责任。这意味着销售商承担的是严格责任。

理论、担保责任理论和严格责任理论。

(一)疏忽责任理论(Doctrine of Negligence)

疏忽责任是指产品的生产者或销售者因其在产品生产或销售过程中存有疏忽导致产品存在缺陷,从而应对消费者所遭受的损失承担产品责任。

疏忽是指产品的生产者或销售者有疏忽之处,致使产品有缺陷,而且由于这种缺陷使消费者的人身或财产遭到损害,对此该产品的生产者和销售者应承担责任。但当原告以疏忽为理由向法院起诉要求被告赔偿其损失时,原告必须提出证据证明:(1)被告没有做到"合理的注意",即被告有疏忽之处;(2)由于被告的疏忽直接造成了原告的损失,仅凭原告使用产品造成了损失这一事实的本身一般不能推定被告有疏忽。另外,如果由于原告自己的疏忽造成了损失,原告也不能要求被告赔偿损失。[①]

美国早期的产品责任理论受到英国判例的影响。温特伯特姆诉赖特案(Winterbottom v. Wright)要求产品责任诉讼的当事人必须要有合同关系。合同关系理论对于美国早期工业的发展起到了促进作用,但其对消费者权益的保护显然有其不利之处,如果受到缺陷产品损害的消费者不能证明其与产品的生产者或销售者之间有合同关系,那么即使消费者能够证明后者对产品缺陷存有疏忽,其权利请求依然不能得到支持。合同关系理论在美国的影响持续了七十多年,虽然其间在产品责任的个别领域突破了合同关系限制,如食品,但合同关系理论的真正突破要等到美国 1916 年麦克弗森诉别克汽车公司(MacPherson v. Buick Motor Co.)[②]一案的出现。该案的基本案情是,被告别克公司将生产的汽车卖给零售商,零售商又将其卖给原告麦克弗森,之后因为轮子的缺陷,导致汽车倾覆,并致原告受伤。被告主要提出两项抗辩:一是原被告之间无合同关系,二是轮子并非由被告生产。但该案法官首先否决了产品责任诉讼须有合同关系的限制,并认为被告作为成品生产商有义务检验产品零部件的质量,应当发现其中的缺陷,因此认定被告疏忽责任成立。麦克弗森诉别克汽车公司一案确立了产品生产者的疏忽责任,并排除了合同关系的要求,由此将产品责任正式导入到侵权责任领域,为消费者的产品责任诉讼敞开了大门。

(二)担保责任理论(Doctrine of Warranty)

担保责任理论,是指产品的生产者或销售者违反对产品的品质担保义务而承担的责任。担保责任来源于合同法,销售者有义务保证出售产品的品质。担保可以分为明示担保(Express Warranty)和默示担保(Implied Warranty)。明示担保是销售者通过合同、广告、产品的说明、标签等明示的形式担保产品具有一定的品质。默示担保主要是指销售者担保产品具有可商销性(Merchantability),即产品符合产品的一般使用用途(Fitness for Ordinary Purpose)。[③] 默示担保其实质是销售者对产品所承担的法定义务,保证产品具有起码的品质和效用。

为了保护消费者的利益,早在 19 世纪后期,美国许多州的法院通过对销售者施加默示担保的义务来改变"买主当心"的规则。进入 20 世纪,尤其是随着《美国统一商法典》(Uniform

---

① 沈四宝、王军、焦津洪编著:《国际商法》,对外经济贸易大学出版社 2002 年版,第 389 页。

② 111 N. E. 1050 (N. Y. 1916).

③ 默示担保还可包括担保产品符合消费者对产品的特别使用用途(Fitness for Particular Purpose)。如未作特别说明,本文所指的"默示担保"即指产品的可商销性。

Commercial Code，UCC)在五六十年代的起草和通过，默示担保被美国各州的立法所采纳。[1]对于产品责任案件，消费者基于担保责任理论提起诉讼，除证明产品缺陷外，如能证明销售者违反担保即可要求赔偿，而无须证明销售者存在疏忽，因此担保责任相当于一种严格责任。[2]尽管如此，由于担保责任归属于合同责任，担保责任的认定因此亦受制于合同法上的各种抗辩，如合同关系要求、明示的弃权条款(Notable Disclaimers)，以及消费者及时通知产品缺陷及损害的义务等。这些抗辩限制或削弱了担保责任在产品责任诉讼中的作用。但在司法实践中，美国法院又逐步突破了这些抗辩限制，其中有两个代表性的案例。其一是 1932 年的巴克斯特诉福特汽车公司案(Baxter v. Ford Motor Co.)，[3]该案针对明示担保。法院的判决认为，尽管原被告之间没有合同关系，但原告有理由信赖被告所做的担保；而且法院进一步认为，生产者对产品所做的明示担保，其受众对象并非只是具有合同关系的买方，而是一般的公众，因此合同关系不能成为该案诉讼的障碍。其二是 1960 年的海宁森诉布鲁姆费尔德案(Henningsen v. Bloomfield Motor，Inc.)，[4]该案法院判决首先排除了合同关系要求，担保责任覆盖可以合理预见的使用者；其次，合同中作为格式条款的消费者弃权条款，无论在其订立上还是在结果上，都明显不公平，而且与生产者或销售者的默示担保义务相违背，损害了公共利益，因而判定该条款无效。上述判例逐步突破了担保责任的合同抗辩限制，将担保责任延伸至侵权责任领域，丰富了产品责任诉讼的基础。

在判例发展的同时，立法上的进展主要体现在《美国统一商法典》。《美国统一商法典》在 1966 年修订时，对于担保责任诉讼，提出了三个方案(Alternative)供各州立法采纳：[5](1)方案 A，销售者的担保，无论是明示或暗示的担保，其范围不仅涵盖合同的买方(Immediate Buyer)，还包括买方的各家庭成员以及其他可以合理预见的使用、消费产品或受产品影响的客人；(2)方案 B，销售者的担保延伸至可以合理预见的使用、消费产品或受产品影响的任何个人(Any Individual)；(3)方案 C，销售者的担保延伸至可以合理预见的使用、消费产品或受产品影响的任何人(Any Person)，并且销售者不能将责任仅局限于人身伤害赔偿。方案 C 意味着法人也可以成为担保责任诉讼的原告，并且如果受害人只是遭受财产损害也可以提出诉请。[6] 对于上述三个方案，美国大多数州的立法采纳了方案 A，亦有相当数量的州立法采纳了

---

① David Owen：*American Products Liability Law Restated*，Consumer Law Journal，1998，p. 163－164.

② “a kind of strict liability”. 参见[美]史蒂文 · L. 依曼纽尔(Steven L. Emannuel)：《侵权法》(Torts)，中信出版社 2003 年版(影印本)，第 335 页。

③ Baxter v. Ford Motor Co.，12 P. 2d 409 (Wash. 1932)。该案基本案情是：原告巴克斯特从一汽车经销商那里购得一辆被告福特公司生产的汽车。在该汽车的使用手册上，被告宣称汽车的挡风玻璃具有超强的防碎保护，能够经受最猛烈的打击。但原告在驾驶过程中，一颗石子击碎了挡风玻璃，导致原告眼睛受伤。原告以被告违反担保为由提起诉讼，被告以原被告之间没有直接的合同关系作为抗辩。

④ Henningsen v. Bloomfield Motor，Inc.，161 A. 2d 69 (N. J. 1960)。该案基本案情是：原告海宁森从被告布鲁姆费尔德公司(汽车经销商)购得一辆由另一被告克莱斯勒公司(Chrysler Corporation)生产的汽车。海宁森将汽车作为“母亲节”的礼物送给妻子海宁森夫人——该案另一原告。由于汽车驾驶系统存有缺陷，在汽车交付 10 日后、行驶里程达到 468 英里时，汽车发生事故，导致海宁森夫人受伤。原告主要基于被告违反默示担保提起诉请，被告的抗辩理由主要包括两点：一是受害人海宁森夫人与二被告均没有合同关系；二是被告布鲁姆费尔德公司与海宁森签订的销售合同中有明示的免责条款，即被告只承担汽车缺陷零部件的修理和更换的责任，但不负责其他经济损失及人身伤害赔偿。

⑤ *See* Uniform Commercial Code，§ 2－318.

⑥ [美]史蒂文 · L. 依曼纽尔(Steven L. Emannuel)：《侵权法》(Torts)，第 338 页。

方案B,少数几个州的立法采纳了方案C。[①]

(三)严格责任理论(Doctrine of Strict Liability)

严格责任,是指对于产品存在的缺陷,即使产品的生产者或销售者不存在任何过错,也应当对缺陷产品所造成的损失承担赔偿责任。严格责任是一种无过错责任(Liability Without Fault),[②]因此在该责任下,消费者证明的核心在于产品的缺陷,而无须证明产品的缺陷是否由于生产者或销售者的疏忽所致。

严格责任理论的发展和确立亦是一个渐进的过程。1944年,在埃斯科拉诉可口可乐瓶装公司(Escola v. Coca-Cola Bottling Co. of Fresno)一案中,[③]虽然原告不能证明被告对产品的缺陷是否存有过失,但法院支持原告引用"事实不言自明"原则,[④]从而推定被告存在过失。"事实不言自明"原则虽然还是在过错责任的范畴内,但其通过过错推定的方式,从而减轻了消费者的举证责任,使产品责任向严格责任的方向发展。[⑤] 1960年,海宁森诉布鲁姆费尔德一案中所确认的默示担保理论亦对严格责任的产生发挥了重要的影响。1963年,格林曼诉尤巴电机公司案(Greenman v. Yuba Power Products, Inc.)[⑥]标志着严格责任的正式确立。该案法官引用了埃斯科拉诉可口可乐瓶装公司一案中特雷诺法官的观点,即"当产品投入市场时,生产者明知产品将不经检验而使用,那么他就应当对产品缺陷所造成的损害承担严格责任",因为相比较于消费者,生产者更有能力了解和控制产品缺陷所带来的风险。两年后,即在1965年,《重述二》第402A条正式在立法上确立了严格责任。该条第2款规定:"尽管有下列情况(销售者依然承担责任):(1)在制备或销售产品时,销售者已经尽到了一切可能的注意;(2)使用者或消费者没有从销售者手中购买产品或与销售者没有任何合同关系。"[⑦]"尽到了一切可能的注意"意味着,即使生产者或销售者对产品缺陷不存在任何过错依然要承担产品责任。《重述二》第402A条颁布后迅速被美国各州的立法和司法所采纳。

严格责任理论对于消费者提起产品责任诉讼非常有利,但这并不意味着疏忽责任理论和担保责任理论的消失。相反,在美国产品责任诉讼中,还是有相当数量的案件,消费者选择疏忽责任或担保责任作为诉讼的责任基础,但毫无疑问的是,大多数的案件消费者选择的是严格责任。[⑧]

---

① 屈广清等编著:《国际商法学》,法律出版社2003年版,第331页。

② 虽然目前美国对严格责任的理解有不同的分歧,但普遍的观点还是主张严格责任是一种无过错责任。

③ Escola v. Coca-Cola Bottling Co. of Fresno, 150 P. 2d 436 (Cal. 1944)。该案原告是一名餐馆服务员,将可口可乐瓶放入冰箱时,其中一个瓶子爆炸导致原告受伤。

④ 即所谓"事实本身说明一切"(The Thing Speaks Itself)。产品缺陷的存在或事故的发生,依常理判断通常是由于责任人的疏忽所致。

⑤ 值得注意的是,在埃斯科拉诉可口可乐瓶装公司案中,参与审理的特雷诺法官(Traynor, Justice)在赞同判决结果的同时,提出了自己不同的判决理由。他认为:"当产品投入市场时,生产者明知产品将不经检验而使用,那么他就应当对产品缺陷所造成的损害承担绝对责任(Absolute Liability)。"

⑥ 337 P. 2d 897 (Cal. 1963)。该案的基本案情是,原告委托他的妻子从零售商那里购得被告生产的一种家用电动机床,原告在使用该机床锯木头时,一块木屑从机床里飞出砸伤了原告的头部。事后证明该机床存在缺陷。该案由于原告没有就损害事实及时通知被告,因此原告如依违反默示担保起诉被告,将受到默示担保相关抗辩的限制。参见(美)史蒂文·L. 依曼纽尔(Steven L. Emannuel):《侵权法》(Torts),第341页。

⑦ Restatement Second, §402A (2) The rule stated in Subsection (1) applies although (a) the seller has exercised all possible care in the preparation and sale of his product, and (b) the user or consumer has not bought the product from or entered into any contractual relationship with the seller.

⑧ 具体情况参见张骐:《中美产品责任的归责原则比较》,《中外法学》1998年第4期。

（四）严格责任的发展和《重述三》的重述

严格责任理论为消费者的产品责任诉讼提供了非常有利的条件，但这也对美国产业的发展乃至相关的公共利益产生了重大的影响。严格责任理论在其后沿着两个方向发展：一方面，严格责任朝着更有利于保护消费者的方向发展，比如“市场份额责任理论”（Doctrine of Market Share Liability）[①]的提出；又如，对“业内技术发展水平”（State of The Art）抗辩的限制。[②]这一切，在为消费者提供更充分救济的同时，也加重了生产者的责任。正如有学者指出，严格责任正朝着绝对责任的方向发展。因此，在另一方面，美国法律界开始考虑对严格责任的适用做出适当的限制，从而更为公平地分配生产者与消费者之间对产品危险的风险分担，在整体上促进社会公共利益的发展。《重述三》对严格责任的重述代表了这一发展方向。

《重述三》第 2 条对产品缺陷的界定与严格责任的适用具有直接的关系。该条把产品缺陷分为三类，即制造缺陷、设计缺陷和警告缺陷。对于制造缺陷，该条(a)项规定：对于产品背离设计意图，即便在制备或销售产品过程中，（销售者）已经尽到了一切可能的注意，该产品即存在制造缺陷。但对于产品的设计缺陷和警告缺陷，该条规定：(b)对于产品存在的可以合理预见的损害风险，如果销售者或其他分销者，或者他们在产业销售环节中的前手，可以通过采用合理的替代设计（Reasonable Alternative Design）减少或避免该风险的话，而他们疏于采用该替代设计以致产品不具有合理的安全性，那么该产品即存在设计缺陷；(c)对于产品存在的可以合理预见的损害风险，如果销售者或其他分销者，或者他们在产业销售环节中的前手，可以采用合理的说明或警告减少或避免该风险的话，而他们疏于采用该说明或警告以致产品不具有合理的安全性，那么该产品因缺乏适当的说明或警告而存在缺陷。[③]

由此可见，《重述三》对于产品的制造缺陷采用的是严格责任，这与《重述二》的规定是相同的。但对于产品的设计缺陷和警告缺陷，消费者需通过证明产品存在更合理的替代设计或警告以减少或消除现存的危险，方可证明产品确有缺陷，进而方可要求生产者或销售者承担责任。[④] 也就是说，对于产品应有的合理替代设计或警告，生产者或销售者是应当采用而没有采

---

① 市场份额责任理论，是指对于缺陷产品造成的损害，如果无法确定产品的生产者，那么该产品的所有生产者按各自产品所占市场份额的比例承担责任。参见[美]罗伯特·考特，托马斯·尤伦：《法和经济学》，第 624 页。

② 例如 Beshada v. Johns－Manville Products Corp.，447 A. 2d 539 (N. J. 1982) 一案。该案是一个庞大的集团诉讼，众原告在没有相应警告和防护的情况下，因长期在被告的工厂内接触含有石棉的产品而身染多种职业病。对于原告的诉讼，被告提出依当时的科学技术水平无法发现石棉含有的潜在危险，因此要求免责。法院否决了该抗辩，认为基于严格责任，只要产品存在不合理的危险，无论该危险是否可以预知，生产者都应承担责任。

③ Restatement Third，§ 2：A product is defective when，at the time of sale or distribution，it contains a manufacturing defect，is defective in design，or is defective because of inadequate instructions or warnings. A product：(a) contains a manufacturing defect when the product departs from its intended design even though all possible care was exercised in the preparation and marketing of the product；(b) is defective in design when the foreseeable risks of harm posed by the product could have been reduced or avoided by adoption of a reasonable alternative design by the seller or other distributor，or a predecessor in the commercial chain of distribution，and the omission of the alternative design renders the product not reasonably safe；(c) is defective because of inadequate instruction or warnings when the foreseeable risks of harm posed by the product could have been reduced or avoided by the provision of reasonable instructions or warnings by the seller or other distributor，or a predecessor in the commercial chain of distribution，and the omission of the instructions or warnings renders the product not reasonably safe.

④ 《重述三》认为，以合理替代设计来证明产品缺陷并非绝对，比如有些产品设计明显不合理，产品危险性高但效用低下，那么即使不存在合理的替代设计，仍可认定产品存在缺陷，例如本节前文所举的“爆炸雪茄”一例。参见肖永平等译：《侵权法重述第三版：产品责任》，第 20 页。

用，故而应承担责任。采用替代设计还存在一个前提，即产品的危险是可以合理预见的。对于不可预见的危险，生产者或销售者当然不可能采取相应的措施来减少危险。这也就意味着，“业内技术发展水平”可以成为产品责任的抗辩理由。[①] 同时，与此相适应的是，对于产品缺陷的界定标准，《重述三》摒弃了“消费者期望标准”作为独立的判断标准，取而代之的是“风险—效用比较标准”。因此在判断何为合理的替代设计时，需要考虑替代设计能否以合理的成本有效地降低产品含有的危险。更安全的设计并不等于更合理的替代设计，因为有时候，更安全的设计所花费的成本可能远远超过其降低风险所带来的效益，也就是说，有些所谓的更安全设计不具有实用性或可行性。

总而言之，对于产品的设计缺陷和警告缺陷，《重述三》规则设置的目的“和基于过失的侵权责任达到的目的是相同的”，[②]这意味着生产者或销售者对此承担的是过错责任，而非严格责任。这一点是《重述三》对《重述二》的最大修改。

四、产品责任的抗辩

产品责任的抗辩(Defense)，是指产品责任人主张减轻或免除责任的理由。由于美国各州之间的法律差异，产品责任的抗辩亦不存在统一的规定，一般都由各州的法院根据具体的案件事实、产品的缺陷以及原告的权利主张等因素确定具体适用的抗辩事由。同时在产品责任中，许多抗辩事由的认定亦与产品缺陷的认定有着非常紧密的联系，毕竟对于生产者或销售者而言，“产品没有缺陷”才是最根本的抗辩。在美国立法和司法实践中，常见的抗辩主要有以下几种：

(一)不可预见性(Unforeseeability)

不可预见性，是指产品含有不可预见的危险(Unforeseeable Danger)。在20世纪80年代中期以前，由于《重述二》第402A条款所确立的严格责任原则，因此美国法院一般不认可不可预见的危险作为产品责任的抗辩。[③] 但随着严格责任适用范围的缩小，尤其是《重述三》的颁布，不可预见的危险成为一项非常重要的抗辩，特别是针对产品的设计缺陷和警告缺陷。因为《重述三》以及众多法院的司法判决已经在实质上把上述两种产品缺陷所产生的产品责任界定为是一种过错责任。

(二)业内技术发展水平(State of Art)

业内技术发展水平，往往是指产品的设计代表了产品投入流通时的业内最高水平。从产品缺陷的角度而言，“业内技术发展水平”意味着，当产品投入流通时，依当时的科学技术水平难以发现产品存在的缺陷。对此抗辩，多数法院持肯定态度。《重述三》中“合理替代设计”概念的引入，也意味着“业内技术发展水平”可以作为产品责任的抗辩。但《重述三》亦指出，由于这个概念具有一定模糊性，因此该项抗辩能否成立，最根本的标准还是在于是否存在更合理的替代设计。[④]

(三)显而易见的危险(Obvious Danger)

显而易见的危险，或称为众所周知的危险(Generally Known Danger)。对于该类危险，

---

① [美]史蒂文·L. 依曼纽尔(Steven L. Emannuel)：《侵权法》(Torts)，第346页。

② 肖永平等译：《侵权法重述第三版：产品责任》，法律出版社2006年版，第18页。

③ David Owen: *American Products Liability Law Restated*, p. 177.

④ 肖永平等译：《侵权法重述第三版：产品责任》，法律出版社2006年版，第22、23页。

“几乎所有的法院都认为产品的生产者没有义务对此提出警告”。① 正如前文所述，如果要求对显而易见的危险提出警告，会降低警告总体上的有效性。但需要注意的是，“风险的显而易见性并不必然排除（生产者）提供更安全设计的义务”，②因为即使危险显而易见，即使警告足够充分，但消费者还是可能因为产品设计的不安全性而不可避免地卷入到危险之中。

（四）产品固有的危险（Inherent Product Danger）

很多产品含有天生的或固有的危险，该危险不可避免，比如一把刀或含有天然副作用的药品。消除该产品的固有危险可能会根本上改变产品的性质和功能。产品固有的危险能否作为一项成功的抗辩，与产品缺陷的判断标准有密切联系。依产品缺陷的“风险—效用比较标准”，该项抗辩能够成立的产品往往是因为产品的实际效用明显高于产品的固有危险；反之，如果危险高于效用，那么该项抗辩不能成立，而且其后果往往是该产品被逐出市场。

（五）产品的误用和改造（Product Misuse and Alteration）

消费者对产品的误用和改造并非罕见，因此而造成的损害，生产者能否免责，关键在于产品的误用和改造是否可以合理预见。一般而言，美国法院认为生产者有义务采取措施防止可以合理预见的误用和改造所造成的危险，比如采用更合理的设计或更充分的警告。但对于不可预见的误用和改造，生产者没有义务采取防护措施，因此而导致的损害往往是因为消费者自身严重的过失。

（六）合同中的免责或限制责任条款（Disclaimers and Limitations）

因为关涉公共利益和消费者权益的保护，美国法院不允许生产者或销售者通过在合同中订立免除责任或限制责任的条款来减免自身的责任。不过《重述三》允许一个有限的例外，即当消费者在获取充分信息和具备充分实力的条件下，承认减免责任条款的效力。③

（七）原告的过错（Plaintiff's Fault）

对于原告的过错行为能否成为生产者或销售者的抗辩理由，《重述二》主要考虑了以下两种情况：

第一，共同过失（Contributory Negligence）。根据《重述二》第 463 条的定义，共同过失是指原告遭受的损害是由于原告没有尽到注意义务与被告的过失所共同造成的。由于《重述二》第 402A 条确立的是严格责任，因此《重述二》主张共同过失不能作为严格责任的抗辩，尤其是当消费者没有发现产品缺陷的情况下。④ 也就是说，共同过失不能作为生产者或销售者免除其责任甚至减轻其责任的理由。

第二，自担风险（Assumption of Risk）。自担风险是指原告明知产品存在危险，但仍自愿且不合理地将自己置于产品的危险之中。根据《重述二》第 496A 条的规定，原告如自担风险则不能主张赔偿的权利。同时，自担风险亦是严格责任的完全抗辩。

《重述二》的上述主张在其颁布后的最初十年，基本上被美国各法院所接受。但随着对严格责任态度的改变，上述两个概念逐渐被“比较过错”（Comparative Fault）所代替，告的过失可以成为产品责任的抗辩理由。《重述三》第 17 条亦认为：“原告因产品缺陷所导致的损害，如果

① David Owen: *American Products Liability Law Restated*, p. 178.
② 肖永平等译：《侵权法重述第三版：产品责任》，法律出版社 2006 年版，第 40 页。
③ 同上书，第 375～376 页。
④ ［美］史蒂文 · L. 依曼纽尔（Steven L. Emannuel）：《侵权法》（Torts），第 377 页。

同时亦缘于原告没有尽到适当的注意义务，那么将减少原告的赔偿请求。”目前美国绝大多数州在产品责任诉讼中采用比较过错原则来确定责任的分担，只是有些州采用的是纯比较过错(Pure Comparative Fault)原则，即责任的划分纯粹按照双方过错所占的比例；而有些州采用的是经过改造的比较过错原则(Modified Comparative Fault)，比如多数州规定，如果原告负有超过50%的过错，那么他的赔偿请求将完全被禁止。[①]

五、损害赔偿

美国产品责任法中的损害赔偿范围主要由美国各州的判例法所决定，因此损害赔偿的具体内容非常繁杂。美国产品责任诉讼判决的赔偿金额相当高昂，普通案件动辄几十万乃至上百万美元，个别案件甚至高达上百亿美元。[②] 有时一个案件的判决足以构成对涉案生产企业的致命打击，甚至对整个产业产生重大影响。

美国产品责任法中的赔偿范围一般包括：

1. 人身伤害赔偿(Damages for Personal Injury)

人身伤害赔偿一般包括：

(1)受害人已花费的和将来花费的必要的医疗费用；

(2)因人身伤害而导致的间接经济损失，如收入损失及因收入能力的减退而导致的经济损失；

(3)肉体痛苦和精神伤害(Pain and Suffering)，该项赔偿在全部赔偿金额中往往占很大的比例，这也是美国产品责任赔偿的一个特点；

(4)受害人死亡后，其近亲属因此而遭受的损失，如抚养费、精神损害等。

2. 财产损害赔偿(Damages for Property Damage)

该项赔偿的对象是缺陷产品以外的财产损失，不包括缺陷产品本身的损失以及因缺陷产品本身的损害所导致的间接损失。[③] 对于财产损害所导致的间接损失的赔偿问题，美国侵权法的规定比较复杂，需考虑该损失的可预见性、近因性、确定性等因素。一般情况下，美国法院支持该赔偿请求。

3. 惩罚性赔偿(Punitive Damages)

所谓惩罚性赔偿，是指侵权行为人实施侵权行为出于恶意或存有重大过失，因而法院在判令支付补偿性赔偿金的基础上，再要求侵权行为人向受害者支付额外的赔偿金。惩罚性赔偿是对侵权行为人的惩罚，从而达到抑制该类侵权行为的目的。惩罚性赔偿是美国产品责任法的一个重要制度。《统一示范法》第120条规定：“如果原告通过清晰且信服的证据证明，产品消费者、使用者或其他人所遭受的损害是因为销售者对产品安全所采取的轻率漠视的态度所

---

① 肖永平等译：《侵权法重述第三版：产品责任》，法律出版社2006年版，第364页。

② 2000年，在一起几乎包含所有佛罗里达州吸烟者的集团诉讼中，案件一审中陪审团裁决的惩罚性赔偿金高达1 450亿美元。这也是美国历史上裁决的最高赔偿金额。参见[美]史蒂文·L. 依曼纽尔(Steven L. Emannuel)：《侵权法》(Torts)，第349页。

③ 《重述三》第21条评注d和e中谈到两个例证，如装配线上的传输带因缺陷而断裂，导致装配线停产，进而导致停产的利润损失，《重述三》认为这不属于产品责任的赔偿范围，可以通过合同法解决，因为这属于缺陷产品本身所导致的损失。但如果是因为一辆有缺陷的叉车失控撞毁传输带，进而导致停产的利润损失，《重述三》则认为这属于产品责任的赔偿范围，因为这属于缺陷产品以外的财产损害导致的间接损失。

致，那么原告将获得惩罚性赔偿。”[1]惩罚性赔偿在美国产品责任案件中被广泛应用，但法院在具体判决中一般需考虑下列因素：

（1）销售者不当行为(Misconduct)导致严重损害的可能性；

（2）销售者对上述可能性的认知程度；

（3）销售者因不当行为所能获得的非法利益；

（4）销售者不当行为的持续时间和隐瞒程度；

（5）销售者发现不当行为后所采取的态度，以及不当行为是否已经终止；

（6）销售者的经济状况；

（7）对销售者已经施加的或可能施加的其他惩罚措施的总体效果；

（8）原告所遭受的损害是否缘于原告本身对产品安全的轻率漠视。[2]

第三节　欧盟产品责任法

欧盟是目前世界上最具代表性的区域性国际经济、政治合作组织。为了加强各成员国之间的经济合作，促进贸易发展，减少自由贸易的障碍，欧盟自 1952 年欧洲煤钢共同体成立以来，颁布了一系列的条例、指令和决议，要求各成员国遵守和采纳。其中指令(Directive)虽然不具有直接适用的效力，但各成员国有义务在一定期限内将指令的内容转化为其国内法。在产品责任立法方面，欧洲共同体理事会于 1985 年颁布的《产品责任指令》和于 1992 年颁布的《通用产品安全指令》是其主要的法律文件。此外，欧盟的产品责任立法还包括欧洲理事会于 1977 年通过的《斯特拉斯堡公约》。[3]

一、《产品责任指令》(Directive on Product Liability)

欧共体理事会为了协调统一各成员国之间的产品责任法律，于 1973 年组织专家委员会起草制定一部欧共体各成员国统一的产品责任法。经过多年努力，欧共体理事会于 1985 年 7 月 25 日通过了欧洲经济共同体《产品责任指令》。该指令全称为《使各成员国产品责任法律相互接近的理事会指令》(Council Directive 85/374/EEC on the Approximation of the Laws, Regulations and Administrative Provisions of the Member States Concerning Liability for Defective Products，英文缩略为 Directive 85/374/EEC，以下简称为《指令 1985》)。根据《指令 1985》第 19 条的规定，各成员国有义务在《指令 1985》颁布后三年内将指令的内容转化为国内

---

① MUPLA, Sec. 120: Punitive Damages (A) Punitive damages may be awarded to the claimant if the claimant proves by clear and convincing evidence that the harm suffered was the result of the product seller's reckless disregard for the safety of product users, consumers, or others who might be harmed by the product.

② *See* MUPLA, Sec. 120 (B).

③ 《斯特拉斯堡公约》，全称为《关于造成人身伤害与死亡的产品责任欧洲公约》(European Convention on Products Liability in Regard to Personal Injury and Death)。该公约由欧洲理事会(Council of Europe)于 1977 年 1 月 27 日在斯特拉斯堡通过，然后供各成员国签约批准加入。该公约第 13 条规定：“本公约自第三份批准书、接受书或认可书交存之日起六个月后的第一月的第一天生效。”截至 2007 年 5 月，该公约只有法国、比利时、卢森堡和奥地利四个签约国，但上述四国均未提交批准书，因此该公约尚未生效。参见：http://conventions.coe.int。

法。《指令 1985》的颁布为欧盟各国的产品责任立法制定了相对统一的标准。

《指令 1985》实施后，为了进一步提高产品责任的保护水准，应对部分领域的产品安全危机，欧盟议会和理事会于 1999 年 5 月 10 日通过了《修订指令 85/374/EEC 的指令 1999/34/EC》(Directive 1999/34/EC of the European Parliament and of the Council Amending Council Directive 85/374/EEC on the Approximation of the Laws, Regulations and Administrative Provisions of the Member States Concerning Liability for Defective Products，以下简称为《指令 1999》)。《指令 1999》共 4 条，内容围绕对《指令 1985》第 2 条的修订，扩大了产品责任的适用范围。

(一)产品

根据《指令 1985》第 2 条的规定，产品是指所有的动产(All Movables)，包括组装在其他动产或不动产中的动产，此外包含电(Electricity)。但《指令 1985》强调动产不包括初级农产品(Primary Agricultural Products)和狩猎物(Game)。初级农产品是指未经过初步加工(Initial Processing)的种植业产品、畜牧业产品和渔业产品。狩猎物一般是指捕获的野生动物。同时，《指令 1985》的前言指出，加工是指经过工业性质的加工，也就是所谓工业加工(Industrial Processing)。此外，《指令 1985》不适用于因核事故所引发的损害，此类损害赔偿由欧盟的相关公约解决。总之，《指令 1985》的产品范围涵盖经过工业加工的动产，排除了不动产和未经过加工的天然农产品。同时需要注意的是，对于产品范围是否应包含初级农产品的问题，《指令 1985》采取了灵活的态度，其第 15 条规定允许各成员国做出与指令不同的规定。因此在《指令 1999》通过前，已经有一些成员国在其国内法中将初级农产品纳入产品责任的适用范围，如法国、卢森堡等。而且《指令 1985》之前的《斯特拉斯堡公约》就已经将天然动产纳入产品责任的调整范围。

到了 20 世纪 90 年代，随着疯牛病危机的发生，农产品安全成为欧盟各成员国关注的突出问题。为了让消费者重拾对农产品安全的信赖，进一步统一各成员国的法律，欧盟修订的《指令 1999》第 1 条明确规定，产品包含所有的动产，而没有任何的例外规定。这也意味着把初级农产品和狩猎物纳入“产品”的范围，并且不允许各成员国对此提出保留或排除适用。初级农产品的纳入，亦将农产品的生产者置于与其他产品生产者相同的法律地位，同时也消除了自《指令 1985》实施以来关于如何界定“初步加工”或“工业加工”的争议。

(二)缺陷

根据《指令 1985》第 6 条的规定，如果一个产品不能提供人们有权期待的安全性，产品即为有缺陷。产品的缺陷不在于产品是否适合使用，而在于产品是否满足一般大众对产品的安全期待。在界定产品是否具有缺陷的问题上，《指令 1985》同时指出，应将所有相关因素考虑在内，包括：(1)产品的使用说明；(2)可以合理预见的产品使用状况；(3)产品投入流通的时间。此外，《指令 1985》前言指出，在缺陷的认定上应排除消费者对产品不合理的误用，这意味着产品的合理误用所产生的危险应作为认定产品缺陷的考虑因素之一。《指令 1985》并且强调，不能单纯以产品投入流通后有更好的产品出现作为产品存在缺陷的理由。

(三)责任主体

根据《指令 1985》第 3 条的规定，产品责任的承担者是指产品的生产者。生产者具体又包括：(1)成品生产者(Manufacturer of a Finished Product)；(2)原料生产者或零部件生产者；

(3)通过在产品上标明其姓名、商标或其他可辨识的特征，表明其为生产者的任何人；(4)在不减损产品生产者责任的情况下，任何将产品输入到欧共体市场用于销售、租用、出租或任何形态之商业销售者，都将被认为本指令意义上的生产者，并将承担与生产者相同之责任；[①](5)如果生产者不能被确认，产品的供应商(Supplier)将被视作生产者，除非在合理的时间内，其能够向消费者告知生产者或向其提供产品的供应商的身份。此规定同样适用于上述(4)情况中的进口产品，即使在产品上标有生产者，但如果供应商不能向消费者提供产品进口商或向其提供产品的供应商的身份，其将被视作生产者。

此外，根据《指令 1985》前言所述，对于缺陷产品给消费者造成的损害，如果有两个以上的责任承担者，他们将承担连带责任。

(四)归责原则

《指令 1985》规定产品责任的归责原则为无过错责任(Principle of Liability without Fault)。受害者提出赔偿请求，只需证明产品存在缺陷、缺陷产品所造成的损害以及两者之间的因果关系，而无须证明生产者是否存有过错。

(五)责任的免除或减轻

为了合理地分配产品风险的承担，达到生产者与消费者之间的利益均衡，《指令 1985》规定了产品生产者相应的减免责任的情形。根据《指令 1985》第 7 条的规定，如果生产者能够证明存有下列情况，则不承担责任：

(1)生产者尚未将产品投入流通。

(2)根据情况表明，造成损害的缺陷很可能是在产品投入流通时并不存在或者是在产品投入流通后形成的。

(3)产品并非用于销售或以经济为目的的任何形式之分销，也并非由生产者在商业经营过程中制造或分销。

(4)产品的缺陷是由于执行政府的强制性法规所致。

(5)依产品投入流通时的科学或技术水平无法发现缺陷的存在。此规定即所谓产品的发展缺陷(Defect of Development)可以作为生产者免责的抗辩理由，此项抗辩旨在鼓励产品的创新和发展。但鉴于各成员国不同的法律规定，《指令 1985》允许各成员国在其国内法中对此做出不同的规定。

(6)对于零部件生产者，零部件产品缺陷因为须符合成品之设计或依照成品生产者的指示所致。此产品缺陷其实并非产品零部件之缺陷，而是成品存在缺陷，因此零部件生产者无须承担产品责任。

《指令 1985》同时指出，产品存在缺陷造成损害，产品生产者的责任不能因为损害的造成部分是由于第三人的行为或疏忽所致而受影响或减轻；但是依情况考虑，如果损害的造成亦可归因于受害人自身的过错(Contributory Negligence)，生产者的责任可以相应地减轻甚至免除。此外，根据《指令 1985》第 12 条规定，生产者对受害人应承担的责任不能依据任何免除或限制生产者责任的条款而减轻或免除。该条规定主要针对生产者利用不合理的格式条款规避

---

① 本项规定旨在更好地保护消费者的权益，从而把非欧盟生产商生产的产品进入欧盟市场的第一进口商视作是产品的生产者，使消费者在欧盟领域内更为便利地展开产品责任诉讼。当然在发生产品责任的情况下，欧盟的消费者亦有权选择非欧盟的生产商作为产品责任的承担者。

法定的责任从而损害消费者的合法权益。

（六）损害赔偿

根据《指令 1985》第 9 条的规定，损害包括人身伤害和财产损害。

对于人身伤害，其具体的赔偿项目，《指令 1985》没有做出规定，只是特别提到本指令不影响各成员国规定受害者可以提出精神损害赔偿（Compensation for Pain and Suffering and other Non－material Damages）。此外，鉴于各成员国不同的法律传统，《指令 1985》没有对赔偿的最高限额做出规定，允许各成员国自行决定。但《指令 1985》第 16 条指出，对于同类产品的相同缺陷（Identical Item with the Same Defect）所导致的损害，各成员国规定的赔偿限额不得低于 7 000 万欧洲货币单位（ECU）。

对于财产损害，《指令 1985》规定财产损害不包括缺陷产品本身，并对缺陷产品以外的其他财产的损害规定了赔偿的门槛，即该财产损害不得低于 500 欧洲货币单位。该规定主要在于避免过多的产品责任诉讼。但需要注意的是，上述财产损害，消费者的赔偿请求可以考虑通过其他法律途径解决，如合同责任。《指令 1985》亦指出，损害的财产须是消费者用于私人使用或消费的产品。

（七）诉讼时效

根据《指令 1985》第 10 条的规定，原告提起赔偿请求的诉讼时效为 3 年，从原告知道或应当知道损害、缺陷和生产者的身份之日起计算。但是如果自缺陷产品投入流通后 10 年内，受害者没有提起诉讼请求，那么受害者将不再享有此权利。

二、《通用产品安全指令》（Directive on General Product Safety）

为了确保投放于市场的产品达到足够安全，从而保护消费者的合法权益和公共健康，并促进欧盟市场内部法律规则的统一，消除欧盟市场内部自由贸易的障碍及对竞争的扭曲现象，欧共体理事会于 1992 年 6 月 29 日颁布了《通用产品安全指令》（Council Directive 92/59/EEC on General Product Safety）。该指令实施后，为了进一步提高对消费者权益的保护水准，加强各成员国之间执行指令义务的协调与合作，欧盟议会和理事会于 2001 年 12 月 3 日颁布了修订后的《通用产品安全指令》（Directive 2001/95/EC of the European Parliament and of the Council on General Product Safety，以下简称为《指令 2001》），该指令于 2002 年 1 月 15 日生效，2004 年 1 月 15 日正式实施。《指令 2001》的实施不仅提高了欧盟各成员国的产品安全水准，同时亦对非欧盟国家进入欧盟市场的产品提出了更高的安全要求。①

《指令 2001》包括前言、正文（共 7 章 24 条）和附件，内容主要包括指令的适用范围、生产者和销售者的产品安全义务和各成员国执行产品安全措施的相关义务和相关职权等。特别需要注意的是，《指令 2001》并非是一部直接规范产品责任的法律。指令中，生产者和销售者承担的是确保产品安全的义务，但他们对该项义务的违反因此需承担何种民事责任，《指令

① 例如，在 2002 年，欧洲标准化委员会公布打火机的 CR（Child Resistant）标准，打火机 CR 标准即指打火机需要加装防止儿童开启的装置，该标准针对售价 2 欧元以下的廉价打火机。该标准一旦正式实施，将对中国的打火机出口造成不小的冲击。通过磋商，2003 年年底，欧盟委员会决定暂不将打火机 CR 标准作为欧盟《通用产品安全指令》的参考标准。但在 2006 年 5 月 11 日，欧盟委员会公布决议（Decision 2006/502/EC），要求各成员国采取措施确保只有加装防止儿童开启装置的打火机才能进入欧盟市场。

2001》没有明确规定，但《指令 2001》规定了成员国政府可以采取的相关行政措施，如对危险产品的撤回和销毁。因此，《指令 2001》是一部具有公法性质的法律，其目的是确保产品安全，预防和消除危险产品的市场进入。而且产品生产者和销售者所承担的产品安全责任并非单纯的民事侵权意义上的产品责任。尽管如此，《指令 2001》所规定的生产者和销售者的产品安全义务和责任，对于产品缺陷以及生产者产品责任的认定具有密切的联系和重要的参考意义，并为将来欧盟产品责任法的拓展铺垫基础。基于本章要求，本文只介绍《指令 2001》中与产品责任相联系的内容。

(一)《指令 2001》的适用范围

《指令 2001》的适用范围主要涉及对产品、安全产品、生产者和销售者的定义。

1. 产品

根据《指令 2001》第 2 条(a)项的规定，产品包括任何产品，如果产品是通过商业活动意图提供给消费者使用，或者并非意图提供给消费者，但在可以合理预见的情况下使消费者获取使用的产品，而且不论消费者获取产品是否支付对价，也不论产品是否是新的、使用过的或修理过的。《指令 2001》对产品范围的界定是非常广泛的，但其对两种“产品”做了特别规定。

其一，关于二手产品。《指令 2001》的适用包含二手产品，但如果二手产品是作为古董而提供的，或者供应商明确告知消费者该二手产品在使用前是需要经过修理的，那么《指令 2001》不适用于该二手产品。

其二，关于服务。对于这个问题，欧盟内部的争论比较激烈，目前的《指令 2001》并没有将服务纳入产品的范畴。但是《指令 2001》前言指出，服务过程中提供的产品应属于本指令所指的产品，如美容服务商提供的美容产品，但对于服务过程中使用的设备本指令不包含，尤其是那些由服务提供者操作供消费者乘坐或旅行的设备，如汽车、飞机等，因为该设备的安全与服务提供者所提供的服务安全是相关联的。由此可见，欧盟目前将产品安全和服务安全是分别考虑的。

2. 安全产品

根据《指令 2001》第 2 条(b)项的规定，安全产品是指，产品在正常使用或可以合理预见的使用情况下，不构成任何危险或只构成最低程度的危险。所谓最低程度的危险，是指该危险是与产品的使用相共存的，并且是可以被接受的，同时亦与对公众安全与健康的高水准保护的要求是相一致的。而不符合安全产品定义的产品，即可称之为“危险产品”。在认定产品是否安全的问题上，除了上述的定义，《指令 2001》认为需特别考虑下列因素：

(1)产品的性质，包括产品的成分、包装、产品的安装与维护说明等；

(2)在可以合理预见的情况下，产品与其他产品混合使用所产生的效果；

(3)与产品相关的指示和信息，如产品的描述、标签、警告、使用和处置的说明等；

(4)因使用产品而处于危险的消费者的类别，特别是老人和儿童。

但《指令 2001》亦指出，不能以有更安全产品的存在而作为认定产品存在危险的理由。

3. 生产者

《指令 2001》所指的生产者包括：

(1)在欧共体内设立的产品制造商；任何通过在产品上加贴名称、商标或其他显著性标记，表明其为产品制造商的人；或者修理产品的人。

(2)如果产品制造商并非在欧共体内设立，那么其代表机构作为生产者；如果其在欧共体内没有设立代表机构的，那么进口商作为生产者。

(3)在产品流通环节中的其他执业者，只要他们的行为可能会影响到产品的安全性能。

可以看到，相比较《产品责任指令》而言，《指令 2001》所涵盖的生产者的范围要广泛得多，除了产品的实际生产者和名义上的生产者外，还包括影响产品安全性能的任何经营者，如产品的修理者、运输者等。

4. 销售者

《指令 2001》所指的销售者是指，在产品流通环节中对产品安全性能不构成影响的任何执业者。需要注意的是，《指令 2001》对于生产者与销售商的区别，关键在于他们的经营行为是否会构成对产品安全性能的影响。[①] 因此，一个传统意义上的销售商，如果其销售行为改变了产品的安全性能，如通过改变产品的使用说明等，那么其将被视作《指令 2001》概念上的生产者。

(二)生产者和销售者的产品安全义务

生产者和销售者的基本义务是确保只将安全产品投放市场。同时，《指令 2001》第 5 条又分别规定了生产者和销售者的其他义务。

1. 生产者的义务

其一，生产者提供信息的义务。生产者应向消费者提供相关信息，以便让消费者在合理的时间内对于产品的固有危险做出评价并采取相关的预防措施。

其二，生产者对产品安全实施监督的义务。此项义务的实施，首先要求生产者应该建立一个畅通的信息渠道，以便让生产者能够被告知产品可能引发的危险，比如在产品或产品包装上，标示生产者和产品的详细信息，以及生产者对已经投放市场的产品进行抽样检测、调查、建立消费者投诉登记制度等；其次，根据产品的性质和危险，生产者应采取适当的措施避免危险的发生，包括从市场撤回产品，或对消费者做出充分有效的警告，或者召回产品。[②]

此外，《指令 2001》强调，单纯的警告并不能免除生产者依本指令所应承担的其他义务。

2. 销售者的义务

《指令 2001》所规定的销售者的安全义务主要是一种辅助义务。销售者应该尽合理的注意义务确保产品安全，特别是不应销售其已经知道或应当知道的不符合安全要求的产品，并积极参与对市场产品的安全监控，传递产品危险的相关信息等。

此外，《指令 2001》要求生产者和销售商应该与各成员国有权机构就产品安全互通信息、积极合作。总之，《指令 2001》对生产者和销售者各项义务的规定，旨在确保欧盟市场产品的安全，防止危险产品的进入，并通过各种措施以便能迅速有效地将危险产品清除出欧盟市场。

---

① 杜志华：《欧盟通用产品安全法律制度初探》，《现代法学》2003 年第 6 期。

② 根据《指令 2001》的规定，撤回和召回的主要区别是，撤回所涉及的危险产品已经进入市场，但还未被消费者获取；但召回所涉及的危险产品已经进入消费者手中。《指令 2001》亦指出，召回是作为生产者防范危险的最终手段，也就是当其他措施不足以防范危险的发生时，生产者方才自愿或依政府的命令召回产品。

第四节　产品责任的国际立法

随着产品生产和销售的国际化，国际间不同国家当事人之间的产品责任案件频繁发生。但由于各国在产品责任立法方面的差异，从而产生跨国产品责任确认和承担的不可预期性，对国际商品流通和国际自由贸易的发展带来不利的影响。因此国际社会意图制定统一的产品责任法来解决这一问题。但由于各国在经济发展水平和法律制度方面的巨大差异，目前在产品责任实体法方面，除了欧盟的区域性立法外，尚未产生统一的国际性公约。但是，由海牙国际私法会议制定的《产品责任法律适用公约》在解决产品责任冲突法方面的问题上发挥了重要的作用。

《产品责任法律适用公约》(Convention on the Law Applicable to Products Liability，本节简称为《海牙公约》，或简称为《公约》)，由海牙国际私法会议[①]于 1973 年 10 月 2 日制定通过。《海牙公约》自 1977 年 10 月 1 日起生效。截至 2006 年 7 月，共有 11 个国家成为《海牙公约》的缔约国。[②]《海牙公约》虽然只是一部产品责任的冲突法公约，但在统一的实体法公约难以建立的情况下，《海牙公约》通过制定产品责任准据法适用的冲突法规则，能够在一定程度上减少跨国产品责任诉讼的不确定因素，有利于跨国产品责任案件的最终解决。本节对《海牙公约》作简要评介。

一、《海牙公约》的适用范围

《海牙公约》的前言指出，《公约》意图对于产品责任的国际诉讼建立普遍的准据法适用规则。因此，对于《海牙公约》内容的理解，尤其是对于《海牙公约》适用范围部分的理解，必须注意和把握的是，“《公约》只是关涉法律的选择，并不意图对产品责任的实体法规则施加任何的影响”。[③] 也就是说，《海牙公约》对产品责任的界定以及一些相关术语的定义，如“产品”“损害”等，并非从产品责任实体法的角度来考虑，而是从扩大或限制《海牙公约》的适用范围、确定准据法适用的角度来考虑的。

《海牙公约》的适用范围规定在第 1 条至第 3 条。根据《海牙公约》第 1 条的规定，公约适用于产品责任准据法的确定，产品责任的范畴系指产品生产者或其他人对于产品所造成的损害，包括因为产品的错误描述以及对于产品质量、性质或使用方法缺乏充分的警示而致损害所产生的责任。但是如果产品的所有权或使用权是由责任人直接转让给受害者的话，那么它们

---

① 海牙国际私法会议(Hague Conference on Private International Law，HCCH)为政府间国际组织，共有六十多个成员国，包括中国。

② 签约加入《海牙公约》的国家共有 14 个，但其中有 3 个国家尚未批准《海牙公约》，已经批准《海牙公约》的国家包括法国、荷兰、卢森堡、挪威等国。具体签约情况参见：http://www. hcch. net/index_en. php act＝conventions. status&cid＝84。

③ “The Convention is concerned exclusively with choice of law and does not purport to affect in any way the substantive rules of products liability.” *See* W. L. M. Reese, 1974, *Explanatory Report on the* 1973 *Hague Products Liability Convention*, HCCH Publications, from: www. hcch. net.

之间的责任不适用《公约》。① 由此可见，《公约》不适用于具有合同关系的生产者与消费者之间产生的产品责任，尽管从产品责任实体法的角度，他们之间的责任亦属于产品责任的范畴。《公约》对具有合同关系的产品责任的适用排除，主要在于避免与现有的规范合同关系的冲突法规则之间的冲突，从而有利于《公约》的接受和推广。②

《海牙公约》第2条主要对"产品"和"损害"做出了定义。出于《公约》的立法目的，产品是指一切产品，包括天然产品和工业产品，制成品或非制成品，以及动产或不动产。《公约》的产品范围非常广泛，但其主要目的还是在于意图扩大《公约》的适用范围。《公约》所指的损害包括人身伤害和财产损害以及相应的经济损失。对于产品本身的损失以及因此而导致的间接损失，《公约》不适用，但是如果上述损失与其他损失相关联的话，《公约》适用于该损失。例如，某人驾驶一辆汽车去签订合同，途中汽车因产品缺陷而垮塌，从而导致汽车本身的损失和合同利益的损失，对此损失即属《公约》所指的产品本身的损失和因此所致的间接损失，《公约》不适用；但是如果此间驾驶者本人亦遭受到了人身伤害，哪怕是轻微的人身伤害，因此受害者提出的赔偿请求包含上述所有的损失，那么《公约》适用于上述损失，因为此时汽车损失和合同损失与其他损失（人身伤害）产生了关联。③ 同样需要注意的是，上述损失能否得到赔偿是准据法所解决的问题，《公约》只是确定上述诉讼是否属于《公约》冲突法规则调整的范畴。

《海牙公约》第3条界定了产品责任主体的范围，责任主体既包括法人，也包括自然人，具体包括：

（1）成品生产者和零部件生产者；

（2）天然产品的生产者；

（3）产品供应商；

（4）产品修理者、保管者，以及在产品制备和销售的商业流通环节中的其他人。

此外，上述人员的代理人和雇员亦属于《公约》的调整范围。

二、准据法的确定

《海牙公约》的第4条至第7条规定了确定产品责任准据法的规则。在这个问题上，《公约》设计的冲突法规则有一个明显的特点，即由两个以上的连结点来确定适用的准据法，单独的连结点不具有决定性的作用，以此保证所适用的准据法与案件有较为密切的联系，防止偏颇。

《海牙公约》在确定准据法时，主要设置了以下四项规则：

（1）根据《公约》第4条的规定，准据法为损害地所在国的国内法，如果该损害地所在国同时又是下列所在地之一：（a）直接受害人的经常居住地；（b）被控责任人的主要营业地；（c）直接受害人的产品获取地。

---

① Hague Convention, Article 1: This Convention shall determine the law applicable to the liability of the manufacturers and other persons specified in Article 3 for damage caused by a product, including damage in consequence of a misdescription of the product or of a failure to give adequate notice of its qualities, its characteristics or its method of use. Where the property in, or the right to use, the product was transferred to the person suffering damage by the person claimed to be liable, the Convention shall not apply to their liability *inter se*.

② *See* W. L. M. Reese, *Explanatory Report on the* 1973 *Hague Products Liability Convention*.

③ *See* W. L. M. Reese, *Explanatory Report on the* 1973 *Hague Products Liability Convention*.

(2)根据《公约》第 5 条规定，准据法为直接受害人经常居住地所在国的国内法，如果该所在国同时又是下列所在地之一：(a)被控责任人的主要营业地；(b)直接受害人的产品获取地。

上述两项规则，在设置上有先后顺序，《公约》首选考虑的准据法是损害地法。但是《公约》亦赋予了受害人一定的选择权，即在满足条件的情况下，例如损害地和产品获取地为同一国家，而受害人经常居住地和责任人主要营业地又同在另一国家，受害人可以在损害地法和受害人经常居住地法之间进行选择。同时，上述两项规则基本涵盖了绝大多数的案件，但也难保发生例外，如四个连结点分处于四个不同的国家。

(3)根据《公约》第 6 条的规定，在上述(1)、(2)两项不能适用的情况下，准据法为被控责任人主要营业地所在国的国内法，除非权利请求人提出的权利请求是基于损害地所在国的国内法。这项规定对于受害人而言，在准据法的选择上还是存有一定的余地，即他可以在责任人主要营业地法与损害地法之间进行选择。

(4)根据《公约》第 7 条的规定，即使按照《公约》第 4～6 条的规定本应适用损害地所在国法或受害人经常居住地所在国法的情况下，如果被控责任人能够证明他不可能合理地预见产品会经由商业渠道进入上述国家，那么上述国家的国内法将不被适用。本条规定给了责任人一个有条件地排除适用损害地法或受害人经常居住地法的机会，如果排除适用能够成立的话，那么责任人主要营业地所在国的国内法将被适用。

此外，《公约》对于准据法的选择和适用还有一些其他规则。如《公约》第 10 条规定，如果确定的准据法与本国的公共政策相违背的话，法院有权拒绝适用该准据法。

三、准据法的适用范围

《海牙公约》第 8 条列举了准据法的适用范围，即准据法所能解决的问题，具体包括：

(1)责任的条件和范围。

(2)免除责任、限制责任和责任划分的理由。

(3)可予赔偿的损害种类。

(4)赔偿的形式和范围。

(5)损害赔偿的权利是否可以转让或继承的问题。

(6)依自己的权利可以要求损害赔偿的人。比如，受害人死亡后，其家属遭受损失而导致的求偿权利问题。

(7)委托人对其代理人的行为或雇主对其雇员的行为承担责任的问题。

(8)举证责任。

(9)关于时效的规定，以及关于时效起算、中断和中止的规定。

《公约》规定的准据法解决事项的范围比较广泛，但亦有一些事项没有涵盖，如管辖问题，受害人与责任人之间的法律选择是否有效的问题等。

本章小结

1. 产品责任是指生产者或销售者因其生产或销售的缺陷产品致使消费者遭受财产损害或人身伤害而需承担的侵权法律责任。产品责任属严格责任。

2. 产品的缺陷是指产品含有不合理的危险。美国产品责任法对产品缺陷的认定所采用的“风险—效用比较标准”具有重要的实践意义。

3. 美国的产品责任理论在世界上最具代表性，具体包括疏忽责任理论、担保责任理论和严格责任理论。《重述三》的颁布对美国严格责任理论的发展具有重大影响。

4. 欧盟的《产品责任指令》对于欧盟各成员国产品责任立法的统一具有重要作用。

5.《产品责任法律适用公约》的制定，对于解决各国之间产品责任的法律冲突发挥着重要影响。

案例分析

李贝克诉麦当劳案(Liebeck v. McDonald's Restaurants, P. T. S. , Inc. , 1992)发生在美国。李贝克女士(79 岁)乘坐由其孙子驾驶的汽车经过一家麦当劳汽车餐馆。在车上，李贝克女士购买了一杯麦当劳的热咖啡，然后将咖啡放置在膝盖上。因为要加糖和奶，当她揭开杯盖时，咖啡倾倒，烫伤了李贝克女士的大腿，造成三度烧伤。为此，李贝克女士花费了相当的医疗费。由于就赔偿问题与麦当劳公司协商不成，李贝克女士向法院提起诉讼要求麦当劳公司承担产品责任。据查，当时这家麦当劳餐馆出售的咖啡温度在 82～88 摄氏度之间，而人们日常饮用的咖啡温度通常在 60 摄氏度左右。①

问题：(1)根据美国产品责任法中认定产品缺陷的理论，分析案中的咖啡是否存在产品缺陷？

(2)本案原告可以依何种产品责任理论提起诉讼？

(3)根据美国产品责任法的相关理论，麦当劳公司可以以哪些抗辩理由对抗原告的诉讼主张？

练习与思考

一、名词解释

产品责任，缺陷，风险—效用比较标准，初级农产品。

二、简述题

1. 简述美国产品责任理论的沿革和发展。
2. 简述欧盟《产品责任指令》中产品责任的抗辩事由。
3. 简要评述中国产品责任法与欧美产品责任法的主要区别。
4. 根据美国产品责任法的相关理论，简要评析烟草制品的产品安全问题。

---

① 该案原告花费的医疗费约 2 万美元。一审陪审团确定的实际损失为 20 万美元，陪审团裁定的惩罚性赔偿金为 270 万美元，原因是被告在诉讼前 10 年间就咖啡温度问题曾收到过 700 多份消费者的投诉。该案双方最终通过私下和解的方式解决。

第九章

国际知识产权法

本章要点

- 知识产权的概念及特征
- 国际技术转让的含义
- 国际技术转让国际公约
- 国际许可协议概念和种类
- 国际许可协议内容
- 限制性商业条款的内容
- 知识产权国际保护

第一节　知识产权法概述

一、知识产权及知识产权法的概念

1. 知识产权的概念

“知识产权”一词起源于欧洲，从西方引入我国。它的英文为 Intellectual Property，也被翻译成“智力财产权”或者“智力成果权”。1986 年《中华人民共和国民法通则》民事权利一章首次将“知识产权”作为正式用语以法律规定的形式确定下来。目前，“知识产权”一词已被我国各界广泛接受。

知识产权的出现相比其他民事权利来说较晚。恩格斯认为大多数民事权利早在罗马帝国时代就已基本成型，但知识产权只有到了商品经济发展起来以后的近代才逐渐产生和形成。这是因为人类天生具有智力创造性，而通过人的创造性所形成的智力成果在近现代科学技术迅猛发展的情况下，又成为社会财富不断积累和扩大的源泉。商品经济社会智力成果的创造者和所有者对于智力成果所能取得的利益的追求与保护,使知识产权制度应运而生,并随着社会经济和科技的进步而不断完善。

虽然"知识产权"一词已经成为国际社会普遍接受和采用的法律学术用语,但不同国家以及同一个国家在不同历史条件下,因为经济、科技发展的程度和对知识产权的理解不同,导致法律条文中对"知识产权"给出的定义也有所不同。

概括来说,知识产权有广义和狭义之分。广义上,保护知识产权的国际公约中一般通过限定知识产权的涵盖范围来明确"知识产权"的含义。虽然公约的划分非常广泛,但归纳起来属于知识产权范畴的权利客体大致分两类:一类是创造性成果权利,包括专利权、版权、外观设计权、集成电路布图权、植物新品种权、技术秘密权等;另一类是识别性标记权利,包括商标权、商号名称权等①。1967 年在瑞典斯德哥尔摩签订的《成立世界知识产权组织公约》第 2 条划定以下权利为"知识产权":文学、艺术和科学作品;表演艺术家、录音和广播的演出;在人类一切活动领域内的发明;科学发现;外形设计;商标、服务标记、商号名称和牌号;制止不正当竞争;在工业、科学、文学或艺术领域内其他一切来自知识活动的权利。该公约的上述定义是迄今为止对"知识产权"所下的范围最广的定义,它尽可能包括一切智力创造的优秀成果。但这样的划分实际上并未被世界绝大多数国家完全采用,比如对于"科学发现",许多国家是将其排除在知识产权保护范围之内的。相较《成立世界知识产权组织公约》中的范围划分,《与贸易有关的知识产权协议》规定显然小于前者。世界贸易组织制定的《与贸易有关的知识产权协议》(简称 TRIPS)第 1 条规定:"对于本协议,'知识产权'术语系指第二部分第 1 节至 7 节中所包括的所有类别的知识产权。" TRIPS 其后在第二部分详细列举了以下类别的知识产权:版权与有关权、商标、地理标志、工业品外观设计、专利、集成电路布图设计(拓扑图)、未披露过的信息的保护等。因为 TRIPS 不仅包括知识产权具体条款,还对其执法做了详细规定,它必须考虑大多数国家对"知识产权"的基本认同,如果将尚未被归纳到各国法律条文中的某些权利进行划定,势必使得各方难以按照协议去遵守执行。

狭义中,知识产权包括版权和工业产权两大部分。许多学者在其著作中将知识产权定义为:"知识产权是基于创造性的智力成果和工商业标记依法产生的权利的统称。"这是目前普遍使用的有关知识产权的定义。我们说知识产权最基本的组成部分就是智力成果,之所以把工商业标记纳入并与智力成果并列,是因为:首先,作为财产权,创造性智力成果权和工商业标记权的价值来源是截然不同的,智力成果并不能涵盖工商业标记。创造性智力成果权的价值直接来源于对该成果的商业性利用和支配。相反,工商业标记权的价值来源不是对其自身所含有的创造性思想结晶的利用和支配,而是来源于它所标记的商品或服务,来源于它所标记的商业信誉。其次,企业为了宣传自己的产品或服务,往往会对代表产品或服务的工商业标记进行广告宣传,使得这种标记具有知名度,以及通过技术改进、产品质量保证而获得信誉,使标记的价值在商业交易中凸显出来。此外,有些商业标记从来不是创造性智力成果,如作为商品产地所标示的地理标记,其价值来源于当地的自然地理特点,把这些归入创造性智力成果权同样是不恰当的②。

以上从广义和狭义两个方面给"知识产权"下了定义,但随着人类科技日新月异的发展,对

---

① 郑成思:《知识产权法》,法律出版社 1997 年版,第 6 页。

② 熊英、袁毅超:《知识产权法全攻略》,机械工业出版社 2005 年版,第 4 页。

于知识产权的概念范围也在不断扩大。例如，当前欧盟和美国都对原本不具有原创性的数据库开始进行保护，并颁布了相关法律。可以预见，知识产权必将形成以版权和工业产权为中心，包含与其相关的其他权利在内的全面的权利体系。

2. 知识产权法的概念

与知识产权的概念有广义与狭义之分一样，知识产权法也有广义与狭义之别。广义上一切调整智力成果权和工商业标记的社会关系的法律规范都可以看作是知识产权法。狭义上，则仅指专利法、商标法和著作权法等传统知识产权的范围。世界各国在立法中一般都将知识产权法限定为与知识产权有关的社会关系的法律规范。结合知识产权法的狭义与广义概念，可以认为：知识产权法是指确认知识产权的所有权，行使和管理知识产权，保护其不受侵犯等活动中所产生的社会关系的法律规范的总称。

二、知识产权的特征

1. 无形性

知识产权有别于物权、债权等民事权利的首要特征即在于它的权利客体是不具有具体物质形态的智力成果。与有形财产相比，知识产权是一种无形财产权。无形财产的概念源于古罗马法。公元 2 世纪罗马法学家盖尤斯在其著述《法学阶梯》中将物分为"有体物"和"无体物"。前者是可触摸的物品，如土地、衣物等；而后者则指不能触摸的物品，是某种权利的体现，如继承权、债权和用益物权等[①]。现代，英美财产法中同样也有"有形物"和"无形物"之分，动产被分为有形动产和无形动产，其中债权、商誉、知识产权和不属于债权的合同权利被视为无形动产[②]。需要明确的是，这里所说的"无形"，并非知识产权看不见摸不着，也不是说知识产权没有表达的形式，而恰恰是说这种表达形式可以依靠多种载体进行表现，即知识产权的非物质性。举例来说，自然风光大众都可以享受和观赏，它不属于知识产权保护的范围，但当画家将自然风光通过运用自己的主观意识进行创造，并形成绘画作品时，就产生了著作权。画家出售绘画作品给买主，买主只是对这幅绘画作品拥有所有权，著作权仍旧属于画家所有。著作权平时是虚拟的，只有画家在诉讼中主张权利时方能显示它的存在。除了出售绘画作品，画家也可以将作品交给杂志社作插图使用，还可以出售给企业镶嵌在玉器、瓷器上做装饰用。这就说明画家的著作权可以依靠绘画作品、插图、装饰等多种载体来表现，非物质性由此体现出来。

2. 专有性

知识产权的专有性是指权利所有人对其智力成果所享有的法定的垄断、排他性权利，非经权利所有人许可或法律规定，任何人不得占有、使用、处分知识产权。可以看出，知识产权的专有性与有形财产相比，在独占的程度和范围上都要大得多。因为有形财产如果受到侵害，只是及于财产或物体的本身，而当知识产权受到侵害导致权利人主张权利时，权利人不仅控制了与此相关的有形财产，还会使得与知识产权有关的产品的制造、销售、使用甚至进出口的权利都受到禁止。不过也正因为知识产权使权利所有人能获得法定垄断利益，才会使知识产权制度具有激励作用，促使人类不断运用智慧创造新的智力成果，推动社会经济的发展和科学技术的进步。

---

① 盖尤斯著，黄风译：《法学阶梯》，中国政法大学出版社 1996 年版，第 82 页。

② 劳森等著，施天涛等译：《财产法》，中国大百科全书出版社 1998 年版，第 25 页。

3. 地域性

知识产权的地域性一般指依照一国法律取得的知识产权仅在该国主权领土范围内有效，在其域外没有效力。这其实是历史传统的延续。从历史上看，传统意义上的知识产权就是封建统治者以特许权的形式授予的一种特权，受当时封建统治者权力大小的限制，这种特权也只有在君主权力管辖的地域内才可生效。从这里也可分辨出知识产权与一般民事权利的不同：如果在一国依法获得了有形财产，其权利自动在任何国家都受到法律保护，财产在国与国之间的转移并不会使它的所有权状况发生改变。至于有些学者所认为的财产在外国有可能被无偿国有化，只是极为特殊的情况。而知识产权的取得必须经过一定法律程序，并要按照不同国家的国内法的规定进行审查，合格后才能被批准获得权利，也是基于各国主权平等原则行事。因为世界各国的政治、经济、文化各不相同，必然对于知识产权的规定也不一样。如想获得他国知识产权的保护，则必须依照有关国际条约、双边协议等的规定办理。

4. 时间性

知识产权的时间性并不是指知识产权会像一般民事权利那样随着财产的灭失而消失，相反，它具有永恒性，只是法律在确定这一权利的时候明确规定作为知识产权所受到的保护期是有限的，一旦超出知识产权的法定保护期后，该知识产权权利消灭，但作为权利客体的智力成果成为人类共有财富，进入公有领域，人们可以自由、无偿使用。必须注意的是，有些知识产权，如商业秘密、地理标志、商号权等只要符合条件就可以无限期得到保护。实践中，各国法律对知识产权的时间性限制不尽相同。目前，由于知识产权相关国际条约的要求，各类知识产权在各国的最低有效期限趋于一致。而且有的国家的规定还要高于最低标准。例如，著作权的保护期限一般是作品创作或发表后作者终生加上死后 50 年。但欧共体部长理事会 1993 年颁布的《协调版权与其他相关权利保护期限的指令》则要求成员国将《伯尔尼公约》所规定的期限提高到作者终生加死后 70 年①。

三、知识产权法律关系

所谓法律关系，是指在法律规范调整社会关系的过程中形成的人与人之间的权利和义务关系，它具有合法性、体现意志性，并且存在于特定法律关系主体之间。因此，知识产权法律关系是指由知识产权法律规范所调整的，在知识产权产生、使用、保护、管理等活动中形成的，以权利义务为内容的社会关系。知识产权法律关系又可以分为：知识产权民事法律关系、知识产权行政法律关系和知识产权刑事法律关系。

一般法律关系都由主体、客体和内容三个要素构成，知识产权法律关系也不例外。

1. 知识产权法律关系主体

知识产权法律关系主体是指参加知识产权法律关系，并在其中享有权利和承担义务的人，包括自然人、法人和其他组织。

知识产权法律关系主体要参与法律关系，取决于是否有民事权利能力和民事行为能力。在此，知识产权法律关系主体的权利能力与一般民事关系主体相比最特殊的地方在于主体死亡后权利仍可存在一段时间。著作权法中规定的保护期限除作者终生外还要加上死后 50 年，

---

① Article 1 of Directive Harmonizing the Term of Protection for Copyright and Other Related Rights, No. 93/9, [1993]OJ L209/0.

这是最典型的反映。其根本原因在于智力成果中体现的就是主体人格的创造性和智慧性，这种保护应该是长久的，这又被称为"死后人身权"。当然，既然主体已经死亡，其权利的行使只能由其继承人来进行。除了民事权利能力，知识产权法律关系主体的行为能力也没有一般行为能力中完全、限制和无行为能力的规定，只要主体进行了知识产权上的活动，就可以成为知识产权法律关系主体。

2. 知识产权法律关系客体

知识产权法律关系客体即指知识产权法律关系主体的权利和义务指向的对象。相对而言，"知识产品"的表达较为可取，它较好地反映了知识产权法律关系客体的实质①。

3. 知识产权法律关系内容

知识产权法律关系内容是指知识产权法律关系主体具体所享有的权利和应当承担的义务。权利和义务通过知识产权中人身关系和财产关系体现出来。例如，著作权中规定的著作权人所享有的发表权、署名权等都是人身权利；相应地，著作权人对作品的发行权、复制权等则属于财产权利。而著作权法中对于作品可以进行合理使用的规定又对著作权人行使权利提出了义务的规制。

四、知识产权制度的沿革及在当代的发展

人类的文明与进步离不开创造性的智力活动，但在生产力水平低下的原始社会和奴隶社会，智力成果对物质生产的影响还不突出。到了封建社会，统治者御赐特权属于知识产权制度的萌芽阶段。进入资本主义社会后，商品经济的高度发展使得知识产权制度逐步形成。英国1623年颁布的《垄断法》、1709年颁布的《安娜女王法》，法国1857年制定的《关于以使用原则和不审查原则为内容的制造标记和商标的法律》，标志着知识产权法律制度的开端。

19世纪末期，主要资本主义国家纷纷进入垄断资本主义阶段，知识产权国际保护的要求日益强烈，于是有关知识产权的国际公约、双边协定应运而生。进入20世纪后，随着世界各国科技、经济等领域的交流与合作的不断扩大，知识产权国际保护又迈上了新台阶。目前，知识产权国际保护已经成为全球性的重要课题，除各国国内法对知识产权制定法律规范外，许多国家都参加了相关知识产权国际条约，或缔结双边协定，知识产权保护范围在增大，并呈现出国内保护与国际保护的双重特性。

展望未来，在科学技术迅猛发展、全球性市场体系日渐形成的情况下，知识产权与各国国际政治和经贸的关系愈加密切。同时，对于技术革命所带来的知识产权国际保护的新命题，世界各国必将加强国际协调，知识产权国际化趋势会逐步增强。

五、中国知识产权法律制度

1. 我国历史上对知识产权制度的贡献

中国是四大发明的发源地，但我国在保护智力成果方面起步很晚，因为在漫长的封建社会中自给自足的小农经济占据统治地位，没有形成知识产权保护制度的土壤。但我国历史上确实存在把智力成果视为某种财产权的实例。例如，由于印刷技术的发展，宋代已有许多对作品

① 冯晓青、杨利华主编：《知识产权法学》，中国大百科全书出版社2005年版，第12页。

复制专有权保护的记载。南宋王充《东都事略》的牌记所记载的“眉山程舍人宅刊行，已申上可，不许复版”，实为世界上最早的著作权保护声明①。除此以外，宋代的《方舆胜览》、《丛桂毛诗集解》等古籍中都明白地记载着当时“禁止翻版”、“不许复版”的地方政府榜文，并规定权利人拥有“陈告、追人、毁版”等权利。不过，这些规定充其量算是智力成果保护的雏形，近代我国才有比较系统的知识产权立法。

1840 年以后，中国在与帝国主义国家签订的某些条约中就有保护知识产权的内容。在清末，政府先后颁布《商标注册试办章程》《大清著作权律》等法律规范，建立了中国近现代第一批知识产权保护法律。此后，北洋政府和南京国民政府也相继出台了一些保护知识产权的法律法规。

2. 中华人民共和国知识产权立法

党的十一届三中全会以来，我国开始重视对知识产权的保护，中华人民共和国的知识产权制度已逐渐完备。

1982 年 8 月 23 日，五届全国人大常委会第二十四次会议通过了《中华人民共和国商标法》，于 1983 年 3 月 1 日实施。2001 年 10 月 27 日，九届全国人大常委会第二十四次会议再次通过《关于修改〈商标法〉的决定》，新的《商标法》于 2001 年 12 月 1 日起施行。

1984 年 3 月 12 日，六届全国人大常委会第四次会议通过了《中华人民共和国专利法》，于 1985 年 4 月 1 日起实施。2000 年 8 月 25 日，九届全国人大常委会第十七次会议再次通过《关于修改〈专利法〉的决定》，新的《专利法》于 2001 年 7 月 1 日起施行。

1990 年 9 月 7 日，七届全国人大常委会第十五次会议通过了《中华人民共和国著作权法》，于 1991 年 6 月 1 日起实施。2001 年 10 月 27 日，九届全国人大常委会第二十四次会议通过《关于修改〈著作权法〉的决定》，新的《著作权法》自公布之日起施行。

为保证以上法律的顺利实施，国务院还制定并颁布了若干行政法规，如《著作权法实施条例》《商标法实施条例》《计算机软件保护条例》《知识产权海关保护条例》《音像制品管理条例》《实施国际著作权条约的规定》等。

与此同时，我国还积极加入保护知识产权国际组织和相关公约，并成为《与贸易有关的知识产权协议》(TRIPS)成员。

通过以上法律法规的实施与不断修订，标志着我国知识产权的保护立法已基本完成。相应的知识产权法律体系也已基本建立。

3. 我国知识产权法的法律渊源

法律渊源即法的表现形式，就是指知识产权法是通过哪些法律规范体现出来。目前，主要有以下几种：

(1)宪法

宪法是国家的根本大法，《中华人民共和国宪法》第 20、22、47 条对发展我国自然科学和社会科学、保护创造性智力成果做出原则性规定。

(2)法律

由全国人大及其常委会制定的基本法律是知识产权制度最主要的法律渊源。除了上述

---

① Xiaoqing Feng, Lihua Yang, Frank Huang Xianfeng, Awakening of A Sleeping Dragon: The Evolution of Chinese Copyright Conception, 51 Journal of the Copyright Society of the USA 615—644 (2004).

《著作权法》《商标法》《专利法》等法律外，民法、刑法、行政法、诉讼法中涉及知识产权的规定也对保护知识产权进行了补充。

(3)行政法规

上述国务院出台的所有的知识产权的行政法规、规定和命令等都是国家知识产权主管部门执行知识产权法的重要工具。

(4)国际条约、双边协定等国际渊源

这些条约和协定构成我国知识产权保护的特殊渊源。

4. 我国知识产权的范围

随着科学技术的发展和社会的进步，知识产权的外延不断扩展。根据我国所参加的Trips协议等国际公约和我国《民法通则》《著作权法》等法律法规的规定，概括起来，我国知识产权的范围主要包括以下几项：

(1)著作权。著作权又称版权，是指文学、艺术和科学作品的作者及其相关主体依法对作品所享有的人身权利和财产权利。

(2)商标权。即商标注册人或权利继受人在法定期限内对注册商标依法享有的权利。

(3)专利权。即自然人、法人或其他组织依法对发明、实用新型和外观设计在一定期限内享有的独占实施权。

(4)商业秘密权。即权利人对属于商业秘密的技术信息或经营信息享有的专有权利。

(5)商号权。即商事主体对商号在一定地域范围内依法享有的独占使用权。

(6)植物新品种权。即完成育种的单位或个人对其授权的品种依法享有的排他使用权。

(7)集成电路布图设计权。即自然人、法人或其他组织依法对集成电路布图设计享有的专有权。

(8)其他一些权利。如域名权、数据库权利、地理标志权等能否成为独立的知识产权，在学术界仍旧存在较大争议，因此现阶段不宜归入知识产权的保护范围。

5. 我国知识产权行政保护体系

知识产权行政保护是指知识产权行政管理机关运用行政的手段调解处理知识产权纠纷，制裁侵权行为。它不是司法保护的必经程序，也不能替代司法程序，如果当事人对行政处理不服的，仍旧可以通过司法途径去解决纠纷。

目前，我国知识产权行政组织及其职能可以做如下划分①：

(1)国家知识产权局。它是在原国家专利局基础上设立的国务院主管专利工作和统筹协调涉外知识产权事宜的直属机构。其职责主要有两大方面：关于专利工作和知识产权涉外事宜。

(2)国家版权局。它是国务院著作权行政管理部门，主管全国的著作权管理工作，包括全国软件著作权登记管理工作。

(3)国家工商行政管理总局。它是我国负责执行反不正当竞争的主管机关，其商标局是主管全国商标注册和管理的职能部门。

(4)地方知识产权行政管理机关。主要负责地方知识产权管理。

---

① 冯晓青、杨利华主编：《知识产权法学》，中国大百科全书出版社2005年版，第54～56页。

(5)中华人民共和国海关。海关保护是对传统知识产权保护的重要补充。海关保护可以阻止侵权产品进入国内,从而切实维护权利人的利益。我国《海关知识产权保护条例》规定了实施海关知识产权的基本制度、原则与实施程序。

第二节 国际技术转让

一、国际技术转让概述

(一)技术、技术转让、国际技术转让的含义

1. 技术的含义

在不同历史时期,在不同的国家里,技术的含义各有不同。例如,在现代西方,技术一词的英文是 Technology,由 Techne 与 Logos 两个希腊文合成而来。Techne 的含义是制造某种东西的技能或手艺,Logos 的含义是对某物的认识、了解或讨论[①]。1987 年《大不列颠百科全书》将技术的含义所具有的时代特性描述为:"当 Technology 于 17 世纪在英国首次出现时,仅指各种应用技艺。到了 20 世纪初,技术的含义逐渐扩大,涉及工具、机器及其使用方法和过程。到 20 世纪后半期,技术被定义为'人类改变或控制客观环境的手段或活动'。[②]"

迄今为止,在国际知识产权界有关"技术"比较全面和完整的定义是世界知识产权组织于 1977 年在《供发展中国家使用的许可贸易手册》中规定的:"技术是一种制造一种产品的系统知识,所采用的一种工艺或提供的一项服务,不论这种知识是否反映在一项发明、一项外形设计、一项实用新型或者一种植物新品种,或者反映在技术情报或技能中,或者反映在专家为设计、安装、开办或维修一个工厂或为管理一个工商业企业或其活动而提供的服务或协助等方面。"根据这个定义,技术应从广义上来理解,即技术包括如下三部分:制造产品的系统知识、一种工艺的系统知识、提供的服务的系统知识。

2. 技术转让的含义

技术转让一词在英文中表达为:Transfer of Technology。关于技术转让的含义,各国法学界、实务界存有较大分歧。目前公认的比较完整和全面的定义是 1985 年联合国贸易与发展会议在其起草的《国际技术转让行动守则》(草案)中给出的:"在本守则中,技术转让指转让关于制造一项产品、应用一项工艺或提供一项服务的系统知识,但不包括只涉及货物出售或只涉及货物出租的交易。"这一定义表明技术转让所包括的范围是十分广泛的,但也规定技术转让必须含有技术的内容,如单纯货物的买卖或租赁则不属于技术转让范畴。

3. 国际技术转让的含义

一般而言,国际技术转让是指技术供应方将技术越过国境转让给技术取得方的行为。但在《国际技术转让行动守则》(草案)起草过程中,许多发展中国家提出:如果双方当事人定居于或设立于同一个国家,只要一方当事人为外国实体的分公司、子公司、附属公司或在其他方式下直接或间接地由外国实体控制,而且供方所转让的技术并不是在取得方所在国研究出来的,

---

① 郑成思:《知识产权与国际贸易》,人民出版社 1995 年版,第 400 页。

② 刘颖、邓瑞平:《国际经济法》,中信出版社 2003 年版,第 237 页。

此项技术转让也应被认为属于国际技术转让。实际上，区分一项技术转让是否属于国际技术转让的意义在于不同性质的技术转让所适用的法律不同，要分别适用国际法或国内法。发展中国家的国内法往往对于技术转让的规定与国际公约的规定不尽相同。

（二）国际技术转让的特点

1. 以无形的技术知识作为转让的对象

这是国际技术转让最明显的特点。这类技术知识有些受到工业产权法保护，如专利权和商标权等；有些不受工业产权法保护，如专有技术（Know How）。在技术转让实践中，往往既包括知识的转让，同时还有作为转让组成部分的机器、设备的买卖。但如前所述，一项国际技术转让必须包含有技术的内容，否则仅仅机器设备买卖不归技术转让法律调整，而归属于一般国际货物买卖。

2. 转让内容是技术的使用权而非所有权

在国际货物买卖中，买方通过合同交易最终取得货物的所有权，而在技术转让中，技术取得方所取得的只是技术的使用权，技术的所有权仍为技术供应方所拥有。而且按照法律规定，技术的使用权还可以多次转让，这又与单纯的货物买卖大不相同。

3. 国际技术转让易受政府严格管理

一般国际货物买卖适用合同法和买卖法的相关规定即可。但世界各国均规定对于技术转让协议除适用合同法原则外，同时适用技术转让法律的特殊限制。这是因为技术转让不仅仅涉及两个企业的利益，它还同一国的发展战略和国民经济的发展密切相关，并且直接关系国家利益。总的来说，发达国家注重对技术出口的管理，发展中国家侧重技术进口的管理。发达国家对技术出口进行管理是为了保持本国先进技术的优势地位，防止具有战略意义的技术转让至他国。发展中国家对技术进口进行管理是担心本国企业科技力量薄弱，受到技术强国的压制和强迫。

（三）国际技术转让的标的

1. 专利

专利权是一国政府主管部门根据申请人的申请，进行审查后授予发明创造人或合法申请人在一定期限内对其发明创造享有的独占的权利，未经权利人许可，他人不得使用该专利。专利分为发明、实用新型和外观设计专利权。

2. 商标

商标是用来区分商品生产者和经营者的特殊标记。商标权是指商标所有人在法律确认后对商标所享有的专有使用权。对于商标权的取得，世界上有三种做法：

(1)使用原则，即按使用商标的时间先后确认商标权归属；

(2)注册原则，即按申请注册的先后时间次序确定商标权的归属；

(3)使用与注册相结合原则，即使用与注册互相补充。

在上述三种做法中，大多数国家采用注册原则①。

3. 计算机软件

1991年6月4日，我国国务院发布的《计算机软件保护条例》第2条规定：计算机软件是

---

① 余劲松、吴志攀主编：《国际经济法》(第二版)，北京大学出版社、高等教育出版社2005年版，第120页。

指计算机程序及其有关文档。其中,计算机程序是指为了得到某种结果而可以由计算机等具有信息处理能力的装置执行的代码化指令序列,或者可被自动转换成代码化指令序列的符号化指令序列或者符号化语句序列,包括源程序和目标程序。文档是指用自然语言或者形式化语言所编写的文字资料和图表,用来描述程序的内容、组成、设计、功能规格、开发情况、测试结果及使用方法,如程序设计说明书、流程图、用户手册等。目前,用版权法来保护计算机软件成为世界范围内的主要发展趋势,而且计算机软件相对其他产品来说更容易被盗用和复制,因此所有权人在转让技术时需要订立一些特殊保护条款。

4. 专有技术

专有技术也称技术诀窍、技术秘密,指未公开的、未取得工业产权法律保护的制造某产品或者应用于某项工艺以及产品设计、工艺流程、配方、质量控制和管理等方面的技术知识。其共同特征有以下几点:广泛性、秘密性、实用性、可转让性、一定的创新性和较难获取性、同时拥有性、非专利性。

（四）国际技术转让的内容

根据《国际技术转让行动守则》(草案)第一章的规定,国际技术转让具体包括以下几方面内容:

(1)各种形式工业产权的转让、出售和授予许可,但不包括在技术转让交易中的商标,服务标志和商品名称除外;

(2)以可行性研究、计划、图表、模型、说明、手册、公式、基本或详细工程设计、培训方案和设备、技术咨询服务和管理人员服务以及人员训练等方式,提供的诀窍和技术知识;

(3)提供关于工厂和设备的安装、操作和运用以及交钥匙项目所需的技术知识;

(4)提供关于取得、安装和使用以购买、租借或其他方法得到的机器、设备、中间货物和(或)原料所需的技术知识;

(5)提供工业和技术合作安排的技术内容。

（五）国际技术转让的形式

国际间技术转让都是通过一定方式进行。经过长期实践摸索,已经逐渐形成以下几种形式:

(1)单纯引进技术知识,如专利或商标许可使用协议等,或者技术提供方为取得方提供服务或咨询以达到预定目标。

(2)引进技术知识与购买成套设备相结合。即在引进先进技术的同时,因可能不具备利用先进技术直接生产产品的情况,所以再购买含有转让技术要素的关键设备或生产线。

(3)引进技术知识与合作生产和经营相结合。例如,在成立中外合资经营企业时,外国合资者会以机器设备、先进技术作为出资。

(4)其他方式。实践中,将技术转让与服务、咨询、成套设备的购买、合作经营和生产相结合的国际工程承包,即是一种新型国际技术转让形式。

二、国际技术转让中的国际保护

随着世界经济全球化程度的增强,国际间的技术转让迅猛发展,但时至今日仍缺乏一套调整国际技术转让的国际行为准则。尤其是发展中国家在引进技术时很大程度上受到发达国家垄断企业所左右，受到了不合理的压制。在发展中国家的强烈建议下，联合国大会第六次特别会议于 1974 年 5 月 1 日正式通过一项决议，决定着手起草一项关于国际技术转让的行动守则。1975 年 9 月联合国大会又通过决议指定贸易与发展会议负责这一行动守则的起草工作。贸发会议根据联大决议成立专家组具体起草行动守则。经过两年多酝酿，各国专家分别提出自己的草案大纲，其中包括发展中国家七十七国集团、西方发达国家(B 组)、苏联东欧集团(D 组)和蒙古等所提出的草案。1978 年专家组汇总各方面意见后，形成《国际技术转让行动守则》(草案)，正式提交联合国贸发会议讨论。由于涉及各方的利益，讨论中各国意见不一、分歧颇大，这项行动守则至今尚未获得通过。但如果此项行动守则一旦通过生效，作为具体调整国际技术转让的国际公约，势必对我国以及世界各国的技术转让工作带来重大影响，因此，这里将介绍其主要内容。

(一)目标与原则

《国际技术转让行动守则》(草案)在序言中明确了行动守则制定的背景及宗旨，并在其后的第二章中具体确定了其目标和原则。

1. 目标

制定普遍、平等的标准，作为技术转让交易当事各方间和有关各国政府间的关系的基础，考虑到它们的合法利益，适当地承认发展中国家实现其经济社会发展目标的特殊需要。

促进当事各方间及其政府间的互相信任。

鼓励在交易当事各方的谈判地位均衡、任何一方不滥用其优势地位的条件下进行技术转让交易，特别是涉及发展中国家的技术转让交易，从而达成彼此满意的协定。

促进和增加技术资料(特别是关于代用技术资料)的国际交流，作为所有国家特别是发展中国家评价、选择、更改、发展和使用技术的先决条件。

促进和增加有产权和无产权的技术的国际交流，加强所有国家特别是发展中国家的科技能力的增长，使它们更多地参与全世界的生产和贸易。

更多利用技术去认明和解决所有国家特别是发展中国家的社会和经济问题，包括发展它们的国民经济基本部门。

制定国际准则，以利拟订、通过和执行关于技术转让的国家政策、法律和规章。

就所转让技术的各种要素提供资料，例如提供对交易进行技术、体制和财务评价所需的资料，以便于做出适当的分项转让安排，避免不适当或不必要的成套转让。

详细列明技术转让交易当事各方应避免采用的限制性商业惯例。

考虑到技术转让交易当事各方的合法利益以及它们谈判地位的强弱，为它们拟订一套适当的责任和义务规定。

2. 原则

本行动守则有以下普遍适用的原则：

各国有权采取一切促进和管制技术转让的适当措施，其方式应符合其国际义务，考虑到所有有关当事方的合法利益，同时鼓励按照彼此同意的公平合理的条件进行技术转让。

促进和管制技术转让交易时应确认下述原则：各国的主权和政治独立(尤其包括对外政策和国家安全的需要)，各国主权平等。

各国应在国际技术转让中进行合作，以促进全世界尤其是发展中国家的经济增长。各种技术转让合作不应考虑政治、经济和社会制度有何差异。这是维护国际和平与安全、促进国际经济稳定发展、增进各国的一般福利及促进不因此种差异而加以歧视的国际合作的重要因素之一。本守则的任何规定均不得解释为损及或贬低联合国宪章的条款或根据联合国宪章采取的行动。不言而喻,转让技术时应遵照本守则的有关规定,给予发展中国家特殊待遇。

技术转让交易当事各方的责任,必须与不作为当事方的国家政府的责任明确划分。

技术供方和受方必须互相得益,以便维持和增加技术的国际交流。

促进和增加以彼此同意的公平合理条件取得技术的机会,特别是发展中国家的这种机会,是技术转让和技术发展过程的基本要素。

确认国家法律给予工业产权的保护。

技术供方在技术受方国家里经营时,应尊重该国的主权和法律,适当地考虑到该国所宣布的发展政策和优先次序,努力为技术受方国家的发展做出实际贡献。当事各方在彼此接受的条件下从事谈判、签订、执行技术转让协定的自由,应建立在尊重本守则规定的上述原则和其他原则的基础上。

(二)国家对技术转让交易的管制

《国际技术转让行动守则》(草案)规定各国有权制订和修改有关国际技术转让关系的法律、规章和政策。但在制订和修改时应按照公认的法律程序和本守则的原则及目标,公平合理、一视同仁地适用于所有当事方。法律规章应明确规定,并可以随时公开查阅。与主管行政机构的决定有关的资料,也应在适当范围内广为传播。同时,每个国家在制订有关保护工业产权的法规时,应考虑到本国的经济和社会发展需要,并应保证其国家法律授予的工业产权及其国家法律确认的其他有关权利得到有效的保护。

(三)当事各方的责任和义务

《国际技术转让行动守则》(草案)规定当事方的责任和义务适用于谈判与合同两个阶段。“当事各方在谈判和缔结技术转让协定时,应按照本章的规定,配合当事各方、特别是技术受方国家的经济和社会发展目标。当事各方并应在谈判、缔结和执行技术转让协定时,遵守公道、诚实的商业惯例,同时应考虑到个别的具体情况并应确认某些情况,特别是技术的发展阶段,当事各方的经济和技术能力、交易的性质和类别,如当事各方之间正在进行的或持续进行的任何技术交流。”

在谈判阶段,应尽可能利用当地可得资源,包括在有关工作方面使用由可能的技术受方指派和提供的受过充分培训的或合适的当地人员,以及使用由技术受方指明并提供的当地可得的材料、技术、技艺、顾问和工程服务以及其他资源;明确规定对所转让技术的引用和操作提供技术服务;根据可能受方提出的要求,供方应在实际可行的范围内就所转让技术的各个环节提供资料,以便做出充分的分项转让安排;当事各方在谈判技术转让协定时,应遵守公道、诚实的商业惯例,应本着诚意进行谈判,以便及时达成含有公平合理的商业条款的协定,包括关于支付许可证费、特许权使用费和其他报酬等的协议;应遵守法律义务或合同义务,将得自对方的一切机密资料予以保密;如果在谈判期间,任何一方认为无法达成满意的协定,可停止谈判。

在合同阶段,规定彼此都可以接受的合同义务,包括关于付款的义务在内。适当时,还包括下列规定:

(1)改进部分的获得:在一定期间或协定有效期间内,可获得按协定所转让技术的改进部分；

(2)机密性；

(3)争端的解决和适用的法律；

(4)技术规格：技术供方担保，其技术符合技术转让协定所列的规格；

(5)适用性：技术供方担保，其技术如果遵照供方按协定提供的具体的操作规则使用，可适用于当事各方所议定和协定所规定的货物制造或提供服务；

(6)对被转让技术的权利：技术供方声明，在签署协定之日，供方绝不知道按协定规定的用法使用技术会侵害第三方的有效专利权或类似的发明保障；

(7)质量和商誉：如果协定包括使用供方的商标、商品名称或类似的商誉标志，技术受方承诺，维持议定的质量；双方并承诺避免采取旨在或故意损害另一方商誉或名声的行动；

(8)性能担保：规定供方已同意担保的技术性能标准，包括规定达到这些标准的要求，详细说明如何确定性能是否已达标准，以及说明性能不达标准的后果；

(9)提供文件：供方承诺，为协定直接规定的特定目的应提供的有关技术文件和其他数据，将按照协议正确地、完整地及时提供；

(10)训练人员，提供附件、备件和部件：遵照谈判的结果，适当地提供人员训练，供给附件、备件和部件；

(11)赔偿责任：规定任一方因不履行技术转让协定所规定责任而应负的赔偿责任，包括损失、损坏或伤害的问题。

(四)对发展中国家的特殊待遇

《国际技术转让行动守则》(草案)指出，为了加强国际交流合作，发达国家有义务采取必要措施帮助发展中国家实现科技和社会经济发展目标，从而在草案中规定技术转让活动中发展中国家应得到的特殊待遇，包括：采取合理措施方便发展中国家取得所需技术资料；在国际协作方面给予发展中国家以帮助，培养其本国技术人员；通过有关国际组织进行技术交流，采取措施减轻技术成本；鼓励企业间的技术合作以促进发展中国家的技术进步。

(五)国际协作

《国际技术转让行动守则》(草案)要求世界各国承认，各国政府、各政府间机构、联合国系统内各组织和机构，包括本守则规定的国际性机构，彼此间有必要进行适当的国际协作，以期在考虑到本守则的目标和原则下，促进更多的国际技术交流，加强世界所有国家的技术能力，并促使行动守则得到有效执行。

(六)国际性机构

《国际技术转让行动守则》(草案)要求建立专门的国际性机构负责审议行动守则的法律约束力，并对其职责及工作内容进行了设定。草案同时还对这一专门的国际性机构做出权力限制：该国际性机构在执行其职责时，既不起法院作用，也不能以其他方式对各国政府或各个当事方就某一项技术转让交易进行的活动或行为做出裁决。当某一项交易的当事方发生争端时，该国际性机构应避免卷入。

(七)适用的法律和争端的解决

因为谈判过程中各个集团在有关问题上存在严重分歧，一直未能就适用法律条款、解决争端的途径等问题取得一致，因此《国际技术转让行动守则》(草案)将各个集团提出的建议案都收入在附录之中。

三、我国技术转让的立法与实践

作为发展中国家，我国技术转让工作起步较晚，而且在刚起步阶段，片面注重引进成套设备，忽视对技术本身的引进。随着全球经济一体化和我国经济、科技的发展，我国逐渐开始注重技术进出口工作。经过多年努力，我国的技术转让方面的立法已初具规模。

我国有关技术转让方面的法规主要是国务院1985年5月24日发布的《中华人民共和国技术引进合同管理条例》、1988年1月20日经国务院批准由对外经济贸易部发布的《中华人民共和国技术引进合同管理条例施行细则》和2001年通过并于2002年1月1日施行的《中华人民共和国技术进出口管理条例》。

1. 适用范围

根据《中华人民共和国技术引进合同管理条例》的规定，该条例适用于中华人民共和国境内的公司、企业、团体或个人(以下简称受方)，通过贸易或经济技术合作的途径，从中华人民共和国境外的公司、企业、团体或个人(以下简称供方)获得技术，其中包括：专利权或其他工业产权的转让或许可；以图纸、技术资料、技术规范等形式提供的工艺流程、配方、产品设计、质量控制以及管理等方面的专有技术；技术服务。

2. 对引进技术的要求

引进的技术必须先进适用，并且应当符合下列一项以上的要求：能发展和生产新产品；能提高产品质量和性能，降低生产成本，节约能源或材料；有利于充分利用本国的资源；能扩大产品出口，增加外汇收入；有利于环境保护；有利于安全生产；有利于改善经营管理；有助于提高科学技术水平。

3. 双方当事人的权利义务

(1)供方的主要义务

供方应当保证所提供的技术或者文件资料完整、准确、有效，能够达到合同规定的技术目标。技术文件交付的时间应当符合受方工程的计划进度要求；供方应当保证自己是所提供技术的合法拥有者，或者保证自己有权转让或者许可该项技术。受方使用转让或者许可的技术生产或者销售产品如被第三方指控侵权，应当由供方负责应诉；如被第三方指控的侵权成立，受方的经济损失由供方负责赔偿；供方应当按照中华人民共和国税法的规定纳税。

(2)受方的主要义务

受方应当按照合同的规定支付技术的价款或报酬；对供方提供或者传授的专有技术和有关技术资料，受方应当按照合同约定的范围和期限承担保密义务。保密期限一般不得超过合同有效期限，因特殊情况需要超过合同有效期的，应当在合同中订明，并在申请办理审批手续时申明理由。在受方承担保密义务期限内，由于非受方原因技术被公开，受方承担的保密义务即行终止。合同规定供方在合同有效期内向受方提供其发明和改进技术的，受方可以在合同期满后继续承担保密义务，保密期限自供方提供该项技术之日起计算，但该期限不得超过原合同规定的期限。

第三节　国际许可协议

一、国际许可协议的定义和特征

（一）国际许可协议的定义

国际许可协议，又称为国际许可证协议或许可合同（License Agreement），是指知识产权的所有人作为许可方（输出方），通过与被许可方（引进方）签订许可合同，将其所拥有的知识产权授予被许可方，允许被许可方按照合同约定的条件使用该项知识产权，制造或销售合同产品，并由被许可方支付一定数额的知识产权使用费的知识产权转让行为。它是国际知识产权转让主要和基本的形式，是平等当事方之间的一种授权协议，而非代表法律所赋予某个当事人为某种行为的资格[①]。

（二）国际许可协议的特征

1. 国际许可协议的主体是许可方和被许可方

因为是国际许可协议，所以带有跨越国境的性质，在绝大多数情况下输出方和引进方的营业地处于不同国家。但是，由于技术转让交易本身的复杂性，在有些情况下，技术并不一定跨越国境。例如，在跨国公司的母公司以间接转让为目的向其子公司转让技术而子公司再将技术转让给本国公司的情况下，第二次转让并未跨越国境。有些国家的法律规定，在这种情况下，即使技术供方与技术受方的营业地处在同一国家，它们之间订立的协议仍属于国际技术转让协议[②]。

2. 国际许可协议的客体具有无形性

在本章第一节中已经提及知识产权作为智力成果的无形性。国际许可协议中，输出方需向引进方交付图纸、文件等相关技术资料，但要明确的是这些有形物本身并不是技术转让交易的对象或客体，这些图纸、文件内所包含的知识内容才是技术转让交易真正的标的。

3. 国际许可协议形式多样、内容复杂

大多数国际许可协议属于混合协议，主要包括技术许可协议、技术服务协议、补偿贸易、合作生产、咨询服务及国际工程承包协议等。当事人之间采取何种协议方式要依据技术转让的性质来决定。

4. 国际许可协议具有长期性

一般货物买卖随着货物的交付和接受而告完成，技术转让中输出方除交付图纸、文件等必要资料外，有时还要提供指导与服务，而且由于技术这种商品的特殊性所决定，它要经过较长的期限才能实现其价值。因此，国际许可协议一般都是长期合同，履行期限大多在5年以上。

5. 国际许可协议的正式性

与一般技术合同相比，国际许可协议涉及面广，因为其具有国际性，不但要遵守国际公约，还要同时受到一国国内合同法、专利法、商标法、海关法等法律法规的调整和管辖。国际许可

---

① 王传丽主编：《国际技术贸易法》，中国政法大学2004年版，第232页。

② 姚梅镇主编：《国际经济法概论》（修订版），武汉大学出版社1989年版，2001年修订，第186页。

协议对技术输出国和技术输入国的国民经济和社会发展关系重大，因此许多国家都要求国际许可协议必须经过有关部门批准方可生效，同时实行登记管理。

（三）国际许可协议的种类

国际许可协议根据不同分类标准可以分成不同种类，一般来说，有以下三种分类方式：

1. 根据许可的范围和程度的不同，目前国际上有两大类许可协议①：现行技术许可协议，即许可方只同意把签订合同时它已有的知识产权给被许可方使用，合同不涉及今后它再开发的或改进的技术问题；现行及未来技术许可协议，即在合同中注明，在合同有效期内，许可方在某一限定范围内将新开发的或改进的技术，应和现行技术一样提供给被许可方，这是获得动态发展技术的一种有效方法。

2. 根据许可方授予被许可方技术使用权的内容和范围的大小及是否有限制，可以分为以下几种：

（1）独占许可合同，是指许可方授予对方在合同规定的某一地区内和合同有效期间，对许可项下的技术享有独自占有和使用、制造和销售相关产品的权利。在签订这种协议的情况下，不论任何第三者还是许可方都不得在该许可证有效期内，在该地区内使用该项技术制造或销售产品，尽管工业产权属于许可方。此合同可使受让方以合同项下技术产品垄断市场，故售价较高。

（2）排他许可合同，又称独家许可证，是指被许可方按合同约定的某地区或在合同有效期内，对许可证项下的技术享有独占的使用权，许可方在合同期间排除任何第三者拥有使用权，但许可方自己仍可在该地区使用该项技术制造或销售产品。由于被许可方通过该合同所获得的该技术的使用权利比独占许可证要小，因此其技术使用报酬比独占许可低。

（3）普通许可合同，其主要特点是，第三方可以没有限制地取得许可证项下的技术使用权，因此它是指除了合同双方在约定地区内，对许可项下的技术享有使用权外，许可方还有权将该合同许可项下的技术使用权再卖给第三者。该许可证的价格一般要比前两种低。

（4）可转让的许可合同，也称从属许可，不同于前三种，被许可方可以将许可项下的技术使用权或商标使用权再转让给第三人。其再转让的前提是经原售证人的同意，或在原许可合同中有明确规定。被转让的第三人亦称分售许可人。

（5）交换许可证，又称互换许可合同或交叉许可合同，是指双方可以按价值对等的技术，交叉取得双方的技术使用权、制造权和销售权。它一般是在合作生产等条件下才使用，因此说来，交换许可更多的是一种合作关系，而非单纯买卖。

3. 根据国际许可协议转让的客体不同，可分为专利技术、商标使用、计算机软件、专有技术和混合许可合同等几大类：

（1）专利许可证合同。这类协议的目的是许可使用专利保护的发明。

（2）商标许可证合同，即以商标使用权作为合同的标的。在国际许可协议中，商标许可协议包含一定技术贸易内容，假冒商标，一般都不能达到原商标的质量标准。

（3）专有技术许可证合同。实践中，专有技术在很多情况下被采用。所以在引进专利技术的同时，一起引进专有技术，但其实技术专利人往往保留了关键性的技术。凭专利公开的说明

---

① 王传丽主编：《国际技术贸易法》，中国政法大学出版社2004年版，第233～234页。

书，并不能使采用该技术的人顺利使用。所以只有引进专有技术，才能真正把生产需要的各项先进技术、经验和知识引进来，达到预期目的。

(4)计算机软件使用许可合同，是指软件所有人与用户就转让软件使用权而达成的协议。它包括两种方式：使用许可合同和生产许可合同。由于计算机软件的特殊性质，合同中一般也包含某些特殊的条款，如：对软件包的功能叙述，对软件环境和软件性能的说明，对软件环境的叙述以及软件生产支持和检验验收条款等①。

(5)混合许可合同，是指包含以上技术转让许可标的两项以上的合同。应当指出，在国际许可协议中最常见的就是这种混合许可合同。

二、国际许可协议的主要内容

国际许可协议是许可方与被许可方订立的合同，是确定当事人双方权利和义务的依据。在国际技术转让过程中一旦发生分歧或争议，也需要根据合同规定条款来解决。因为它的内容负责，涉及面广，因此往往由律师或专业人员起草。而且它的条款随技术转让标的的不同也存在差异。一般情况下，国际许可协议包括以下内容：

(一)序言

序言是国际许可协议的开头部分，它包括协议的名称、双方当事人的名称、法律单位和法定地址、签约日期和地点等。如果序言中条款与国际许可协议的具体条款发生抵触，通常以许可协议的规定为准。

序言需要写清楚许可协议的名称，这就反映了许可协议的性质、主要特点。双方当事人的法定地址则对于诉讼和仲裁有重要意义。签约地点能够决定诉讼或仲裁应适用何国法律的问题。因为法院或仲裁机构一般依照国际私法原则选择适用协议签订地国家的法律来解决争议。

(二)关键词语的定义

基于双方当事人来自不同国家、有着不同的语言和文化传统，因此在签订协议时需对协议中所使用的重要名词术语做出明确规定，以避免在协议履行过程中双方当事人发生分歧。

(三)转让技术的名称、范围和具体内容

协议中要确定所转让的技术的具体内容、所适用的领域以及相关的技术资料。例如，若是专利许可协议，则需订明授予的是哪几项专利，并注明许可人何时、何地取得此项专利，使被许可人确定专利是否还有效。

(四)许可授权条款

它主要规定许可协议的种类：是独占许可还是普通许可等；许可授权的范围是否包括使用权、制造权和销售权；合同的有效地域，即被许可方享有合同所规定的各项权利的区域范围。

(五)许可协议的支付方式

协议的价格是整份协议的核心，是当事人双方必须反复磋商的最重要和最复杂的问题。国际许可协议中计价的方式通常有②：

1. 统包价格，即在签订国际许可协议时，一次算清各项技术项目所应支付的费用，由双方

① 陈绍蓉：《国际技术转让法理论与实践》，人民出版社 1997 年版，第 165 页。

② 陈安主编：《国际经济法学》(第三版)，北京大学出版社 2004 年版，第 262～263 页。

当事人确定一个固定的金额，并在合同中明确加以规定。这种计价支付方式一般适用于非尖端的技术转让，而且往往是不要求供方继续提供有关技术改进情报和技术援助的情况下采用的。

2. 提成价格，即在项目建成投产后，按合同产品的产量、净销售额或利润提取一定百分比的费用，作为技术转让的酬金，这种百分比就叫提成率。提成分为固定提成和浮动提成两种，此外还有最低提成和最高提成。采用提成支付的计价方式，就要明确规定提成率、提成期限。如果采用浮动提成支付的作价方式，还应规定供方可以核查受方有关账目的条款。

3. 固定与提成相结合的价格，即将合同价格分为固定和浮动两部分。固定部分通常叫初付费或入门费，是在合同生效后立即支付。浮动部分是指项目投产后按规定在一定年限内支付的提成费。这种计价方式在国际上使用较广。

（六）技术资料交付、技术援助、技术改进条款

国际许可协议应规定许可方向被许可方交付相关图纸、文件资料的具体时间、地点、方式。因为被许可方往往是技术落后的一方，如果只依据图纸或其他技术资料难以掌握受让的技术，因此许可方应提供技术服务和技术培训。技术都处在不断完善和进步的过程中，许可方和被许可方需事先约定好技术改进的成果应归属何方所有，以及双方是否有互换技术改进成果的义务等。

（七）保密条款

保密条款主要是指专有技术的转让中，许可人要求被许可人承担保密义务；否则，一旦泄露，将给许可人造成巨大损失。

（八）违约及其补救条款

如果一方当事人在签订协议后不按约定履行或不完全履行，违约一方应当承担责任。

（九）争议的解决和法律适用条款

协议中应当规定协议所适用的法律。一般来说，双方当事人都希望选择适用自己国家的法律，因此，在技术转让中当事人最难达成一致意见，在这种情况下一般依据国际私法中冲突规范来指引适用某一国家法律。

（十）不可抗力条款

不可抗力条款一般应当包括：不可抗力事故的范围；发生不可抗力时应当采取的措施；确定不可抗力事故所引起的法律后果。

（十一）协议的生效、有效期、终止、满期及延期等

国际许可协议应当分别确定签字日期和生效日期，这是因为有的协议只有在签订后一定期间内呈报政府主管部门批准后才能生效。协议还应当规定一个有效期限，长短可由当事人双方协商确定，一般不超过十年。在协议期限届满时，如果双方当事人协商同意，可以适当予以延长。许可协议期满是指所规定的期限如期届满，而终止包含两种情况：除了如期届满以外，也可能在如期届满之前（如一方违约）而告终止。

以上介绍的是国际许可协议的一些主要条款。因为许可协议的内容复杂多变，还会因为需转让的技术的性质、谈判双方地位的变化而有所不同，因此当遇到国际许可协议时要具体情况具体分析。

三、国际许可协议与限制性商业条款

限制性商业条款又称限制性商业惯例，是进行技术转让许可活动中经常遇到、带有普遍性的问题。1980 年 12 月联合国大会第 35 届会议通过的《一套多边协定的控制限制性商业惯例的公平原则和规则》对限制性商业惯例所下的定义为："限制性商业惯例是指企业的下述行动和行为：通过滥用或谋取市场力量的支配地位，限制进入市场或以其他方式不适当地限制竞争，对国际贸易特别是对发展中国家的国际贸易及其经济发展造成或可能造成不利影响；或通过企业之间的正式或非正式、书面或非书面的协定或其他安排造成了同样的影响的一切行动或行为。"

关于"限制性商业惯例"的解释，发达国家与发展中国家存在普遍分歧。英、法、日、美等发达国家认为，凡构成或导致市场垄断、妨碍自由竞争的做法都属于限制性商业行为；发展中国家则认为，限制性商业行为不仅包括构成或导致市场垄断、妨碍自由竞争的做法，而且本身并不直接导致垄断或削弱竞争，但显然不利于技术接受方经济和技术发展的做法，也应认为属于限制性商业行为。

现在绝大多数国际许可协议中都包含限制性商业惯例的条款。究竟哪些算是"限制性商业惯例"，有关国际公约以及我国法律法规都有所规定。

（一）国际公约：《国际技术转让行动守则》（草案）

草案首先明确了国际技术转让中限制性商业惯例的含义："转让方滥用其优势地位在转让过程中附加不合理条件，限制技术受让方进入市场或者以其他方式限制竞争，对受让方造成不利影响的商业做法。"其后，在谈判各方反复磋商基本达成一致的情况下，将 14 种限制性商业条款列入草案中加以管制：单方面的回授条款；对技术有效性不允许提出异议；独家经营；对研究和发展的限制；对使用人员方面的限制；限定价格；对技术更改的限制；包销协定或独家代理协定；附带条件的安排；出口限制；共享专利或互授许可协定以及其他安排；对宣传的限制；工业产权期满后的付款和其他义务；在技术转让期满后的限制。

（二）我国的规定：《中华人民共和国技术引进合同管理条例》《中华人民共和国技术进出口管理条例》

1985 年的《中华人民共和国技术引进合同管理条例》明确列举了技术转让合同不得含有下列九项限制性条款：要求受方接受同技术引进无关的附带条件，包括购买不需要的技术、技术服务、原材料、设备或产品；限制受方自由选择从不同来源购买原材料、零部件或设备；限制受方发展和改进所引进的技术；限制受方从其他来源获得类似技术或与之竞争的同类技术；双方交换改进技术的条件不对等；限制受方利用引进的技术生产产品的数量、品种或销售价格；不合理地限制受方的销售渠道或出口市场；禁止受方在合同期满后，继续使用引进的技术；要求受方为不使用的或失效的专利支付报酬或承担义务。

2002 年施行的《中华人民共和国技术进出口管理条例》再次规定，技术进口合同中，不得含有下列限制性条款：要求受让人接受并非技术进口必不可少的附带条件，包括购买非必需的技术、原材料、产品、设备或者服务；要求受让人为专利权有效期限届满或者专利被宣布无效的技术支付使用费或者承担相关义务；限制受让人改进让与人提供的技术或者限制受让人使用所改进的技术；限制受让人从其他来源获得与让与人提供的技术类似的技术或者与其竞争的技术；不合理地限制受让人购买原材料、零部件、产品或者设备的渠道或者来源；不合理地限制受让人产品的生产数量、品种或者销售价格；不合理地限制受让人利用进口的技术生产产品的出口渠道。

第四节 知识产权的国际保护

一、知识产权国际保护概述

从一般意义上讲，知识产权国际保护就是一国对来自外国的知识产权实行的保护。总体上说，知识产权国际保护方式大致有单方保护、互惠保护、双边条约保护和多边保护四种。单方保护是一国单方面对外国知识产权实行保护；互惠保护是指对外国知识产权的保护以该外国保护本国知识产权为条件，实行互惠对等原则。这两种方式的保护在实践中已不多见。另外，虽然世界许多国家之间签订了双边条约，但因实施地域范围的限制，对其他国家产生的影响也有限①。因此，多边国际公约保护是知识产权国际保护最重要的途径。

迄今为止，知识产权多边国际公约主要包括以下几类：

（一）设立知识产权国际保护的政府间组织签订的公约

这是指1967年于瑞典斯德哥尔摩签订、1970年生效的《建立世界知识产权组织公约》。1980年3月3日，我国向世界知识产权组织（WIPO）递交了加入书，同年6月3日生效，中国成为世界知识产权组织的第90个成员国。

（二）规定著作权保护的国际公约

这类公约包括：1886年签订、1887年生效的《保护文学艺术作品伯尔尼公约》，1952年签署、1955年生效的《世界版权公约》，1961年签署、1964年生效的《保护表演者、录音制品制作者和广播组织罗马公约》，1971年签署、1973年生效的《保护录音制品制作者防止未经授权复制其录音制品日内瓦公约》等。除《保护表演者、录音制品制作者和广播组织罗马公约》外，我国均已加入上述公约。

（三）关于工业产权保护的国际公约

这类公约主要包括：1883年缔结、1884年生效的《保护工业产权巴黎公约》，1891年缔结、1892年生效的《商标国际注册马德里协定》，1957年签订、1961年生效的《为商标注册目的而使用的商品或服务的国际分类尼斯协定》，1961年签署、1968年生效的《国际植物新品种公约》，1968年签订、1971年生效的《建立工业品外观设计权国际分类洛迦诺协定》，1971年签订、1975年生效的《国际专利分类斯特拉斯堡协定》，1977年缔结、1980年生效的《国际承认用于专利程序的微生物保存布达佩斯条约》等。我国均已加入上述国际公约。

（四）国际贸易产生的知识产权国际保护协议

该协议即1994年签署、1995年1月1日生效的《与贸易有关的知识产权协议》（TRIPS）。相比以往国际公约，TRIPS扩大了知识产权客体的保护范围，并且通过对知识产权执法措施、

---

① 万鄂湘主编：《国际知识产权法》，湖北人民出版社2001年版，第12页。

透明度以及 WTO 成员间知识产权争端的解决做出明确规定的方式,加强了该协议对各成员国的约束力。

在诸多知识产权相关国际公约中,影响和约束力最大的是《与贸易有关的知识产权协议》(TRIPS)、《保护文学艺术作品伯尔尼公约》和《保护工业产权巴黎公约》。

二、《与贸易有关的知识产权协议》(TRIPS)

《与贸易有关的知识产权协议》(Agreement on Trade-Related Aspects of Intellectual Property Rights,TRIPS)是关贸总协定乌拉圭回合谈判的 21 个最后文件之一,1994 年由各国代表在摩洛哥的马拉喀什签订,并于 1995 年 1 月 1 日生效。

TRIPS 全文共 73 条,由 7 个部分组成,它的规定涉及知识产权的取得、效力、使用、效力范围等方面。

TRIPS 前言部分包括各成员方就该协议达成的共识:明确其缔约的目的在于促进对知识产权有效和充分的保护;通过促进知识产权的保护以减少国际贸易中的障碍;明确知识产权制度的公共政策目的是促进经济发展和技术进步;强调通过多边程序解决与贸易有关的知识产权问题争端等。

(一)普遍义务

TRIPS 第 1 条第 1 款规定:"成员均应使本协议的规定生效。"这一规定明确了该协议的各项规定均应为成员方知识产权国内立法的最低标准。但为了使发展中国家和最不发达国家在实施 TRIPS 前有准备的时间,TRIPS 第六部分"过渡协议"对此做出特殊规定:任何成员均无义务在"建立世界贸易组织协议"生效之日后一年内适用本协议的规定;任何发展中成员均有权在规定的一年时间之外再延迟四年适用本协议;正在从中央计划经济向市场自由企业经济转轨以及正进行其知识产权制度的体制改革并面临知识产权法的准备及实施的特殊问题的任何其他成员,也可享受总共延迟五年的延期适用;如果某发展中成员按照本协议有义务将产品专利的保护扩大到适用本协议之日前在其他领域内不受保护的技术领域,则其在该技术领域适用本协议第二部分关于专利保护的规定可再延迟五年,即总共可延迟十年适用本协议。

(二)基本原则

TRIPS 主要规定了两种基本原则,即国民待遇和最惠国待遇。

国民待遇原则的基本含义是:除《巴黎公约》1967 年文本、《伯尔尼公约》1971 年文本、《罗马公约》及《集成电路知识产权条约》已规定的例外,各成员在知识产权保护上,对其他成员的国民提供的待遇,不得低于其本国国民。

最惠国待遇的基本含义是:在知识产权保护上,某一成员提供其他国国民的任何利益、优惠、特权或豁免,均应立即无条件地适用于全体其他成员之国民。

在规定最惠国待遇的同时,也有例外:由一般性司法协助及法律实施的国际协定引申出且并非专为保护知识产权的;《伯尔尼公约》1971 年文本或《罗马公约》所允许的不按国民待遇而按互惠原则提供的;本协议中未加规定的表演者权、录音制品制作者权及广播组织权;"建立世界贸易组织协议"生效之前业已生效的知识产权保护国际协议中产生的,且已将该协议通知"与贸易有关的知识产权理事会",并对其他成员之国民不构成随意的或不公平的歧视。

(三)成员保护知识产权的义务范围

TRIPS 在第二部分详细界定了知识产权的保护范围和标准,这是它的核心内容。

1. 版权与有关权

在明确与《伯尔尼公约》关系的同时对其进行了补充：在知识产权客体方面，将无论以源代码或以目标代码表达的计算机程序和内容的选择或安排构成智力创作的数据汇编纳入保护范围；规定至少对于计算机程序及电影作品，成员应授权其作者或作者之合法继承人许可或禁止将其享有版权的作品元件或复制件向公众进行商业性出租；除摄影作品或实用艺术作品外，适当延长了某些作品的保护期。

2. 商标

TRIPS 首先对商标给出明确定义："任何能够将一企业的商品或服务与其他企业的商品或服务区分开的标记或标记组合。"同时，与《巴黎公约》相比，Trips 加大了对驰名商标的特殊保护。

3. 地理标志

与商标一样，TRIPS 也是先对地理标志下了定义："本协议的地理标志，系指下列标志：其标示出某商品来源于某成员地域内，或来源于该地域中的某地区或某地方，该商品的特定质量、信誉或其他特征，主要与该地来源相关联。"其后，TRIPS 还补充规定了对葡萄酒与白酒地理标志的特殊保护。

4. 工业品外观设计

TRIPS 要求各成员对独立创作的、具有新颖性或原创性的工业品外观设计提供保护。但 TRIPS 也允许成员对工业品外观设计的保护规定有例外，只要在顾及第三方合法利益前提下，该例外并未与受保护设计的正常利用不合理地冲突，也未不合理地损害受保护设计所有人的合法利益。

5. 专利

对于可受专利保护的客体，TRIPS 规定：一切技术领域中的任何发明，无论产品发明或方法发明，只要其新颖、含创造性并可付诸工业应用，均应有可能获得专利，而且获得专利及享有专利权，不得因发明地点不同、技术领域不同及产品系进口或系本地制造之不同而给予歧视。与《巴黎公约》相比，TRIPS 扩大了权利的内容，如增加了专利进口权、提供销售权等，要求成员将对方法专利的保护延及依该方法直接获得的产品。

6. 集成电路布图设计(拓扑图)

对集成电路布图设计专门立法实行知识产权保护，肇始于美国 1984 年的《半导体芯片保护法》，此后于 1989 年在世界知识产权组织主持下缔结了《关于集成电路知识产权条约》。相比《关于集成电路知识产权条约》，TRIPS 扩大了保护范围，将《关于集成电路知识产权条约》8 年的保护期延长到 10 年，并且对善意侵权做出规定。

7. 未披露过的信息

TRIPS 规定未披露的信息要想得到保护，必须符合下列三个条件：

第一，在一定意义上，其属于秘密，就是说，该信息作为整体或作为其中内容的确切组合，并非通常从事有关该信息工作之领域的人们所普遍了解或容易获得的；

第二，因其属于秘密而具有商业价值；

第三，合法控制该信息之人，为保密已经根据有关情况采取了合理措施。

8. 协议许可证中对限制竞争行为的控制

TRIPS 规定各成员可以立法具体说明在特定场合可能构成对知识产权的滥用，并可以在与本协议的其他规定一致的前提下，采取适当措施防止或控制这类活动。

(四)知识产权协议实施的具体措施

具体措施部分涉及：总义务、民事与行政程序及救济、临时措施、有关边境措施的专门要求、刑事程序等。这些具体措施的出台使得各成员对于本协议的执行力度加大，也使本协议的实体规定能够切实发挥作用。

(五)知识产权的获得与维持

各成员可以要求把符合合理程序及符合合理形式作为获得或维持知识产权的条件，但这些程序及形式应与本协议的规定一致。

(六)争端的防止与解决

TRIPS 对于争端解决的一个首创就是提出了“透明度”原则。它规定：“各成员所实施的、与本协议内容有关的法律、条例，以及普遍适用的终审司法判决和终局行政裁决，均应以该国文字颁布；如果在实践中无颁布的可能，则应以该国文字使公众能够获得，以使各成员政府及权利持有人知悉。一方成员的政府或政府代理机构与任何地方政府或政府代理机构之间生效的与本协议内容有关的各种协议，也应予颁布。”

(七)过渡协议、机构安排、最后条款

除上面提到的延长适用 TRIPS 以外，TRIPS 在最后对相关事项进行了总结和概括。

三、《保护文学艺术作品伯尔尼公约》

《保护文学艺术作品伯尔尼公约》(以下简称《伯尔尼公约》)是著作权领域第一个世界性多边国际公约，在国际著作权保护中影响最大，处于主导地位。《伯尔尼公约》于 1886 年 9 月在瑞士伯尔尼首签，其后历经 8 次修订，1971 年形成的巴黎文本成为最多成员国采用的文本。

(一)基本原则

国民待遇原则、自动保护原则、独立保护原则是《伯尔尼公约》的基本原则。

1. 国民待遇原则

享受国民待遇的主体包括：具有本联盟成员国国民身份的作者，无论其作品是否已出版；非本联盟成员国国民的作者，其作品系首次于某一成员国出版，或在某成员国及某非成员国同时出版，只要作品于三十天内在两个或两个以上国家先后首次出版，视为同时在多国出版。

2. 自动保护原则

该原则是指权利人享有及行使权利，无须经过任何手续。

3. 独立保护原则

这是指权利人享有及行使权利，不依赖于作品在来源国受到的保护，也不受其他成员国保护情况的影响。

(二)主要内容

1. 受保护的作品

《伯尔尼公约》对受保护的“文学艺术作品”给出定义：“包括文学、科学和艺术领域内的一切作品，而不问其表现形式或表现方式如何。”同时还详细列举了多种作品形式。

2. 著作权的内容

《伯尔尼公约》赋予权利人以精神权利和经济权利。对于精神权利,《伯尔尼公约》规定:“不依赖于作者的经济权利,乃至在经济权利转让之后,作者均有权声明自己系作品的原作者,并有权反对任何对其作品的歪曲、篡改或其他更改,或对其作品作有损作者声誉的贬抑。”对于经济权利,《伯尔尼公约》主要规定了以下八种权利:翻译权、复制权、公开表演权、广播权、公开朗诵权、改编权、录制音乐作品的权利、电影摄制权。

3. 著作权的保护期限

《伯尔尼公约》第7条针对不同作品做出了不同规定:一般为作者有生之年加死后50年;电影作品,为作品公开放映后50年,如果作品完成后50年内未公开放映,则保护期为作品完成后50年;匿名或假名作品,为公众合法获得作品后50年;摄影作品及实用艺术品,各国法律可以自行规定保护期限,但该保护期至少应维持到作品完成之后25年;共同作品中作者死后的日期应以共同作者中最后去世的作者为准。

(三)《伯尔尼公约》的追溯力

《伯尔尼公约》第18条规定:“本公约适用于在其生效之日在起源国尚未因保护期届满而进入公有领域的一切作品,直至作品的保护期届满为止。”也就是说,一个国家对其加入公约之前已经进入该国公共领域的作品,只要在加入《伯尔尼公约》时该作品在来源国仍然受到保护,该国就有对作品进行保护的义务。

(四)对《伯尔尼公约》的保留

《伯尔尼公约》第33条规定:“两个或两个以上本联盟成员国之间,如果对本公约的解释或适用有争议而不能协商解决时,除有关国家同意以其他途径解决外,均可以根据国际法院的规约,提交国际法院解决。”但同时也规定:“任何国家均可以在签署本文本或提交批准书或加入书时,声明其不受上款的约束,上款的规定即不复适用于该国与本联盟其他成员国之间的争议。”正是基于此规定,中国在加入《伯尔尼公约》时就声明保留了该条款。

四、《保护工业产权巴黎公约》

《保护工业产权巴黎公约》(以下简称《巴黎公约》)是知识产权领域第一个世界性的多边国际公约,也是现今保护工业产权最主要的公约。《巴黎公约》于1883年3月在法国巴黎缔结,1884年7月正式生效。缔结后,《巴黎公约》先后进行了六次修改,目前绝大多数国家适用的都是1967年在瑞典斯德哥尔摩会议通过的最后一次修订本。

(一)工业产权的范围

《巴黎公约》规定:“工业产权的保护以发明专利、实用新型、工业品式样、商标、服务商标、商店名称、产地标记或原产地名称以及制止不正当的竞争作为对象”。“工业产权应作广义的解释,不仅适用于工业和商业本身,也适用于农业和采掘业以及一切制造品或天然产品,例如酒类、谷物、烟叶、水果、牲畜、矿产品、矿泉水、啤酒、花卉和面粉”。“发明专利包括本同盟成员国法律规定的各种工业专利,如进口专利、改进专利、附加专利和证书等。”

(二)《巴黎公约》的基本原则

《巴黎公约》的基本原则主要包括:国民待遇原则、优先权原则、临时保护原则和独立性原则。

1. 国民待遇原则

享有国民待遇的主体包括《巴黎公约》缔约成员国的国民，但“非本同盟成员国国民，在一个本同盟成员国的领土内有永久住所或有真实的、有效的工商营业所者，应享有与本同盟成员国国民同样的待遇。”此外，《巴黎公约》在第 2 条第一款中规定：“本公约所特别规定的权利不得遭受任何损害”，即外国人除可以享受国民待遇外，还有权享受《巴黎公约》在最低保护标准中所特别规定的权利。

2. 优先权原则

《巴黎公约》第 4 条规定：已在一个本同盟成员国正式提出过一项发明专利、一项实用新型、一项工业品式样或一项商标注册的申请人或其权利继承人，在规定期限内(对于发明专利和实用新型为十二个月，对于工业品式样和商标为六个月)在其他本同盟成员国提出同样申请时享有优先权。

3. 临时保护原则

《巴黎公约》第 11 条规定：“本同盟成员国应按其本国法律对在任一本同盟成员国领土上举办的官方的或经官方认可的国际展览会展出的商品中可以取得专利的发明、实用新型、工业品式样和商标，给予临时保护。”

4. 专利商标保护的独立性原则

《巴黎公约》规定，关于外国人的专利申请或商标注册，应由各成员国根据本国法律独立做出决定，不应受原属国或其他任何国家就该申请做出的决定的影响。

(三)《巴黎公约》对成员国知识产权保护的最低要求

《巴黎公约》规定最为全面的是对专利权和商标权的保护要求。

1. 对专利权保护的最低标准

《巴黎公约》主要从以下几个方面对成员国专利权的保护提出限定：专利的独立性，发明人的署名权，法律禁止销售产品的专利性，进口不导致专利失效，方法专利权人对某些进口产品的权利，防止滥用专利权的强制许可制度，国际交通工具上的专利权的限制，国际展览会上展示的发明的临时保护等。

2. 对商标权的最低标准

《巴黎公约》对商标权国际保护的最低标准涉及商标注册、转让等诸多问题。主要包括：

(1)对驰名商标的特殊保护，即：“一个商标如构成对经注册国或使用国主管机关认为是属一个享有本公约保护的人所有，用于相同或类似商品上已在该国驰名的商标的伪造、模仿或翻译，易于造成混淆，本同盟成员国都要按其本国法律允许的职权，或应有关当事人的请求，拒绝或取消注册，并禁止使用。这些规定也适用于主要部分显系伪造或模仿另一驰名商标易于造成混淆的商标。”

(2)对商标转让的特别规定，即：“如依照一个本同盟成员国的法律，商标的转让只有连同该商标所属的厂商或牌号同时转让方为有效，则只需将该厂商或牌号在该国的部分连同在该国制造和销售带有被转让的商标的商品的专用权一起转让给受让人，就足以认可其有效”。“上述规定并不强使本同盟成员国承认商标转让的效力，如果受让人使用该商标事实上会引起公众对带有该商标的商品的来源、性质或其品质有所误解的话。”

本章小结

1.1967年在瑞典斯德哥尔摩签订的《成立世界知识产权组织公约》第2条划定以下权利为“知识产权”：文学、艺术和科学作品；表演艺术家、录音和广播的演出；在人类一切活动领域内的发明；科学发现；外形设计；商标、服务标记、商号名称和牌号；制止不正当竞争；在工业、科学、文学或艺术领域内其他一切来自知识活动的权利。

2. 知识产权法是指确认知识产权的所有权、行使和管理知识产权，保护其不受侵犯等活动中所产生的社会关系的法律规范的总称。知识产权的特征包括无形性、专有性、地域性、时间性。

3. 近代我国才有比较系统的知识产权立法。党的十一届三中全会以来，我国开始重视对知识产权的保护。经历了探索的过程，中华人民共和国的知识产权制度已逐渐完备。我国知识产权法的法律渊源是：宪法，法律，行政法规，国际条约、双边协定等国际渊源。概括起来，我国知识产权的范围主要包括以下几项：著作权，商标权，专利权，商业秘密权，商号权，植物新品种权，集成电路布图设计权。

4. 如果双方当事人定居于或设立于同一个国家，只要一方当事人为外国实体的分公司、子公司、附属公司或在其他方式下直接或间接地由外国实体控制，而且供方所转让的技术并不是在取得方所在国研究出来的，此项技术转让也应被认为属于国际技术转让。《国际技术转让行动守则》（草案）的内容包括：目标和原则，国家对技术转让交易的管制，当事各方的责任和义务，对发展中国家的特殊待遇，国际协作，国际性机构，适用的法律和争端的解决。

5. 国际许可协议，又称为国际许可证协议或许可合同，是指知识产权的所有人作为许可方（输出方），通过与被许可方（引进方）签订许可合同，将其所拥有的知识产权授予被许可方，允许被许可方按照合同约定的条件使用该项知识产权，制造或销售合同产品，并由被许可方支付一定数额的知识产权使用费的知识产权转让行为。国际许可协议根据不同分类标准可以分成不同种类，大致可以分成三种。

6. 限制性商业条款是指企业的下述行动和行为：通过滥用或谋取市场力量的支配地位，限制进入市场或以其他方式不适当地限制竞争，对国际贸易特别是对发展中国家的国际贸易及其经济发展造成或可能造成不利影响；通过企业之间的正式或非正式、书面或非书面的协定或其他安排造成了同样的影响的一切行动或行为。国际公约和我国分别对限制性商业条款做出了列举性规定。

7. 从一般意义上讲，知识产权国际保护就是一国对来自外国的知识产权实行的保护。总体上说，知识产权国际保护方式大致有：单方保护、互惠保护、双边条约保护和多边保护四种。在诸多知识产权相关国际公约中，影响和约束力最大的是《与贸易有关的知识产权协议》（TRIPS）、《保护文学艺术作品伯尔尼公约》和《保护工业产权巴黎公约》。

案例分析

美国一食品公司（A公司）与另一食品公司（B公司）签订一项技术转让合同，合同规定B公司允许A公司经营其快餐食品，并向其传授经营管理技术诀窍，还允许使用其商标和商号。

但合同同时规定，A公司必须购买B公司一定数量的炊具、餐具及调味料等作为交换条件，而这些商品的价格高于同类商品的一般市场价格。A公司于是起诉，指控B公司有搭售行为。

问题：1. 何谓“技术转让”？本案中该合同是否合法有效？

2. 什么叫“搭售行为”？在此次转让合同中B公司行为是否违法？如违法，违反了何种规定？

3. 如果你是法官，应当如何处理？

练习与思考

一、名词解释

知识产权，知识产权法，知识产权法律关系，技术转让，国际技术转让，国际许可协议，限制性商业条款。

二、简述题

1. 简述知识产权的特征。
2. 简述中国知识产权法律制度。
3. 简述国际技术转让的特点。
4. 简述国际技术转让的标的和形式。
5. 简述《国际技术转让行动守则》(草案)的主要内容。
6. 简述国际许可协议的特征。
7. 简述国际许可协议的种类。
8. 简述国际许可协议的主要内容。
9. 简述限制性商业条款的具体内容。
10. 简述《TRIPS》《伯尔尼公约》《巴黎公约》的内容。

第十章

国际商事纠纷解决

本章要点

- ADR、调解、商事调解
- 仲裁的定义、分类和特点
- 国际商事仲裁的概念、法律框架及仲裁机构
- 仲裁协议的概念、特点和内容
- 仲裁协议的有效要件
- 国际商事仲裁程序
- 国际商事仲裁裁决的承认和执行

第一节　国际商事纠纷解决概述

纠纷解决是通过特定的方式和程序、解决纠纷和冲突、恢复社会平衡和秩序的活动与过程，其基本功能是解决纠纷。传统上，商事纠纷的解决机制有四种：协商或谈判、调解、仲裁、诉讼。第一种是没有第三者参加的当事人自主解决纠纷的方式，后三种是在第三者参加甚至主持下解决纠纷的方式。广义上，协商、调解、仲裁都属于替代性纠纷解决方式（Alternative Dispute Resolution，ADR）的范畴；而狭义上，ADR 仅包括协商和调解，而调解与前者的不同主要在于中立第三者介入纠纷解决的活动和程序。

近年来，在仲裁成为解决国际商事纠纷主要法律方式的同时，越来越多的当事人尝试选择通过调解方式解决国际商事纠纷。随着专业性的商事调解机构和专家的大量涌现，国际商事调解受到了广泛欢迎。鉴于跨国诉讼的复杂性，多数当事人把调解作为最后的选择。本章将

主要从调解和仲裁机制的角度，探讨国际商事纠纷解决的问题。①

第二节 国际商事调解

一、国际商事调解的概念

（一）国际商事调解的内涵

调解是在中立第三者（调解机构或调解人）的协助下，通过调停、说和、劝导等方式，促使纠纷双方当事人在互谅互让的基础上达成和解协议从而解决纠纷的一种方式。在英语中，“调解”可以译为“mediation”，也可以使用“conciliation”，两者含义虽略有差异，但基本一致，可以通用。

国际商事调解是指在国际商事法律关系中，当事人自愿将他们之间已经发生或将要发生的具有国际性质的商事争议交由第三方居中协调，促使有关当事人在协商的基础上达成和解，从而使争议得以解决的方式。

1.“调解”的定义

根据联合国国际贸易法委员会《国际商事调解示范法》（UNCITRAL Model Law on International Commercial Conciliation，UNCITRAL Conciliation Model Law）的规定，“调解”系指当事人请求一名或多名第三人（“调解人”）协助他们设法友好解决其由于合同引起的或与合同的或其他的法律关系有关的争议的过程，而不论其称之为调解、调停或以类似含义的措词相称。调解人无权将解决争议的办法强加于当事人。

2.“商事”的定义

对于“商事”的含义，立法和实践中一般做广义解释。在国际商事法律中，有关国际组织或国家大多对“商事”一词采取广义的解释。例如，UNCITRAL Conciliation Model Law 沿用了《联合国国际商事仲裁示范法》（UNCITRAL Model Law on International Commercial Arbitration）对“商事”一词的注解。

“对‘商事’一词应做广义解释，使其包括不论是契约性或非契约性的一切商事性质的关系所引起的种种事情。商事性质的关系包括但不限于下列交易：供应或交换货物或服务的任何贸易交易；销售协议、商事代表或代理；保付代理；租赁；建造工厂；咨询；工程；许可证；投资；融资；银行；保险；开采协议或特许权；合营企业或其他形成的工业或商业合作；货物或旅客的航空、海上、铁路或公路运输。”

在我国，“商事”一词同样做比较广义的解释。根据我国加入 1958 年在纽约通过的《承认及执行外国仲裁裁决公约》（Convention on the Recognition and Enforcement of Foreign Arbitral Awards，the “New York” Convention）时所做的商事保留声明，所谓“商事”，包括货物买卖、财产租赁、工程承包、加工承揽、技术转让、合资经营、合作经营、勘探开发自然资源、保险、信贷、劳务、代理、咨询服务和海上、民用航空、铁路、公路的客货运输以及产品责任、环境污染、

① 张学森：《国际商法（中英文双语版）》（第二版），复旦大学出版社 2018 年版，第 286 页。

海上事故和所有权争议等，但不包括外国投资者与东道国政府之间的争端。①

3.“国际”的定义

一般而言，各国法律均给予国际商事调解与仲裁以更多的自由和较少的司法干预。然而，对于“国际”一词，各国国内立法和国际公约均未能做出一个明确的定义。联合国国际贸易法委员会 1985 年制定的国际商事仲裁示范法（UNCITRAL 示范法）第 1 条（3）款规定：“一项仲裁是国际性的，如果（A）仲裁协议双方当事人在签订该协议的时候，他们的营业地位于不同的国家；或者（B）下列地点之一位于双方当事人营业地共同所在的国家之外：（a）仲裁协议中或根据仲裁协议确定的仲裁地；（b）商事关系义务将要履行的主要部分的任何地点或争议的客体具有最密切联系的地点；或者（c）双方当事人已经明示约定仲裁协议的客体与一个以上的国家有联系。”

（二）商事调解的特征

调解已被公认为更灵活、更经济、更高效的替代性纠纷解决方式。与其他纠纷解决方式相比，调解具有当事人自愿性、第三人介入性、程序的灵活性、过程的经济性、结果的契约性五大特征。

1. 自愿性

当事人双方的自愿性贯穿于商事纠纷调解的整个过程中，这是调解机制的性质所决定的。从调解的整个过程来看，调解的启动、调解规则的适用、调解员的选定、调解程序的进行、和解协议的达成以及调解结果的履行等，都取决于当事人的自愿和合意。在商事调解中，调解员虽然介入纠纷解决过程中，并可以进行调停、说和、劝导、说服，促使当事人达成谅解，甚至可以提出解决争议的具体方案，但这一方案仅是一种建议而已，其是否被采用或参考，取决于当事人自己，调解员决不能把自己的意志强加于当事人。这也是调解与仲裁、诉讼的最大区别所在。

2. 介入性

一般而言，第三方的协助对于当事人之间纠纷的解决具有重要作用。与协商相比，调解的最大特点就是中立第三方介入纠纷解决活动，向争议双方当事人提供协助。由于商事纠纷中当事人之间往往存在较大分歧，如果没有第三方从中斡旋、调和，矛盾难以解决，而借助于有经验第三方的居中沟通、调停，创造和谐氛围，当事人则容易相互谦让、妥协，从而达成谅解，解决纠纷。当然，为获得当事人双方信任，第三方应该始终保持中立地位，做到独立和公正，不代表任何一方，也不偏向任何一方；否则，如果当事人产生对调解人的不信任，可能随时终止调解程序，从而不利于调解机制在商事纠纷解决中发挥应有的协助和促进作用。正因为如此，调解机构往往制定和实行调解人应当遵守的行为准则。

3. 灵活性

调解具有程序和过程上的灵活性。就程序而言，它无须遵循严格的程序，当事人可以根据纠纷特点、彼此关系及各自需要来选择适当的程序。因此，调解往往得以在一种非对抗性的、和谐的气氛中进行，争议双方可以自由阐述各自观点和意见。就过程而言，调解除依据现行法律法规外，还可依据各种社会规范来处理纠纷，如行业标准、地方惯例、乡规民约、伦理道德、公

① 最高人民法院：《关于执行我国加入的〈承认和执行外国仲裁裁决公约〉的通知》第 2 条，载《中华人民共和国最高人民法院公报》，1987 年第 2 号。

平原则等。

4. 经济性

相对于其他纠纷解决机制，调解机制具有节省人力、财力、物力和时间的优势，其经济性十分明显。这也是调解机制受到广泛欢迎的主要因素之一。

5. 契约性

调解协议相当于和解，具有契约性，但是否具有司法性(即是否具有强制执行力)则取决于具体调解机构的性质和各国的立法和实践。契约性是调解的本质属性，其贯穿于调解的整个过程：调解程序的启动、调解员的选任、调解规则的适用、调解协议的达成以及调解的终止等，都取决于当事人是否达成合意或契约。

(三)商事调解原则

商事调解工作必须在遵守相关法律法规的基础上，运用和谐仲裁文化与各种和谐的、可以利用的手段，为双方当事人寻求利益平衡点，将矛盾化解，把纠纷调和，以最大可能地达到案结事了的最优目的。在实际操作中，调解工作应遵循以下原则：

1. 当事人自愿原则

自愿原则是指在商事调解中，无论是调解活动的进行还是调解协议的形成，都要建立在当事人自愿的基础上。自愿原则既包括程序意义上的自愿，也包括实体意义上的自愿。而且，一个商事纠纷能不能用调解的方式解决，也是由双方当事人决定的。

2. 合法性原则

合法性原则是指商事调解在程序上要合法，形成的调解协议不得违反法律规定。这是严格依法办事原则在调解制度中的体现。调解虽然是说服教育双方当事人互谅互让以达成协议，但是一切调解活动都要限制在法律、政策允许的范围内，不得违法，也不得损害公共利益和他人利益。

3. 查明事实、分清是非原则

查明事实、分清是非原则是指商事调解必须在事实已经清楚、是非已经分清的基础上进行。实事求是是做好调解工作的一大法宝。它与“以事实为依据，以法律为准绳”这条商事纠纷必须遵循的基本原则是一脉相承的。

4. 互谅互让、友好协商原则

从商事纠纷当事人角度，为促进纠纷的及时有效解决，双方当事人一般能做到互谅互让、友好协商。这也是商事纠纷得以通过调解方式解决的前提和基础。

5. 保守商业秘密原则

对于保守商业秘密，联合国国际贸易法委员会《国际商事调解示范法》(UNCITRAL Conciliation Model Law)的规定具有重要参考价值，其主要内容如下：

其一，信息披露(第 8 条)：调解人收到一方当事人关于争议的信息时，可以向参与调解的任何其他方当事人披露该信息的实质内容。但是，一方当事人向调解人提供任何信息附有必须保密的特定条件的，该信息不得向参与调解的任何其他方当事人披露。

其二，保密(第 9 条)：除非当事人另有约定，与调解程序有关的一切信息均应保密，但按照法律要求或者为了履行或执行和解协议而披露信息的除外。

其三，证据在其他程序中的可采性(第 10 条)：

(1)调解程序的一方当事人或任何第三人,包括参与调解程序行政工作的人在内,不得在仲裁、司法或类似的程序中以下列事项作为依据、将之作为证据提出或提供证言或证据:(a)一方当事人关于参与调解程序的邀请,或者一方当事人曾经愿望参与调解程序的事实;(b)一方当事人在调解中对可能解决争议的办法所表示的意见或提出的建议;(c)一方当事人在调解程序过程中做出的陈述或承认;(d)调解人提出的建议;(e)一方当事人曾表示愿望接受调解人提出的和解建议的事实;(f)完全为了调解程序而准备的文件。

(2)不论本条第(1)款所述的信息或证据的形式如何,本条第(1)款均适用。

(3)仲裁庭、法院或政府其他主管当局不得下令披露本条第(1)款所述的信息。违反本条第(1)款提供这类信息作为证据的,该证据应当作为不可采纳处理,但按照法律要求或者为了履行或执行和解协议的,可以披露或者作为证据采纳这类信息。

(4)不论仲裁、司法或类似的程序与目前是或曾经是调解程序的标的事项的争议是否有关,本条第(1)款、第(2)款或者第(3)款的规定均适用。

(5)以本条第(1)款的限制为限,在仲裁或司法或类似程序中可予采纳的证据并不因其曾用于调解中而变成不可采纳。

二、商事调解的发展与优势

在西方国家,曾长期对调解这种方式存在质疑和排斥,因而诉讼与仲裁长期占据纠纷解决的主导地位。20 世纪 80 年代以来,情况发生了变化。以美、英等国为代表的国家,开始逐渐重视调解的作用,在商事调解的理论研究、实践操作、机构专业化建设以及相关法律、法规的制定、健全方面走在了世界前列。

(一)商事调解的发展

在国际商事争议解决领域,调解机构的调解业务开始不断增加,一些商事仲裁机构也开始更多地提供调解服务。在调解实践不断丰富的基础上,一些国际机构制定了越来越完善的调解规则,如我国的北京仲裁委员会于 2008 年 4 月 1 日起实行《北京仲裁委员会调解规则》;一些国家(如印度和日本)出台调解立法,对调解书的效力做出界定,使这些国家的调解具有司法特征。

引人注目的是,2002 年 11 月联合国大会通过了由联合国国际贸易法委员会(UNCITRAL)起草并提交的《国际商事调解示范法》。大会决议建议各国考虑到统一关于争议解决程序的法律的可取性和国际商事调解实践的具体需要,对该法的立法给予应有的考虑。发达国家在传统的商事调解模式基础上,为适应信息时代电子商务的迅速发展,开发了在线调解模式,充分利用现代高科技电子手段,大大提高了调解的效率,节约了当事人的商业成本。如意大利米兰商会仲裁院经过几年投入所开发的网上调解服务平台已日臻完善,为电子商务纠纷的解决提供一个更加快捷的途径。

(二)商事调解与其他调解之比较

1. 商事调解与仲裁调解

商事调解与仲裁调解具有密切的联系,如两者均属于社会救济方式,都是当事人通过和解、调解的方式结束纠纷等。但与仲裁调解相比,商事调解具有明显优势:

(1)商事调解由调解员主持。在仲裁调解中,调解由仲裁员主持,仲裁员同时担任仲裁与调解两项工作，调解成为仲裁过程中的一种手段与方式；而在商事调解中，调解由专门的调解员主持。虽然该调解员可能同时具备仲裁员资格，但在主持调解时，只能以调解员的角色处理案件，不得使用或表现出任何与仲裁相关的言辞和行为。

（2）可以避免仲裁调解的固有弊端。仲裁调解产生以来，其合理性、公正性一直受到质疑，而核心内容就是质疑一人同为仲裁与调解工作的公正性。由于调解员只负责调解，一旦调解失败则不再参与同一案件的仲裁程序，充分保障了调解的自愿性和仲裁机构的中立形象。

（3）调解完全独立于仲裁。在仲裁调解过程中，调解实际上是仲裁的一种辅助手段。一旦调解失败，则自动归于仲裁程序，调解依附于仲裁。而商事调解则不同，调解程序完全独立，调解失败的，独立调解程序即宣告结束。这更加有利于节省资源、提高效率。

2. 商事调解与人民调解

我国的人民调解是一种具有中国特色的纠纷解决方式。人民调解组织属于基层群众组织，调解员主要来自民间。与商事调解类似，人民调解在实现公平正义、化解矛盾纠纷等方面发挥了积极作用。然而，两者的区别也是显而易见的：

（1）调解范围很不一样。人民调解的范围主要限于民间纠纷，而商事调解则主要针对的是合同纠纷、财产纠纷等民事商事纠纷和经济纠纷。

（2）调解人员素质不同。商事调解机构中的调解员，一般为从事多年司法工作的专业人员，具有丰富的仲裁经验和调解经验，可以保证调解的质量和公正性。而人民调解中的调解员，则对专业素质要求较低。

（3）纠纷解决程度不同。基于调解主体的不同，商事调解与人民调解所产生的实际效果差别很大，对纠纷解决的彻底性不同。商事调解的调解员，基于丰富经验和专业知识，能够更好地在明晰纠纷双方权利义务基础上促使调解协议的达成，满足当事人的现实需求，因而和解协议履行率高、争议反复率低。

3. 商事调解与行业调解

行业调解是指行业性社会团体及其分支机构，设置行业调解委员会，对会员之间以及会员与非会员之间发生的、具有行业特点或者与行业活动有关的民事权利义务争议予以调解的行为和过程。其与商事调解的区别主要在于：

（1）调解范围不同。行业调解的范围一般限定在两个方面：其一，纠纷须发生在会员之间或者会员与非会员之间；其二，纠纷须具有行业特点或者与行业活动相关，因此其范围比较狭窄。而商事调解的范围较为广泛。

（2）社会价值不同。由于受案范围的差异，行业调解与商事调解在所能解决社会纠纷的总量上存在明显差异，因而它们的社会价值不同。

（3）机构定位不同。行业调解是社团内部设置、用以调解行业内部纠纷的机构，所以定位和角色上恐怕难以保持应有的独立性和中立性。而商事调解机构是独立于政府行政部门和行业社会团体的中立性组织，更易避免受到行业等社会因素的干扰。

4. 商事调解与法院调解

法院调解是指在人民法院审判人员的主持下，双方当事人通过自愿协商，达成协议，解决民事争议的活动和结案方式。法院调解在我国是广为人知的纠纷解决方式。商事调解与法院调解相比，主要特点在于：

(1)调解方式简便、灵活。法院主持的调解,是附属于法院裁判程序的。在启动法院调解程序之前,需要逐一经过起诉、受理、庭前准备、庭审等严格而漫长的诉讼程序,无疑增加了纠纷解决的成本,消耗了当事人更多的时间与精力;在商事调解过程中,当事人申请调解、选定调解员、参与调解的程序要求要简便得多,调解过程也更为灵活,充分体现了商事调解快速、高效解决纠纷的特点。

(2)有利于减轻法院调解压力。在我国目前纠纷解决的方式中,调解是广大人民群众较能接受的一种有效手段。而且,具有一定专业水平和权威性的调解是更为吸引人并且更令人信服的。商事调解在有效地解决社会纠纷的同时,也在一定程度上缓解了法院调解工作的压力。商事调解不但简便、灵活,而且具有很高的专业水准,能够保证调解的质量。因此,可以很好地实现社会纠纷的"分流",起到与法院调解较为接近的效果。

(3)更能体现当事人的自愿。无论是法院调解还是仲裁调解,调解程序都要附属于审判或者仲裁程序,其失败就意味着启动上述程序。因此,当事人难免在调解时有所顾虑,而不能充分体现调解的自愿性。审判人员或仲裁人员在最后做出判决、裁决时,也难免受到之前调解程序中信息和情绪上的影响,这对于当事人也是不利的。而商事调解的完全独立性使其有效避免了上述问题,能够真正体现和尊重当事人的自愿性。

三、中国的国际商事调解

成立于 1987 年的中国贸促会/中国国际商会调解中心(Mediation Center of China Council for the Promotion of International Trade/ China Chamber of International Commerce, CCPIT/CCOIC Mediation Center),是从事国际商事调解业务的非营利性中立组织,也是迄今为止我国唯一一家专门从事涉外商事调解的常设调解机构。

(一)中国国际商事调解概况

随着我国改革开放的不断深入和调解业务发展的需要,CCPIT/CCOIC Mediation Center 自 1992 年起陆续在各省、市、自治区及一些重要城市的贸促会分支机构设立调解中心,至今已有 41 家,形成了一个庞大的调解网络,为创建健康和谐的投资与经济环境发挥了积极的作用。

CCPIT/CCOIC Mediation Center 在商事调解的实践上,应当事人的现实需求,不断与时俱进,发展创新。根据中国国际经济贸易仲裁委员会仲裁规则第 40 条第 1 款的规定和中国贸促会/中国国际商会调解中心调解规则第 27 条的规定,双方合作形成了"调解与仲裁"相结合的理论和实践经验,被称为"东方经验"。

为适应商事调解国际化的发展趋势,CCPIT/CCOIC Mediation Center 重视并致力于与国际上先进的争议解决机构的交流与合作,摸索创造了中外联合调解合作模式。早在 1987 年,中国贸促会/中国国际商会调解中心就与设立在德国汉堡的北京—汉堡调解中心签署了合作协议,同时制定了北京—汉堡调解规则,供双方共同调解涉及中、德当事人的案件。此后,贸促会调解中心分别与纽约调解中心、阿根廷—中国调解中心签订了联合调解协议,共同制定了联合调解规则。

目前,CCPIT/CCOIC Mediation Center 与国际上十多个争议解决机构建立了良好的合作关系,形成了行之有效的案件转接机制和联合调解办案模式。中外机构的联合调解有利于发挥两国调节机构的各自资源优势,交流法律资料、调解经验,并提供便利的调解场所,以此消除当事人对不同文化背景和法律环境的调解员可能怀有的顾虑，为跨地区、跨国的经贸纠纷采用调解的方式解决争议搭建了便利之桥。

（二）中国国际商会调解中心的基本规则

1. 调解规则

中国贸促会/中国国际商会调解中心现行的《调解规则》(Mediation Rules)是2012年5月1日生效的版本。《调解规则》包括总则、组织、调解程序、附则四章，共计35条。其中，第三章调解程序有三节，分别对案件的受理、调解员的选（指）定和调解方式做出了具体规定。

2. 受案范围

中国国际商会调解中心以调解的方式，解决发生在商事、海事等领域的争议，包括当事人在贸易、投资、知识产权、房地产、物流、金融证券、保险等领域争议的调解。

调解中心受理下列争议案件：

(1)国际的或涉外的争议案件；

(2)涉及我国香港特别行政区、澳门特别行政区和台湾地区的争议案件；

(3)国内争议案件。

3. 示范调解条款

中国国际贸易促进委员会/中国国际商会调解中心的示范调解条款（调解协议）规定："本合同之各方当事人均愿将因本合同引起的或与本合同有关的任何争议，提交中国国际贸易促进委员会/中国国际商会调解中心，按照申请调解时该中心现行有效的调解规则进行调解。经调解后如达成和解协议，各方都要认真履行该和解协议所载之各项内容。"

（三）中国国际商会调解中心的调解程序

中国贸促会/中国国际商会调解中心《调解规则》第三章对其调解程序进行了专门规定。

1. 调解的申请与受理

(1)调解中心根据当事人在争议发生之前或者在争议发生之后达成的调解协议和任何一方、双方或多方当事人的申请受理案件。调解协议是指当事人在合同中订明的调解条款，或者以其他方式达成的同意以调解方式解决争议的协议。当事人之间没有调解协议、一方当事人申请调解的，调解中心也可以受理，并征求对方当事人的意见。

(2)凡当事人同意将争议提交调解中心进行调解的，均视为同意按照调解中心的调解规则进行调解，但当事人另有约定且调解中心同意的，从其约定。

(3)当事人向调解中心提出调解申请时，按下述要求办理：

A. 提交调解申请书（一式四份），其中应写明及/或提供：

a)申请人和被申请人的名称（姓名）和地址、邮政编码、电话、传真、电子邮件等；

b)调解所依据的调解协议；

c)争议事实、证据材料和调解请求；

d)其他应当写明的事项。

B. 如聘请代理人参与调解程序，应提交书面授权委托书。

C. 在调解中心调解员名册中，选定或委托调解中心代为指定一名调解员。

D. 如当事人在争议发生前或发生后达成调解协议或就以调解的方式解决争议达成一致，则由申请人及被申请人按照本规则所附调解收费表的规定分别预交调解费的50%。

E. 如申请人在提出调解申请时尚未与被申请人取得联系，或双方尚未就以调解的方式解决争议达成一致，则申请人在提交前述材料的同时按照本规则所附调解收费表的规定先预交调解费的50％。

(4)调解中心收到调解申请书及其附件后，经审查完毕，立即转送给被申请人一式一份。被申请人应在收到上述文件之日起15日内确认同意调解并在调解中心的调解员名册中选定或委托调解中心代为指定一名调解员，同时按照本规则所附调解收费表的规定预交调解费的50％。

(5)调解被申请人未在第14条规定的期限内确认同意调解的，视为拒绝调解；在规定期限届满后确认同意调解的，是否接受，由调解中心决定。

2. 调解员的选(指)定

(1)当事人应从调解中心调解员名册中选定调解员，当事人另有约定的除外。

(2)申请人和被申请人分别选定一名调解员，下列情形除外：

A. 当事人另有约定；

B. 当事人同意共同选定独任调解员调解案件的；

C. 调解中心认为增加指定一名首席调解员更有利于调解的。

(3)如当事人同意将争议交由独任调解员调解，当事人应在被申请人收到调解通知之日起15日内共同选定独任调解员。

(4)有下列情形之一的，由调解中心指定调解员：

A. 第17条第3款规定的情形；

B. 任何一方当事人在调解中心规定期限内未选定调解员；

C. 任何一方委托调解中心指定调解员。

(5)根据当事人的请求，调解中心可向其提供调解员的选任标准和相关调解员的职业、教育背景、工作经验、所受培训等情况。

(6)在接受当事人选定或调解中心指定时，调解员应保证履行调解员的职责，并披露可能影响其在该案件中担任调解员的独立性、公正性的情况。

(7)如任何被当事人选定或被调解中心指定的调解员因自身的原因无法继续履行调解员职责，当事人或调解中心应按前述有关条款的规定重新选定或指定调解员。

3. 调解方式

《调解规则》第三章第三节就调解方式规定如下：

(1)调解员可以采用其认为有利于当事人达成和解的方式对争议进行调解。这种方式包括但不限于：

A. 调解程序开始之后，调解员可以单独或同时会见当事人及其代理人进行调解；

B. 调解员单独会见一方当事人的，可向他方当事人通报单独会见的情况，当事人另有要求的除外；

C. 调解员可以对争议进行面对面的调解，也可以进行背对背的调解；

D. 在调解过程中，调解员可以要求当事人提出书面或口头的建议或方案；

E. 调解员可以根据具体案情，在征得当事人同意后，聘请有关专家就技术性问题提供咨询建议或鉴定意见；

F. 调解员可以要求当事人提交补充材料；

G. 在调解过程中，调解员可以根据已掌握的情况，依据公平合理的原则，向当事人提出解决争议的建议；

H. 经过调解，在当事人之间仍无法达成和解的情况下，调解员可以提出最后的建议或方案。

(2)调解在调解中心所在地进行。如当事人另有约定，经调解中心同意，或由调解中心建议并经当事人一致同意，亦可在其他地点进行。由此产生的费用，由当事人承担。

(3)聘请有关行业的专家参与调解工作，所产生的费用由当事人承担。

(4)经过调解，如当事人达成和解协议，由各方当事人在和解协议上签字(及/或)盖章，应当事人的要求，调解员可根据和解协议的内容，做出调解书，由调解员在调解书上签字并加盖调解中心的印章。除非为执行或履行之目的，和解协议或调解书不得公开。《调解规则》第 27 条规定，双方当事人签订和解协议时，可以在和解协议中加入仲裁条款。该仲裁条款的内容如下："本协议书对各方当事人均有约束力。任何一方均可将本和解协议提交中国国际经济贸易仲裁委员会，请求该会按照现行有效的仲裁规则进行仲裁。各方同意由仲裁委员会主任指定一名独任仲裁员，组成仲裁庭，进行书面审理。仲裁庭有权按照适当的方式快捷地进行仲裁程序，仲裁庭根据本和解协议的内容做出裁决书。仲裁裁决是终局的，对各方当事人均有约束力。"

(5)出现以下情形，调解程序终止：

A. 当事人之间达成和解协议；

B. 调解中心做出了调解书；

C. 调解员认为调解已无成功的可能并以书面声明终止调解程序；

D. 各方或任何一方当事人向调解员书面声明终止调解程序；

E. 调解协议中规定的调解期限届满，当事人协议同意延期的除外。

第三节　国际商事仲裁

一、国际商事仲裁概述

(一)仲裁的起源及其发展

仲裁作为一种与诉讼并行的处理当事人之间的民商事纠纷的争议解决方式，有着悠久的历史。远在公元前 6 世纪的希腊，城邦国家已经开始利用仲裁解决争议。古罗马著名法学家保罗视仲裁与诉讼为并行的两种纠纷解决方式，他表示："为解决争议，正如可以进行诉讼一样，也可以进行仲裁。"在 11～14 世纪的中世纪，为了适应生产力的发展尤其是商品经济发展的需要，欧洲的仲裁制度较为盛行。14 世纪意大利出现了国际商事仲裁。1347 年，英国法开始有了有关仲裁的明确规定。14 世纪中叶，瑞典确认仲裁是解决民商事纠纷的有效制度，14 世纪末瑞典地方法典对仲裁制度赋予了法律地位。16～17 世纪，某些从事对外贸易的公司，如英国东印度公司在其章程中已经订有仲裁条款，规定可以通过仲裁方式解决公司成员之间发生的纠纷。第一部仲裁法则产生于1889年的英国，紧随其后颁布仲裁法的国家是瑞典。受到英国和瑞典等国仲裁立法的影响，欧洲的其他一些国家诸如法国和德国等亦开始采用仲裁制度并使其在本国内获得发展。美国的最高法院是在1854年认可仲裁裁决的拘束力，并于1925年颁布了《联邦仲裁法》。这一时期的仲裁主要是解决国内民商事纠纷的法律制度。

随着经济关系的国际化，经济贸易纠纷带有了跨国性，仲裁作为解决国际商事争议的作用越来越为众多国家所重视，仲裁逐步由一国国内的民商事仲裁扩展到国际经济贸易仲裁、海事仲裁、解决国家间争端的仲裁，许多国家开始建立仲裁制度，设立常设性仲裁机构，缔结国际性条约，订立示范法。

（二）我国仲裁的起源及其发展

我国现代意义上的仲裁可以追溯到1912年北洋政府司法、工商两部所颁行的《商事公断处章程》以及同年9月颁订的《商事公断处办事细则》。1921年又颁布了《民事公断暂行条例》，规定仲裁可适用于一般的民事争议。1930年国民党政府颁布的《劳动争议处理法》，经修改也规定了仲裁程序，其调整的对象是雇主与工人团体或者15名以上的工人发生的纠纷。1943年晋察冀边区颁布的《晋察冀边区租佃债息条例》及其实施条例以及晋察冀边区行政委员会颁布的《关于仲裁委员会工作指示》中对仲裁机构的性质、任务和权限做出了明确的规定。1949年3月15日天津市人民政府公布的《天津市人民政府调解仲裁委员会暂行组织条例》，对仲裁机构设置、收案范围和工作原则做了规定。

中华人民共和国成立后，我国分别建立了涉外和国内两套仲裁制度。中国涉外仲裁始于20世纪50年代中期。1954年我国政务院通过了《关于在中国国际贸易促进委员会内设立对外贸易仲裁委员会的决定》。根据决定，中国国际贸易促进委员会于1956年设立了对外贸易仲裁委员会，并制定了《中国国际贸易促进委员会对外贸易仲裁委员会仲裁程序章程暂行规定》。1958年11月，我国国务院通过了《关于在中国国际贸易促进委员会内设立海事仲裁委员会的决定》，根据这一决定，中国国际贸易促进委员会于1959年正式设立了海事仲裁委员会，并制定了相应的仲裁规则。而在1981年颁布的《经济合同法》以及之后颁布的一些法律，如《技术合同法》《著作权法》《消费者权益保护法》等，都规定了仲裁制度。1994年8月31日《仲裁法》正式公布，并于1995年9月1日起施行，我国终于有了一部专门的仲裁法。

（三）仲裁的定义、分类及特点

1. 仲裁的定义

仲裁（Arbitration），也称公断，是根据争议的当事人事前或事后达成的仲裁协议，自愿将争议提交仲裁机构，由其按一定程序进行审理并做出裁决，该裁决对争议双方当事人具有约束力的一种争议解决方式。

2. 仲裁的分类

依不同标准，仲裁可分为以下几种：

（1）临时仲裁与机构仲裁

临时仲裁，是指无固定仲裁机构介入，而由当事人各方通过仲裁协议直接组织仲裁庭，并由其进行的仲裁。其特点在于仲裁庭是依据当事人的仲裁协议而设立，就当事人特定的案件进行审理，因而在程序上较为灵活、仲裁费用较低。

机构仲裁又称制度仲裁，是指依照当事人双方的协议将争议交由一定的常设仲裁机构并依该机构所制定的现存仲裁规则进行仲裁。机构仲裁具有两大优势：一是它依据仲裁机构既定的仲裁规则进行仲裁，程序较为严格；二是它有现存的固定管理机构和合格可信的仲裁人员。机构仲裁已成为当前世界范围内的主要仲裁方式。

(2)国内仲裁与国际仲裁

国内仲裁，是指仲裁所解决的纠纷在法律关系的三要素上均无涉外因素。

国际仲裁，是指一国仲裁机构对在法律关系上具有涉外因素的争议所进行的仲裁。一般表现为争议主体分属于不同国家，或者争议的内容涉及不同国家，或者客体涉及外国，又称为涉外仲裁。

(3)合法仲裁和衡平仲裁

合法仲裁又称依法仲裁，是指仲裁人依据一定的法律对纠纷进行仲裁。在依据法律上程序适用仲裁地法；在实体上允许当事人在涉外仲裁中选择适用外国法。

衡平仲裁又称友谊仲裁、友好仲裁，是指当事人经协商，授权仲裁庭不依据严格的法律规定而依据公平合理的原则和商业惯例进行裁决的仲裁。衡平仲裁的采用必须有当事人的授权，且不得违背公共秩序和其他强制性规定。

3. 仲裁的特点

仲裁与其他争议解决方式相比较，其优点在于：

(1)充分尊重当事人意思自治

仲裁采取自愿原则，以当事人自愿为前提，包括自愿决定采用仲裁方式解决争议、自愿决定解决争议的事项、选择仲裁机构、指定仲裁员等。涉外仲裁的当事人双方还可以自愿约定采用哪些仲裁规则和适用的法律。

(2)管辖权稳定

在国际商事诉讼中，当事人可能会选择对其最有利的法院起诉，而仲裁在一定程度上可以解决这个问题，因为双方当事人有权利指定仲裁员。

(3)独立

仲裁是由仲裁庭独立进行的，任何机构和个人均不得干涉仲裁庭。这样有利于保证仲裁裁决的公正性。

(4)专家断案

仲裁委员会聘请的仲裁员都是公道正派的有名望的专家，由于经济纠纷多涉及特殊知识领域，由专家断案更有权威。

(5)不公开审理

大多数国家的仲裁法规定，仲裁不公开进行，此举可防止泄露当事人不愿公开的商业秘密。同时，当事人的商业信誉也不会受影响，双方当事人在感情上容易接受，有利于日后继续生意上的往来。

(6)一裁终局

裁决一旦做出，就发生法律效力，并且当事人对仲裁裁决不服是不可以就同一纠纷再向仲裁委员会申请仲裁或向法院起诉的，仲裁也没有二审、再审等程序。

(7)裁决的国际执行力

仲裁裁决和法院判决一样，同样具有法律约束力，当事人必须严格履行。国际商事争议经仲裁裁决,当事人向被执行人所在国的法院申请强制执行,基于各国所缔结或参加的国际公约,该裁决较容易得到执行。

当然,仲裁同诉讼比较起来,也有一些局限性,主要是缺乏诉讼的强制性、严密性和统一性。比如,由于仲裁以当事人的协议为基础,故缺少第三人程序,仲裁人无权强迫那些可以最终对裁决的执行承担全部或部分责任的第三人加入仲裁程序,从而影响争议最终有效的解决。

4. 仲裁与诉讼的异同

(1)共同点

第一,处理争议的主体都是按照国家法律规定设立的专门机构,即人民法院或仲裁机构。第二,仲裁和诉讼都必须遵循一定的程序。第三,仲裁和诉讼中的某些规划和制度是一致的,例如两者都包含保全措施、调解、回避和时效等制度。第四,仲裁裁决与诉讼判决具有相同的法律效力,双方当事人必须全面履行;任何一方不履行,另一方可以申请强制执行。

(2)不同点

第一,管辖权的取得不同:诉讼可直接向法院提起诉讼;仲裁首先要有合同中的仲裁条款或书面的仲裁协议。第二,审理者组成、产生方式不同:诉讼审理者是国家的审判机关,审判员由法院指定,不能选择;仲裁机构由人民政府组织有关部门和商会统一组建,其仲裁员大多是律师和政府机构人员兼职从事,仲裁员可以由当事人协商选定。第三,管辖范围不同:诉讼详见相关法律规定;仲裁详见我国《仲裁法》第 2 条的规定。第四,程序不同:诉讼有一审、二审、再审;仲裁则为一裁终局。第五,审理原则不同:诉讼可以公开审理;仲裁为不公开审理。第六,当事人能动性不同:诉讼一切依照《诉讼法》的规定;仲裁可以由当事人自选。第七,监督程序不同:诉讼实行"两审终审制",最后还有审判监督制度;而仲裁则是"一裁终局",但可以申请撤销裁决。第八,收费制度不同:诉讼收费比较低一些,还有减、免、缓等规定;而仲裁收费比较高,且没有减、免、缓等规定。

(四)国际商事仲裁的概念

关于国际商事仲裁的定义问题,各国立法和司法实践存在较大的差异,并没有统一的界定。一般而言,国际商事仲裁是指在国际经济贸易活动中,仲裁机构或仲裁员根据当事人事前或者事后达成的仲裁协议和当事人一方的仲裁申请,对其争议进行审理并做出裁决的制度。对于"商事"与"国际"这两个概念,不同的国家存在不同的理解。

1."国际"

一般而言,各国法律均给予国际商事仲裁以更多的自由和较少的司法干预。然而,对于"国际"一词,各国国内仲裁立法和国际公约均未能做出一个明确的定义。而在各国的仲裁实践中,已基本上形成了两种主要的对"国际"的认定标准①:

一种是以争议的实质或本质为标准。认定一项仲裁是否具有国际性,主要是分析争议的实质或本质是否涉及国际商业利益。如法国在立法和判决中均对"国际"一词作广义之解释。《法国民事诉讼法》第 1492 条规定:"如果包含国际商事利益,仲裁是国际性的。"

另一种标准是主体标准。该标准主要考察当事人的国籍、住所或习惯居所、仲裁地点、法人注册地、管理中心地等因素是否具有涉外因素,亦即以当事人的身份去识别仲裁是否为国际

---

① 王瀚、李广辉:《试论当代国际商事仲裁的若干新发展》,《中国仲裁咨询》2005 年 6 月第 1 期。

仲裁。1961 年《关于商事仲裁的欧洲公约》(即《欧洲公约》)第 1 条的规定即是采用这一标准。1989 年《瑞士联邦国际私法法规》第 176 条规定:国际仲裁仅指“仲裁庭所在地在瑞士并且在仲裁协议订立时,当事人中至少有一方当事人在瑞士无住所或惯常居所而提起的仲裁”。联合国国际贸易法委员会 1985 年制定的国际商事仲裁示范法(UNCITRAL 示范法)第 1 条(3)款则规定:“一项仲裁是国际性的,如果(A)仲裁协议双方当事人在签订该协议的时候,他们的营业地位于不同的国家;或者(B)下列地点之一位于双方当事人营业地共同所在的国家之外:(a)仲裁协议中或根据仲裁协议确定的仲裁地;(b)商事关系义务将要履行的主要部分的任何地点或争议的客体具有最密切联系的地点;或者(c)双方当事人已经明示约定仲裁协议的客体与一个以上的国家有联系。”①

2.“商事”

各国法律关于“商事”的解释对于裁决的承认和执行具有重要的意义,主要是因为有些国家法律规定只有商事合同的争议方可进行仲裁,而有些国家则对此并无太多的限制性规定。根据 UNCITRAL 示范法,对国际商事仲裁的“商事”一词解释为:包括不论是契约性或非契约性的所有商事性质关系所发生的争议。从其列举的内容分析,商事仲裁的争议可以是合同性质的,也可以是侵权性质的;可以是纯货物交易纠纷,也可以是海事纠纷或者其他类型的平等主体之间发生的纠纷。

3. 我国的界定

我国对“国际商事仲裁”尚无明确的规定和解释。最高人民法院 1988 年《关于贯彻执行〈中华人民共和国民法通则〉若干问题的意见(试行)》第 178 条规定:凡民事关系的一方或者双方当事人是外国人、无国籍人、外国法人的,民事关系的标的物在外国领域内的,产生、变更或者消灭民事权利义务关系的法律事实发生在外国的,均为涉外民事关系。最高人民法院 1992 年《关于适用〈中华人民共和国民事诉讼法〉若干问题的意见》第 304 条又规定:“当事人一方或双方是外国人、无国籍人、外国企业或组织,或者当事人之间民事法律关系的设立、变更、终止的法律事实发生在外国,或者诉讼标的物在外国的民事案件,均为涉外民事案件。”从上述规定看,最高人民法院所理解的“涉外”为传统国际私法上讲的“涉外”,即法律关系的三因素至少有一个因素同外国有联系。但在我国仲裁界,有人主张借鉴《联合国国际贸易法委员会国际商事仲裁示范法》中的“国际”定义,扩大“涉外”的内涵。还应注意的是,在仲裁实践中,中国仲裁机构对涉及香港、澳门和台湾地区的仲裁案件,比照涉外案件处理。

至于“商事”的含义,我国最高人民法院 1987 年《关于执行我国加入的〈承认及执行外国仲裁裁决公约〉的通知》第 2 条规定:“根据我国加入该公约时所做的商事保留声明,我国仅对按照我国法律属于契约性和非契约性商事法律关系所引起的争议适用该公约。所谓‘契约性和非契约性商事法律关系’,具体是指由于合同、侵权或者根据有关法律规定而产生的经济上的权利义务关系,例如货物买卖、财产租赁、工程承包、加工承揽、技术转让、合资经营、合作经营、勘探开发自然资源、保险、信贷、劳务、代理、咨询服务和海上、民用航空、铁路、公路的客货运输以及产品责任、环境污染、海上事故和所有权争议等,但不包括外国投资者与东道国政府之间的争端。”

---

① 联合国《国际商事仲裁示范法》第 1 条第 3 款。

（五）国际商事仲裁的法律框架

国际商事仲裁的法律框架指规范和调整国际商事仲裁的各种法律规范，主要包括：国际商事仲裁公约和条约；国际商事仲裁的国内立法；国际商事仲裁的示范法；国际商事仲裁的规则。

1．国际商事仲裁公约和条约

国际公约是重要的国际商事仲裁法的渊源，尤其是确保仲裁协议及仲裁裁决可执行性的多边公约。当然，双边条约的作用也不可忽视，特别是在争议双方有一方并非多边公约的缔约国时。从 20 世纪初开始，国际社会先后签署了三个国际公约：

（1）1923 年由国际联盟主持制定的《仲裁条款议定书》，是第一个重要的国际商事仲裁公约，其主要目的是确保仲裁协议的国际执行，并确保仲裁裁决可为裁决地国所执行；

（2）1927 年由国际联盟主持制定的《关于执行外国仲裁裁决公约》（《日内瓦公约》），是 1923 年日内瓦议定书的补充，其主要目的在于扩展日内瓦议定书的适用范围，使得在一缔约国做出的裁决除在该国（裁决做出国）外，还可在其他缔约国执行；

（3）1958 年联合国主持制定了《承认与执行外国仲裁裁决公约》（简称《纽约公约》），其缔约国及地区已达 145 个，是迄今为止最为成功的国际公约之一。

2．国际商事仲裁的国内立法

各个国家都有自己本国的仲裁立法。由于各国法律环境和理念不同，因而仲裁法的内容也有所不同。仲裁立法一般有三种形式：单独制定仲裁立法，如我国 1995 年的《仲裁法》；在民事诉讼法中专章规定，主要是大陆法系国家；仲裁与调解合并立法，如印度。

3．国际商事仲裁的示范法

示范法是供各国在制定本国仲裁法时作为参考自愿采用，不具有强制性。例如，《联合国国际贸易法委员会国际商事仲裁示范法》（UNCITRAL Model Law on International Commercial Arbitration），1985 年 6 月 21 日由联合国国际贸易法委员会主持制定，1985 年 12 月 11 日联合国大会通过批准该示范法的决议，其宗旨是协调和统一世界各国调整国际商事仲裁的法律。建议各国从统一仲裁程序法的愿望和国际商事仲裁实践的特点出发，对该示范法予以适当的考虑。由于示范法的基本原则和制度符合国际仲裁发展趋势，得到越来越多的国家的采纳，许多国家或地区按照示范法的规定建立健全了仲裁法律制度，代替了原有的仲裁立法。

4．国际商事仲裁的规则

仲裁规则是指仲裁所应遵循和适用的程序规范。仲裁规则不同于仲裁法，它可以由仲裁机构制定，有些内容还允许当事人自行约定。因此，仲裁规则是任意性较强的行为规范。但是仲裁规则不得违反仲裁法中的强制性规定。国际常设仲裁机构都有自己的仲裁规则，如联合国国际贸易法委员会于 1976 年颁布的仲裁规则。中国国际经济贸易仲裁委员会的仲裁规则也历经数次修订，现行的仲裁规则于 2005 年修订、2005 年 5 月 1 日起施行。

（六）世界主要商事仲裁机构

当今世界，100 多个国家或地区设立有常设的国际商事仲裁机构。这些仲裁机构一般可以划分为三类：一是国际性常设仲裁机构，如国际商会国际仲裁院、解决国际投资争端中心；二是地区性仲裁机构，如美洲国家商事仲裁委员会、亚洲及远东经济委员会商事仲裁中心；三是国别性仲裁机构，如中国国际经济贸易仲裁委员会、日本商事仲裁协会、美国仲裁协会、瑞士苏黎世商会仲裁院、伦敦国际仲裁院、斯德哥尔摩商会仲裁院等。

1. 国际商会国际仲裁院(也称 ICC 国际仲裁院,International Chamber of Commerce International Court of Arbitration)

在国际商事仲裁领域,ICC 国际仲裁院是最具影响的仲裁机构。其成立于 1923 年,属于国际商会的一部分。主要职责是依据其仲裁规则,通过仲裁的方式解决国际性商事争议,促进国际商业活动正常进行。ICC 国际仲裁院独立于任何一个国家,是典型的国际性商事仲裁机构。

2. 解决国际投资争端中心 (International Center for the Settlement of Investment Disputes,ICSID)

ICSID 是世界银行下属的一个独立机构,1966 年根据《华盛顿公约》而成立,是专门处理国际投资争议的全球性常设仲裁机构,总部设在美国华盛顿。ICSID 设立的目的在于:用调停和仲裁的方式解决该公约缔约国和其他缔约国国民之间的投资争议,促进和鼓励私人资本的国际流动。与其他商事仲裁机构不同,它具有完全的国际法律人格,并依照公约享有特权和豁免权。

3. WIPO 仲裁和调解中心

总部设在瑞士日内瓦的 WIPO 仲裁与调解中心建于 1994 年,是 WIPO 国际局的一个行政单位。它利用知识产权领域的优势,受理涉及知识产权争议的仲裁案件,同时也受理其他民商事案件。

4. 美国仲裁协会 (American Arbitration Association,AAA)

AAA 成立于 1926 年,是一个非营利性的民间组织,总部设在纽约。AAA 的目的在于,在法律许可的范围内,通过仲裁、调解和替代性争议解决方式解决国内及国际商事争议。其受案范围很广泛,从国际经贸纠纷到劳动争议、消费者争议、证券纠纷,无所不包。与此相应,AAA 有许多类型的仲裁规则,分别适用于不同类型的纠纷。

5. 伦敦国际仲裁院 (London Court of International Arbitration,LCIA)

LCIA 是世界上最古老的仲裁机构,成立于 1892 年。原名为伦敦仲裁厅,1981 年起使用现名。由伦敦市政府、伦敦商会和皇家特许仲裁员协会共同组成的联合管理委员会管理。LCIA 在处理海上货物运输和保险争议方面具有丰富经验。

6. 斯德哥尔摩商会仲裁院(Arbitration Institute of Stockholm Chamber of Commerce,SCC)

SCC 成立于 1917 年,其仲裁机构组织设立于 1949 年。设立的目的在于解决工业、贸易和运输领域的争议。它的总部设在瑞典的斯德哥尔摩,SCC 解决国际争议的优势在于其国家的中立地位,特别以解决涉及远东或中国的争议而著称。

7. 中国国际经济贸易仲裁委员会 (CIETAC)

1956 年,中国国际贸易促进委员会设立对外贸易仲裁委员会,并制定了 CIETAC 仲裁程序暂行规定。1980 年,对外贸易仲裁委员会更名为中国国际经济贸易仲裁委员会(简称 CIETAC)。自 2000 年 10 月 1 日起,CIETAC 同时启用“中国国际商会仲裁院”。总会设在北京,分别在上海和深圳设立了分会。CIETAC 涉及的领域主要有外商投资争议、国际货物买卖争议、金融争议、担保争议、房地产争议、证券争议。CIETAC 不仅受理国际商事争议,而且也同时受理国内商事争议,包括:国际的或涉外的争议案件,涉及香港特别行政区、澳门特别行政区或台湾地区的争议案件，国内争议案件。

二、国际商事仲裁协议

(一)仲裁协议的定义和特点

1. 定义

仲裁协议，系指双方当事人对他们之间业已发生或者将来可能发生的争议交付仲裁解决的协议。通常，国际上在仲裁立法中会对仲裁协议予以界定。如《UNCITRAL 示范法》第 7 条第(1)项规定："仲裁协议"是指当事各方同意将他们之间一项确定的契约性或非契约性的法律关系中已经发生或可能发生的一切争议或某些争议交付仲裁的协议。仲裁协议可以采取合同中的仲裁条款形式或单独的协议形式。我国《仲裁法》第 16 条规定："仲裁协议包括合同中订立的仲裁条款和以其他书面方式在纠纷发生前或者纠纷发生后达成的请求仲裁的协议。"2005 年修订的《中国国际经济贸易仲裁委员会仲裁规则》(简称《CIETAC 仲裁规则》)第 5 条第(二)项规定：" 仲裁协议系指当事人在合同中订明的仲裁条款，或者以其他方式达成的提交仲裁的书面协议。"

2. 特点

仲裁协议具有如下特点：

(1)仲裁协议是仲裁庭或仲裁机构受理双方当事人的争议的依据

这也就是说，仲裁庭或仲裁机构受理国际商事仲裁案件的权力来自当事人的仲裁协议。因此，仲裁庭或仲裁机构只能受理当事人根据仲裁协议所提交的案件，不能受理没有仲裁协议的任何案件。我国《仲裁法》第 21 条规定，当事人申请仲裁应当符合法律规定的条件之一就是有仲裁协议。《CIETAC 仲裁规则》第 5 条第(一)项规定："仲裁委员会根据当事人在争议发生之前或者在争议发生之后达成的将争议提交仲裁委员会仲裁的仲裁协议和一方当事人的书面申请，受理案件。"

(2)仲裁协议具有排除任何法院对有关争议行使管辖权的效力

双方当事人一旦达成仲裁协议，就应接受仲裁协议的约束；如果发生争议，应提交仲裁解决，而不是向法院提起诉讼。我国《仲裁法》第 5 条规定："当事人达成仲裁协议，一方向人民法院起诉的，人民法院不予受理，但仲裁协议无效的除外。"当然，假如当事人在事后达成协议解除仲裁协议，或者放弃仲裁权利，法院可行使管辖权。我国《仲裁法》第 26 条规定："当事人达成仲裁协议，一方向人民法院起诉未声明有仲裁协议，人民法院受理后，另一方在首次开庭前提交仲裁协议的，人民法院应当驳回起诉，但仲裁协议无效的除外；另一方在首次开庭前未对人民法院受理该案提出异议的，视为放弃仲裁协议，人民法院应当继续审理。"《CIETAC 仲裁规则》第 8 条亦规定："一方当事人知道或者理应知道本规则或仲裁协议中规定的任何条款或情事未被遵守，但仍参加仲裁程序或继续进行仲裁程序而且不对此不遵守情况及时地、明示地提出书面异议的，视为放弃其提出异议的权利。"

(3)仲裁协议具有相对的独立性

合同中的仲裁条款应视为与合同其他条款分离地、独立地存在的条款，附属于合同的仲裁协议也应视为与合同其他条款分离、独立地存在的一部分；合同的变更、解除、终止、失效或无效以及存在与否，均不影响仲裁条款或仲裁协议的效力。

(4)仲裁协议一般是一种书面协议

仲裁协议要么是在合同中订明的仲裁条款，要么是以其他方式达成的提交仲裁的书面协议。但也有国家允许仲裁协议是口头的。《CIETAC 仲裁规则》第 5 条第(三)项规定："仲裁协议应当采取书面形式。书面形式包括合同书、信件、电报、电传、传真、电子数据交换和电子邮件等可以有形地表现所载内容的形式。在仲裁申请书和仲裁答辩书的交换中一方当事人声称有仲裁协议而另一方当事人不做否认表示的，视为存在书面仲裁协议。"

(二)仲裁协议的分类

国际商事仲裁协议包括合同中订立的仲裁条款和以其他书面方式在争议发生前或者争议发生后达成的请求仲裁的协议，主要分为三类：

1. 合同中的"仲裁条款"

在争议发生之前，双方当事人在合同中所订立的将有关合同争议交付仲裁的条款。这是目前国际商事仲裁协议普遍采用的一种形式。常设仲裁机构一般都拟定有自己的示范仲裁条款，推荐给当事人订立合同时采用。例如，《CIETAC 仲裁规则》为："凡因本合同引起的或与本合同有关的任何争议，均应提交中国国际经济贸易仲裁委员会，按照申请仲裁时该会现行有效的仲裁规则进行仲裁。仲裁裁决是终局的，对双方均有约束力。"

2. 仲裁协议书

在争议发生之前或发生之后由双方当事人订立的表示同意将争议交付仲裁的一种专门协议。

3. 仲裁法规定的其他形式

例如，双方当事人在往来函电(包括信件、电报、电传、传真、电子数据交换和电子邮件)及其他有关文件中的将争议交付仲裁的特别约定，根据仲裁法的规定也被认定为仲裁协议。《UNCITRAL 示范法》第 7 条规定，如协议载于往来的书信、电传、电报或提供协议记录的其他电讯手段中，即为书面协议。

(三)仲裁协议的内容

各国有关仲裁的立法和各常设仲裁机构的规则，都在原则上承认双方当事人可以自由商定仲裁协议的内容，但同时也都在不同的程度上对之进行限制。如仲裁协议的内容不得违反一国公共秩序，不准许把一国法律规定不属于仲裁管辖的事项提交仲裁，不得在协议中规定将已提交仲裁的案件再向法院起诉等。因此，仲裁协议的内容不得违反仲裁地国或其他有关国家的禁止性规定。这是仲裁协议生效的法律前提之一。仲裁协议的内容主要包括以下几方面：

1. 仲裁事项

商事仲裁解决的商事争议，对于"商事"的界定前文已做论述。与此同时，商事仲裁所解决的争议必须具有"可仲裁性"，即某一争议是否可以依据有关国家法律采用仲裁的方式加以解决。例如一个国家的法律规定，某些争议不得通过仲裁解决，即使双方当事人签订了仲裁协议，该争议仍然无法提交仲裁，或者仲裁裁决在该国无法得到承认和执行。因此，商事仲裁事项的"可仲裁性"一方面涉及仲裁机构的管辖权范围，另一方面也涉及仲裁裁决的承认和执行的问题。例如，《纽约公约》规定了允许各国在签署、批准或加入该公约时做出"商事保留"。某国一旦做出了"商事保留"，该国就有权按照本国法律的规定对非商事性质的争议做出的裁决不适用《纽约公约》。至于什么是"商事"则由各国依照本国法来定义。而根据《UNCITRAL示范法》的规定，拒绝执行的理由有两个：一是该国法律规定争议标的不能通过仲裁解决；二是承认或执行该裁决将会违反该国的公共执行。

我国《仲裁法》第 2 条规定："平等主体的公民、法人和其他组织之间发生的合同纠纷和其他财产权益纠纷，可以仲裁。"第 3 条又从禁止的角度提出了不能仲裁的事宜："下列纠纷不能仲裁：(一)婚姻、收养、监护、扶养、继承纠纷；(二)依法应当由行政机关处理的行政争议。"根据《CIETAC 仲裁规则》，CIETAC 仲裁委员会受理下列争议案件：国际的或涉外的争议案件；涉及香港特别行政区、澳门特别行政区或台湾地区的争议案件；国内争议案件。以仲裁的方式，独立、公正地解决契约性或非契约性的经济贸易等争议。

2. 仲裁程序

当事人可以在仲裁协议中约定所要适用的仲裁程序。基于仲裁自愿性原则，大多数仲裁法或仲裁机构规则中都规定当事人可以对仲裁所适用的程序规则做出约定，既可以采用提交仲裁的仲裁机构的既定规则，也可以采用其他仲裁机构的规则，甚至当事人可以自行约定仲裁规则，但不得违反强制性法律规定。《CIETAC 仲裁规则》第 4 条第(二)项规定："凡当事人同意将争议提交仲裁委员会仲裁的，均视为同意按照本规则进行仲裁。当事人约定适用其他仲裁规则，或约定对本规则有关内容进行变更的，从其约定，但其约定无法实施或与仲裁地强制性法律规定相抵触者除外。"

3. 仲裁机构

在仲裁协议中明确规定仲裁机构或仲裁员，是各国仲裁立法和司法实践的普遍要求。如当事人拟采取机构仲裁的方法，仲裁机构的约定必须具有确定性，否则可能会影响仲裁协议的效力。我国《仲裁法》第 18 条规定："仲裁协议对仲裁事项或者仲裁委员会没有约定或者约定不明确的，当事人可以补充协议；达不成补充协议的，仲裁协议无效。"如果当事人在仲裁协议中没有指明仲裁机构的名称，但可以推断出明确的仲裁机构，也是可执行的，仲裁协议亦是有效的。《CIETAC 仲裁规则》第 4 条第(三)项规定："凡当事人约定按照本规则进行仲裁但未约定仲裁机构的，均视为同意将争议提交仲裁委员会仲裁。"

4. 仲裁地

当事人若选择常设仲裁机构仲裁，在没有其他约定情况下，通常以该仲裁机构所在地为仲裁地。但是，一些常设机构在不同地方设有分支机构，同时，仲裁机构并不禁止当事人选择其机构所在地以外的地方作为仲裁地。而当事人若选择临时机构仲裁时，当事人必须在仲裁协议中明确仲裁地点。

在国际商事仲裁中，仲裁地是一个至关重要的因素，它对于仲裁协议的效力、仲裁程序所适用的实体法的确定以及仲裁裁决的执行等极为重要。首先，在确定仲裁协议效力时，除当事人有特别约定外，一般以仲裁地国家的法律来认定。其次，当事人没有约定仲裁所适用的程序法时，一般适用仲裁地国家的法律；即使当事人约定了仲裁程序法，也不得违反仲裁地国家的强制性法律。再次，在当事人没有就解决争议所适用的实体法做出选择的情况下，仲裁庭一般会按照仲裁地国家国际私法中冲突规范确定所应适用的实体法，或者直接适用仲裁地国家的实体法。最后，仲裁地决定了国际商事仲裁裁决做出的国家，若该裁决需要在其他国家执行，便产生了外国仲裁裁决的承认和执行问题。

5. 裁决的效力

商事仲裁制度最为重要的法律特征就是一裁终审。原则上，仲裁裁决一经做出即具终局性，对当事人产生约束力。除依法定程序提出撤销和不予执行外，对于仲裁裁决不能提出其他异议。我国《仲裁法》第 9 条规定："仲裁实行一裁终局的制度。裁决做出后，当事人就同一纠纷再申请仲裁或者向人民法院起诉的，仲裁委员会或者人民法院不予受理。"《CIETAC 仲裁规则》第 43 条第(八)项规定："裁决是终局的，对双方当事人均有约束力。任何一方当事人均不得向法院起诉，也不得向其他任何机构提出变更仲裁裁决的请求。"

当然，有些国家也规定可以对仲裁裁决提出上诉。如荷兰规定，当事人同意，裁决可以向第二个仲裁庭上诉。[①] 英国《1996 年仲裁法》中就确认了当事人对仲裁裁决通过上诉、复审程序提出异议的权利，仲裁裁决的终审效力"不影响任何人依据可利用的上诉或复审的程序或本编(即第一编)的规定，对裁决书提出异议的权利。"[②]

(四)仲裁协议的有效要件

仲裁协议在具备形式要件和实质要件的前提下，即具有合法效力。

仲裁协议也是一种合同，因此仲裁协议成立有效必须符合一般合同成立有效的条件。但仲裁协议又是一种特殊的合同，它有自己的特殊性。

1. 形式要件

各国商事仲裁立法和司法实践以及有关仲裁的国际条约都要求商事仲裁协议采用书面形式。《UNCITRAL 示范法》第 7 条第(2)项规定："仲裁协议应是书面的。协议如载于当事各方签字的文件中，或载于往来的书信、电传、电报或提供协议记录的其他电讯手段中，或在申诉书和答辩书的交换中当事一方声称有协议而当事他方不否认即为书面协议。在合同中提出参照载有仲裁条款的一项文件即构成仲裁协议，如果该合同是书面的而且这种参照足以使该仲裁条款构成该合同的一部分。"《CIETAC 仲裁规则》第 5 条第(三)项规定："书面形式包括合同书、信件、电报、电传、传真、电子数据交换和电子邮件等可以有形地表现所载内容的形式。在仲裁申请书和仲裁答辩书的交换中一方当事人声称有仲裁协议而另一方当事人不做否认表示的，视为存在书面仲裁协议。"司法和仲裁实践中，对于书面协议的认定趋向宽松。[③]

随着信息技术的发展，出现了以电子方式达成的仲裁协议，因此电子形式是否属于书面形式成为新的问题。1996 年《联合国国际贸易法委员会电子商务示范法》第 5 条规定："数据电文的法律承认不得仅仅以某项信息采用数据电文形式为理由而否定其法律效力、有效性或可执行性。"第 6 条第(1)项规定："如法律要求信息须采用书面形式，则假若一项数据电文所含信息可以调取以备日后查用，即满足了该项要求。"我国《合同法》《仲裁法》及《CIETAC 仲裁规则》也都承认"以数据电文有形地表现所载内容所形式"。

2. 实质要件

有效的仲裁协议通常应具备的实质要件有：仲裁协议的当事人具有的缔约能力；争议事项的可仲裁性；请求仲裁的真实意思表示；仲裁协议的内容合法。

---

① 林一飞：《国际商事仲裁法律与实务》，中信出版社 2005 年版，第 83 页。
② 谢石松：《商事仲裁法学》，高等教育出版社 2003 年版，第 129 页。
③ 林一飞：《国际商事仲裁法律与实务》，中信出版社 2005 年版，第 84 页。

(1)仲裁协议的当事人具有的缔约能力(即完全民事行为能力)

各国仲裁立法及国际条约等对于仲裁协议当事人的民事行为能力都有严格规定。如根据《纽约公约》的规定,如能证明签订仲裁协议者依应适用于其的法律为无行为能力,则裁决可予拒绝承认和执行。《UNCITRAL示范法》第36条第(一)项规定,仲裁协议的当事一方欠缺行为能力的,可拒绝承认或执行不论在何国做出的仲裁裁决。我国《仲裁法》第17条第(二)项规定,无民事行为能力人或者限制民事行为能力人订立的仲裁协议无效。

(2)争议事项的可仲裁性

可仲裁性问题,上文已做介绍。可仲裁性问题往往涉及三个国家的法律:仲裁协议适用法律所在地国,仲裁程序进行地国及承认和执行仲裁裁决地国。若依此三国的法律不具有可仲裁性,则以仲裁方式解决争议就没有实际意义。

(3)请求仲裁的真实意思表示

当事人必须具有请求仲裁的一致的意思表示,这是商事仲裁协议的基本要素。同时,仲裁协议应当是当事人的真实意思表示。我国《仲裁法》规定,一方采取胁迫手段,迫使对方订立仲裁协议的,仲裁协议无效。

(4)仲裁协议的内容合法

尽管当事人意思自治是一项普遍原则,但该原则还是要受到同等重要的一般法律原则以及公共政策的制约。之所以如此,完全是基于维护国家主权和社会公共利益的考虑。例如,1996年《英国仲裁法》规定,当事人对列于该法附录一的强制性规定有相反约定者,不影响这些强制性规定的效力。

3. 仲裁协议的独立性

相对于合同,仲裁协议独立存在,就仲裁协议书和其他书面文件中包含的仲裁协议而言,从订立的时间、内容、形式上看,都是独立于主合同的。因此,各国仲裁立法都确认其有效性不受主合同效力的影响,即使主合同自始不存在或无效,仲裁机构仍可依据有效的仲裁协议行使对争议案件的管辖权,并最终做出裁决。《UNCITRAL示范法》第16条规定,仲裁条款应被视为独立于合同其他条款的一项协议,仲裁庭做出的关于合同无效的决定,不应在法律上导致仲裁条款无效。《CIETAC仲裁规则》第5条第(四)项规定:“合同中的仲裁条款应视为与合同其他条款分离地、独立地存在的条款,附属于合同的仲裁协议也应视为与合同其他条款分离地、独立地存在的一个部分;合同的变更、解除、终止、转让、失效、无效、未生效、被撤销以及成立与否,均不影响仲裁条款或仲裁协议的效力。”

三、国际商事仲裁程序

如前文所述,不同的仲裁机构都有自己的仲裁规则。原则上,当事人可以就争议所适用的仲裁规则进行选择。但许多仲裁机构规定,凡当事人同意将争议提交该仲裁机构仲裁的,均视为同意按照其仲裁规则进行仲裁。下面主要介绍我国《仲裁法》和《CIETAC仲裁规则》规定的仲裁程序。

(一)仲裁的申请和受理

1. 仲裁的申请

提出仲裁申请是开始仲裁程序的最初的法律步骤。当事人申请仲裁应当符合下列条件:

(1)有仲裁协议；

(2)有具体的仲裁请求和事实、理由；

(3)属于仲裁的受理范围，仲裁程序自仲裁委员会或其分会发出仲裁通知之日开始。

申请人提出仲裁申请时应提交仲裁申请书，并附具申请人请求所依据的事实的证明文件，按照仲裁委员会制定的仲裁费用表的规定预缴仲裁费。仲裁申请书应写明：申请人和被申请人的名称和住所，包括邮政编码、电话、电传、传真、电报号码、电子邮件或其他电子通讯方式；申请仲裁所依据的仲裁协议；案情和争议要点；申请人的仲裁请求；仲裁请求所依据的事实和理由。

2. 仲裁的受理

仲裁委员会收到申请人的仲裁申请书及其附件后，应在一定期限内进行审查，认为符合受理条件的，应当受理，并通知当事人；认为不符合受理条件的，应当书面通知当事人不予受理，并说明理由。仲裁委员会受理仲裁申请后，应当在仲裁规则规定的期限内将仲裁规则和仲裁员名册送达申请人，并将仲裁申请书副本和仲裁规则、仲裁员名册送达被申请人。

3. 答辩

被申请人应在收到仲裁通知之日起 45 天内向仲裁委员会秘书局提交答辩书和有关证明文件。仲裁机构收到答辩书后，应当在仲裁规则规定的期限内将答辩书副本和有关证明材料以及其他文件送达申请人。被申请人未提交书面答辩的，不影响仲裁程序的进行。仲裁庭有权决定是否接受逾期提交的答辩书。

4. 反请求

被申请人可以承认或者反驳仲裁请求，有权提出反请求。被申请人如有反请求，最迟应在收到仲裁通知之日起 60 天内以书面形式提交仲裁委员会。仲裁庭认为有正当理由的，可以适当延长此期限。被申请人提出反请求时，应在其书面反请求中写明具体的反请求、反请求理由以及所依据的事实和证据，并附具有关的证明文件。被申请人提出反请求时，应当按照仲裁委员会的仲裁费用表的规定预缴仲裁费。申请人对被申请人的反请求未提出书面答辩的，也不影响仲裁程序的进行。

5. 仲裁代理

当事人可以委托仲裁代理人办理有关的仲裁事项；接受委托的仲裁代理人，应向仲裁委员会提交授权委托书。中国公民和外国公民均可以接受委托，担任仲裁代理人。

6. 财产保全和证据保全

一方当事人因另一方当事人的行为或者其他原因，可能使仲裁裁决不能执行或者难以执行的，可以申请财产保全。当事人申请财产保全，仲裁委员会应当将当事人的申请提交被申请人住所地或其财产所在地的中级人民法院做出裁定。申请有错误的，申请人应当赔偿被申请人因财产保全所遭受的损失。

(二)仲裁庭的组成

仲裁庭是由当事人选定，或者当事人授权其他有权机构并依照法律或仲裁规则的规定所指定仲裁员组成的，对仲裁争议事项进行审理，并做出裁决的组织。

1. 仲裁员的资格条件

作为一般资格条件，仲裁员应当具备完全民事行为能力，这是实施任何有效的民事行为的基本要求。作为特殊资格条件,仲裁员还应当具备品德及专业条件。我国《仲裁法》第 13 条规定:"仲裁委员会应当从公道正派的人员中聘任仲裁员。仲裁员应当符合下列条件之一:(一)从事仲裁工作满八年的;(二)从事律师工作满八年的;(三)曾任审判员满八年的;(四)从事法律研究、教学工作并具有高级职称的;(五)具有法律知识、从事经济贸易等专业工作并具有高级职称或者具有同等专业水平的。" CIETAC 仲裁员守则有更为具体的要求。

2. 仲裁员的选定或指定

在 CIETAC 进行仲裁时,仲裁庭可以由三名仲裁员或者一名仲裁员组成。仲裁庭组成后,仲裁委员会应当将仲裁庭的组成情况书面通知当事人。

由三名仲裁员组成的仲裁庭应当由双方当事人各自在仲裁委员会名册中选定一名仲裁员或委托仲裁委员会主任指定。当事人未在规定期限内选定或委托仲裁委员会主任指定的,由仲裁委员会主任指定。双方当事人可以在仲裁委员会仲裁员名册中共同选定或共同委托仲裁委员会主任指定一名仲裁员作为独任仲裁员,成立仲裁庭,单独审理案件。但在规定期限内未能就独任仲裁员的人选达成一致意见,则由仲裁委员会主任指定。

3. 披露

被选定或者被指定的仲裁员应签署声明书,向仲裁委员会书面披露可能引起对其公正性和独立性产生合理怀疑的任何事实或情况。仲裁委员会将仲裁员的声明书及/或披露的信息转交各方当事人。

4. 仲裁员的回避

当事人对被选定或被指定的仲裁员的公正性和独立性具有正当理由的怀疑时,或以仲裁员披露的事实或情况为理由要求该仲裁员回避,可以书面向仲裁委员会提出要求该仲裁员回避的请求。我国《仲裁法》第 34 条规定:"仲裁员有下列情形之一的,必须回避,当事人也有权提出回避申请:(一)是本案当事人或者当事人、代理人的近亲属;(二)与本案有利害关系;(三)与本案当事人、代理人有其他关系,可能影响公正仲裁的;(四)私自会见当事人、代理人,或者接受当事人、代理人的请客送礼的。"

(三)审理

1. 开庭审理

在 CIETAC 进行仲裁,一般应当开庭进行。但经双方当事人申请或征得双方当事人同意,仲裁庭也认为不必开庭审理的,仲裁庭可以只依据书面文件进行审理并做出裁决。

2. 开庭通知

仲裁案件第一次开庭审理的日期,经仲裁庭决定后,由秘书局于开庭前 20 天通知双方当事人。当事人有正当理由的,可以请求延期开庭,但必须在开庭前 10 天以书面形式向仲裁庭提出;是否延期,由仲裁庭决定。

3. 不公开审理

为了保护当事人的利益,仲裁庭开庭审理案件不公开进行。双方当事人协议要求公开审理的,可以公开进行,但要由仲裁庭做出是否公开审理的决定。涉及国家秘密的仲裁案件,不得公开审理。

4. 证据和举证责任

当事人应当对其申请、答辩和反请求所依据的事实提供证据加以证明。仲裁庭可以规定当事人提交证据的期限。当事人应当在规定的期限内提交。逾期提交的，仲裁庭可以不予接受。当事人在举证期限内提交证据材料确有困难的，可以在期限届满前申请延长举证期限。是否延长，由仲裁庭决定。

5. 缺席审理

仲裁庭开庭审理时，一方当事人不出席，仲裁庭可以进行缺席审理和做出缺席裁决。

6. 辩论

在仲裁过程中，当事人有权进行辩论。辩论终结时，首席仲裁员或者独任仲裁员应当征询当事人最后的意见。

7. 和解与调解

当事人可以自行和解，也可以请求仲裁庭调解。

8. 异议的提出

一方当事人知道或理应知道《CIETAC 仲裁规则》或仲裁协议中规定的任何条款或情事未被遵守，但仍参加仲裁程序或继续进行仲裁程序而且对此不遵守情况不及时、明示地提出书面异议的，视为放弃其提出异议的权利。

（四）裁决

对在 CIETAC 进行仲裁的案件，仲裁庭应当根据事实，依照法律和合同规定，参考国际惯例，并遵循公平合理原则，独立公正地做出裁决。

1. 仲裁庭做出裁决的期限

迅速解决争议是仲裁的优越性之一。《CIETAC 仲裁规则》要求，仲裁庭应当在组庭之日起 9 个月内做出仲裁裁决书。但在仲裁庭的要求下，仲裁委员会秘书长认为确有必要和确有正当理由的，可以延长该期限。

2. 仲裁裁决的做出

由三名仲裁员组成仲裁庭审理案件时，仲裁裁决依全体仲裁员或多数仲裁员的意见决定，少数仲裁员的意见可以作成记录附卷。仲裁庭不能形成多数意见时，仲裁裁决依首席仲裁员的意见做出。仲裁庭在其做了的仲裁裁决中，应当写明仲裁请求、争议事实、裁决理由、裁决结果、仲裁费用的负担、裁决的日期和地点。当事人协议不愿写明争议事实和裁决理由的，以及按照双方当事人和解协议的内容做出裁决的，可以不写明争议事实和裁决理由。除非仲裁裁决依首席仲裁员意见或独任仲裁员意见做出，仲裁裁决应由多数仲裁员署名。持有不同意见的仲裁员可以在裁决书上署名，也可以不署名。

3. 中间裁决和部分裁决

仲裁庭认为有必要或当事人提出经仲裁庭同意时，可以在仲裁过程中在最终仲裁裁决做出之前的任何时候，就案件的任何问题做出中间裁决或部分裁决。任何一方当事人不履行中间裁决，不影响仲裁程序的继续进行，也不影响仲裁庭做出最终裁决。

4. 仲裁费和其他费用

仲裁庭有权在仲裁裁决书中裁定双方当事人最终向仲裁委员会支付的仲裁费和其他费用。仲裁庭有权在裁决书中裁定败诉方应当补偿胜诉方因为办理案件所支出的部分合理的费用，但补偿金额最多不得超过胜诉金额的 10%。

5. 仲裁裁决的生效

仲裁裁决是终局的，对双方当事人均有约束力。任何一方当事人不得向法院起诉，也不得向其他任何机构提出变更仲裁裁决的请求。做出仲裁裁决书的日期，即为仲裁裁决发生法律效力的日期。

（五）裁决的撤销

当事人提出证据证明裁决有下列情形之一的，可以向仲裁委员会所在地的中级人民法院申请撤销裁决：

（1）没有仲裁协议的；

（2）裁决的事项不属于仲裁协议的范围或者仲裁委员会无权仲裁的；

（3）仲裁庭的组成或者仲裁的程序违反法定程序的；

（4）裁决所根据的证据是伪造的；

（5）对方当事人隐瞒了足以影响公正裁决的证据的；

（6）仲裁员在仲裁该案时有索贿受贿、徇私舞弊、枉法裁决行为的。

法院经组成合议庭审查核实裁决有前款规定情形之一的，应当裁定撤销。法院认定该裁决违背社会公共利益的，应当裁定撤销。当事人申请撤销裁决的，应当自收到裁决书之日起六个月内提出。

（六）法律适用

国际商事仲裁所适用的实体法一般由当事人选择确定，如果当事人未做选择，则适用仲裁人认为合适的冲突规范所确定的实体法，或者仲裁地的冲突规范所确定的实体法，或者与案件有最密切联系的实体法。

对国际商事仲裁所适用的程序规则（即仲裁规则），一般来说，当事人也可以自主选择。但是，常设仲裁机构可要求在其机构内仲裁的案件适用自己的程序规则。

四、国际商事仲裁裁决的承认和执行

（一）仲裁裁决承认和执行概述

1. 仲裁裁决承认和执行的含义

根据国际商事仲裁规则以及相关公约的规定，双方当事人应当依照仲裁裁决写明的期限自动履行裁决；仲裁裁决书未写明期限的，应当立即履行。当事人不予履行的，则另一方当事人有权向有关法院申请强制执行。如果裁决做出地国与被申请执行承认和执行裁决地国不是同一个国家，便产生了仲裁裁决承认和执行。

2. 仲裁裁决承认和执行的途径

国际上对于外国仲裁裁决的承认和执行，主要设置了以下几种途径：依专门的国际公约承认和执行；援引双边或多边条约中有关承认和执行的规定；依互惠原则承认和执行；依国内法承认和执行。

（二）承认和执行国际商事仲裁裁决的国际公约

为了统一各国承认和执行国际商事仲裁裁决的制度，国际上曾先后缔结了三个有关承认和执行外国仲裁裁决的国际公约。第一个是 1923 年在国际联盟主持下制定的《仲裁条款议定书》，第二个也是在国际联盟主持下制定的 1927 年《关于执行外国仲裁裁决的公约》，第三个是

1958年6月10日在联合国主持下于纽约订立的《承认及执行外国仲裁裁决公约》(又称1958年《纽约公约》)。此外,还有一些区域性的国际商事仲裁公约也对这个问题做了规定。现在,1958年《纽约公约》实际上已取代了前两个公约,成为目前国际上关于承认和执行外国仲裁裁决的最主要的公约。

我国于1986年12月2日由第六届全国人民代表大会常务委员会第十八次会议决定加入1958年《纽约公约》。该公约已于1987年4月22日对我国生效。我国在加入该公约时做了互惠保留和商事保留声明。

1958年《纽约公约》的主要规定如下:

1. 缔约国相互承认仲裁裁决具有约束力,并应依照承认或执行地的程序规则予以执行。在承认或执行其他缔约国的仲裁裁决时,不应在实质上比承认或执行本国的仲裁裁决规定更烦琐的条件或更高昂的费用。

2. 申请承认与执行仲裁裁决的一方当事人,应该提供原裁决的正本或经过适当证明的副本,以及仲裁协议的正本或经过适当证明副本。必要时应附具经适当认证之译本。

3. 该公约第5条规定了拒绝承认和执行外国仲裁裁决的条件。按照该条第1款规定,凡外国仲裁裁决有下列情况之一者,被请求执行的国家的主管机关可依被执行人的请求,拒绝予以承认和执行:

(1)签订仲裁协议的当事人,根据对他们适用的法律,当时是处于某种无行为能力的情况下;或者根据仲裁协议所选定的准据法,或在未选定准据法时依据裁决地法,该仲裁协议无效。

(2)被执行人未接到关于指派仲裁员或关于仲裁程序的适当通知,或者由于其他情况未能在案件中进行申辩。

(3)裁决所处理的事项,非为交付仲裁的事项,或者不包括在仲裁协议规定之内,或者超出仲裁协议范围以外。

(4)仲裁庭的组成或仲裁程序同当事人间的协议不符,或者当事人间没有这种协议时同仲裁地所在国家的法律不符。

(5)裁决对当事人还没有拘束力,或者裁决已经由做出裁决的国家或据其法律做出裁决的国家的主管机关撤销或停止执行。

按照该条第2款规定,如果被请求承认和执行仲裁裁决地所在国家的主管机关承认和执行仲裁裁决地所在国家的主管机关查明有下列情况之一者,也可以拒绝承认和执行:

(1)争执和事项,依照这个国家的法律,不可以仲裁方法解决者;

(2)承认和执行该项裁决将与这个国家的公共秩序抵触者。

(三)中国法律承认和执行仲裁裁决的规定

1. 中国国际商事仲裁机构仲裁裁决在中国的执行

按照我国《民事诉讼法》和《仲裁法》的有关规定,对我国的国际商事仲裁机构的裁决,一方当事人不履行的,对方当事人可以申请被申请人住所地或财产所在地的中级人民法院执行。申请人向人民法院申请执行我国国际商事仲裁机构的裁决,须提出书面申请,并附裁决书正本。如申请人为外国一方当事人,其申请书须用中文本提出。对我国国际商事仲裁机构做出的裁决,被申请人提出证据证明仲裁裁决有下列情形之一的,经人民法院组成合议庭审查核实,裁定撤销或不予执行:

(1)当事人在合同中没有订有仲裁条款或者事后没有达成书面仲裁协议的;

(2)被申请人没有得到指定仲裁员或者进行仲裁程序的通知,或者由于其他不属于被申请人负责的原因未能陈述意见的;

(3)仲裁庭的组成或者仲裁的程序与仲裁规则不符的;

(4)裁决的事项不属于仲裁协议的范围或者仲裁机构无权仲裁的。

人民法院认定执行该裁决违背社会公共利益的,也应裁定不予执行。一方当事人申请执行裁决,另一方当事人申请撤销裁决,人民法院应当裁定中止执行。按最高人民法院 1992 年《关于适用〈中华人民共和国民事诉讼法〉若干问题的意见》第 315 条,在这种情况下,被执行人应该提供财产担保。人民法院裁定撤销裁决的,应当裁定终结执行。撤销裁决的申请被裁定驳回的,人民法院应当裁定恢复执行。仲裁裁决被人民法院裁定不予执行的,当事人可以根据双方达成的书面仲裁协议重新申请仲裁,也可以向人民法院起诉。

2. 中国国际商事仲裁机构仲裁裁决在外国的承认和执行

依照我国《民事诉讼法》第 266 条第 2 款和《仲裁法》第 72 条的规定,我国国际商事仲裁机构做出的发生法律效力的仲裁裁决,当事人请求执行的,如果被执行人或者其财产不在中国领域内,应当由当事人直接向有管辖权的外国法院申请承认和执行。由于我国现在已加入 1958 年《纽约公约》,当事人可依照公约规定直接到其他有关缔约国申请承认和执行我国国际商事仲裁机构做出的裁决。

3. 外国仲裁裁决在中国的承认和执行

按照我国《民事诉讼法》第 269 条的规定,国外仲裁机构的裁决需要我国人民法院承认和执行的,应当由当事人直接向被执行人住所地或其财产所在地的中级人民法院申请,人民法院应当依照我国缔结或者参加的国际条约或者按照互惠原则办理。

我国加入 1958 年《纽约公约》时,做出两项保留声明:

第一,我国只在互惠的基础上对在另一缔约国领土内做出的仲裁裁决的承认和执行适用该公约;

第二,我国只对根据我国法律认为属于契约性和非契约性商事法律关系所引起的争议适用该公约。

符合上述两个条件的外国仲裁裁决,当事人可依照 1958 年《纽约公约》规定直接向我国有管辖权的人民法院申请承认和执行。对于在非缔约国领土内做出的仲裁裁决,需要我国法院承认和执行的,只能按互惠原则办理。我国有管辖权的人民法院接到一方当事人的申请后,应对申请承认和执行的仲裁裁决进行审查,如果认为不违反我国缔结或参加的国际条件的有关规定或《民事诉讼法》的有关规定,应当裁决其效力,并依照《民事诉讼法》规定的程序执行,否则,裁定驳回申请,拒绝承认及执行。如果当事人向我国有管辖权的人民法院申请承认和执行外国仲裁机构做出的发生法律效力的裁决,但该仲裁机构所在国与我国没有缔结或共参加有关国际条约,也没有互惠关系的,当事人应该以仲裁裁决为依据向人民法院起诉,由有管辖权的人民法院做出判决,予以执行。

本章小结

1. 仲裁作为一种与诉讼并行的处理当事人之间的民商事纠纷的争议解决方式,有着悠久的历史。仲裁与诉讼相比，有着自身的优点。

2. 国际商事仲裁是国际经济贸易活动中，仲裁机构或仲裁员根据当事人事前或者事后达成的仲裁协议和当事人一方的仲裁申请，对其争议进行审理并做出裁决的制度。

3. 国际商事仲裁的法律框架主要包括：国际商事仲裁公约和条约；国际商事仲裁的国内立法；国际商事仲裁的示范法；国际商事仲裁的规则。

4. 在整个商事仲裁过程中，仲裁协议处于核心地位。仲裁协议是否存在和有效，不仅决定着当事人之间的商事争议是否能提交仲裁，同时也影响着仲裁裁决能否得到承认和执行。

5. 国际商事仲裁程序主要包含以下程序：仲裁的申请和受理；仲裁庭的组成；审理；裁决；裁决的撤销。

6. 国际商事仲裁的承认和执行主要通过以下途径：依专门的国际公约承认和执行；援引双边或多边条约中有关承认和执行的规定；依互惠原则承认和执行；依国内法承认和执行。

练习与思考

一、名词解释

国际商事仲裁，临时仲裁机构，仲裁规则，仲裁协议，仲裁庭，仲裁裁决的承认和执行。

二、简述题

1. 仲裁与诉讼的区别在哪里？
2. 什么是临时仲裁机构？什么是常设仲裁机构？国际上有哪些最著名的常设仲裁机构？
3. 简述国际商事仲裁国际性的判断标准。
4. 一项有效的仲裁协议须具备哪几方面的条件？
5. 仲裁协议对于仲裁机构和法院具有什么效力？
6. 简述国际经济贸易仲裁委员会仲裁规则规定的仲裁的基本程序。
7. 仲裁当事人主张撤销仲裁裁决的理由有哪些？
8. 根据《纽约公约》第5条第1款的规定，被请求执行仲裁裁决的法院，在什么条件下可以拒绝予以承认和执行？我国相关的法律规定如何？

参考文献

一、中文部分

1. 曹建明、周洪钧、王虎华:《国际公法学》,法律出版社 1998 年版。

2. 丁伟:《国际私法学》,上海人民出版社 2004 年版。

3. 朱榄叶:《国际经济法学》,北京大学出版社 2005 年版。

4. 沈四宝、王军、焦津洪:《国际商法》,对外经济贸易大学出版社 2002 年版。

5. 赵秀文:《国际商事仲裁法》,中国人民大学出版社 2004 年版。

6. 李巍:《联合国国际货物销售合同公约评释》,法律出版社 2002 年版。

7. 贺瑛:《国际结算》(第二版),复旦大学出版社 2007 年版。

8. 施米托夫著,赵秀文选译:《国际贸易法文选》,中国大百科全书出版社 1993 年版。

9. 张学森:《金融法学》,复旦大学出版社 2006 年版。

10. 张学森:《金融创新发展的法治保障研究》,复旦大学出版社 2018 年版。

11. 张学森:《新编经济法》,清华大学出版社 2014 年版。

12. 张学森:《国际商法(中英文双语版)》(第二版),复旦大学出版社 2018 年版。

13. 张学森:《国际商法(英文版)》(第二版)(*International business law, English Version, 2nd Version*),[美] Gary D. Patterson 审阅,复旦大学出版社 2018 年版。

二、英文部分

14. Larry A. DiMatteo, *The Law of International Business Transactions*, West Studies in Business, a division of Thomson Learning, 2003.

15. Schlesinger, *Formation of the Contract*, Sweet & Maxwee, 1987.

16. Philippe Fouchard, Emmanuel Gaillard, Berthold Goldman, *On International Commercial Arbitration*, CITIC PUBLISHING HOUOSE, 2004.

17. Roy Goode, *Commercial law*, Penguin Books, 1995.

18. Michael Bridge, *the International Sale of Goods-Law and Practice*, Oxford University Press, 1999.

19. John H. Willes, John A. Willes, *International business law: Environments and Transactions*, McGraw-Hill/Irwin, 2005.

20. Richard Schaffer, Beverley Earle and Filiberto Agusti, *International Business Law and Its Environment*, Sixth Edition, West Legal Studies in Business, 2005.

21. Anderson R. A., Fox I., Twomey D. P., and Jennings M. M.: *Business Law and the Legal Environment*, 17th, China Machine Press, 2003.

22. Ray August, *International Business Law*, 3rd, Higher Education Press, 2002.

23. Corley R. N. , Reed O. L. , Shedd P. L. , and Morehead J. W. : *The Legal and Regulatory Environment of Business*, 10th, McGraw-Hill, 1996.

24. A. James Barnes, Terry Morehead Dworkin, and Eric L. Richards, *Law for Business*, Irwin Chicago 1997.

25. Folsom R. H. , Gordon M. W. , and Spanogle J. A. : *International Business Transactions*, 7th, Law Press, 2005.

26. Carr I. And Kidner R. : *Statutes and Conventions on International Trade Law*, 3rd, Cavendish Publishing Limited, 1999.

27. Schlesinger, *Formation of the Contract*, Sweet & Maxwee, 1987.

28. Michael Bridge, *The International Sale of Goods-Law and Practice*, Oxford University Press, 1999.

29. John H. Willes, John A. Willes, *International business law: environments and transactions*, McGraw-Hill/Irwin, 2005.

30. Robert W. Emerson, *Business Law*, *4th ed.*, Barron's Educational Series, Inc. , 2004.

31. Bradford Stone, *Uniform Commercial Code*, *5th ed.*, West Group, St. Paul, Minn. , 2002.

32. Philippe Fouchard, Emmanuel Gaillard, Berthold Goldman, *On International Commercial Arbitration*, CITIC PUBLISHING HOUOSE, 2004.

33. Kyle Usrey, Yuan Chuanyou, *International Business Law-an Introduction*, Shanghai Foreign Language Education Press, 2001.

34. Xuesen Zhang, Gary D. Patterson, *Legal Rules of the World Trade Organization (English Version)*, Fudan University Press, Shanghai, 2008.

35. Constance E. Bagley, Diane W. Savage, *Managers and the Legal Environment, Strategies for the 21st Century*, 6e, South-Western, Cengage Learning, 2010.